Caminos olvidados

Reactivando los movimientos apostólicos

Segunda edición

Alan Hirsch

TRADUCIDO POR MARVIN LORENZANA

Herald Press

Library of Congress Cataloging-in-Publication Data

Names: Hirsch, Alan, 1959 October 24- author.
Title: Caminos olvidados : reactivando los movimientos misionales / Alan
    Hirsch ; traducido por Marvin Lorenzana.
Other titles: Forgotten ways. Spanish.
Description: Segunda edición. | Harrisonburg, Virginia : Herald Press,
    [2017] | Translation of: The forgotten ways : reactivating the missional
    church / Alan Hirsch. 2006. | Includes bibliographical references.
Identifiers: LCCN 2017010181 | ISBN 9781513801537 (tapa blanda : alk. paper)
Subjects: LCSH: Church. | Missions. | Postmodernism--Religious
    aspects--Christianity.
Classification: LCC BV600.3 .H5718 2017 | DDC 266--dc23 LC record available at
    https://lccn.loc.gov/2017010181

CAMINOS OLVIDADOS: Segunda edición
© 2017 por Alan Hirsch
Publicado por Herald Press, Harrisonburg, Virginia 22802. 1-800-245-7894.
Todos los derechos reservados.
Número de control de la Library of Congress: 2017010181
ISBN: 978-1-5138-0153-7 (tapa blanda)
Impreso en los Estados Unidos de América.
Portada y diseño interior: Merrill Miller y Abby Graber
Imágenes interiores: Baker Publishing Group
Revisión y edición de la segunda edición al español para Latino América por Marvin
    Lorenzana

Contenidos

Redes culturales de significado
Cultura APEPM: casi una bala de plata
Una palabra final

De monumento a movimiento... hablando metafóricamente
Re-encantar nuestra eclesiología: el Creador viene a la iglesia
Pensar en movimientos: un aspecto del abordaje de los sistemas vivos
Quitar barreras: bregando con los asesinos de movimientos en el
    institucional-*ismo*
El carácter de un movimiento
Estructuras en red
Crecimiento viral
Reproducción y reproductibilidad
Una palabra final

Prólogo

Este no es otro libro sobre cómo hacer iglesia. No es un manual que detalla las últimas técnicas para hacer crecer tu ministerio o un programa diseñado para traer de nuevo a la vida a una iglesia en serios problemas. En cambio, mi amigo Alan Hirsch quiere que recordemos la misión esencial de la iglesia. Él quiere que anhelemos ver el reino de Dios en la forma que lo hizo la Iglesia primitiva. En la primera edición de este libro, Alan pidió prestado del famoso escritor Antoine de Saint-Exupéry para explicar cuál es su preocupación: "Si quieres construir un barco, no convoques a la gente a comprar madera, preparar herramientas, distribuir las tareas y organizar el trabajo, sino enseña a la gente el anhelo por el mar amplio, sin límites".

En *Caminos olvidados*, Alan nos llama no para construir la iglesia sino para anhelar ser parte de la misión de Dios en el mundo. Él nos pide considerar preguntas como las siguientes:

¿Qué entendió la Iglesia primitiva que era su misión?

¿Para qué creían ellos que Cristo había hecho nacer la iglesia? ¿Cómo entendieron ellos Jn. 20:21, cuando Jesús dijo a sus discípulos: "Como el Padre me ha enviado, yo les envío"? En definitiva, ¿qué significaba para la Iglesia primitiva unirse a la misión con Jesús?

La idea de misión siendo un punto central en la vida de la iglesia y el creyente se encuentra sin duda en las prácticas de la iglesia del Nuevo Testamento—y realmente dentro de la totalidad de las Escrituras. Sin embargo a veces, como nos recuerda Alan, la iglesia ha perdido de vista su misión y propósito, contenta con marchar en confusión sin ningún sentido y propósito claro. La misión se ha convertido en simplemente una de muchas tareas que la iglesia *hace* en lugar de convertirse en lo que la iglesia *es*. Sin embargo, y como Karl Barth célebremente sostuvo en la Conferencia Misionera de Brandenburg en 1932, la misión no es un atributo de la iglesia o el cristiano individual, más bien la misión es un atributo de Dios mismo al que la iglesia se une. Dios, en otras palabras, es el primer misionero. En aquel momento esta idea no fue aceptada ampliamente, pero más tarde se convertiría en la opinión del consenso, no sólo en el mundo protestante principal sino que también por evangélicos y católicos.

No es que Barth estuvo correcto en todo lo que dijo, evangélicos como Alan y yo tendríamos algunas diferencias con Barth. Sin embargo en muchos sentidos la idea barthiana de la misión nos recuerda la identidad, propósito y enfoque de la iglesia. La insistencia de Barth en retomar las expresiones del Nuevo Testamento del cristianismo condujo a un nuevo enfoque sobre la esencia misional de la iglesia. Sus ideas han dado lugar a la mayor parte de las conversaciones misiológicas de los últimos cuarenta años. Pero no es suficiente querer incrustar la identidad de la iglesia dentro de la identidad misional de Dios; tampoco es suficiente decir que tenemos que restaurar la llamada gloria misional de la Iglesia primitiva en las iglesias de hoy. Sin duda, estas cosas son esenciales; sin embargo, la incrustación de la identidad de la iglesia en la naturaleza misional de Dios y el deseo de restauración es lo que conduce a la encarnación. Recuperación y reactivación de la identidad y el propósito de la iglesia permite el redescubrimiento de los enfoques y prácticas, que pueden expresarse en cualquier forma cultural de la iglesia. Esto conduce a algunas de las siguientes preguntas: ¿Qué hace la iglesia? ¿Cómo deben vivir los creyentes? ¿Qué caminos debemos tomar? ¿Cómo fielmente vivimos vidas presentes en las comunidades y ciudades donde se han plantado iglesias? ¿Cuáles son las implicaciones para la iglesia hoy en día de que Jesús sea el Señor, y no César? En definitiva, recuperar la identidad de la iglesia en el Dios trino y en su misión, permite a la iglesia redescubrir sus formas olvidadas de ser, lo cual es un fresco y vivo movimiento apostólico, lleno de nueva vida.

Caminos olvidados se ha convertido en un texto fundamental para explorar la naturaleza misional de la iglesia, desafiando a aquellos que quieran entender tanto la conversación sobre iglesia misional así como lo que significa para la iglesia reactivar sus olvidadas formas de ser. Me siento honrado que Alan me haya pedido que escribiera el prólogo de su nueva edición ya que tanto él como su obra me han bendecido a través de los años. Por lo tanto, me siento bendecido de poder ser parte, de alguna manera pequeña, de este libro y ver cómo Alan propone sus ideas a una nueva generación que anhela redescubrir la naturaleza misional de la iglesia y reactivar nuevamente sus antiguas y olvidadas formas de ser. Cuando leo las palabras de Alan, quiero soltar lo que estoy haciendo y centrar mi atención otra vez en la misión de Dios. Después de leer este libro, me imagino que también será así para ti.

—*Ed Stetzer*

Reconocimientos

Ofrezco reconocimientos a las siguientes personas. A mi amada Deb, quien continúa enseñándome más acerca de Dios que cualquier otra persona. A todas las personas alrededor del mundo que se han identificado con la primera edición de *Caminos olvidados* y que han aplicado los principios en nuevas formas prácticas. De muchas maneras, esta segunda edición es para usted. Dios me ha llamado para servirles porque ustedes son mis héroes. A mis queridos compañeros en Forge, Future Travelers, 100Movements, y Exponential. Ha sido un gozo y un privilegio trabajar con ustedes. Gracias por tomar suficientemente en serio estas ideas como para hacer algo al respecto y por toda la *communitas* forjada en el camino. A mis colegas de Baker (Brazos) por decidir creer en mí al publicar la primera edición de este libro y por sugerir la necesidad de esta nueva edición.

Señor, tú das a la humanidad la gracia del conocimiento y enseñas la comprensión a los mortales. Esa gracia nos otorga el conocimiento, entendimiento y discernimiento que vienen de Ti. Bendito eres, Señor, que en tu gracia otorgas conocimiento.

Prefacio a la segunda edición

Si las puertas de la percepción fueron limpiadas cada cosa aparecería al hombre tal como es, infinito. El hombre se ha encerrado a sí mismo, así que él ve todas las cosas a través de estrechas rendijas en su caverna.
—William Blake

La composición de este libro ha sido para el autor una larga lucha de escape, y así debe de ser leído por la mayoría de los lectores si es que la propuesta del autor para ellos ha de tener éxito,—una lucha de escape de los modos habituales de pensamiento y expresión. Las ideas que aquí se expresan con tanto trabajo son muy sencillas y deberían ser obvias. La dificultad radica, no en las nuevas ideas, sino en escapar de las viejas, las cuales se ramifican en cada rincón de nuestra mente.
—John Maynard Keynes

Aún recuerdo el día cuando, después de años de intentar comprender la dinámica de los movimientos apostólicos, sentí que todo se juntó en un singular "¡eureka!", momento en el que sólo posteriormente pude entender como por un destello de perspicacia reveladora. No intento hacer ninguna proclama de autoridad especial cuando digo esto, pero siento que lo he recibido de Dios y que es una respuesta directa a mi ardiente búsqueda de respuestas. Así que, a pesar de lo "académico" y complejo que este libro pueda sentirse a veces, es realmente mucho más el producto del "experimento" de un profesional misional reflexivo que de un "laboratorio clínico" de investigación realizada en una biblioteca o a través de la metodología científica de un programa de doctorado. No estoy diciendo que yo he investigado lógicamente mi camino hacia una teoría viable sobre los movimientos, más bien yo siento que la respuesta en realidad me fue amablemente "otorgada" y que simplemente fui llamado para ser su guardián. Seguro que hice mi tarea a mi manera y en la medida de mis limitadas capacidades, pero *sabía con absoluta certeza* que me sentía llamado, incluso, obligado a esta tarea de desbloquear los códigos de un movimiento. Perseguí la tarea con todo el vigor que pude reunir. Lo entendí como una búsqueda espiritual en el que estaba implicado de alguna manera el propósito de mi vida. Pasaron años antes que la revelación fuera dada. ¿Mi conclusión? Ama algo por el tiempo suficiente y finalmente te será revelado.

Tras el destello de comprensión, de síntesis, trate de bajar las ideas al papel. Cuando hube terminado me di cuenta de que lo que recibí tenía el potencial de cambiar el mundo. Y de nuevo, no quiero ser mal entendido sobre este asunto: no tengo ningún sentimiento de grandeza de mí mismo (de hecho, estoy realmente sorprendido por la soberanía de Dios), y tampoco reclamo el término "Carácter Apostólico" (el término que utilizo para describir la idea propuesta en este libro) como propia. ¡Para nada! Yo lo veo como el patrimonio de todo el pueblo de Dios, que tuve el privilegio de nombrar de nuevo para esta generación y para nuestro contexto particular, es decir, para el cristianismo occidental en los albores del siglo XXI.

Yo creo que el Carácter Apostólico captura algo del misterio de la iglesia en su forma más elocuente y más transformadora. Muchos de los comentarios sobre este libro que he recibido expresan el sentimiento de "este material me recuerda algo", o quizá que este describe exactamente lo que han estado pensando, yo sólo les di palabras más precisas. Esto es maravilloso para mí, porque significa que la respuesta ya está ahí latente en el pueblo de Dios, y que el Espíritu Santo una vez más está rondando sobre la iglesia, despertando nuestro propósito y potencialidad como pueblo de Dios. Los propósitos de Dios se revelan ya en la propia naturaleza del discipulado y la iglesia.

Nuestras verdades más grandes se recuerdan; son recuperaciones, no inventos; son reclamos de una imaginación perdida cuya novedad es tan antigua que ha sido olvidada. Esto es particularmente cierto con respecto a todas las verdades primordiales de la fe, incluyendo por supuesto la naturaleza y propósito de la iglesia. Creo que la respuesta a la crisis de nuestro tiempo se encuentra en nuestra historia más primaria y determinante de la iglesia[1]—la iglesia del Nuevo Testamento. En otras palabras, creo que este material pertenece a usted como un creyente, a su iglesia u organización y a todo el pueblo de Dios en todas partes. Yo soy solamente un custodio—y espero que uno fiel—de lo que ha sido concedido a mí (Mt. 25:23). Por mi parte tengo la intención de cumplir; esta segunda edición es uno de mis intentos de ser un mejor administrador de lo que me siento llamado a transmitir.

Sólo para que usted entienda cuán obsesionado estoy con el Carácter Apostólico: desde que se publicó *Caminos olvidados* en el 2006, posteriormente

---

1 Yo estoy recurriendo aquí a alguna de la rica fraseología descriptiva de Walter Brueggemann sobre la tarea de un profeta el cual llama a Israel a hacer memoria. Ver Brueggemann, *Prophetic Imagination*, p.70.

he escrito sobre cada uno de los elementos de ADN*m* para explicarlos mejor. Aunque todos ellos están diseñados para ser libros independientes, todos apuntan substancialmente hacia el modelo de Carácter Apostólico sugerido aquí.[2] Además, el Carácter Apostólico forma parte de la misma genética de las principales organizaciones con las que estoy directamente implicado: Forge Mission Training Network International, Future Travelers, y 100 Movements (100M) están construidos directamente sobre las ideas encontradas en *Caminos olvidados*. Además, muchas otras organizaciones e iglesias han adoptado el modelo del Carácter Apostólico como sistema operativo. A su manera, son intentos organizados para ayudar al pueblo de Dios a "recordar" las formas fácilmente olvidadas de cómo ser una iglesia tipo movimiento Cristo-céntrico.

Pero yo no he limitado mi enfoque a mis compañeros más cercanos, también he trabajado para despertar un espíritu de movimiento en los principales sistemas denominacionales en América del Norte; entrenando a muchos de las principales agencias plantadoras de iglesias alrededor de los EE. UU., y Europa; dictando conferencias en muchos de los principales seminarios y colegios; y entrenando a muchas de las iglesias misionales de vanguardia. Sigo comprometido ahora más que nunca con la creencia de que los movimientos son la manera de moverse hacia adelante porque estos reflejan el sentido más profundo de lo que somos y lo que estamos llamados a ser, que un movimiento misional es lo que Jesús realmente siempre quiso que fuésemos. Es nuestro diseño original y originario. Creo que el ejemplo explícito de Jesús, su enseñanza sobre el inminente reino de Dios, su trabajo en el establecimiento del Evangelio, y su posterior confianza en que el movimiento que Él inició, invita a su pueblo en todas partes a ser mucho más una revolución permanente que una religión civil que defiende la tradición ciegamente o trata de conservar un *status quo* imperante.

El concepto de religión civil, al cual las iglesias occidentales se adhieren sea consciente o inconscientemente, nos lleva hacia donde ese concepto vino originalmente: la quiebra misional histórica de la iglesia en Occidente. Para poder avanzar, tenemos que superar la forma predominante de los modos europeos de pensar acerca de la iglesia y recuperar la sensibilidad más primordial del Nuevo Testamento. Creo que ahora más que nunca el futuro de la salud y viabilidad de la iglesia cristiana están ligadas a la recuperación de una forma más fluida, adaptable y dinámica basada en la *ecclesia* como un movimiento.

Mirar hacia adelante y hacia atrás

No hay duda, por lo menos en mi mente, que el pensamiento de ese movimiento es una idea cuyo tiempo ha llegado; hay un sentido de inevitabilidad sobre el

---

2 Explico la lógica de mis principales escritos en un blog: http://goo.gl/W2Aw8u.

mismo. No hay ninguna otra manera viable hacia adelante partiendo del paradigma y el pensamiento heredado. El camino a seguir debe primero llevarnos
hacia atrás, más allá de nuestra historia denominacional, nuestra trayectoria histórica, el fenómeno original articulado en las páginas del Nuevo Testamento y
evidenciado en la vida del Fundador/fundadores de la iglesia—el movimiento
apostólico original.[3] Necesitamos refundarnos aún más de lo que necesitamos
reformarnos, aunque realmente también nos caería bien un montón de reforma.

Las ideas básicas presentadas en este libro, principalmente en relación con
los elementos individuales del ADNm (fluidez del Evangelio, discipulado, misión
encarnacional, innovación y riesgo, multiplicación, APEPM, etc.) han experimentado una adopción significativa en el amplio espectro de las denominaciones
protestantes, agencias e instituciones. Nadie está más sorprendido de esto que yo.

En cuanto a la idea más amplia de la iglesia misional, creo que la han adoptado nuestros mejores pensadores. Nuestros mejores y más brillantes saben que
no se trata de volver a algún idealizado pasado o a alguna forma de religión civil
donde la iglesia vuelve de alguna manera a ubicarse en el centro de la cultura y
la sociedad. Esos días han desaparecido irremediablemente. Personalmente creo
que es una buena cosa, porque nos obliga a pensar y a actuar como nuestros fundadores y pioneros pensaron y actuaron, la perspectiva determina lo que uno ve
y hace. Creo que nuestros líderes más perspicaces no reconocen ningún plan "B"
para la iglesia en Occidente; o elegimos renacimiento misional o enfrentamos el
fantasma de nuestra desaparición como fuerza mundial.

El problema es que aun cuando podemos analizar la crisis que actualmente
enfrentamos, muchos cristianos todavía no captan la plenitud de la solución posible en cuanto a la forma viable de avanzar hacia el futuro. De lo que tienden a
carecer es de un marco teórico, una visión integradora, que encuentre sentido en
la crisis compleja que enfrentamos y nos dé un camino viable para reinventar y
rediseñar la iglesia en su camino hacia adelante. Necesitamos un modelo mental
integral de la idea de movimiento que dé sentido a la eclesiología del Nuevo
Testamento que nos ayude a desenrollar la madeja enmarañada del pensamiento
que es el resultado de veinte siglos de cristianismo en contextos occidentales. Lo
que propone este libro es precisamente eso: un modelo sintetizado e integrado
que hace justicia a los principales códigos de Jesús y de iglesia brindándonos un
camino viable a seguir.

Aunque la teoría de Movimiento Apostólico propuesta en este libro probablemente no es la única que existe afuera, la verdad es que no conozco muchas otras.[4]

---

3 Para mi pensamiento sobre la naturaleza de la renovación como tradicionalismo radical, véase
Hirsch y Catchim, *Permanent Revolution*, pp. 148–49; además Hirsch y Frost, *ReJesus*, pp. 77–83.

4 Ver Neil Cole quien ha escrito un libro similar a este que también examina la dinámica de los
movimientos y qué los hace funcionar. Ver Cole, *Church 3.0: Upgrades for the Future of the Church*.

Y los pocos libros que describen los movimientos tienden a limitarse a describir los movimientos de plantación de iglesias, movimientos basados en cómo hacer discípulos, ofrecen descripciones simples con listas de características y tienden a sugerir recetas de *conecte y utilice* para su uso. Muchos de estos tipos de libros utilizan lo aprendido sobre movimientos en las sociedades pre-modernas, pero hasta donde yo comprendo, en gran parte no logran traducir la dinámica básica de los movimientos cristianos en el inmensamente más complejo mundo de la cultura occidental del siglo XXI. En efecto dicen "¡Mira el increíble movimiento entre los Dalit en la India y las iglesias subterráneas en China! Esto es lo que en general hacen (ellos tienen fe, aman la Palabra, confían en el Espíritu, oran, etc.). Todo lo que necesitas hacer es copiar y vas a estar bien". Pero el error aquí es olvidarse de que estos movimientos tienen lugar en sociedades en su mayoría pre-modernas y pre-cristianas. Poco o nada se hace para traducir la fenomenología misional de un movimiento de forma que hable a la post-cristiandad postmodernista, al post-cristiano, al individualista, y a las democracias consumistas clase media basadas en el mercado. Aquí es donde creo que este libro es diferente. He pasado mucho tiempo tratando de adaptar la interpretación del pensamiento de movimiento en expresiones complejas existentes en la iglesia y la cultura occidental. El resultado puede ser más complicado y desconcertante que las listas sencillas de "haz esto o haz aquello", pero esperamos que usted encontrará que lo propuesto aquí se identifica con su persona y con nuestra situación colectiva.

La buena noticia es que al examinar los muchos avances en los diez años desde la publicación de la primera edición de este libro, encontré mucha causa de esperanza real. Hay numerosas nuevas expresiones encarnacionales de iglesia; plantar iglesias es ahora una prioridad estratégica en términos generales; signos reales de un compromiso renovado con la prioridad del discipulado son visibles; la recuperación de una espiritualidad centrada en Jesús, inspirada por el Evangelio es evidente en muchas iglesias; aceptación y comprensión de la dinámica (apostólica, profética, evangelística, pastoral y docente) APEPM[5] están en aumento en todo el espectro evangélico; y aventura nuevas incursiones en muchos de los lugares más oscuros de nuestra cultura. He salpicado de referencias a muchos de estos desarrollos en todo el texto para informar al lector sobre lo que ha sucedido en la última década y continúa sucediendo en el presente. En todo estoy tengo mucha esperanza.

Sin embargo, con todo y lo inspirador que cada uno de estos esfuerzos pioneros son, casi todos ellos muestran sólo uno, dos o quizás tres (de seis) elementos de ADN*m* de manera significativa y ejemplar. Celebro que estos proyectos todavía

---

5 NT: en inglés el acrónimo utilizado comunmente es APEST (apostle, prophet, evangelist, shepherd and teacher). Para la traducción al español hemos cambiado la "S" por "P" de "pastor" y la "T" por "M" de "maestro".

están en un viaje de aprendizaje hacia la recuperación del movimiento apostólico y esperamos que lo sean cuando maduren. Las señales son prometedoras.

Pero si buscamos expresiones completas y maduras de todo el sistema del Carácter Apostólico—donde se cocinan todos los seis elementos de ADN*m* en el sistema total, existen todavía muy pocos modelos ejemplares en el Occidente. Pero tengo mucha esperanza: la buena noticia es que ahora algunos se han establecido; están madurando y están ganando impulso, influencia y fuerza como viables expresiones de movimientos apostólicos. Y sólo se necesitan unos pocos de estos para validar el modelo para que otros lo puedan seguir. Por ejemplo, sólo dos iglesias (Willow Creek y Saddleback) validan en la práctica el modelo del buscador sensible (NT: "*Seeker-sensitive*") ¡que posteriormente se convirtió en la expresión estándar de iglesia evangélica en todo Occidente! No hace falta ser muchos para cambiar el paradigma y demostrar validez. Dios mediante muchos más modelos viables de movimiento estará operando plenamente en el paradigma del Carácter Apostólico dentro de diez años. Estos a su vez trazarán los mapas que los otros seguirán.

Este libro claramente no es un libro de *cómo hacerlo*, aunque el lector bien puede discernir cosas prácticas dentro del mismo. Está escrito para apelar a la imaginación y para dirigir la iglesia a adoptar un paradigma basado en el movimiento más dinámico que se evidencia en el Nuevo Testamento y en los distintos movimientos de transformación en la historia.

He tomado este enfoque porque debemos constantemente recordar en este punto en la historia que si nos enamoramos de nuestro sistema, cualquiera que este sea, también perderemos la capacidad de cambiarlo. Esto significa que los guardianes del viejo paradigma han perdido la objetividad necesaria para poder evaluar a la iglesia y saber cual es su propio rol en el mismo. Como agentes cuya perspectiva viene desde dentro del sistema, han perdido la objetividad necesaria para poder hacer una crítica eficaz y necesaria a la naturaleza embrollada de la situación. Como Upton Sinclair ha recordado, es algo sumamente difícil que la gente entienda algo cuando su salario depende precisamente de no entenderlo.[6] Intereses creados limitan nuestra capacidad para ver con claridad.

Aunque mucho se ha ganado en los últimos quince años, la guerra de paradigmas no ha terminado ni mucho menos. De hecho, quizás apenas haya empezado. La opción binaria sigue: o elegimos vivir en el paradigma más dinámico del movimiento misional o continuamos operando desde dentro del paradigma del monumento más estático que hemos heredado. La ironía es que, aunque la cristiandad como una fuerza cultural en una sociedad sagrada es ahora una cuestión principalmente de historia, nuestras formas de pensamiento, incluyendo nuestras formas de concebir la iglesia y su misión, son dictadas en gran parte por

---

6 Sinclair, *I, Candidate for Governor*, p.109.

la imaginación de la cristiandad anticuada. El obispo Stephen Neil reconoció esto desde 1959 cuando anunció que "todas nuestras eclesiologías son inadecuadas y desactualizadas. Casi todas ellas han sido construidas a la luz de un concepto estático de la iglesia como algo dado, algo que ya existe. . . . Que yo sepa, nadie aún se ha puesto a trabajar en pensar en la teología de la iglesia en relación a aquello para lo cual esta existe".[7]

En su discurso sobre el enfoque burocrático del Imperio británico a la gestión de un vasto imperio, Sugata Mitra dijo "diseñó un sistema tan robusto, que está todavía con nosotros hoy en día, continuamente produciendo personas idénticas para una maquinaria que ya no existe".[8] Lo mismo puede decirse en relación a la dominancia del pensamiento de la cristiandad en nuestra imaginación colectiva. Hay una coincidencia entre nuestro entendimiento heredado de lo que es iglesia y las condiciones radicalmente deplorables en las que nos encontramos ahora. Nuestros mapas heredados son inadecuados porque fueron formulados para adaptarse a un mundo cultural casi totalmente diferente al nuestro. Es como intentar viajar por Londres con un mapa de la ciudad de Nueva York.

En esta situación, no necesitamos más análisis; por el contrario, necesitamos una síntesis, una gran visión de lo que somos y lo que podemos ser. La clave para el cambio necesario en todo el sistema de la iglesia en Occidente es a través de la puerta de la santa imaginación. Alvin Toffler lo expresa así: "Al carecer de un marco sistemático para comprender el choque de fuerzas en el mundo actual, somos como una tripulación, atrapada en una tormenta y tratando de navegar entre arrecifes peligrosos sin brújula o mapa. En una cultura de especialidades en conflicto, ahogados en datos fragmentados y minucioso análisis, la síntesis no es meramente útil, es crucial".[9]

Para lograr nuestras metas, necesitamos enfocarnos. Sin embargo, para lograr saber cuales son las cosas correctas por hacer, simplemente tenemos que considerar el cuadro completo. Es sólo cuando ponemos nuestras actividades habituales y maneras de pensar en el contexto del cuadro completo que seremos capaces de permanecer dirigidos hacia el blanco. Toffler dice: "Tienes que pensar en cosas grandes mientras estés haciendo las cosas pequeñas, para que todas las cosas pequeñas vayan en la dirección correcta".[10] Nuevos mapas mentales son vitales si queremos trazar nuestro camino.

Y aquí es donde la imaginación del liderazgo entra en escena. Como acertadamente señaló Max De Pree, el líder define efectivamente la realidad para aquellos

---

7 Neil, *Creative Tension* , p. 81.
8 Citado en Dignan, "The Operating Model That Is Eating the World," https://goo.gl/P1FP0C.
9 Toffler, *Third Wave*, p. 4.
10 Citado en Maxwell, *Thinking for a Change*, 67. De hecho, Maxwell asigna todo un capítulo a lo que el llama "pensar en grande".

que él o ella dirige. El líder, para bien o para mal, es el guardián del paradigma organizacional. Él o ella es la clave para el futuro de la organización. Líderes en esta situación tienen básicamente dos funciones; son la llave que abre la puerta o la cierran con firmeza. Son los cuellos de botella o los abrelatas de la misma; o son efectivos o son guías ciegos. Por lo tanto, la custodia de los códigos de la iglesia nunca deben de ser tomados a la ligera porque los líderes han de rendir de cuentas de manera estricta con respecto a su papel como guardianes de la imaginación teológica y eclesial; esta es la carga, así como el increíble privilegio de liderazgo. Esta responsabilidad debe sentirse especialmente en momentos críticos cuando las decisiones tomadas (o no) afectan directamente el curso de la historia.

Esta batalla por un paradigma viable no es nada nuevo; la imaginación religiosa siempre ha sido un campo de batalla para los corazones y las vidas del pueblo de Dios y algo con lo que nuestro Fundador ha tenido que lidiar todo el tiempo. En Lc. 11.52, Jesús critica a los guardianes de los códigos religiosos de Israel, "¡Ay de ustedes, expertos en la ley!, porque se han adueñado de la llave del conocimiento. Ustedes mismos no han entrado, y a los que querían entrar les han cerrado el paso". En la versión en Mt. 23:13, Jesús juzga la ceguera del paradigma, junto con el encarcelamiento asociado de la mente religiosa y corazón de los líderes. Su veredicto es quitar las llaves de estos líderes y dársela a otros que serían más fieles a los propósitos y las prácticas del reino. Si esto fue cierto para los líderes del pueblo de Dios en tiempo de Jesús, ¿por qué pensaríamos que es diferente para el pueblo de Dios en el nuestro?

Y esta es la razón de porqué el arrepentimiento es importante para el pueblo de Dios. . . sobre todo para los líderes. . . quienes tienen las llaves a las cosas. La palabra *arrepentimiento* en el Nuevo Testamento (*metanoia*) requiere un cambio de paradigma (cambio de *nous*; lit. mente/forma de pensar) y un cambio de dirección. Pero el arrepentimiento no es una palabra sucia; por el contrario, es un gran regalo de Dios a su pueblo sin el cual estaríamos irremediablemente perdidos. También trae consigo la posibilidad de un cambio profundo y piadoso. Para cada paso que damos en arrepentimiento hacia Dios, Él toma mil hacia nosotros. Pero necesitamos estar dispuestos a someternos a chequear si nuestro paradigma actual es el correcto, y si no lo es, es necesario estar dispuesto a arrepentirse y experimentar un cambio de paradigma. No defender el *status quo* simplemente porque algún teólogo patrístico o medieval dijo que debería ser así. Debido a la presencia dinámica del Espíritu Santo, puede y de hecho debería cambiar.

Es mi creencia y mi experiencia, que precisamente ese cambio está ocurriendo en nuestro tiempo. Hay más que suficientes líderes con un corazón abierto allá afuera que saben que el juego ya ha concluido para las formas dominantes de la iglesia, y que nos enfrentamos a un reto enorme para cruzar el abismo cada vez mayor con la cultura imperante y lograr así establecer un fundamento viable para un cristianismo Cristo-céntrico en el siglo XXI. Creo que ese profundo sentimiento que muchas personas sienten, que estamos en el final de un camino y en el comienzo de otro, es ahora casi universalmente compartido por nuestros mejores y más brillantes pensadores. De lo que carecemos es de una imaginación inspirada por el Espíritu Santo lo cual es necesario para imaginar un nuevo futuro para la iglesia. Creo que es el paradigma de movimiento inspirado por Jesús lo que nos proporcionará la llave de esperanza de acceso a la puerta donde seremos transformados nosotros. . . y el resto de nuestro mundo.

Cambios en lenguaje y estructura

Suficiente sobre temas relacionados a paradigmas y cómo cambiar los pasos de la historia. Algunos comentarios son necesarios en relación a algunos cambios importantes en la terminología en la nueva edición y del por qué se llevaron a cabo.

Una de las grandes decisiones fue cambiar los nombres de dos de los componentes del ADN*m*. Esto es sumamente complicado debido a la terminología utilizada en la primera edición la cual está vinculada con las ideas generales del libro. Hago esto con mucho cuidado. De los cambios que hice, uno es sencillo y necesita poca explicación.

El cambio más sustancial a la terminología de ADN*m* es el cambio del término "entorno apostólico" al de "cultura APEPM" para describir más adecuadamente la ética pastoral, funciones y liderazgo de los movimientos. Hice este cambio porque el original "entorno apostólico" es más vago, necesita explicación y es específico al ministerio apostólico, mientras que "cultura APEPM" necesita menos explicación y es mucho más amplio en alcance. El término "cultura" está cuidadosamente seleccionado. Cultura consiste en un complejo de múltiples símbolos, formas, ideas, idiomas, acciones y rituales y se considera parte intrínseca de una sociedad dada o, en menor escala, la organización individual. Es con esto en mente que utilizo deliberadamente el término "cultura APEPM". En el uso de esta frase intento incluir no sólo la cuestión esencial de la vocación personal y el llamado sino que también todas las diferentes funciones sociales asociadas a cada aspecto del APEPM, así como el lenguaje y los símbolos que usamos para comunicarnos significativamente sobre el ministerio y la misión de la iglesia. En otras palabras, la cultura APEPM es la categoría más adecuada y completa para medir, entender, desarrollar y evaluar el ministerio bíblico de la iglesia (ver capítulo 8).[11]

---

11 Para cuando esta nueva edición de *Caminos olvidados* salga a la luz, debería ya de haber desarrollado y puesto a disposición un instrumento de prueba que mide la funcionalidad APEPM de una iglesia u organización. Esta herramienta será capaz de evaluar la función y/o disfunción en un sistema basado en los niveles de las cinco funciones activas del APEPM. El nombre de la prueba no ha sido decidido aún, pero se hará acompañar de un libro basado en estas cinco marcas y funciones de la iglesia. Ver www.alanhirsch .org para más detalles.

Al hacer el cambio también quise cambiar de lugar el énfasis del impacto cultural específico creado a través del ministerio de la persona con vocación apostólica a la cultura de todos los demás llamamientos del APEPM como un todo. Cuando originalmente destaqué la función apostólica, nunca fue mi deseo disminuir la importancia de la tipología APEPM como un todo; en mi opinión esta tipología es nada más y nada menos que el medio a través del cual el ministerio de Jesús se expresa a través de su cuerpo. Algunas personas incluso me han escuchado decir que la función apostólica es la más importante. Yo no lo creo así y nunca pretendí sugerirlo. Creo, sin embargo, que la función apostólica es catalítica e insustituible si queremos reactivar y mantener movimientos apostólicos en nuestro tiempo—no existen atajos de ninguna manera alrededor de esta vital función o ministerio. Pero un movimiento apostólico auténtico debe tener todas las cinco funciones APEPM y sus ministerios trabajando juntos en la armonía del cuerpo de Cristo centrada en Jesús. Solamente los cinco funcionando juntos pueden tener éxito. De modo que conservando la función apostólica como catalítica, he movido mucho del peso sobre la cultura APEPM en su totalidad dentro de la ecuación.

He retenido gran parte del material relacionado al liderazgo cristiano en este capítulo debido a su importancia general sobre cómo ejercer el liderazgo de acuerdo con lo enseñado por Jesús. La comprensión correcta de liderazgo es especialmente importante para un ministerio APEPM vigorizado porque con más diversidad en el cuarto, también hay mucho más potencial para el conflicto.[12] Además, con el surgimiento de la muy controvertida y profundamente autoritaria Nueva Reforma Apostólica (NT: Ing. NAR), es necesario diferenciar la comprensión misional de APEPM desde el paradigma del énfasis obsesionado de dominio, poder y autoridad de muchos defensores de la NAR.[13] Por lo tanto, es doblemente importante comprender la naturaleza de la autoridad y el liderazgo legítimo en el Nuevo Testamento.

El otro cambio en la nomenclatura del ADN*m* es el reemplazo del original "*communitas* y no *comunidad*" por el término "*liminalidad-communitas*". La razón es sencilla: *communitas* es consecuencia directa de enfrascarse en la liminalidad; estos dos son inseparables. Liminalidad debe incluirse porque el camino a la profunda experiencia de *communitas* requiere salir y participar en las aventuras riesgosas que precipitan un vínculo profundo entre el pueblo de Dios en este primer caso. Así los dos están íntimamente relacionados.

---

12 Ver la crítica de mi colega y excelente amigo Lance Ford de los múltiples modelos de liderazgo sin Cristo de muchos cristianos en *Unleader*.

13 Vea el artículo de Wikipedia para tener una visión general del movimiento en https://goo.gl/zvygSA. Para una valoración crítica desde dentro del campo pentecostal carismático. También consulte Gievett y Pivec, nueva reforma apostólica. Tengo que ser honesto y decir que por lo que sé, albergan inquietudes similares.

Por último, he cambiado el orden de los capítulos del ADN*m* con la intención de agrupar los elementos que parecen pertenecer juntos de manera más natural. Por ejemplo, está claro que discipulado está directamente relacionado con la prioridad y la primacía de Jesús como Señor. De hecho, el discipulado es la única respuesta correcta, es una verdadera apropiación del hecho de que Jesús es mi Señor y Salvador. Pero el discipulado se desarrolla también cuando seguimos a Jesús mientras que Él nos conduce a la misión de Dios para redimir al mundo (la misión encarnacional). Además, se trata de aventura y riesgo y por lo tanto liminalidad-*communitas*. Así que con la aparición de un ADN*m*, todos los demás están en la ecuación. Y mientras que en el ADN*m* todos están interconectados, algunos tienen una relación más obvia que otros.

Asuntos de estilo y sustancia

Como ya he mencionado, *Caminos olvidados* no es un libro práctico, nunca lo fue; es un cambio de paradigma y un libro sobre cómo ser cada vez más consciente de los sistemas operativos en gran medida inconscientes que subyacen bajo todas nuestras actividades y concepciones de la iglesia. Esto es a menudo trabajo difícil debido en gran parte a que estamos atrapados en un paradigma eclesial que ha sido dominante durante mucho tiempo. Ciertamente he escrito libros que aplican las ideas, por ejemplo, *Caminos olvidados - Manual de trabajo,* que es tan práctico como este libro es teórico y visionario. También existe el libro *On The Verge*, en el que el líder de un movimiento plantador de iglesias, Dave Ferguson, y yo, cuidadosamente describimos el proceso de transformación a través del cual las iglesias pueden convertirse en movimientos. Para avanzar en otras formas prácticas, remito al lector a los varios libros suplementarios que he escrito ya que estos son elaboraciones de las ideas enunciadas en este libro.

Este libro está concretamente diseñado para impactar la imaginación del lector ante todo. Presenta un paradigma alternativo, propone un marco sintético y por lo tanto sugiere maneras en las que podemos ver a la iglesia y sus propósitos a la luz de nuestra forma más primordial—lo que yo llamo un movimiento misional (o apostólico, o de Jesús, o transformacional). Este libro pretende ayudarnos a ver el sistema como un todo, para poder observar sus fortalezas estratégicas y defectos así como formas de rediseñar el sistema. Confío en que continuará estimulando nuevas formas de pensamiento e inspirará formas innovadoras de hacer las cosas.

Un punto que merece la pena hacerse aquí es que, si bien ya he dicho que en nuestro tiempo necesitamos desesperadamente de una síntesis, una visión integral de la iglesia en misión, sin embargo, todavía necesitamos hacer algunos análisis que nos ayuden a ver el problema. Si realmente no sabemos lo que no sabemos, debemos ser conscientes de cuál es el problema primero. Así que, fiel al libro original, he realizado en gran parte el análisis misional en la sección 1 y propuesto la síntesis en la sección 2. Nuevos lectores, por favor sean pacientes al tratar de llegar a las respuestas en la sección dos. Para los que hayan leído la primera edición, sección uno será un repaso. He actualizado mucho el material y usted talvez desee leerlo.

Admito que al tratar de exponer nuevas ideas, la primera edición fue algo densa y detallada en varios lugares. Hoy, como un escritor más experimentado, espero haber mejorado mi capacidad de comunicar ideas complejas y paradigmáticas. Aunque he intentado romper las oraciones largas y eliminar redundancias sin dañar el sabor original de la primera edición, el libro todavía se va a sentir como si usted está bebiendo agua de un hidrante. Los lectores familiarizados con mi trabajo saben de mi tendencia a escribir largos capítulos, ahora es infame la terminología hirschiana (neologismos) y el denso lenguaje teológico. Con esta edición, haré lo posible para explicar términos nuevos (hay un glosario para ello), y he tratado, hay que reconocer que no siempre con éxito, de recortar frases y capítulos.

No es para tratar de excusarme, pero creo que la naturaleza abrumadora del libro es en realidad su fuerza. Está destinado a ser un verdadero cuerno de la abundancia de nuevos paradigmas, teología y aforismos. Tengo que ser un poco abrumador para eludir la familiaridad domesticada de iglesia además de todas las otras ideas obsoletas que con el tiempo se unieron a nuestra identidad y praxis. Quizás por esta razón la edición original tuvo un impacto perdurable en la iglesia, así como en círculos académicos. En cualquier caso, confío plenamente en que el Espíritu de Dios le brinde la necesaria sabiduría y discernimiento para saber lo que es apropiado para usted. También, recomiendo que lea el libro varias veces. Yo le puedo asegurar que si usted lo lee sólo una vez, no lo entenderá completamente. Me ha tomado años para reeducar mi pensamiento en términos del Carácter Apostólico, lo que a veces llamo por su nombre genérico "pensamiento sobre los movimientos". Se requiere disciplina y esfuerzo para cambiar el paradigma heredado y para re-escribir una nueva racionalidad a la cual adaptarse. La viabilidad de la iglesia está en juego, así que a estudiar profundamente se ha dicho.

Admito que hay un montón de notas, que dan al libro una sensación de ser quizás excesivamente académico. No es mi intención. Aun con mi mayor esfuerzo de ofrecer contenido sustancial, no soy un escritor que escribe principalmente para la Academia. Por el contrario, mi intención es fortalecer las manos de mis héroes, los pioneros, líderes y profesionales en el frente y en las trincheras misionales. Yo uso las notas simplemente para sugerir lectura adicional, para fundamentar un punto, o para permitir al lector el explorar ideas que, aunque importantes, interferirían con el flujo natural si estas fueran presentadas en el texto. Muchos lectores han dicho que recibieron tanto de las notas al pie como del texto en sí. Con todos estos factores en mente y cuando escribí la nueva edición, decidí cortar algunos materiales fuera del texto principal pero simplemente no podría eliminarlos debido a su relevancia para nuestra búsqueda, así que terminaron en las notas al pie. Es también por esto que ahora hay cuatro nuevos apéndices en la parte posterior del libro. Creo que son importantes pero no esenciales. Espero que si los lee, que sea enriquecido por ellos.

Créalo o no, quizá pude haber dicho mucho más de lo que dije en esta nueva edición, pero no hubiera podido hacerlo sin alterar el espíritu de la primera edición, la cual ha tenido tanto impacto en todo el mundo. Además, como ya he admitido, el texto está ya repleto con lo que deberían ser nuevos pensamientos e ideas claves. Para más exploraciones de los elementos clave de este libro, puede leer algunos de mis otros escritos más adelante.

Adelante, arriba y avance

Si queremos desbloquear el gran potencial (Carácter Apostólico) que se encuentra en gran parte inactivo en el pueblo de Dios, el paradigma sobre movimientos sugerido en este libro debe suplantar el institucional el cual es dominante y convertirse en el objetivo primario a través del cual percibimos el fenómeno que llamamos iglesia. Esto es vital porque el paradigma primario nos permite entender nuestro mundo y negociar nuestro camino con éxito a través de él. Y lo importante, es a través del paradigma misional que estaremos una vez más en una relación fructífera y significativa con los procesos duraderos del universo (ver capítulo 9, "Sistemas orgánicos"). Y al revelar las posibilidades de realización que aún están abiertas para nosotros, proporcionará un incentivo fundamental para encontrar nuevas y mejores formas de ser fieles en el mundo.

El pueblo de Jesús siempre ha contenido en sí mismo las posibilidades de las cuales no siempre ha estado consciente, posibilidades derivadas de la presencia de Jesús y la vida del Espíritu. Podemos y debemos discernir cada vez más cuáles son estos potenciales del reino para así incrementar constantemente nuestro conocimiento y amor para con Dios. Este es el propósito de *Caminos olvidados*. Disfrute la jornada.

Introducción

"Las grandes revoluciones cristianas vinieron no por el descubrimiento de algo que no se conocía antes. Ocurren cuando alguien aplica radicalmente algo que siempre estuvo allí".

—H. Richard Niebuhr

"Tras un tiempo de decadencia, llega el punto de inflexión. Regresa la poderosa luz que había desaparecido. Hay movimiento, pero no es forzado… Es un movimiento natural, espontáneo. Se descarta lo viejo y se introduce lo nuevo. Ambas medidas acordes con el tiempo y, por tanto, sin representar ningún daño".

—Antiguo refrán chino

"En una época de cambio drástico son los aprendices los que heredan el futuro. Los eruditos generalmente se encuentran equipados para vivir en un mundo que ya no existe".

—Eric Hoffer, *Reflections on the Human Condition*

Imaginemos que en el interior del corazón del pueblo de Dios residiera un poder oculto. Supongamos que dicho poder constituyera la "célula madre" que el Espíritu Santo puso en la iglesia, pero que de alguna manera ha quedado enterrada y perdida por siglos de abandono y desuso. Imaginemos que, con su redescubrimiento, ese poder oculto desatara energías notables que propulsen al cristianismo hacia entrado el siglo XXII; el equivalente *misional* de liberar el poder del átomo. ¿No daríamos cualquier cosa por recuperar ese poder todos aquellos que amamos a Dios, a su pueblo y su causa? Yo creo que la idea de un poder *misional* intrínseco y latente no es pura fantasía; de hecho, hay unas fuerzas primitivas latentes en toda comunidad de Jesús y en todo creyente verdadero. No solo existe tal cosa, sino que se trata de un fenómeno claramente identificable, que ha dado energías a los *movimientos cristianos* más destacados y cuya expresión *más* trascendental quizás siga hoy entre nosotros.

El hecho de que hayas empezado a leer este libro significa que no solo te interesa buscar una expresión más auténtica de la *ecclesia* (palabra usada para iglesia en el NT), sino que de alguna manera eres consciente de los cambios radicales de visión del mundo que han tenido lugar en la cultura general de los últimos 50 años. Se llame como se llame, este cambio de lo moderno a lo postmoderno, o de la modernidad sólida a la líquida, a la iglesia en general le ha resultado difícil de aceptar. Nos encontramos perdidos en una confusa jungla global donde los mapas teológicos y culturales que solíamos usar parecieran no servir más. Es como si nos hubiéramos despertado de repente en contacto con una realidad extraña e inesperada que parece desafiar nuestra forma normal de hacer las cosas en la iglesia y su misión. Todo ello resultando en una especie de shock eclesial futuro, que nos deja divagando por un mundo que ya no podemos reconocer. En la lucha por asir nuestra nueva realidad, las iglesias y los líderes de iglesia se han dado cuenta dolorosamente de que nuestros conceptos heredados, nuestro lenguaje, de hecho toda nuestra manera de pensar son inadecuados para describir lo que ocurre en nosotros y a nuestro alrededor. Los problemas surgidos en tal situación no son solamente de carácter intelectual, sino que resultan en una crisis espiritual, emocional y existencial.

La verdad es que el siglo XXI está resultando ser un fenómeno altamente complejo donde nos enfrentamos por todas partes con el terrorismo, la paradigmática innovación tecnológica, la no sustentabilidad del entorno, el consumismo desenfrenado, el cambio discontinuo y las ideologías peligrosas. A la luz de todo ello, incluso la persona más segura en el momento más seguro tiene que admitir que la iglesia tal y como la conocemos se encuentra ante un desafío de adaptación muy importante. La inmensa mayoría del liderazgo de la iglesia actual dice que tiene la sensación de que a sus comunidades les cuesta mucho más negociar con las crecientes complejidades en que se encuentran. El resultado es que la iglesia de Occidente se encuentra en un largo período de declive masivo. En esta situación, nos tenemos que plantear en serio ciertas preguntas: "¿Va a servir más de lo mismo? ¿Disponemos de los recursos heredados necesarios para hacer frente a esta situación? ¿Podemos limitarnos a intentar rehacer el modelo caduco de iglesia que nos ofreció la cristiandad que tanto amamos y comprendemos, y al final, y como quien le da un arreglo de última hora definitivo al sistema, salir con una fórmula magistral?"[1]

Tengo que confesar que no pienso que las fórmulas heredadas sigan funcionando. Es más, sé que no soy el único que piensa así. Hay muchas mentes vagando hoy en día y cada vez se hace más necesaria la búsqueda de alternativas. Sin em-

---

1 Para una definición de cristiandad, consultar el glosario. La naturaleza, historia y estructura de la cristiandad se explican con amplitud en el capítulo dos.

bargo, gran parte del nuevo pensamiento en relación al futuro del cristianismo en Occidente se limita a subrayar el dilema, proponiendo generalmente soluciones que son poco más que revisiones de acercamientos y técnicas del pasado. Incluso gran parte del pensamiento sobre la denominada "iglesia emergente" deja intactas laa suposiciones predominantes de iglesia y misión y se limita a centrarse en cambio en el tema de la teología y la espiritualidad en el contexto postmoderno. Eso resulta en una reelaboración del "software" teológico, mientras se ignora el "hardware" y el "sistema operativo" de la iglesia. En mi opinión, eso no bastará para salir adelante. Ansiosos por fijar nuestra mirada en el futuro y ahondar en nuestra historia y tradiciones en busca de herramientas misiológicas en la caja de herramientas de la cristiandad, muchos de nosotros nos quedamos hundidos en la sensación de que sencillamente no va a funcionar. Las técnicas y herramientas que resultaron idóneas en anteriores épocas de la historia de Occidente sencillamente ya no funcionan. Lo que ahora necesitamos es una nueva caja de herramientas. Un nuevo "paradigma", una nueva visión de la realidad: un cambio fundamental de pensamiento, percepción y valores; sobre todo en lo relacionado con nuestra visión de iglesia y misión.

No es que cavar en el pasado no sea parte de la solución. Lo es. Lo que ocurre es que no solemos retroceder todo lo necesario; o mejor dicho, no cavamos lo suficientemente *hondo* como para encontrar respuestas. De cuando en cuando vislumbramos una respuesta, pero como el remedio es de una naturaleza tan radical y perturbadora, nos retiramos hacia la seguridad de lo familiar y controlable. Las *verdaderas* respuestas, si somos lo suficiente valientes como para buscarlas y aplicarlas, suelen ser más radicales de lo que normalmente estamos dispuestos a pensar y por eso socavan nuestro sentido de ubicación en el mundo y el *estatus quo*; y eso es algo con lo que la iglesia generalmente no suele sentirse cómoda. Pero vivimos en una época en que solamente funcionará una solución que vaya a las raíces de lo que significa ser el pueblo de Jesús.

Las condiciones que afrontamos en el siglo XXI no solamente representan una amenaza a nuestra existencia; también nos ofrecen una oportunidad extraordinaria de descubrirnos a nosotros mismos de una manera que nos oriente en medio de estos complejos desafíos y nos ponga en contacto de nuevo con esa energía latente en el corazón de la iglesia la cual yo llamaré Carácter Apostólico a través de este libro.

El libro que tienes en tus manos podría etiquetarse técnicamente bajo la un tanto aburrida categoría de *eclesiología misional*, ya que explora la naturaleza de los movimientos cristianos y, por tanto, la iglesia, moldeada por Jesús y su misión. Pero no te dejes engañar por esta monótona terminología; la eclesiología misional es pura dinamita. Sobre todo porque la iglesia (la *ecclesia*) cuando cumple su verdadero llamamiento, cuando se ocupa de lo que Dios se ocupa, es por mucho la fuerza más potente de cambio y transformación que se haya visto jamás en el mundo. Ha sido así antes, lo es ahora y volverá a serlo de nuevo. Este libro se ha escrito con la esperanza de que la iglesia de Occidente, por el poder del Espíritu Santo, pueda levantarse y recuperar el increíble poder que llevamos dentro.

La pregunta que comenzó una búsqueda

Hará unos cuatro años antes de la primera edición de este libro, asistí a un seminario sobre iglesia misional en que el orador planteó la siguiente pregunta: "¿Cuántos cristianos crees que había en el año 100 de nuestra era?" Luego preguntó: "¿cuántos cristianos crees que había justo antes de que Constantino entrara en escena, digamos hacia el año 310 de nuestra era?" He aquí una respuesta un tanto sorprendente:

100 d. C., tantos como 25 mil cristianos
310 d. C., tantos como 20 millones de cristianos

Entonces él preguntó algo que me ha perseguido hasta el día de hoy: "¿cómo lo hicieron? ¿Cómo pasaron en apenas dos siglos de ser un pequeño movimiento a convertirse en la fuerza religiosa más importante del Imperio romano?" ¡Esta pregunta si que invita a iniciar un viaje! En ese momento sentí que Dios me estaba llamando a dedicarme a encontrar la respuesta. Era como si mi búsqueda fuese la de encontrar el Santo Grial de la misiología; identificar las claves (si existen) de aquello que podría producir tal increíble crecimiento e impacto a pesar de las condiciones adversas. Sentí también una profunda obligación de tratar de interpretar mis resultados para la iglesia en cualquier otro tiempo y lugar, incluyendo por supuesto el nuestro mientras que nos lanzamos misiológicamente mal preparados al vórtice que es el siglo XXI. Me dediqué totalmente a la tarea. Esta búsqueda culminó en la formulación de lo que yo llamo "Carácter Apostólico" (el sistema generativo que subyace a todas las expresiones altamente transformativas, genuino del movimiento de Jesús) y los diferentes fenómenos o elementos que lo componen, que llamo ADN misional (o ADN*m* para abreviar). Y aquí, creo, se encuentra el poderoso misterio de la iglesia de Jesucristo en su más auténtica y transformadora expresión.

Por tanto, déjame hacerte una pregunta: ¿cómo lo hicieron aquellos primeros cristianos?[2] Y antes de que respondas, he aquí algunos condicionantes que debes factorizar en tu respuesta:

---

2 Rodney Stark es considerado una autoridad sobre estos temas y en su libro *The Rise of Christianity* sugiere una gama de respuestas posibles, desde las más conservadoras a las más amplias. He intentado sacar una media de las mismas (según Stark entre un 40 y un 50% exponencial por década) y compararlas con otras fuentes: esto son los resultados. Consultar Stark, *The Rise of Christianity: How the Obscure, Marginal, Jesus Movement Became the Dominant Religious Force in the Western World in a Few Centuries*, pp. 6–13.

- *Durante todo ese período se trataba de una religión ilegal.* Como mucho, eran tolerados, y en el peor de los casos, severamente perseguidos.
- *No disponían de edificaciones como iglesias, tal y como las conocemos ahora.* Los arqueólogos han descubierto algunas capillas de ese período, pero se trata claramente de excepciones a la regla. Lo normal era reunirse en casas pequeñas que se preparaban para este fin.
- *Ni siquiera disponían de las Escrituras tal y como las conocemos ahora.* Durante ese período todavía se estaba formando el canon.
- *Carecían de una institución y del tipo de liderazgo profesional al que normalmente las asociamos.* En tiempos de calma relativa aparecieron elementos prototipo de institución, pero tal y como entendemos una institución, como mucho se trataba de elementos pre-institucionales.
- *No disponían ni de servicios evangelísticos especiales, ni de grupos de jóvenes, ni de bandas de alabanza, ni de seminarios, ni de comentarios,* todas las cosas que hoy consideramos esenciales para ser iglesia.
- *De hecho para unirte a la iglesia, te lo ponían bastante difícil.* A finales del siglo segundo, los aspirantes conversos debían atravesar un período de iniciación para demostrar que eran aptos para ser parte de la comunidad de bautizados.

De hecho carecían de todas esas cosas que normalmente usaríamos para resolver los problemas de la iglesia y sin embargo, ¡en doscientos años pasaron de ser veinticinco mil a ser 20 millones! Así que, ¿cómo lo hizo la Iglesia primitiva? Si encontramos respuesta a esta pregunta, quizás encontremos también la respuesta que necesitamos hoy en día para la iglesia en nuestro contexto.

Pero antes de poder descartar el ejemplo del movimiento de la Iglesia primitiva por considerarlo una anomalía en la historia, hay en nuestra propia época una manifestación del Carácter Apostólico,[3] y de ese poder único y explosivo inherente a todo el Pueblo de Dios, de hecho aún más sorprendente. Me refiero a la iglesia clandestina de China. Su historia es verdaderamente asombrosa: cuando Mao Tse Tung subió al poder e inició la purga sistemática de la religión, la iglesia china, que estaba bien establecida según los criterios occidentales debido a la colonización, contaba con un número estimado de dos millones de adeptos. Como parte de su persecución sistemática, Mao hizo desaparecer a todos los misioneros extranjeros y ministros religiosos, expropió todas las propiedades de la iglesia, ejecutó a los líderes de primera fila, mató o encarceló a los de segunda y tercera fila, prohibió las reuniones públicas de cristianos, amenazándoles con la muerte y la tortura, y luego procedió a perpetrar una de las persecuciones más crueles que los cristianos han sufrido a lo largo de toda la historia.

---

3 Ver Glosario.

El objetivo explícito de la Revolución Cultural era hacer desaparecer de China el cristianismo (y todo tipo de religión). Al final del reinado de Mao y de su sistema, a finales de los 70, y tras la consecuente caída del "muro de bambú" a principios de los ochenta, se permitió de nuevo que los cristianos entraran en el país, aunque bajo una supervisión estricta. Esperaban encontrarse con una iglesia totalmente diezmada y unos discípulos débiles y abatidos. Todo lo contrario, descubrieron que el cristianismo había florecido mucho más allá de lo que nadie se podía haber imaginado. Las estimaciones de entonces fueron de 60 millones en China, pero hay que seguir contando, ya que desde entonces no han parado de crecer. David Aikman, antiguo corresponsal de la revista Time en Beijing, sugiere en su libro *Jesus in Beijing* que los cristianos podrían sumar unos 80 millones.[4] Está claro que con el fenómeno de China, estamos presenciando el movimiento cristiano transformador más importante de la historia de la iglesia. Recordemos que al igual que los primeros cristianos, estas personas disponían de muy pocas Biblias (a veces tenían una sola página para toda una iglesia, que luego intercambiaban con otra). No disponían de clero profesional, ni de estructuras de liderazgo oficiales, ni de organización central, ni de encuentros masivos. ¡Con todo y eso, crecían como locos! ¿Cómo es posible? ¿Cómo lo hacían? Y ¿qué podemos aprender de esto?[5]

Pero podemos observar patrones de crecimiento similares en otros movimientos históricos. Steve Addison[6] señala que a finales de la vida de John Wesley, uno de cada treinta hombres y mujeres ingleses eran metodistas. En 1776 menos del 2% de los americanos eran metodistas. Para el año 1850, el movimiento decía contar con un 34% de la población. ¿Cómo lo hicieron? El siglo veinte ha visto el levantamiento del pentecostalismo como uno de los movimientos misioneros que ha crecido más rápido en toda la historia de la iglesia. Empezó humildemente a principios del 1900, alcanzando los 400 millones de seguidores a finales del siglo veinte. Se calcula que hacia el año 2025, el pentecostalismo contará con mil millones de adeptos en todo el mundo.[7] ¿Cómo lo hicieron los pentecostales? Las historias transformadoras de estos movimientos misionales nos proporcionan espejos a través de los cuales podemos compararnos a nosotros mismos. Nosotros,

---

4 Yancey, "Discreet and Dynamic: Why, With No Apparent Resources, Chinese Churches Thrive,", p. 72.

5 Otro movimiento destacado que cambió el destino de Europa y más allá fue el movimiento celta. Queda fuera del alcance de este libro el explorar la naturaleza de las misiones irlandesas a Occidente, pero tiene muchas similitudes con las de la Iglesia primitiva y la de la Iglesia china.

6 Addison, Movement Dynamics, Keys to the Expansion and Renewal of the Church in Mission, p. 5.

7 McClung, *"Pentecostals"*. Consultar también a Hollenwager, "From Azusa Street ", 3, 1 citado en Karkkainen, "Pentecostal Missiology in Ecumenical Perspective: Contribution, Challenges, Controversies" en *International Review of Mission*", pp. 207–25.

los que a pesar de nuestros años de historia, la riqueza acumulada y tantos recursos, parecemos tener una comprensión mucho más disminuida y una expresión significativamente menos potente de la iglesia. Los movimientos ejemplares de la historia, como testigos, nos llaman a una expresión más perfecta del movimiento transformador que Jesús originalmente tuvo la intención de producir.

La tarea central de este libro es la de meterse bajo el capó de los movimientos, buscar e identificar los elementos sutiles, la matriz teológica, las ideas y las prácticas que deben unirse para generar y sostener los movimientos que cambian el mundo. Como dije antes, el fenómeno que da origen y dirección a los movimientos es lo que llamo Carácter Apostólico y los elementos que la componen les he llamado ADN*m*; *m*ás adelante los definiré con más detalle. El objeto de este libro es explorar el Carácter Apostólico y tratar de interpretarlo en nuestro propio contexto misional o en nuestra situación en Occidente. Estos dos ejemplos (la Iglesia primitiva y la iglesia china) han sido escogidos no por tratarse de movimientos destacados, sino porque uno de ellos pertenece a la antigüedad y el otro es contemporáneo; de esta manera podemos observar el Carácter Apostólico en dos contextos radicalmente distintos. También los he escogido porque ambos movimientos sufrieron importantes amenazas a su supervivencia; en ambos casos dicha amenaza tomó la forma de una persecución sistemática. Se trata de algo significativo porque, como explicaré más adelante, la iglesia de Occidente se enfrenta a su propia forma de desafío de adaptación, en el sentido de que lucha con las complejidades del siglo XXI, las cuales representan una amenaza a nuestra propia supervivencia.

La persecución llevó tanto al primer movimiento cristiano como a la iglesia china a descubrir su verdadera naturaleza como pueblo apostólico. La persecución los forzó a alejarse de confiar en cualquier tipo de institución religiosa centralizada y los forzó a vivir más de cerca, y con más coherencia, el mensaje original, es decir, el Evangelio. Debemos dar por sentado que si una persona está dispuesta a morir por seguir a Cristo es que tiene todas las probabilidades de ser un verdadero creyente. Esta persecución, bajo la soberanía de Dios, actuó como un medio para mantener dichos movimientos leales a su fe y dependientes de Dios; los purificó de la escoria y de cualquier tipo de parafernalia pseudo eclesiástica innecesaria. Y de esta manera, siendo *auténticos* con el Evangelio, desataron el poder del Carácter Apostólico. Es una gran lección para nosotros: al hacer frente a nuestros desafíos tendremos que estar seguros de nuestra fe y de quién es la persona en quien confiamos. Vivimos en un momento crucial, y las decisiones tomadas ahora determinarán el curso o trayectoria de la iglesia en el siglo XXI. Insto al lector a reflexionar sobre estas cosas, largo, duro y profundo, porque el destino del movimiento de Jesús en Occidente está en la cuerda floja. Nuestras decisiones son importantes. . . y no hacer nada es elegir no hacer nada. Seamos claros sobre eso.

Los caminos olvidados

Como sugiere el nombre del libro, estoy convencido de que tenemos las respuestas a nuestra crisis, pero las hemos en gran parte olvidado, extraviado o suprimido. Observando estos movimientos que claramente carecen de nuestros amplios recursos, debemos concluir simplemente que Jesús ha dado a su *ecclesia* (el movimiento de la iglesia) todo lo que necesita para hacer el trabajo. Él ha diseñado a su *ecclesia* como la gente que ha de transformar el mundo en su nombre—una lectura rápida del Nuevo Testamento indica que los propósitos eternos de Dios deben ser resueltos principalmente por medio de su pueblo. Tras el renacimiento de la iglesia en China, podemos concluir que la semilla del futuro en realidad existe ya en el vientre del presente; que cada iglesia que vive bajo el nombre de Jesús tiene todos los mismos potenciales latentes que fueron tan evidentes en la *ecclesia* del Nuevo Testamento, la Iglesia primitiva, el movimiento chino y todos los otros movimientos entre estos. Todo lo que tenemos que hacer es recuperar esa semilla, fomentar las condiciones para su crecimiento sano, muy deliberadamente quitar cualquier impedimento y permitir que el Espíritu Santo, una vez más, nos conecte con nuestro Mesías, Jesús, y nos dé poder para avanzar Su causa redentora.

Para rematar este concepto un tanto esquivo de potenciales durmientes (o latentes), recordemos la historia de *El Mago de Oz*. El personaje principal de esta entrañable película es Dorotea, a quien un gran tornado arrastra desde Kansas hasta la mágica Tierra de Oz. Quiere volver a casa y le guía Glinda, la bruja buena del Norte, quien le aconseja andar hasta Ciudad Esmeralda y allí pedir consejo al Mago. Por el camino de adoquines amarillos se le suman tres compañeros: un espantapájaros, a la espera que el Mago pueda darle algo de cerebro; el hombre de estaño, a la espera que el Mago le dé un corazón; y el león cobarde, a la espera de adquirir algo de coraje. Tras sobrevivir a algunos peligrosos ataques de la bruja mala del Oeste, así como de numerosas criaturas monstruosas, por fin consiguen llegar a ver al Mago y se encuentran con que es un fraude. Dejan Ciudad Esmeralda desolados. Pero la bruja malvada percibe la magia de los zapatos de rubí de Dorotea y no los deja solos. Tras un encuentro final con la bruja malvada y sus secuaces, superan la fuente del mal y liberan a Oz. Pero a través de todas estas pruebas y de la victoria final descubren que, de hecho, ya tienen lo que andaban buscando; lo habían tenido siempre. El espantapájaros es muy inteligente, el hombre de estaño tiene un corazón de carne y hueso y el león después de todo resulta ser muy intrépido y valiente. No necesitaban al Mago para nada; lo que necesitaban era una situación que los forzara a descubrir (o activar) lo que ya poseían. Tenían lo que todos buscaban, solo que no eran conscientes. Recapitulando, Dorotea tuvo todo el tiempo consigo la respuesta a su deseo de volver a casa; tenía la capacidad de regresar a Kansas ... en sus zapatos de rubí. Solo tenía que golpearlos tres veces entre sí y sería transportada de nuevo a su hogar en Kansas.

Esta historia subraya el planteamiento central de este libro y nos da una pista de por qué del título *Caminos olvidados*: es decir, que todo el pueblo de Dios llevamos dentro la misma fuerza que dio energía al movimiento de la Iglesia primitiva y que actualmente se manifiesta en la iglesia clandestina china. El Carácter Apostólico (el potencial misional original del Evangelio y del pueblo de Dios) yace dormido en cada uno de nosotros en todas las iglesias locales que intentan ser fieles a Jesús en cualquier época. Simplemente nos hemos olvidado de la manera de acceder a él y de ponerlo en marcha. Este libro se ha escrito para ayudarnos a identificar los elementos constituyentes y poderlos reactivar para ser de nuevo un verdadero movimiento cristiano transformador en Occidente.

Furtiva vista previa

Se proporciona un glosario de términos al final del libro para ayudar al lector con las definiciones y nuevos términos que se utilizan en todo el libro; puede que desee marcar esta sección para una referencia fácil en la lectura. Usted también encontrará cinco apéndices en la parte posterior, que contienen importante material sobre liderazgo, cambio y organización que sirve como referencia a mucho del presente trabajo. Podemos aprender una cantidad sorprendente de la vida, la adaptación y la organización del estudio de lo que se llama teoría de los sistemas vivos; por lo tanto sugiero fuertemente que el lector se empape de la misma. También se incluye un curso acelerado sobre la teoría del caos. Pero, pongámonos el casco... después de todo, se trata de un curso acelerado.

Como quedará claro a lo largo de este libro, estoy empeñado en la idea de traducir al primer mundo las mejores prácticas de misión desarrolladas durante el último siglo en las otras dos terceras partes del mundo. A este acercamiento se le ha llamado de manera apropiada *misiones al primer mundo* y descubrirás que soy un ardiente partidario del mismo. Aunque este libro trata primariamente de la misión entre todo el pueblo de Dios, la misión no se limita a la misión corporativa de la iglesia local o de la denominación. La misión debe darse en y a través de cada aspecto de la vida. Y esto lo hacen todos los cristianos en todas partes. Ambas formas de misión, la misión apostólica de la comunidad y la expresión individual de misión del pueblo de Dios, deben ser activadas si queremos convertirnos en una verdadera iglesia misional.

He estudiado durante mucho tiempo la naturaleza de los movimientos sociales y religiosos. He intentado aprender ¿qué es lo que hace que los movimientos marquen una diferencia?, ¿qué es lo que hace que propaguen el Evangelio de manera tan eficaz (a diferencia de las instituciones más estáticas)? Creo con todo mí ser que si recuperamos el carácter genuino de los movimientos, entonces podremos restaurar algo del dinamismo de los movimientos cristianos de la historia.[8] El lector discernirá a lo largo del libro esta fascinación por los movimientos. Es el paradigma dominante, el principal objetivo de nuestra empresa será reinterpretar a la iglesia en Occidente como un movimiento.

Otro rasgo de este trabajo es la crítica coherente al institucionalismo religioso y, como esto a algunos les puede resultar un poco inquietante, vale la pena aclararlo para evitar posibles malos entendidos. Soy crítico del institucionalismo no porque piense que es una mala idea, solo que, a través de mi estudio del fenómeno de los movimientos de Jesús, he llegado a la enervante conclusión de que el pueblo de Dios tiene mucho más potencial cuando funciona dentro de estructuras flexibles y opera con muy poco dentro de instituciones religiosas rígidas. El movimiento chino nos enseña sobre este punto: la iglesia china tuvo que someterse a la desinstitucionalización forzada para poder recuperar el potencial misional latente en el sistema. Para mayor claridad, hay que hacer una distinción concreta entre la estructura organizativa necesaria y el institucionalismo.

Como veremos, las estructuras son absolutamente necesarias para la acción humana cooperativa, así como el mantener ciertos patrones de coherencia social. Sin embargo, parece que con el tiempo las estructuras impersonales de la institución cada vez van asumiendo más roles, responsabilidades y autoridad; cosas que legítimamente pertenecen a todo el pueblo de Dios en su expresión local y original. Es cuando llegamos a este punto que las cosas tienden a complicarse.[9] El material en sí queda estructurado en dos secciones.

---

8 Usaré el término Movimientos de Jesús de una manera aproximada a lo que David Garrison llama Movimientos de plantación de iglesias. Los define como una "movilización rápida de iglesias autóctonas que plantan iglesias y alcanzan a una tribu o población". Consultar Garrisson, *Church Planting Movements*, p. 21.

9 Observamos en la historia que a través de la consolidación y centralización del poder, las instituciones empiezan a reclamar para sí una autoridad que en principio no se les había otorgado y que no tienen ningún derecho teológico a reclamar. Entonces las estructuras de la *ecclesia* se politizan y por tanto reprimen cualquier actividad que represente una amenaza a su propio status quo. Esto es el institucionalismo, e históricamente casi siempre ha significado la expulsión efectiva de los elementos más creativos y disparatados (p. ej. Wesley y Booth). Esto no quiere decir que la iglesia no parezca haber recibido algún orden (estructura) divino. Lo que quiere decir es que este orden casi siempre queda legitimado directamente a través de la afirmación por parte de la comunidad del llamamiento, el carácter personal, el fortalecimiento carismático y la autoridad espiritual. Permanece siempre como algo personal y nunca se mueve meramente como algo institucional. Nuestro modelo no tiene que ser nada menos que el de nuestro Fundador. Parece que sólo Él puede ejercer un poder importante sin acabar por abusar del mismo.

Sección uno

La sección uno trata de montar el escenario en referencia a mi propia narrativa, intentando ayudar al lector a rastrear algunas de las experiencias e ideas seminales que han guiado mi pensamiento y disparado mi imaginación. Al narrar algunos de los temas centrales de mi propia historia, espero conducir al lector por lo que he llamado una lectura misional de la situación de la iglesia en Occidente. Esto quedará diseminado por los primeros dos capítulos: el capítulo uno trata el tema desde la perspectiva de una práctica local que intenta guiar un complejo movimiento de plantación de iglesias en zonas complicadas de la ciudad y a través de los grandes cambios que ocurren a nuestro alrededor. El capítulo dos explora la situación misional en que nos encontramos a nivel estratégico y más allá de lo local. Estas dos perspectivas, una macro y otra micro, son vitales para llegar a captar los conceptos de iglesia misional y encarnacional.

Sección dos

Esta es una sección absolutamente clave. *Se trata* del corazón del libro en un intento de describir el Carácter Apostólico y los elementos constituyentes del ADN*m* que lo activan.[10] Los impacientes, los que carecen de tiempo o los que piensan que no necesitan de una lectura misional de la situación de la iglesia, pueden saltar directamente a esta sección porque la verdadera substancia del libro se encuentra en realidad en la sección dos. Sin embargo, creo que el lector se verá ampliamente recompensado por la lectura de los capítulos uno y dos y por eso lo recomiendo de corazón.

Einstein dijo una vez que cuando la solución es simple, es que Dios está hablando. Siguiendo su consejo, he intentado discernir la quintaesencia necesaria para crear el Carácter Apostólico y simplificarlo a unos componentes absolutamente irreductibles. Es importante tener en cuenta que lo que estoy diciendo es que cada vez que veo un movimiento de Jesús que tiene esta forma de crecimiento e impacto, todos los seis elementos están claramente presentes y observables. Asumiendo la penetrante presencia previa y la obra del Espíritu Santo, podemos observar seis elementos sencillos pero interrelacionados del ADN*m*, los cuales forman una estructura compleja y llena de vida.

Nos presentan un paradigma poderoso que nos servirá de referencia para valorar nuestra actual comprensión y experiencia de iglesia y misión. Son los siguientes:

---

10 Cuando nos pongamos a valorar la presencia del CA en nuestras propias iglesias, introduciré la idea de la aptitud misional o de la agilidad misional. Estoy intentando producir una herramienta de búsqueda online que ayude a las iglesias a valorarlo por ellas mismas en su propio contexto. Consultar la página web: www.theforgottenways.org para más detalles.

- **Jesús es el Señor**: al centro y perímetro de todo movimiento significativo existe una confesión muy sencilla. Sencilla, pero que vibra plenamente gracias a las energías primarias de la fe bíblica, es decir, la fe que proclama a un solo Dios sobre todos y cada uno de los aspectos de nuestra vida y la respuesta de Su pueblo a dicha afirmación (Dt. 6:4-6 en adelante). En el Nuevo Testamento y los posteriores movimientos, esto se expresaba de manera simple: "¡Jesús es el Señor!" Con esta sencilla confesión cambiaron el mundo.[11]

- **Hacer discípulos**: se trata, en esencia, de la irremplazable tarea de toda una vida, de llegar a ser como Jesús, encarnando su mensaje. Es aquí donde quizás fracasan muchos de nuestros esfuerzos. Hacer discípulos es una labor central irreemplazable en la iglesia y debe ser estructurada en la fórmula básica de todas las iglesias (capítulo cinco).

- **El impulso misional-encarnacional**: el capítulo seis explora los impulsos gemelos de movimientos misionales destacados. En concreto, el empuje dinámico hacia afuera y el impulso de profundización que lo acompaña, y que conjuntamente siembran y enclavan el Evangelio en diferentes culturas y pueblos.

- **Liminalidad-communitas**: las comunidades con más vigor son aquellas que se han formado en el contexto de una prueba compartida, o bien comunidades que se definen como un grupo con una misión que va más allá que ellos mismos; iniciando, pues, un camino arriesgado. La excesiva preocupación por la seguridad, combinada con la conveniencia y la comodidad, ha acallado nuestro verdadero propósito y llamamiento. A todo el mundo le gusta la aventura. ¿O no? Este capítulo pretende devolver a la aventura su papel.

- **Cultura APEPM**: el capítulo ocho se fija en otro elemento del auténtico ADN*m*; la influencia apostólica y el entorno fértil que crea al iniciar y mantener los movimientos fenomenales de Dios. Esto tiene relación con el tipo de liderazgo y de ministerio que se necesitan para sostener el impacto y el crecimiento metabólico.

- **Sistemas orgánicos**: el capítulo nueve explora el siguiente elemento del ADN*m*, la idea de unas estructuras idóneas para el crecimiento metabó-

---

11 El capítulo 3 trata del centro espiritual de todas las manifestaciones del Carácter Apostólico. Al tratar de identificar las energías espirituales y teológicas esenciales que motivan los movimientos parabóli-cos, sería muy fácil dejarse caer en el reduccionismo teológico. Pero en lo que concierne a los movimientos cristianos destacados, hay un claro centro en torno al que se funde el ADN*m* y debe ser mencionado. Pero a fin de destilar dicho centro, se han omitido las enseñanzas específicas de Jesús sobre el reino de Dios, la doctrina de la encarnación, la denominada *missio Dei* (misión de Dios) y la respuesta de la iglesia a estas acciones de Dios. Sin embargo, estos temas clave han quedado insertados en diferentes secciones del libro. Espero que el lector lo entienda y me perdone por no tratarlos de manera más directa.

lico. Los movimientos fenomenales de Jesús crecen precisamente por carecer de instituciones centralizadas que bloqueen el crecimiento a través del control. Veremos que los movimientos más destacados dan la sensación de movimiento, se estructuran en red y se propagan como un virus.

Por tanto, la estructura del Carácter Apostólico podría parecerse a algo así (ver gráfica):

Método en la locura

Como queda reflejado más arriba, la labor de este libro es tratar de identificar los elementos irreducibles que constituyen el Carácter Apostólico.[12] Para ello voy a usar como casos de estudio la Iglesia primitiva y la iglesia china del siglo XX.[13] Después de discernir lo que parecen patrones distintivos, he intentado probar la validez de los mismos en otros movimientos importantes de la historia de la iglesia. El resultado, hasta donde llega mi propia pericia, es que dichos patrones son completamente congruentes. Hasta donde yo he podido constatar, *cada movimiento misional transformador en la historia tiene todos los seis elementos del ADNm de manera demostrable.* Esto es fundamental para la tesis central del libro, esto será más claro a medida que seguimos adelante.

Además, este libro no se ha escrito desde la perspectiva de un académico, sino más bien desde la perspectiva de un misionero y estratega, en su intento de ayudar a la iglesia a formular un paradigma misional que nos pueda acompañar por las complejidades del mundo del siglo XXI, en el cual hemos sido llamados a ser fieles. Por eso doy grandes pinceladas, no pinto en detalle; en parte porque esa es mi personalidad y acercamiento a las cosas, esto irritará a algunos de los que están impacientes con conceptos y quieren un producto listo para implementar

---

12 Para los interesados, Caracter Apostolico tambien puede ser llamado "fenomenología del movimiento misional".

13 En referencia a ambos ejemplos, en todo el libro iré alternando los términos 'movimientos apostólicos', 'movimientos fenomenales' o 'movimientos de Jesús'.

modelos que pueden simplemente conectarse y utilizarse. Mi objetivo es abordar las ideas y el pensamiento, la racionalidad que subyace en el paradigma existente y a lo que nos mantiene ciegos a nuestro propio potencial innato como movimiento. Einstein observó una vez que el tipo de pensamiento que resolverá los problemas del mundo debe ser de un orden diferente al tipo de pensamiento que creó los problemas en primer lugar. Siguiendo esta lógica, tenemos que pensar fuera de la caja de nuestro paradigma actual para poder resolver los problemas de ese paradigma. Esto no es fácil porque las personas se vuelven ciegas al mismo sistema en el que están profundamente involucradas. Estamos atrapados por una serie de reducciones teológicas derivadas de la eclesiología de la cristiandad y debemos buscar una vez más en el propio sistema con el fin de replantear nuestro entendimiento. Esto significa que tenemos que explorar las grandes ideas, así como los supuestos que traemos a nuestro entendimiento actual.

Aquellos que anhelan el detalle fino también buscarán en vano, mi enfoque es "ver" el sistema como un todo evitando el centrarse en las partes. Aquí estoy destilando, sintetizando, centrándome en lo que yo llamo las meta ideas (las ideas claves que controlan y desbloquean las demás). Mientras que esto significa que no se dice todo lo que se podría decir, me aseguro de que obtengamos el panorama más completo. Y aunque estoy destilando las cosas hasta sus irreducibles bases esenciales, me siento como el proverbial viajero vikingo que tomó las piedras preciosas dejando detrás sus intrincadas y preciosas montaduras; sin embargo, creo que tenemos que ver las cosas en su forma más simple y aún más elocuente. Necesitamos un nuevo paradigma, no un producto reciclado de lo ya existente. Por tanto, lo importante es el todo y no solamente las partes individuales.

Por eso el libro es más prescriptivo que puramente descriptivo. Lo he escrito casi siempre con la práctica misional en mente. Es por ello que quizás interese más a quienes están dirigiendo una iglesia, quienes estén iniciando nuevas maneras de que una comunidad cristiana del siglo XXI sea sostenible (lo que yo denominaré la Iglesia Misional Emergente), y/o a quienes participen en el ministerio a nivel estratégico, es decir, dirigiendo movimientos, organizaciones para-eclesiásticas y/o denominaciones.

Por tanto, al explorar estas ideas, tengo la sensación de estar asomándome a algo muy profundo, que si logramos recuperar y aplicar, podría tener considerables ramificaciones en el cristianismo occidental. Lo digo como persona que no reclama nada como suyo. Como mucho, al igual que todos los que gozamos de la gracia de Dios, tengo la sensación de ser el humilde receptáculo de una revelación, el desentierro de algo primitivo, de lo cual tengo el privilegio de participar. Este libro es un intento claramente imperfecto de articular esa revelación tan escurridiza de la naturaleza del Carácter Apostólico; algo que pertenece al mismo Evangelio y por tanto a todos aquellos que viven conforme al mismo. Albert

Einstein dijo que cuando se asomaba a los misterios del átomo, tenía la sensación de estar mirando cosas increíbles y maravillosas por encima del hombro de Dios. Debo admitir que he tenido esta misma sensación tan imponente al mirar todas estas cosas relacionadas con movimientos.

Haciendo un misionero

◆

Una mirada desde el margen
confesiones de un misionero frustrado

"Si quieres construir un barco, no convoques a la gente para comprar madera, preparar las herramientas, distribuir las tareas y organizar el trabajo. Lo que tienes que hacer es enseñar a la gente a anhelar el amplio y vasto océano".

—Antoine de Saint-Exupéry

"Fracaso es mucho más el resultado de un exceso de cautela que el de la audaz experimentación de nuevas ideas. Las fronteras del reino de Dios jamás se han ampliado a base de hombres y mujeres precavidos".

—J. Oswald Sanders

"Lo que tenemos es . . . una sociedad pagana cuya vida pública se rige por creencias que son falsas. Y porque no es un paganismo pre-cristiano, pero un paganismo nacido del rechazo del cristianismo, es mucho más duro y más resistente al Evangelio que el paganismo pre-cristiano con el que misioneros extranjeros han estado en contacto durante los últimos doscientos años. Esta, sin lugar a dudas, es la frontera misionera más desafiante de nuestro tiempo".

—Lesslie Newbigin

En el verdadero estilo bíblico, una comprensión fiable de la naturaleza de las cosas proviene de una narración; un relato sobre la acción de Dios sobre el ser humano a través de los tropiezos e inclemencias de la verdadera historia de la humanidad; incluyendo ahí la nuestra propia. Al disponerme a explorar las ideas seminales de este libro, necesito situar dicha búsqueda en el contexto de mi propia historia porque ha sido justamente a través de mi propia lucha personal en la misión y a través de esfuerzos permanentes para conducir a la iglesia hacia una labor misional genuina, que he llegado a las conclusiones que presento en este libro. Puedo hablar con autoridad acerca de mi propia historia.

Así que con el consentimiento del lector, ahora prosigo a contar mi historia: es un relato que rebosa redención. Una historia acerca de la acción de Dios en el caos de las personas, las comunidades y las organizaciones con las que he tenido el privilegio de hacer ministerio. Voy a entretejer varios aspectos de análisis misional en la narrativa con la esperanza de pintar un panorama de los dilemas comunes que enfrentan todas las iglesias en todo el mundo occidental.

"Sur"

Sin lugar a duda, la experiencia ministerial que más me ha formado ha sido mi colaboración con una destacada iglesia en un barrio bajo del sur de *Melbourne* llamada *Restoration Community* (SMRC), donde tuve el privilegio de ejercer el liderazgo durante unos 15 años. Me resulta difícil hablar de los 140 años de historia de esta iglesia porque yo soy tan solo un añadido tardío; para ser exactos empecé allí en el año 1989. Pero con respecto a este libro, lo que nos interesa señalar es que esta iglesia, llamada originariamente *South Melbourne Church of Christ*, había cumplido el patrón que ahora nos resulta tan familiar y que ha marcado a tantas iglesias de la posguerra por todo Occidente: nacer (a finales del siglo XIX), crecer (a principios del siglo XX) para luego decaer rápidamente. Cuando mi esposa Deb y yo fuimos llamados como pastores novatos en 1989, éramos el último cartucho en el intento de dar un giro a la situación. Si no salíamos adelante, la iglesia había decidido desistir y cerrar la puerta. Como la situación era relativamente desesperada, esta iglesia estaba dispuesta a albergar la comunidad totalmente nueva que se iba a desarrollar. Y esta es la historia con la que me siento más identificado.

Este particular relato de redención empieza con un tipo más bien estrafalario y de mirada salvaje llamado George. George, entre otras cosas, comerciaba con drogas y trabajaba de 'roadie' (técnico de sonido para grupos musicales). Había acumulado un montón de multas por mal estacionamiento que no tenía ninguna intención de pagar. Por entonces la ley permitía unos días de prisión en lugar del abono de las multas y George decidió que eso era mejor que separarse de los dólares que tanto le había costado ganar con las drogas. Así que prefirió pasar 10 días en la cárcel que pagar las multas.

Hay que decir que George era un buscador (NT: algunos le llamaban 'tripper', en castellano, excursionista, caminante, viajero) y le encantaba filosofar sobre la naturaleza de las cosas. Por entonces estaba explorando una amplia variedad de ideologías religiosas. Cuando le tocó entrar en la cárcel ya había pasado por una larga lista de religiones y llegó el momento de enfrentarse a la Biblia. Así que cogió la voluminosa Biblia griega que su madre tenía en casa y se la llevó consigo a la cárcel. Para sorpresa suya, entre sus páginas encontró a Dios (o más bien, Dios le encontró a él), encontró nueva vida en Jesús ahí mismo, en la celda de la prisión. Cuando salió, se contactó con su hermano John, otro loco igual de radical, quien también entregó su vida a Cristo y empezó a seguirle. Con un celo peculiar, estos dos hombres empezaron a hacer una lista de todos sus amigos, contactos y personas a quienes habían vendido droga y armados con una gran Biblia griega negra, versión Reina Valera, y un video de *Late Great Planet Earth*[1] (que usaban con más eficacia que la Biblia), fueron a encontrarse con todas las personas de su lista. Al cabo de seis meses, ¡cincuenta personas habían entregado ya su vida al Señor! Una de ellas se convertiría más tarde en mí querida esposa: Debra. Junto con su hermana Sharon volvían de un viaje de LSD cuando vieron el video y se decidieron por Jesús. ¿Cómo no se iban a convertir mirando *esa* película bajo los efectos del ácido? Fue algo sorprendente, y lo menciono aquí porque dice mucho de cómo Dios obra en las zonas limítrofes de la sociedad a través de la obediencia radical de dos excéntricos hermanos griegos llamados George y John. Era como si a través de George y John, Dios hubiera recogido para sí a unas personas del bajo mundo de Melbourne. En el grupo había gays, lesbianas, góticos, drogadictos, prostitutas y algunas personas relativamente normales; aunque todos ellos eran feroces juerguistas. Este grupo de indomables, siguiendo su instinto espiritual latente empezaron inmediatamente a apiñarse por las casas y a construir una vida comunitaria. Fue justo por entonces, unos seis meses después de la conversión de George, cuando entré yo en la escena. Aunque procedía de un trasfondo similar, en ese momento era un estudiante de primer año en un seminario teológico y estaba buscando una experiencia radical. Por una serie de acontecimientos, y para mi sorpresa, se me preguntó si podía dirigir este insólito grupo de personas. Mirando hacia atrás, mi conexión con este grupo se convirtió en un motivo clave en mi vida y en mi camino hacia el liderazgo misional.

Esa comunidad hervía. Y como acogía a cualquiera que necesitara una cama, la casa principal, la cual antes fue diseñada para ser utilizada como burdel, estaba atiborrada de gente realmente extraña. A veces se comerciaba con droga en las habitaciones de atrás mientras la sala de estar estaba a tope de gente haciendo un estudio bíblico. John y George fueron arrestados varias veces por entorpecer la paz y hacer ruido al intentar sacar demonios de alguna víctima involuntaria en el

---

1 Para quienes sean de generaciones posteriores, este video estaba basado en la visión apocalíptica del siglo XX de Hal Lindsay. Es una visión peculiar del fin de los tiempos y básicamente una manera de asustar a la gente para que aceptaran a Jesús como Señor y Salvador.

patio de atrás. Y si todo esto suena un tanto fuerte, déjame que te cuente que a pesar del considerable caos y ambigüedad de todo ello, en ese grupo de personas había algo maravillosamente *apostólico*. Parecían causar un enorme impacto sobre cualquier persona que entrara en contacto con ellos. El Espíritu Santo a veces estaba casi tangiblemente presente. Como mínimo, estaba muy dispuesto a estar presente en medio del caos. Esa experiencia también nos introdujo a todos en un modelo de ministerio radical, modelado por un destacado pastor llamado Pat Kavanagh. Pat, un hombre mayor que venía de un mundo muy distinto, fue un modelo de amor redentor en medio del desastre y aquella comunidad sobrevivió y se transformó en gran parte gracias a él.

En cualquier caso, para abreviar, la mayor parte de este grupo acabó por unirse a nosotros en la South Melbourne Church of Christ cuando se nos pidió que fuéramos al terminar el seminario. Es aquí donde entran en contacto las dos historias; y en muchos aspectos las dos imágenes alternativas de la iglesia, la iglesia institucional en declive, y la iglesia vigorosa de base. Y así empieza la historia tan importante en la que tuve el privilegio de participar. Lo más destacable es que ahí, en ese grupo de gente espontánea, caótica, ajena a la iglesia, estaban latentes las semillas de un movimiento ágil y evolutivo desde mucho antes que nosotros supiéramos ni de la existencia del concepto. Y aunque nos costó un poco de tiempo, y mucha experimentación reflexiva, llegar ahí, creo poder decir que "South" (ahora llamada Red Church) dispone ahora de todos los elementos de un movimiento misional genuino y se halla en el proceso de convertirse en uno en la ciudad de Melbourne, Australia.

Tratándose de un libro sobre dinámicas misionales, llegados a este punto es apropiado comentar una característica importante de los movimientos de Jesús. En el estudio de la historia de las misiones se puede incluso afirmar como si de una fórmula se tratara, que *todos los grandes movimientos misioneros empiezan en la periferia de la iglesia*, entre los pobres y marginados, y raras veces, si alguna en realidad, en el centro de la misma. Pero hay algo más que solo la misión; la mayoría de movimientos de misión han inspirado importantes movimientos también de renovación en la vida de la iglesia. Parece como si al ponerse a trabajar en los márgenes de la iglesia la vida fluyera hacia el centro de la misma. Esto nos dice mucho sobre Dios y el Evangelio, y la iglesia hará bien en prestar atención (más de esto en el capítulo sobre liminalidad-*communitas*).

Por tanto, lo que propongo para el resto el capítulo es intentar articular la serie de adaptaciones que tuvieron lugar para que ese novedoso fenómeno se convirtiera en un movimiento misional. Iré añadiendo parte del razonamiento en cada una de las etapas de la narración, para que el lector pueda discernir la evolución de un movimiento en la historia de "South".

En la vida de esta comunidad se pueden distinguir 3 etapas distintas:

Fase 1: de la muerte al caos

Esta fase implicó volver a replantar la iglesia ya establecida con otra nueva, más misional. Tengo que decir que en el seminario no aprendí nada que me preparara para la experiencia de aquellos años. Toda la educación recibida estaba destinada a mantener las formas institucionales ya establecidas de la iglesia. La inmensa mayoría de las asignaturas ofrecidas eran teóricas y enseñadas por teóricos no practicionistas. Por tanto tuvimos que aprender sobre la marcha. Pensándolo bien, quizás sea en realidad la única manera de aprender; lo que está claro es que en aquel momento fue la manera escogida por Dios para hacer de mi un misionero.

Algo sobre el contexto: South Melbourne está situado a la sombra del distrito dedicado a los negocios de la ciudad de Melbourne y, como ocurre en muchas ciudades occidentales, se ha convertido en una mezcla de yuppies, (NT: Joven profesional de clase media que trabaja en la ciudad y lleva un estilo de vida lujoso) trabajadores de mediana edad, grupos sub-culturales, una gran población gay y gente algo presumida de clase alta. Era mucho más que un desafío. No me avergüenza admitir que no tenía ni idea de lo que estaba haciendo. Había muy poco de estrategia funcional denominacional, ni de modelos que funcionaran, de quienes pudiera echar mano como ejemplo en estos contextos. Así que en cuanto al enfoque, decidimos que lo único que íbamos a hacer era construir una verdadera comunidad de Jesús, por donde todo aquel que pasara pudiera experimentar el amor, la aceptación y el perdón fuera como fuera; sí que sabíamos un poco acerca de la gracia ya que nosotros mismos la habíamos experimentado de manera muy convincente. La iglesia creció sobre esta única base: una verdadera promesa y una verdadera experiencia de la gracia en comunidad. Atraíamos a todos y cada uno de los personajes del barrio y pronto nos empezamos a agrupar en casas comunitarias. De hecho no contábamos con ningún programa de evangelización *per se*, nos limitamos a 'hacer comunidad' y desarrollamos un auténtico contexto basado en la gracia y amor por los quebrantados.

Mientras la iglesia iba creciendo y desarrollándose, los que llevaban más tiempo y que formaban parte de la historia original empezaron a luchar contra el descontrol y la nueva vida del lugar. Pero, para darles crédito, hay que reconocerles que ellos entendieron que el futuro de la iglesia estaba en la nueva imagen de la misma que Dios estaba haciendo nacer en su seno. Y su resistencia no fue activa hasta el punto de expulsar lo nuevo; algo que suele ocurrir demasiado a menudo en situaciones similares. Al final, esta nueva adaptación de la iglesia se hizo predominante y así pasamos a la fase siguiente.

Fase 2: convertirse en una iglesia plantadora de iglesias

Desde muy temprano, Dios había puesto en nosotros un sentido de obligación misional en relación a las personas de fuera de la iglesia. No teníamos una terminología verdadera para esto, pero de alguna manera intuíamos que estábamos "embarazados" de otras iglesias, que llegarían a otros grupos de personas de nuestra ciudad. Nos sentíamos especialmente llamados a aquellos grupos de gente incluida en el contexto de sub-cultura en el que vivíamos; los pobres y los marginados; grupos de gente de los cuales procedíamos la mayoría y personas que raramente ibas a encontrarte en la puerta de una iglesia establecida tal y como la conocemos. De nuevo, con ello nos limitábamos a seguir los instintos apostólicos que he llegado a creer están latentes en el mismo Evangelio. En este caso, dichos instintos latentes se expresaron en el deseo de ir transmitiendo la fe a través de comunidades nuevas, relevantes en su contexto cultural, pero fieles al Evangelio de antaño. Con este empuje por plantar iglesias, empezamos a discernir que la cultura occidental estaba sufriendo cambios trascendentales. Estábamos a principios de los 90 sy el postmodernismo empezaba a notarse como fenómeno cultural a nivel de la cultura popular; tenía lugar la gran división entre la pasada era moderna y la nueva era postmoderna, lo cual provocó la descomposición de la cultura en muchas pequeñas subculturas; los teóricos se refieren a ello como micro-heterogenización, o sencillamente sub-culturalización.[2] Más allá del fenómeno cultural en mayúsculas, en la ciudad de Melbourne, sobre el terreno, ya habíamos captado intuitivamente que estaba teniendo lugar cierta forma nueva de tribalización. Se había dado un giro y la gente dejaba de identificarse con amplios grupos tradicionales definidos por meta narrativas de mucho alcance (p. ej., el sindicalismo, la ideología política, las identidades nacionales, las agrupaciones religiosas, etc.) y pasaba a identificarse con un sinnúmero de pequeños grupos sub-culturales emergentes definidos en torno a cualquier cosa, desde los intereses culturales a las preferencias sexuales. Mirábamos a nuestro alrededor y nos daba la sensación de estar en una especie de Papua Nueva Guinea sub-cultural con sus 900 lenguas y grupos étnicos o tribales. Rápidamente nos convencimos de que eso ponía en tela de juicio la manera heredada de llevar a cabo la labor misional. Nos dimos cuenta de que necesitábamos convertirnos en misioneros y la iglesia necesitaba adoptar una postura misionera frente a su contexto. También significaba que los acercamientos de 'talle único' en la iglesia tenían los días contados. Así que nuestro enfoque misionero pasó a centrarse en grupos específicos dentro de un nuevo medio urbano tribalizado. La mayoría de

---

2 Este tema ya se ha tratado con amplitud y el lector puede obtener buenas referencias sobre el fenómeno en otros libros dedicados exclusivamente a ese tema. Por ejemplo, Grenz, *A Primer on Postmodernism*.

las iglesias no han hecho este ajuste. Se involucran con su contexto basándose en suposiciones modernistas y de la cristiandad sobre la relación de la iglesia con la cultura circundante.

Esta fase duró unos cinco años. Hacia el final de la misma ya habíamos empezado a articular algunas de las ideas que nos dieron energía y ya habíamos desarrollado de manera consciente cierto 'modelo'. Sentíamos que debíamos convertirnos en una iglesia que plantara iglesias con una organización regional. De nuevo habíamos intuido que para dedicarnos a la misión por toda una región, necesitábamos una nueva forma de organización. En esa etapa empecé a estudiar la naturaleza de los movimientos y cómo se organizan. Así nació el movimiento embrionario denominado *Restoration Community Network* (Red de Comunidades de Restauración) y también cambiamos el nombre de South Melbourne Church of Christ al de South Melbourne Restoration Community (SMRC). Esta red dio luz a seis nuevas iglesias en un período de siete años, algunas de las cuales se han convertido en experiencias maravillosas de iglesia misional, y otras han sido gloriosos fracasos. Los fracasos conllevaron muchas luchas y mucho dolor, los éxitos fueron gran motivo de alegría, pero en todo lo que hicimos aprendimos que si queríamos ser misionales tendríamos que asumir riesgos importantes.

La primera iglesia que plantamos fue en St. Kilda, el distrito rojo de Melbourne, y la lamamos Matthew's Party. Era una "iglesia de calle" centrada en llegar a los drogadictos y las prostitutas. Pero al ir enviando a gente de nuestra cultura callejera, la iglesia (SMRC) sufrió una transformación. Mutó en lo que se llamó en ese momento 'Gen-X Church' (NT: iglesia del Gen X). La media de edad rondaba entre los 25 y los 30 años y se trataba de una comunidad bastante fluida con unas 400 personas, casi todas solteras, en su órbita. SMRC era única, posiblemente incluso a nivel mundial, ya que un 40 % de la comunidad procedía de las subculturas LBGT (NT: Lesbiana, bisexual, gay y transexual).[3]

La segunda iglesia que plantamos fue un proyecto entre judíos. Yo soy judío y mi hermano se convirtió al poco tiempo de mi conversión al Mesías. Ambos teníamos la convicción de que el Evangelio llegó primero a los judíos (Ro. 1:16; 2:9-10) y por eso empezamos Celebrate Messiah Australia. Esta historia en si ya ha sido sobresaliente, cientos de judíos han reconocido a su Mesías; algo sin precedentes en la historia de la iglesia australiana. Ahora se ha convertido en una agencia independiente que sigue floreciendo por su cuenta. El tercer experimento lo hicimos en el ámbito de la danza. Sin embargo, nos costó mucho construir una comunidad permanente en dicho entorno, pero se trató de un gran experimento

---

3 Lo que todavía la hacía más única era que no tomamos una postura pro gay que fuese políticamente correcta, en base a la teología, sino que más bien, basados en la gracia, animábamos a la gente a seguir a Jesús para siempre, lo cual implicaba para muchos el celibato de por vida; otros, cuyo deseo y voluntad eran fuertes, se decidían a buscar relaciones heterosexuales.

de misión a otras culturas; y nos lo pasamos muy bien en el intento. Luego pasamos a experimentar con iglesias por las casas de los suburbios de la clase trabajadora de Melbourne, pero desafortunadamente, por diversas razones eso no se sostuvo. Volveré a hacer una reflexión sobre esto cuando hable del ADN*m*. Los fracasos pueden ser grandes maestros.

El último experimento misional de esta fase fue para mí (y creo que también para la iglesia) uno decisivo. Con los años y llegados a ese momento habían ocurrido dos cosas trascendentales. En primer lugar, la SMRC, por decirlo de alguna manera 'la nave nodriza' se había aposentado y alejado un poco de aquellos días de comunidad caótica y salvaje. En segundo lugar, habíamos cogido la fama de ser una iglesia 'genial' y, como resultado, montones de cristianos de clase media, que por razones comprensibles se encontraban alienados en distintas formas de la iglesia institucional, venían a nuestra comunidad y se quedaban. Así que, sin perder sus vibraciones 'geniales' y algo alternativas, 'South' se había convertido inadvertidamente en un lugar seguro, tirando a yuppie, y había perdido algo de marginalidad. Sin que nos diéramos cuenta, habíamos perdido nuestro llamamiento original y nuestra alma misional.

Al mismo tiempo fui desarrollando mi propia formación y manera de pensar como misionero a Occidente gracias al trabajo en ministerios translocales con Forge (la agencia de formación misionera transdenominacional que dirijo) y con mi denominación. Me había tomado muy en serio la crítica al *modo* de iglesia de la cristiandad y había empezado a mirar más allá del modelo atraccional de iglesia, pensando en lo que más tarde denominaría iglesia misional encarnacional (impulso hacia el exterior - siembra en profundidad).[4] El impulso misional-encarnacional formará uno de los seis elementos del ADN misional (ADN*m*) que articularé más tarde. De momento, basta decir que por entonces ya estaba convencido de que el concepto heredado de iglesia con su noción asociada de misión había nacido en un período en que la iglesia había cesado de operar como movimiento misionero y en el proceso había perdido fidelidad consigo misma. La manera de funcionar de la cristiandad, que más tarde describiré como *evangelístico atraccional*, sencillamente no daba la talla para el tipo de desafío misionero que se nos presentaba alrededor: un contexto que exigía más bien una metodología misionera intercultural y no el modelo de 'alcanzar y arrastrar' que se había usado hasta el momento.

Una lectura misional

Aquí debo introducir parte de nuestro razonamiento y hacer un poco de análisis misional. Como ilustración, el gráfico por sectores de aquí abajo intenta mostrar el

---

4 Consultar mi libro, escrito con Michael Frost, *The Shaping of Things to Come: Innovation and Mission for the 21st Century Church*. Este concepto está explicado de manera más esquemática. Me referiré al impulso misional encarnacional en uno de los capítulos de este libro.

atractivo predominante de la iglesia evangélica- carismática contemporánea entre la población en general de Australia. En importantes investigaciones llevadas a cabo por todo el Occidente pos-cristiano, descubrí que, en los sondeos, el promedio no cristiano solía mostrar tanto interés en Dios, la espiritualidad, Jesús y la oración, que todo ello nos hacía pensar que en nuestra época había una gran búsqueda de significado. Pero los mismos sondeos indicaban que frente a la iglesia, el no cristiano mostraba un grado muy alto de enajenación. En la actualidad, la mayoría de gente suele responder: 'Sí a Dios, no a la iglesia'. Esto no será nada nuevo para la mayoría de lectores; los cristianos sensibles seguro que son conscientes de este tipo de respuesta a la iglesia institucional; pero desafortunadamente, no muchos se han planteado las implicaciones para la iglesia en términos misionales.

Mi experiencia en Melbourne sólo refleja lo que ha estado sucediendo en el mundo occidental. La inmensa trayectoria de la civilización occidental en el pasado reciente muestra una acelerada y creciente secularización, o al menos un importante aumento en la no-asistencia de la sociedad a la iglesia local; esta tendencia fue introducida por la Revolución francesa. Esta tendencia es especialmente evidente en países de Europa occidental. Si bien hay factores en la cultura americana que trabajan contra los niveles de secularización ya encontrados en la cultura en Europa, con todo, la lógica misma de la laicidad (desinterés por lo religioso) es claramente evidente en los centros de población de los EE. UU., (p. ej., Nueva York, Washington, DC, Seattle, San Francisco, Boston, Portland). Sin embargo, como sea que uno lo conciba, no hay duda de que el cristianismo, como una fuerza religiosa vital, está disminuyendo en cada contexto occidental. Muchos en los EE. UU., están empezando a sentir esto, y afortunadamente muchos también están empezando a responder.

Una combinación de estudios recientes llevados a cabo en Australia nos indica que entre el 10 y el 15 % de nuestra población se siente atraída por lo que daremos en llamar *modelo de crecimiento de iglesia contemporáneo*. En otras palabras, este modelo tiene cierto 'atractivo comercial' para un 12 % de nuestra población. De la misma manera en EE. UU., la opinión de expertos pone el atractivo de la iglesia en relación a la cultura contemporánea predominante en un 40% considerado como una media estadística en la población.[5] Sólo para estar seguros, esta cifra no habla de asistencia real a los servicios de la iglesia; Sabemos que la asisten-

---

5 Ibid., pp. 27–31. El grupo de *Future Travelers*, integrado por un grupo inicial de líderes de mega-iglesias tales como Dave y Jon Ferguson, Todd Wilson, Greg Surratt, Mark DeYmaz, Steve Andrews, et al, concluyen que el enfoque imperante de crecimiento de la iglesia contemporánea, tendrá un importante atractivo cultural, o se podría ofrecer, si se quiere decir así —para cerca de 40% de la población estadounidense. Mientras que esto no se basa en estudios estadísticos sólidos, refleja la opinión de reconocidos líderes en mega-iglesias de los Estados Unidos. Cuando se preguntó al respecto en una encuesta al azar, he encontrado que más líderes de iglesias realmente no creen que el atractivo alcanzce incluso el 40% sino que en realidad es mucho menor.

cia a la iglesia es mucho menos que eso. Lo que esto significa es que los modelos predominantes de las iglesias evangélicas contemporáneas podría probablemente apelar a un máximo de al alrededor del 40% de la población, tal vez el 50% en el mejor de los casos.[6]

Las variaciones del modelo que tienen más éxito suelen ser las iglesias grandes, altamente profesionalizadas, en las que predomina de forma abrumadora la clase media y que se expresan culturalmente por medio de un lenguaje contemporáneo y 'amigable' y por estilos musicales que suelen gustar a todo el mundo. Se suelen estructurar en torno al 'ministerio de la familia' y por tanto ofrecen servicios a todas las generaciones. Demográficamente tienden hacia lo que podríamos denominar "segmento de valores de la familia"; ciudadanos buenos, sólidos, bien educados, que no abusan de sus hijos, que pagan sus impuestos y la mayoría tiene lo que podríamos llamar un estilo de vida suburbano.

A este tipo de iglesia no solo van cristianos que encajan en este perfil, sino que la investigación nos muestra que estas iglesias también pueden llegar a personas no cristianas que encajen en esa misma descripción demográfica; la gente de su entorno cultural. Es decir, la iglesia no tiene que atravesar importantes barreras culturales para poder comunicar bien el Evangelio en ese contexto cultural.[7] La situación tiene un aspecto más o menos así:

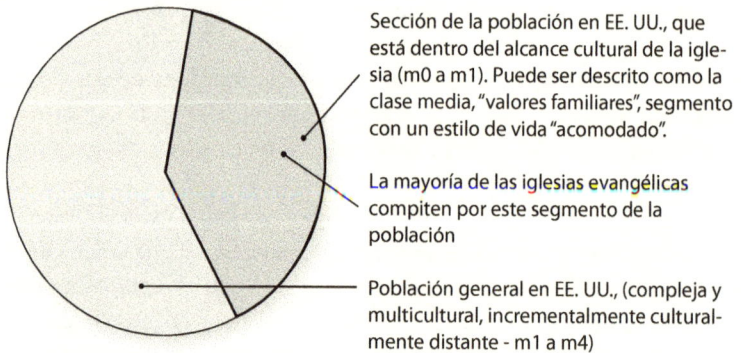

Sección de la población en EE. UU., que está dentro del alcance cultural de la iglesia (m0 a m1). Puede ser descrito como la clase media, "valores familiares", segmento con un estilo de vida "acomodado".

La mayoría de las iglesias evangélicas compiten por este segmento de la población

Población general en EE. UU., (compleja y multicultural, incrementalmente culturalmente distante - m1 a m4)

El tema también está en cuánto los americanos aman la iglesia, y existen signos evidentes de declive sistemático.[8] Por ejemplo, el misiólogo Alan Roxburgh

---

6 Ibid., p. 28.

7 Consultar glosario para la definición de "distancia cultural". Hablaremos de ello más adelante en este mismo capítulo.

8 Para intensificar el problema al que nos enfrentamos en el nuevo contexto misional en el que estamos, George Barna predice que "... hacia el 2025, la iglesia local, tal y como la conocemos, habrá perdido la mitad de su 'cuota de mercado' actual y formas alternativas de expresión y de experiencias de fe ocuparán su espacio". Con estas estadísticas en mente, podemos intuir que el "atractivo comercial" actual del modelo de crecimiento de la iglesia contemporánea puede hallarse en un 35% (en contraposición al 12% de Australia). Pero con todo y eso, la tendencia es decreciente. ha llegado el momento de pensar de nuevo en ello y de manera radical, teniendo en cuenta las implicaciones estratégicas y misionales. Sally Morgenthaler

observa que si usted ha nacido entre 1925 y 1945 hay una posibilidad del 60% de que esté en una iglesia hoy en día. Si nació entre 1946 y 1964 hay una probabilidad del 40% de que esté en una iglesia hoy en día. Si ha nacido entre 1965 y 1983 hay un 20% de probabilidad que hoy esté en una iglesia. Si naces después de 1984 allí la probabilidad de que esté en una iglesia hoy es menor que un 10%. George Barna y Dave Kinnamin recientemente han declarado que a partir del año 2014, el número estimado de adultos desconectados de la iglesia en los EE. UU., se situó en 114 millones. Si añadimos esta cifra a los aproximadamente 42 millones de niños y adolescentes que están desconectadas de la iglesia esto es igual a 156 millones de personas que NO están comprometidas con una iglesia cristiana.

Para poner esto en contexto, si todas las personas desconectadas de la iglesia fueran una nación independiente, este sería el octavo país más poblado en el mundo, siendo superado solamente por China, India, Indonesia, Brasil, Pakistán, Bangladesh y el restante grupo afiliado a la iglesia en los Estados Unidos (159 millones). Esto es consistente con la investigación más reciente (y extensa) de Pew (Pew Research Center) sobre el cristianismo en América, que afirma que el cristianismo está disminuyendo drásticamente en términos de participación de la población, mientras que otras religiones y el número de personas no afiliados siguen creciendo.[9]

En el Reino Unido, el último bastión importante de las formas bíblicas de la cristiandad en Europa, la situación es mucho más grave; ha sido predicho que, basado en los patrones actuales de declive, el año 2067 marcará el fin del cristianismo en Gran Bretaña.[10]

Con este mismo análisis en nuestra mente, sugiero que es hora de un replanteamiento sistemático, teniendo en cuenta lo que podríamos llamar la estratégica y los problemas misionales.

---

aporta lo siguiente: "A pesar de lo que publicamos en nuestros propios comunicados de prensa, los números no tienen buen aspecto. Según los recuentos de asistencia real correspondientes a 2003, la asistencia de adultos a las iglesias es del 18% a nivel nacional y cayendo. La asistencia a las iglesias evangélicas (según números reales, no respuestas telefónicas) es del 9% de la población; habiendo bajado del 9.2% del año 1990. La asistencia general a iglesias es del 3.4% de la población nacional; habiendo bajado del 3.9% de la década anterior. Los católicos han bajado todo un punto durante ese mismo período de diez años: del 7.2% de 1990 al 6.2%. De los 3098 condados que tiene Estados Unidos, 2303 han mostrado caídas de asistencia a las iglesias.

9 Ver la investigación de Pew Report "America's Changing Religious Landscape: *Christians Decline Sharply as Share of Population; Unaffiliated and Other Faiths Continue to Grow*". http://pewrsr.ch/1Hi6Uaq.

10 Spectator, "2067: The End of British Christianity; Projections Aren't Predictions". Aun cuando el subtítulo reconoce que la cultura y la sociedad rara vez establecen recorridos lineales de progresión o regresión, sin embargo, la tendencia general no es buena. Esto debería causar cierta alarma entre los líderes de la iglesia en ese contexto.

Problemas estratégicos

En primer lugar, los asuntos estratégicos: la mayoría de iglesias evangélicas, la vasta mayoría, quizás un 95%, apunta al modelo de igle-crecimiento contemporáneo en un intento de crecer como congregación y esto a pesar de que el éxito en la aplicación de este modelo siga siendo relativamente escaso.[11] Se trata de un asunto estratégico para nosotros ya que parece que la única solución para frenar el declive esté en distintas combinaciones de la teoría y práctica del modelo de igle-crecimiento contemporáneo. Como si fuera el único cartucho que nos queda; esto no puede ser bueno. Las posibles soluciones al crecimiento de la iglesia dominan tanto nuestra imaginación que nos impiden pensar fuera de este marco y superar las ideas preconcebidas sobre la iglesia y su misión; lo cual es bastante trágico porque no parece funcionar en la mayoría de nuestras iglesias y entre la mayoría de nuestra gente. De hecho, se ha convertido en una fuente de frustración y sentimiento de culpa, ya que la mayoría de iglesias no posee la combinación de factores que hacen que el modelo funcione.

Pero el problema se vuelve aún más evidente si tenemos en cuenta que por lo general los esfuerzos terminan siendo enfocados hacia los llamados "frutos maduros" en la población, provocando que las iglesias terminen simplemente compitiendo unas con otras por el mismo segmento del 40% de la población.

Esto expone una falla fatal en nuestra percepción de la situación, así como los métodos y modelos que utilizamos para tratar de resolver el problema: la creencia tenaz de que varias recombinaciones de la ahora más bien gastada teoría contemporánea de igle-crecimiento, serán suficientes para detener el declive del cristianismo. Recuerde que si la única herramienta que tiene es un martillo, entonces todo empieza a parecerse a un clavo. No debemos permitir que la herramienta estándar y la estandarización de la limitada teoría de igle-crecimiento totalmente cautiven nuestra imaginación limitando así nuestras opciones en cuanto a nuestra expresión misional.

Cualquier líder con un mínimo sentido de lo estratégico debería alarmarse por esta situación: todos nuestros huevos estratégicos están ahora en esta cesta. Al centrarse casi exclusivamente en el "fruto maduro", la mayoría de las iglesias inclinadas a lo evangelístico de manera efectiva están excluyendo a la mayoría cada vez mayor de estadounidenses que, por cualquier razón, no se sienten "atraídos" y

---

11 Para la vasta mayoría de iglesias, las técnicas de crecimiento no han tenido ningún efecto en el sentido de frenar su declive. De las 480.000 iglesias de EE. UU., solamente una porción muy pequeña ha conseguido funcionar así y la mayoría tiene congregaciones de menos de 80 miembros. Es más, la iglesia en EE. UU., está en declive a pesar de haber predominado en el pensamiento de los últimos 40 años estas técnicas y teoría del crecimiento. Cabe destacar que en unos pocos casos el éxito ha sido rotundo, pero no ha conseguido frenar el decaimiento de la iglesia en EE. UU., y el mundo occidental.

no desean asistir a nuestros cultos. . . no importa cuán *sexy* intentemos hacerlos. Si vamos a afrontar este reto, vamos a necesitar más ideas innovadoras, modelos, métodos y herramientas que las que estamos utilizando actualmente.

El problema misional

Así, en América tenemos la lamentable situación de tener alrededor de 90% de iglesias contemporáneas saludables compitiendo unas con otras para llegar al 40% de la población. Este problema es quizás el desafío más importante al que nos enfrentamos en relación con la viabilidad a largo plazo del cristianismo en contextos occidentales. Como personas enviadas por Jesús, tenemos que preguntarnos, ¿qué pasa con el 60% posible de personas que por diversas razones muestran un significativo distanciamiento de precisamente el modelo contemporáneo de igle-crecimiento del que la mayoría depende? ¿Cuál será la forma de iglesia que será atractiva para estas personas? ¿Cómo lucirán las buenas noticias del Evangelio para ellos? Y ¿cómo van a tener acceso al Evangelio transformador de Jesús en formas que sean culturalmente relevantes para ellos?

Esto se convierte en un importante problema misional, ya que nos obliga a preguntarnos: "¿qué pasa con la gran mayoría de la población (en el caso de Australia, el 85%, y en el de EE. UU., un 60%) que se muestran alienados precisamente en relación a ese tipo de iglesia?"[12] ¿Cómo accederán al Evangelio si rechazan este tipo de iglesia? ¿Cómo debería ser la iglesia en sus diversas situaciones?

Lo que queda cada vez más claro es que si queremos llegar de forma significativa a esta mayoría de personas, no lo vamos a conseguir limitándonos a hacer más de lo mismo. En cambio parece que cuando nos enfrentamos al problema del declive, para resolverlo, nuestra respuesta automática sea buscar la última versión del mismo modelo. Parece que no tenemos adónde ir. Pero con mejorar el programa, perfeccionar la música y los efectos audiovisuales y hacer un refrito del ministerio, no vamos a resolver nuestra crisis misional. Se necesita algo mucho más fundamental.

Sobre océanos azules y rojos

Para ilustrar este punto, mi amigo y colega Rob Wegner, quien al mismo tiempo es un líder clave de iglesia de la comunidad de Granger (GCC) en South Bend, Indiana, dice que en los primeros días de GCC (finales de los 80 a mediados de

---

12 Lo que queda claro después de haberlo investigado, por lo menos en Australia, es que al preguntarles qué piensan sobre la expresión del cristianismo en la iglesia contemporánea, la respuesta del 85% va desde el hastío ("será buena para otros, pero a mí no me va bien") hasta la repulsa total ("ahí no se me ha perdido nada"). Como mucho podríamos abrirnos camino entre los indiferentes, pero no podemos esperar llegar al resto de la población con este modelo; sencillamente quedan alienados del mismo y el mismo no les gusta por una amplia variedad de razones.

los 90), esta era literalmente la única iglesia contemporánea en su comunidad. Nadie estaba haciendo lo que GCC hacía en la región. Era única; fue un gran avance. GCC había creado conmoción y definido la tónica a seguir. . . y creció tremendamente. De acuerdo al reporte de Rob, los amigos les decían a sus amigos, "tienes que ir comprobarlo tú mismo. Esto no es como cualquier iglesia que has visto nunca antes". Rob continúa diciendo que ahora hay un número importante de iglesias en esta comunidad haciendo iglesia contemporánea, y sirven con excelencia. GCC ya no es única. "Antes, éramos la única iglesia alcanzando el 40%; ahora tenemos una serie de iglesias en nuestra comunidad, tratando de alcanzar ese mismo 40%", comenta. "Estoy emocionado por eso. Incluso creo que nuestra presencia ayudó a facilitar el crecimiento de la iglesia contemporánea en nuestra comunidad. Pero definitivamente es un escenario de océano rojo".[13]

En *On the Verge*, un libro escrito para ayudar a las iglesias existentes a adoptar enfoques de movimiento apostólico, sugerimos la metáfora de los océanos azules y rojos. Desarrollado por los estrategas de negocios Chan Kim y Renée Mauborgne, la metáfora del concepto de océanos rojos describe una situación en cualquier industria dada donde el conocimiento experto es claramente definido y aceptado, y las reglas competitivas del juego son conocidas. Pero precisamente porque ya todo esto es conocido y seguro, las empresas en océanos rojos tratan de superar a sus rivales obteniendo una mayor participación de la demanda del producto o servicio. En la medida que el espacio del mercado se reduce al haber más competencia, así también se reducen las perspectivas de crecimiento y beneficios para las empresas en competencia. Los productos se convierten en materias primas, y la competencia salvaje vuelve el océano sangriento. Por lo tanto el término "océano rojo"—los tiburones luchan el uno contra el otro para la supervivencia.[14]

Océanos azules, por el contrario, denotan a todas las industrias no en existencia hoy en día, el espacio de mercado desconocido, donde aún no existe la competencia. En océanos azules, la demanda es creada en lugar de ser disputada. Hay una gran oportunidad para el crecimiento rentable y rápido. En océanos azules, la competencia es irrelevante porque las reglas del juego están esperando a ser creadas. No hay ninguna alimentación frenética y por lo tanto existe poca competencia. "Océano azul" describe el potencial más amplio, más profundo del espacio disponible que aún no se explora.

Kim y Mauborgne sugieren que la piedra angular de la estrategia del océano azul es innovación en valor, es decir, la creación de nuevos mercados innovadores para desbloquear nueva demanda. Según los autores, las organizaciones deben aprender a crear espacios de mercado no disputados reconstruyendo los límites de

---

13 Hirsch y Ferguson, *On the Verge*, p. 30.
14 Kim y Mauborgne, *Blue Ocean Strategy*, acotado en *On the Verge*, p. 29.

mercado, centrándose en el panorama general, más allá de la demanda existente aprendiendo a leer correctamente tanto a la cultura como a la estrategia a utilizar.

¿Más de lo mismo?

Como ya hemos señalado, Einstein afirmó que los problemas que enfrentamos no pueden resolverse por el mismo tipo de pensamiento que los creó en primer lugar. Y tiene razón, por supuesto, ¡haremos bien en tomar nota! La popular aplicación de esta máxima se conoce como la definición de locura organizativa: tratar de lograr resultados diferentes tratando de hacer mejor las mismas cosas. Haciendo lo mismo mejor podría mejorar lo que actualmente tienes, pero no puede producir algo fundamentalmente nuevo. En otras palabras, lo que nos trajo *aquí* no nos hará llegar "ahí", si *ahí* es convertirnos en un movimiento misional en Occidente. Tal vez una forma más visual de decir esto es que no podemos cavar un pozo en otro lado profundizando el mismo en el que estamos hundidos, pero eso es lo que parecemos estar haciendo la mayoría del tiempo.

La combinación de problemas estratégicos y misionales crea más anomalías para precipitar un cambio de paradigma importante en nuestra forma de hacer y ser iglesia. Pero otras razones también nos han causado el avanzar hacia formas más misionales de iglesia—es decir, el movimiento apostólico.[15]

De hecho, fue este mismo análisis lo que precipitó un nuevo capítulo en mi historia. En los últimos seis años o algo así, uno de los ministerios más importantes que he tenido el privilegiado de dirigir es Future Travelers.[16] Future Travelers se inició en una reunión que tuve con quizá algunos de los mejores pensadores y profesionales de los actuales movimientos de mega iglesia, multi-sitio y plantación de iglesias en América en el presente, la mayoría de los lectores reconocerían fácilmente sus nombres. Presenté este análisis y planteé la pregunta de que si el grupo representaba a algunas de las iglesias que tienen más éxito en alcanzar el 40% de los estadounidenses que podrían considerar venir a sus servicios, ¿qué estaban haciendo para llegar al grupo cada vez más grande de personas sin iglesia o al otro 60% de la población? Esta discusión ha catalizado un compromiso hacia un viaje colectivo para volver a recalibrar sus varias iglesias con paradigmas, enfoques y estrategias capaces de alcanzar no solo los "frutos maduros" (40%) sino que también el fruto más arriba del árbol (el 60%). En el momento de la impresión de este libro, más de 250 iglesias participan, sobre todo mega iglesias pero no de forma exclusiva y en su conjunto involucran a una membresía de alrededor 300 mil personas las cuales han hecho el viaje de los *Viajeros*

---

15 Hirsch y Ferguson, *On the Verge*, p. 30–31.

16 Future Travelers es un ministerio en colaboración con Exponential (el evento para plantadores de iglesia más grande del mundo en Occidente), el Cornerstone Knowledge Network, y yo. Ahora, Future Travelers es operado por Forge America. Ver http://www.forgeamerica.com/future-travelers/.

al Futuro (NT: español para Future Travelers). Muchas de las iglesias que han pasado por el proceso son ahora líderes en cuanto a los movimientos en América hoy día, Soma Communities, New Thing Networks, Community Christian Church, *Stadia*, Rivertree Christian Community, entre otros.

Fase 3: de iglesia a movimiento orgánico

Para recoger el hilo australiano de mi historia, mis primeros años en SMRC fueron bastante caóticos, pero con todo y, este también fue un tiempo espiritualmente muy dinámico. Pero eventualmente las cosas se empezaron a estabilizar, y sin darnos cuenta pronto nos volcamos en una forma más autocomplaciente de ser iglesia centrada en una espiritualidad intrigante y en una expresión de adoración creativa. Esto a su vez atrajo a jóvenes cristianos ya establecidos, principalmente en busca de algo más que la tarifa estándar espiritual que las iglesias suburbanas ofrecían. Durante este tiempo, también compramos una gran cafetería-discoteca con la intención de crear un "espacio de proximidad" llamado *Elevation* donde nos conectamos con la floreciente industria de la hospitalidad típica de nuestra ciudad. Desafortunadamente, por muchas razones, no menos importante la crisis económica creada por los acontecimientos del 911, tuvimos que cerrar[17]

Por muchas razones, esta experiencia bastante dolorosa nos condujo a una importante auditoría de nuestra espiritualidad y del enfoque. Por muchas razones se concluyó que el fracaso tuvo que ver no sólo con lo financiero sino que también había expuesto las deficiencias en nuestro discipulado y compromiso con la misión. Cuando las cartas se pusieron sobre la mesa, parecía que carecíamos de los recursos más profundos de un discipulado que pudiera sostener un sentido perdurable de obligación a Jesús y su misión. De hecho, para nuestra vergüenza, a ese momento ¡no vimos ninguna conversión a Jesús en los dos años anteriores! Y esto sucedió en lo que probablemente fuera una de las iglesias más llenas de gracia, acogedoras y relevantes en nuestra ciudad (no se puede ser menos que eso cuando tienes a un 40% de asistencia de LGBT muchos de los cuales no confesaban aún a Jesús como Señor.

¿Qué salió mal? Esta es nuestra evaluación sobre este punto crítico en la historia: habíamos fallado en la tarea central de hacer discípulos, y debido a esto no estábamos siendo fieles a nuestra misión ni obteniendo frutos en el evangelismo. Al descuidar los dos elementos esenciales del discipulado y la misión, habíamos degenerado en una especie de culto de adoración para gente joven que se sentían

---

17 He omitido la historia completa de *Elevation* que fue incluida en la primera edición, principalmente para hacer espacio para discutir los desarrollos posteriores, pero también porque incluye mucho detalle diseñado para estimular a otros a iniciar experiencias similares en "misión de tercer espacio". Ha habido algunos ejemplos sorprendentes de este tipo de misión en la última década de los cuales voy a compartir en el capítulo 5, cuando miramos el impulso misional encarnacional.

alienados de las expresiones culturales más amplias de la iglesia. Accidentalmente habíamos caído presos de una expresión consumista de iglesia. Habíamos sustituido entretenimiento por la misión. Así como la mayoría de las iglesias que operan en el modo de la cristiandad, confiamos demasiado en la atracción y por lo tanto establecimos la iglesia sobre un modelo consumista y, al final, pagamos el precio.

Como se ha dicho popularmente: aquello con lo que los ganamos es aquello con lo que tenemos que retenerlos. Si usted tiene que utilizar la mercadotecnia y los señuelos de entretenimiento para atraer a la gente, entonces usted tendrá que mantenerlos allí en el mismo principio porque eso es lo que la gente compra. . . ese es el contrato social implícito. Los ganas con entretenimiento, y también tienes que mantenerlos entreteniéndolos. Por un montón de razones, este compromiso parece más difícil de sostener año tras año. Terminamos creando un látigo para nuestra propia espalda.[18]

¿Qué suena duro? ¿Es que no nos enseñaron los exponentes del igle-crecimiento a mimetizar de forma explícita el modelo de los centros comerciales (NT: "Mall" en inglés) en la iglesia? En esto eran sinceros, pero no debían ser conscientes de las ramificaciones de este enfoque porque a fin de cuentas el medio siempre acaba siendo el mensaje.[19] No eran conscientes del virus latente en dicho modelo; el del consumismo y los pecados de la clase media. Mucho de lo que podemos etiquetar como "clase media consumista" se basa en los ideales de la *comodidad* y la *conveniencia* (consumismo), y de la seguridad y tranquilidad (clase media). Echaremos un vistazo a esto en el capítulo sobre el discipulado.

Lo que deseo señalar es el profundo y permanente problema que está incrustado en los modelos sólo atrayentes de la iglesia, que la mayoría de nosotros hemos heredado y al que nos suscribimos. Sea que lo elijamos así o no, casi todas las expresiones de iglesia en Occidente son implícitamente vulnerables a la falta de discipulado, un ministerio profesionalizado, pasividad espiritual y consumismo. El problema tiene sus raíces en las suposiciones profundamente NO misionales del propio sistema.

Fue Winston Churchill quien señaló que damos forma a nuestros edificios y luego ellos nos la dan a nosotros. ¡Cuánta razón tenía! Cuando construimos nuestras iglesias, la arquitectura y la forma lo dicen todo. Fijémonos cómo se ve gráficamente.

Según los gráficos, la gran mayoría de los miembros de la iglesia juegan un papel *pasivo* en la ecuación. Se encuentran en modo receptivo y básicamente reciben los mensajes ofrecidos. Es decir, se limitan básicamente a *consumir*. Vienen a "recibir alimento". Pero, ¿es esta una imagen fiel de la iglesia? ¿Está pensada básicamente como "merendero" para gente preparada de clase media

---

18 Ver Galli, "Do I Have a Witness?"
19 Consultar Hirsch y Frost, *The Shaping of the Things to Come*, cap. 9.

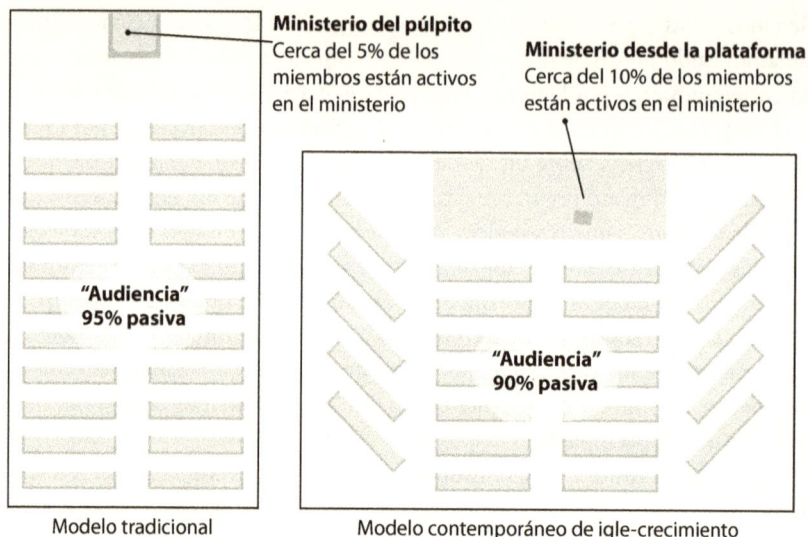

Ministerio del púlpito
Cerca del 5% de los
miembros están activos
en el ministerio

Ministerio desde la plataforma
Cerca del 10% de los miembros
están activos en el ministerio

"Audiencia"
95% pasiva

"Audiencia"
90% pasiva

Modelo tradicional   Modelo contemporáneo de igle-crecimiento

que se dedica a mantener sus carreras? Seamos honestos, es muy fácil para los ministros caer justo en esto: la idea predominante de liderazgo es la del pastor-maestro. A las personas dotadas en estos aspectos les encanta enseñar y ocuparse de la gente, y a la congregación por su parte les gusta que les enseñen y que se ocupen de ellos. Tengo que reconocer que ahora mismo esto me parece de una dependencia mutua terrible. La misma iglesia, siguiendo la agenda consumista, se ha convertido a la vez en consumidor y proveedor; vende bienes y servicios religiosos. Pero este acercamiento de "proveedor de servicios" es justamente lo que no hizo Jesús. Hablaba de forma enigmática (en parábolas), evocando la búsqueda espiritual en el oyente. En ningún momento dio sermones devocionales de tres puntos que cubran todo lo básico. Su público tenía que hacer el trabajo de rellenar los espacios vacíos. En otras palabras, no se quedaban pasivos, había activado su espíritu y de alguna manera los forzaba a ser responsables y escoger.

Para estar seguros, en SMRC nos habíamos alejado de los sermones tipo monólogos y pasado a las conversaciones dialécticas. Experimentamos como locos distintas formas de adoración y de conectarnos con Dios. Creamos un entorno de salón de descanso con sofás en semicírculo y con las paredes llenas de arte moderno. Experimentamos la comunicación multi-sensorial y de otros tipos. Pero al final lo único que conseguimos fue que el 20% de la comunidad estuviera *activa* en el ministerio, pero eso quería decir que un 80% seguía en actitud pasiva y consumista.

Adoración alternativa altamente participativa. Cerca del 20% de la comunidad está activa en el ministerio.

"Audiencia 80% pasiva"

Modelo de iglesia alternativa

De hecho, parecía que el resultado era mucho peor para los miembros, ya que todo lo que hacíamos contribuía a refinar su consumismo ya latente. Había evolucionado su "gusto" por la iglesia. Descubrimos que si un miembro de la comunidad por cualquier razón dejaba SMRC, le costaba mucho más volver a un estilo de iglesia de "carne con papas" porque habían desarrollado el gusto por el "ajo y las especias", por decirlo de alguna manera. Descubrimos que mucha gente que nos dejaba, acababan pululando sin poder conectar en ningún otro sitio. Resultaba muy preocupante y nos condujo a plantearnos seriamente cuál era el resultado final de todo nuestro esfuerzo por construir una iglesia alternativa. ¿Era la intención acaso hacer las cosas todavía peor? Mi respuesta de alguna forma alarmante a esta pregunta es que creo que así fue. He aquí mi razonamiento. . . Dejando de lado la intervención de la gracia de Dios, si deseamos construir una iglesia contemporánea siguiendo los buenos principios provistos por la teoría de igle-crecimiento, hay ciertas cosas que se deben hacer y mejorar constantemente:

- Ampliar el edificio para permitir el crecimiento y rediseñarlo según el modelo del dibujo anterior (modelo de crecimiento de iglesia contemporánea)
- Asegurarnos de que la predicación es excelente y al estilo contemporáneo; tratando temas que tengan relación con la vida de los miembros.
- Desarrollar una experiencia de adoración inspiradora (limitada aquí a "la adoración y la alabanza") por medio de una banda excelente y líderes de alabanza positivos.
- Tener la certeza de contar con el aparcamiento necesario, ya que mucha gente vendrá en coche y eso tiene que representar un inconveniente mínimo.
- Asegurarnos de tener excelentes programas en áreas críticas como ser los niños y los jóvenes. Si esto es así, la gente será más condescendiente con relación a otras áreas no tan sólidas.

- Desarrollar un buen programa de grupos pequeños en torno a un modelo de educación cristiana para asegurarnos del cuidado pastoral y el sentido de comunidad.
- Asegurarnos siempre que una semana sea mejor que la otra para que la gente siga viniendo.

Esto es lo que los expertos en igle-crecimiento denominan "mezcla de ministerios". La mejora en un área beneficia al resto y el cuidado constante de los elementos de la mezcla asegurará el crecimiento y maximizará el impacto. El problema de todo esto es que alimenta el consumismo. Y la iglesia con los mejores programas y el atractivo más "sexy" habrá de atraer a más clientes.

Comprobemos lo siguiente: ¿qué pasaría si se deterioran los elementos de la mezcla u otra iglesia con un mejor programa se instala en los alrededores? Las estadísticas de todo Occidente, ahí donde predomina ese modelo, nos indican que la *mayor parte* del crecimiento de las iglesias procede de "desertores"; gente que van de una iglesia a otra en función de la percepción y experiencia que les facilite el programa. Existe escaso y preciado crecimiento por conversiones a la fe. El problema es que nadie lo considera un problema porque a uno ya "le va bien" o porque "a mí me funciona". De hecho, la iglesia está en declive por todo Occidente después de más de 40 años de practicar dichos principios de crecimiento de las iglesias.[20] Parece ser que no conseguimos hacer discípulos por medio del enfoque consumista de la fe. Hablando claro, *no podemos consumir nuestro camino hacia el discipulado*. Todos debemos jugar un papel más activo en la ecuación de una vida entregada a seguir a Jesús. El consumismo perjudica al discipulado.[21]

Con todo esto en mente, creímos que teníamos que reconstruir la iglesia desde cero en torno a las funciones bíblicas clave de la iglesia (Jesús, comunidad pactada, discipulado, misión y adoración). Para todo el equipo de liderazgo se trataba de esto o de dimitir en bloque. Lo siguientes son algunos de los fundamentos filosóficos sobre los cuales procedimos a reedificar la iglesia:

---

20 En un diálogo entre Michael Frost con muchos de los miembros del Fuller's School of World Misión y yo, se reconoció que la noción de igle-crecimiento no había logrado revertir el declive en América y que por tanto estaba más que demostrado que era un fracaso. Es verdad y debemos reconocer honestamente, que los más de 30 años de pensar mejor que nunca en el crecimiento de la iglesia y tratar de poner en práctica los principios correspondientes, no han servido para frenar el declive de la iglesia en Occidente. Sostengo que la razón es que nosotros mismos nos encontramos en terreno misional y por eso no podemos ya limitarnos a los refritos del paradigma básico de la cristiandad y esperar que funcionen en una situación misional nueva. Por un lado es demasiado institucional el adaptarse como respuesta a un entorno rápidamente cambiante, pero sobretodo porque sencillamente no se trata de un paradigma misional de la iglesia.

21 Seguiremos explorando esta idea en el capítulo sobre el discipulado como elemento clave del ADN*m*.

1. Queríamos pasar de ser una iglesia local estática a ser un movimiento dinámico por toda nuestra ciudad.

2. Para asegurarnos de que estábamos cumpliendo el mandato dado a la iglesia de "hacer discípulos", lo único que teníamos que hacer era invertir la proporción de miembros activos y pasivos (de 20:80 a 80:20), alejándonos así del papel de proveedores de bienes y servicios. Queríamos que la mayoría de los miembros de la comunidad fueran activos y estuviesen directamente implicados en la tarea de ser cada vez más como Jesús.

3. Queríamos articular y desarrollar un sistema totalmente reproducible, basado en ideas fáciles de transferir e infiltrar (ADN internalizado).

4. El movimiento debía edificarse sobre principios de multiplicación orgánica, operando en red y no como una organización centralizada.

5. Finalmente, la misión (no el ministerio) debía ser el principio organizativo del movimiento.

Todo esto no fue rápido ni fácil. Las personas acostumbradas a que "se les alimente" generalmente detestan pasar de la pasividad a la actividad. Sin embargo, la iglesia pasó por dos años de transición a través de un saludable modelo de cambio en el que todos estaban invitados a participar y dar su opinión. South Melbourne Restoration Comunity (renombrada *The Red Network* o sencillamente *Red*[22]), ahora conducida por el genial Mark Sayers, se levanta sobre una nueva base y frente a un nuevo futuro.

Pero por supuesto la historia se ha seguido desarrollando desde entonces. En el 2007, Debra y yo sentimos un profundo llamado a movernos a los EE. UU., para enfocar nuestros esfuerzos a los líderes de América del Norte ayudándoles a desarrollar una perspectiva netamente misional en el trabajo de la iglesia. Como se mencionó antes, esta acción me ayudó a encontrarme y afirmar Future Travelers (una experiencia de aprendizaje ayudando a iglesias establecidas a explorar el paradigma del Movimiento Apostólico) y también me ayudó a fundar la Mission Forge Training Network (una red de formación de liderazgo misional por internado) que funciona en los Estados Unidos, Canadá, Gran Bretaña, Alemania y Rusia.

Junto con las anteriores, mi enfoque más reciente es en el desarrollo de una organización llamada 100Movimientos (100M), que se centrará en la identificación, formación y entrenamiento de cien iglesias innovadoras ("ninja") que ya se inclinan hacia un enfoque de iglesia como un movimiento. El objetivo será ayudar a desarrollar estas iglesias a convertirse en movimientos de multiplicación plenos y dinámicos, dentro de una ventana de diez años. Es mi creencia de

---

22 http://www.redchurch.org.au/.

que estos movimientos "ninja" se pondrán a escribir los mapas que otras iglesias adoptaran tarde o temprano. . . El hecho de que 100M se construirá directamente sobre los seis elementos de ADN*m* articulados en este libro, junto con el décimo aniversario del libro, me impulsó a escribir esta segunda edición.

◆ 2 ◆

Una mirada desde arriba:
perspectivas denominacionales y translocales

"El derecho a buscar la verdad implica también un deber; uno no debe ocultar alguna parte de lo que uno ha reconocido es la verdad".

—Albert Einstein

"No hay grandes cambios en la humanidad que puedan ser posibles, hasta que se produzca un gran cambio en la constitución fundamental de sus modos de pensamiento".

—John Stuart Mill

"Estrictamente hablando, deberíamos decir que la iglesia se encuentra en un estado de crisis permanente y que su mayor deficiencia es ser consciente de ello tan solo de forma ocasional. . . Tiene que ser así debido a la tensión que siempre hay entre la naturaleza esencial de la iglesia y su condición empírica. . . Que hubiera tantos siglos de existencia libre de crisis para la iglesia fue por lo tanto una anomalía. . .y si en muchos lugares de Occidente todavía queda una atmósfera de ausencia de crisis, se trata sencillamente de un peligroso engaño. Debemos saber qué encontrarse con la crisis es encontrarse con la posibilidad de ser de verdad iglesia".

—David Bosch, *Transforming Mission*

Vista desde el helicóptero

La experiencia de SMRC, y el consiguiente movimiento de plantar iglesias en las subculturas y en la marginalidad, me dieron una perspectiva de la iglesia misional desde el punto de vista de la iglesia local. Aquí nos conectamos con la realidad: el Evangelio de Jesucristo se mete en la vida real de las personas, en situaciones reales, y la glesia necesita negociar su camino hacia ese nuevo terreno. Se trata del verdadero frente del reino de Dios expresado a través de comunidades de fe. Pero esta misión es un poco estrecha, una perspectiva micro de la misión. Lo que nos faltaba era una perspectiva que lo englobara todo, que tuviera en cuenta una visión más global y regional de los temas estratégicos relacionados con la iglesia en el mundo occidental.

Al cabo de unos años de implicación a nivel denominacional, se me pidió que dirigiera nuestro departamento de misión, educación y desarrollo; que era a la vez la sala de máquinas y el cuartel general del pensamiento estratégico de nuestra denominación. Al mismo tiempo, mantuve mi rol de líder de equipo en el movimiento emergente. Tener la carga de dos roles como estos casi me mató, pero fue lo mejor que podría haber hecho porque me colocó en dos lugares críticos al mismo tiempo, lo cual me permitió tener una perspectiva estratégica de la iglesia y el cristianismo en la que destacaba el dilema con que se encuentra la iglesia en la cultura/s global/es emergente/s. Dirigir una denominación y al mismo tiempo trabajar en zonas marginales me sirvió para acentuar una convicción cada vez mayor de que la iglesia en Occidente tiene que cambiar y adoptar una postura misionera en relación a su contexto cultural, o bien afrontar un declive cada vez mayor hasta la posible extinción. También me creó mucha angustia, y fue en medio de esta tensión que hice la transición de verme primero como pastor, a verme como un misionero de orientación apostólica a Occidente.

Cristiandad-schmissendad

Edward de Bono, para nada teólogo, pero es el mejor especialista en procesos de aprendizaje creativo, afirma que si se conoce un remedio eficaz contra una enfermedad, los pacientes prefieren que el médico utilice ese remedio conocido en lugar de intentar diseñar uno mejor. Sin embargo, quizás haya remedios mucho mejores por descubrir. Hace bien en preguntarnos, cómo vamos a encontrar un remedio mejor, si en cada momento crítico optamos por el tratamiento tradicional.[1] Pensemos en ello en relación a nuestra manera más corriente de resolver problemas. ¿No recurrimos siempre por defecto a los patrones y maneras anteriores de abordar la teología, la espiritualidad y la iglesia? Por citar a otro Bono, esta vez el del grupo U2, parece que estamos "… atascados en un momento y no podamos salir"[2]. No es de extrañar que nuestros compromisos anteriores con el modelo de iglesia y la manera de pensar de la cristiandad nos dejen confinados

---

1 Consultar de Bono, New Thinking for a New Millennium, ix.

2 U2, "Stuck in a Moment", *All That You Can't Leave Behind*, 2000.

a los éxitos del pasado y no nos aporten soluciones reales cara al futuro. Siempre acabamos cayendo en las respuestas preconcebidas. El desarrollo y el aprendizaje genuinos no dejan de ser un proceso arriesgado, pero sin un camino y un riesgo, no puede haber progreso.

Ante la situación actual de la iglesia, nadie puede decir que las cosas no hayan cambiado de manera fundamental en torno al último siglo. La realidad a la que nos enfrentamos es que, después de 2000 años de Evangelio, la iglesia está en declive en casi todos los contextos culturales de Occidente. De hecho, nos encontramos muchos más lejos de cumplir con nuestra labor que la iglesia de finales del siglo tercero. Incluso en Estados Unidos, tanto tiempo bastión de formas vigorosas y distintas de la cristiandad cultural, está atravesando un distanciamiento cada vez mayor entre la sociedad y la esfera de influencia de la iglesia, convirtiéndose en una sociedad genuinamente neopagana. Ya se ha gastado mucha tinta en el intento de analizar esta situación. Pocas veces, sin embargo, se escuchan valoraciones que hagan un llamamiento al replanteamiento radical de la implicación real de la iglesia; es decir de la manera en que se percibe y conforma a sí misma en torno a sus tareas esenciales. Raramente escuchamos una crítica seria a las suposiciones a menudo escondidas sobre las cuales se basa la cristiandad.[3] Parece ser que el patrón de esta versión altamente institucional del cristianismo ha empapado de tal forma la psique colectiva, que inadvertidamente la hemos llevado más allá de la crítica profética. Hemos divinizado de tal manera este modo de iglesia a través de siglos de teología sobre la misma, que hemos acabado por confundirla con el reino de Dios; error que parece haber plagado el pensamiento católico en particular durante siglos.[4]

La mayoría de esfuerzos que hace la iglesia por cambiar no consiguen mover los postulados sobre los cuales se ha construido y se mantiene la cristiandad. Hoy en día hay que cambiar la manera de pensar en lo que se refiere a la iglesia y su misión y de manera radical; hay que ir a la raíz del problema. Quizás una manera de concebirlo sea reflexionando sobren la relación entre computadoras y software. Si seguimos el acercamiento de los creadores de los computadores (ordenadores) Apple, cuando se intenta estar siempre creando un mejor producto informático, el desarrollo sistemático debe tener lugar en tres niveles: el hardware/lenguaje de la máquina, el sistema operativo y los programas del usuario final.

---

3 Ver el excelente libro de Murray, *Post-Christemdom Church and Mission in a Strange New World* y el de Hall, *The End of Christemdom and the Future of Christianity*.

4 Teológicamente es correcto decir que la iglesia no es el reino. No es más que un signo, un símbolo, un aperitivo del reino de Dios. Y aunque el reino se exprese en y a través de ella de manera poderosa, jamás es la única expresión del mismo. La iglesia es parte del reino, pero el reino se extiende al reinado de Dios sobre todas las cosas.

Programas:
Interfase con el usuario final

Sistema operativo:
Mediador entre programa y máquina

Hardware/lenguaje de la máquina:
Código básico de hardware

Esta metáfora de las computadoras y la programación, que aprendí de mi amigo Mike Breen, hace hincapié en lo que ahora es obvio: de nada sirve el desarrollo de excelente software cuando el lenguaje del sistema operativo y el de la máquina (o hardware), no lo pueden utilizar. Hay grandes programas de usuario que están limitados porque el resto del sistema sigue sin desarrollarse. Hay cuestiones sistémicas subyacentes que deben ser tratadas. Para lograr un producto sobresaliente y eficaz, hay que desarrollar los tres niveles. De ahí que Apple avance en un todo integrado mientras que el PC estándar lucha por mantener unidos los diversos aspectos arriba mencionados.

Esta metáfora nos sirve para analizar nuestros acercamientos al cambio y las reformas. Muchos esfuerzos por revitalizar la iglesia van simplemente dirigidos a añadir o desarrollar nuevos programas, o bien a mejorar la base teológica y doctrinal de la iglesia. Pero raras veces nos fijamos en el "hardware" o "el lenguaje de la máquina", del cual todo depende. Esto significa que los esfuerzos por reorientar la iglesia en torno a su misión fracasan porque el sistema fundacional, en este caso, el modelo de la cristiandad o la idea de iglesia, cancela lo que el "software" requiere. El liderazgo debe ir más adentro y desarrollar los postulados y configuraciones que deberían sostener una expresión más misional de la *ecclesia*.

Programas y ministerio
Ideas teológicas
Modo o sistema eclesial

Robert Pirsig destaca el hecho de que la gente está generalmente ciega al sistema que crea perpetuando así una cierta manera de hacer las cosas. Él Observa que. . .

"Hablar de cierto gobierno e instituciones establecidas como "el sistema" es hablar correctamente, ya que estas organizaciones se basan en las mismas relaciones conceptuales estructurales que tiene una motocicleta. Estas son sostenidas por relaciones estructurales incluso cuando han perdido todo el significado y propósito. Personas llegan a una fábrica y realizan una tarea totalmente sin sentido de ocho a cinco sin duda porque la estructura exige que sea así. No hay ningún villano, no hay una "persona malintencionada" que quiera hacerle vivir una vida sin sentido, solo que la estructura, el sistema lo exige, y nadie está dispuesto a asumir la formidable tarea de cambiar la estructura sólo porque esta no tiene sentido.

Pero derribar una fábrica o rebelarse contra un gobierno o evitar la reparación de una motocicleta porque es un sistema, es atacar los efectos en lugar de causas; y mientras el ataque es contra los efectos solamente, ningún cambio es posible. El verdadero sistema, el sistema real, es nuestro presente sistema de pensamiento en sí mismo, la misma racionalidad y si una fábrica es derribada pero el razonamiento que lo produjo se queda parado, entonces ese razonamiento simplemente producirá otra fábrica. Si una revolución destruye un gobierno sistemático, pero los patrones sistemáticos de pensamiento que dieron origen a ese gobierno se dejan intactos, entonces esos patrones se repiten en el gobierno posterior. Se habla tanto sobre los sistemas, y tan poco entendimiento".[5]

Esto es claramente correcto —somos testigos de la triste incapacidad del impulso democrático en la llamada primavera árabe en su intento de derrocar a la racionalidad imperante de la autocracia. Si no logramos cambiar el paradigma principal de la iglesia, ¡entonces nada va a cambiar! Así que debemos ir a las cuestiones de modo eclesial, a la forma en la que configuramos el sistema desde el que operamos. Este enfoque nos pide tomar conciencia de los supuestos (invisibles) sobre los que construimos nuestra experiencia de iglesia y de nuestro propósito en el mundo.

"La composición de este libro ha sido para el autor una larga lucha de escape, y así debiera ser también para la mayoría de los lectores; si el desafío del autor para ellos ha de tener éxito,—una lucha de escape de los modos habituales de pensamiento y expresión. Las ideas que aquí se expresan tan laboriosamente son muy sencillas y deberían ser obvias. La dificultad radica, no en las nuevas ideas, sino en escapar de las viejas, las cuales se ramifican en cada rincón de nuestra mente".[6]

Así comienza su obra más famosa el destacado economista John Maynard Keynes. La lucha por escapar de hábitos mentales arraigados sólo destaca la dificultad de renovar las formas olvidadas del Movimiento Apostólico. La tarea de entender el Carácter Apostólico es difícil, no porque las ideas básicas asociadas con él son difíciles de entender, sino porque las "viejas ideas" que están siendo desafiadas están tan profundamente arraigadas en la mentalidad individual y corporativa. Es aquí, en el nivel de paradigma y su racionalidad implícita, donde

---

5 Pirsig, *Zen*, p. 87–88.
6 Keynes, *The General Theory of Employment, Interest and Money*, xii.

la batalla estratégica y decisiva por el futuro de la iglesia en Occidente debe ser combatida.

Cambiar la historia

Aunque sepamos de experiencias de revitalización de iglesias que hayan ido bien, el registro general en realidad es muy pobre. Los ministros cuentan una y otra vez que sus muchos intentos para revitalizar las iglesias que dirigen no dan los resultados esperados. Se consumen muchas energías (y dinero) en cambiar programas, con todos los usuales estudios de comunicación, consultas, talleres, etc. Al principio las cosas parecen cambiar, pero poco a poco el ímpetu y la novedad se desgastan y la organización termina por recuperar parte de su configuración previa. De modo que en lugar de dirigir nuevas organizaciones, estos líderes acaban dirigiendo los efectos secundarios no deseados de sus esfuerzos. La razón es de hecho muy simple, pero se suele pasar por alto: *a menos que cambiemos el paradigma central de la cultura, el cambio no perdurará.*[7]

Una vez se preguntó a Iván Ilich, cuál era la forma más radical de cambiar la sociedad: ¿a través de la revolución violenta o de la reforma gradual? El dio una respuesta muy cauta. Ninguna de las dos. Propuso que, si se quería cambiar la sociedad, se debía contar una historia alternativa "una tan persuasiva que barra con los viejos mitos y se convierta en la historia preferida; una tan inclusiva que reúna todos los trozos de nuestro pasado y nuestro presente en un todo coherente; una que incluso proyecte algo de luz al futuro para que podamos dar el siguiente paso".[8] Ilich está en lo cierto; necesitamos renovar nuestras ideas a través de lentes distintos, de una historia alternativa, si queremos ir más allá del cautiverio del paradigma institucional predominante que domina claramente nuestro acercamiento actual al liderazgo y la iglesia.

Un paradigma, o historia de sistemas, "es el conjunto de creencias centrales, resultantes de la multiplicidad de conversaciones, que mantienen la unidad de la cultura"[9]. Los "pétalos" de este diagrama (ver fig.) son "las manifestaciones de la cultura resultantes de la influencia del paradigma"[10].

La mayoría de programas de cambio se concentran en los pétalos; es decir, intentan efectuar un cambio centrándose en las estructuras, los sistemas y los

---

7 Estoy más convencido que nunca que la cuestión del paradigma es una clave insustituible para un cambio significativo y duradero, tanto es así, que escribí dos capítulos sobre la reconfiguración de la imaginación y cambiar el paradigma en mi libro con Dave Ferguson acerca de cambiar la dinámica en la iglesia. Líderes que trabajan con los conceptos establecidos de la iglesia deben aprender a cambiar el paradigma para orientar eficazmente sus organizaciones a través de estas aguas revueltas. Ver *On the Verge*, cap 2–3.

8 Acotado en Nelson, *Mission*, p. 39.

9 Seel, *Culture and Complexity: New Insights on Organizacional Change in Culture & Complexity*, p. 2.

10 Ibid, p. 2.

```
                    ╭───────────╮
                    │ Teología y │
                    │   mitos    │
                    ╰───────────╯
   ╭───────────╮                    ╭───────────╮
   │ Rituales y │      ★★★★★★       │  Símbolos  │
   │  rutinas   │    Sistemas       ╰───────────╯
   ╰───────────╯   (Paradigma)
                     Modelos
   ╭───────────╮     Mentales       ╭───────────╮
   │ Sistemas de│                   │ Estructuras│
   │  control   │                   │  de poder  │
   ╰───────────╯                    ╰───────────╯
                    ╭───────────╮
                    │ Estructuras│
                    │organizativas│
                    ╰───────────╯
```

procesos. La experiencia nos demuestra que estas iniciativas suelen tener un éxito limitado. Tiene razón Bill Easum, consultor de iglesias, cuando comenta que "seguir a Jesús en el campo de misión es, o bien imposible o extremamente difícil para la gran mayoría de congregaciones de Occidente. El motivo es el siguiente: su 'historia de sistemas' no les permite dar el primer paso para salir de la institución y entrar en el campo de misión, aunque el campo de misión quede justo al otro lado de la puerta de la congregación"[11].

Sigue contando que toda organización está construida sobre "una historia de sistemas subyacente". Señala que "no se trata de un sistema de creencias. Se trata de una historia vital que se repite continuamente y determina la manera de sentir, pensar y por tanto actuar de una organización. La historia de sistemas determina la manera en que la organización se comporta, sea cual sea su organigrama. Es la plantilla original que da forma a todo lo demás. Puedes muy bien reestructurar la organización, pero si dejas la historia de sistemas tal cual, nada va a cambiar realmente. Es inútil intentar revitalizar la iglesia, o una denominación, sin cambiar el sistema primero"[12]. Según él, la clave del cambio y la innovación constante es sondear en la profundidad de la historia de sistemas, del paradigma o modo de iglesia.

---

11 Easum, *Unfreezing Moves*, p. 31.
12 Ibid, p. 31.

Easum recalca que la mayoría de teorías sobre la vida congregacional son defectuosas desde su mismo origen porque están basadas en una visión del mundo institucional y mecánica[13]. Es lo que él denomina "Historia sofocante; ordenar y controlar". Esto adquiere mayor relieve cuando admites lo diferentes que son las formas predominantes de iglesia del modelo apostólico. El movimiento iniciado por Jesús fue un movimiento orgánico de personas; nunca tuvo la pretensión de convertirse en una institución religiosa. Debemos permitir que esta nueva y a la vez antigua historia de sistemas penetre en nuestra imaginación y re-informe a todas nuestras prácticas. Nuestras organizaciones necesitan ser re-evangelizadas. En esto entraremos en profundidad en el apéndice titulado "Curso acelerado de caos", pero le recomiendo al lector que explore significativamente más detalladamente como se vería el paradigma misional aplicado a los sistemas existentes.

Ya, pero ¿qué diría la Biblia?

Sondear nuestros postulados eclesiales de esta manera dispara el nivel de incomodidad porque exige que exploremos, de hecho, critiquemos, la configuración de iglesia institucional heredada, a partir de la cual operamos la mayoría de nosotros y de la cual obtenemos legitimidad. ¿No estaremos haciendo algo ajeno a nuestra fe? ¿Se nos permite criticar a la iglesia sin incurrir en la ira de Dios? ¿No estaremos tocando algo sagrado. . .inviolable?

No realmente. En las Escrituras descubrimos, de hecho, que hay una buena sustancia teológica en la crítica bíblica constante a las instituciones religiosas que tan fácilmente se desarrollan con el tiempo. Desde la concesión renuente de Yahvé a tener un rey como las demás naciones, con el aviso correspondiente (1 S. 5:8) hasta la "anti religión" de Jesús (Ellul) y sus interminables luchas con las instituciones políticas y religiosas de la época. De hecho, ambas cosas fueron directamente responsables de su muerte. Desde los desafíos proféticos del AT a la realeza y el sacerdocio corruptos hasta la reapropiación en el NT de estos oficios en la misma función e identidad del pueblo de Dios (1 P. 2:9). Si a eso añadimos la visión de Pablo sobre la naturaleza de los principados y las potestades y el mal impersonal imperante en las estructuras e ideologías humanas (principios elementales de Col. 3:8, 2-23 y Gl. 4:3-11) nos daremos cuenta de que la Biblia sostiene una advertencia muy fundada sobre la centralización del poder en pocos individuos y la concentración del mismo en instituciones impersonales e inflexibles.

La religión profética también nos advierte de la ritualización de la relación entre Dios y su pueblo, recordándonos la intensa naturaleza personal del pacto

---

13 Ibid, p. 17.

entre Dios y su pueblo. Martin Buber, profundo comentarista de la religión profética y de los movimientos religiosos, nos advierte de los peligros del institucionalismo religioso cuando dice que "la centralización y la codificación llevadas a cabo en interés de la religión, son un peligro para el núcleo de la misma". Dice que ese es inevitablemente el caso, a menos que la fe se viva de manera muy vigorosa y se encarne en toda la comunidad, ejerciendo una presión tenaz por la renovación de la institución.[14] A menos que haya una vida espiritual dinámica de fe incorporada a lo largo de toda la comunidad ejerciendo la presión necesaria para la renovación constante, la codificación de la religión es inevitable. Fue C. S. Lewis quien observó que "en toda iglesia hay algo que tarde o temprano funcionará en contra del verdadero propósito que lo concibió. Por eso debemos hacer todo lo posible, por la gracia de Dios, por mantener a la iglesia centrada en la misión original que Cristo le encomendó".[15] Un cristianismo proféticamente coherente significa que debemos permanecer comprometidos con una crítica constante a las estructuras y rituales que creamos y mantenemos.

Quizás, en lugar de llamar a esto anti-institucionalismo, un esquema mental bastante negativo, deberíamos considerarlo como una forma de "rebelión santa" basada en la crítica afectuosa a la institución religiosa originaria de los profetas, apóstoles y evangelistas tanto en la Biblia como en la historia.[16] Estos son nuestros "santos rebeldes" que constantemente intentaban librarse de la rémora de las ideologías, estructuras, códigos y tradiciones que limitaban la libertad del pueblo de Dios y restringían el mensaje del Evangelio que les había sido encomendado divulgar. Es rebelión porque se niega a apoyar al status quo. Pero porque es una *santa rebelión*, esta nos dirige hacia una mayor experiencia con Dios que la que tenemos actualmente. Como veremos, movimientos vitales se presentan siempre en el contexto de rechazo por las instituciones predominantes (p. ej. Wesley y Booth). El desafío para la iglesia y sus líderes es discernir la voluntad de Dios para nuestro tiempo dirigida a la iglesia de boca de sus santos rebeldes.

Discernir el desafío profético es fundamental en nuestro tiempo; estoy convencido de que uno de los mayores bloqueos a que se desate el Carácter Apostólico, es nuestra adherencia a una obsoleta comprensión de la iglesia. Peter Drucker dijo una vez que "gente en cualquier organización siempre está vinculada a lo obsoleto, lo que debería haber trabajado, pero no lo hizo, las cosas que

---

14 Buber, citado por Friedman, Martin Buber, *The Life of Dialogue*, p. 82.

15 C. S. Lewis, citado en W. Vaus, *Mere Theology, A Guide to the Thought of C. S. Lewis*, p. 167.

16 "Debemos amar primero aquello que queremos cambiar". Frase atribuida a Martin Luther King Jr.

una vez fueron productivas y ya no lo son".[17] Si esto es cierto para todas las organizaciones humanas, es especialmente cierto para las iglesias, que tienden a sacramentar su tradición y sus instituciones, haciéndoles así muy difíciles de cambiar. Simplemente hay que encontrar una manera de pasar más allá de las respuestas históricas del pasado que tan fácilmente se sugieren a sí mismas a aquellos cuya imaginación de lo que significa ser el pueblo de Dios ha sido tomada como rehén por una noción menos bíblica de la iglesia.

Paradójicamente, la rebelión santa representa (y se percibe como) un verdadero desafío a las formas de iglesia establecidas, pero a la vez es la clave de su renovación. Los nuevos movimientos son la fuente de gran parte de su continua vitalidad porque son un manantial de nuevas maneras de experimentar a Dios y participar en su misión. Por ello contienen las semillas de la renovación constante del cristianismo. Y es así porque los movimientos despiertan la centralidad del sentido más puro del Evangelio liberado de la parafernalia de las tradiciones y rituales heredados. Veremos que los movimientos vitales siempre surgen en el contexto de rechazo por parte de las instituciones predominantes (de nuevo Wesley y Booth). Pero, como los movimientos vigorosos casi siempre crean movimientos de renovación, al final acaban por producir esa renovación en la vida de la iglesia que les rodea (p. ej. el pentecostalismo).

Lee este texto con estas calificaciones en la mente y aunque a veces te haga reaccionar, intenta discernir los reflejos de verdad que puede contener.

La perspectiva de un misionero

Una de las formas más prácticas de leer nuestra situación proviene de una herramienta conceptual desarrollada por el misiólogo pionero Ralph Winter.[18] Se trata del concepto *distancia cultural*. Se desarrolló para intentar valorar lo lejos que se encuentra un grupo de gente de una vinculación *significativa* con el Evangelio. Para intentar discernirlo, tenemos que verlo en una escala.

---

17 Animando a los líderes a fomentar y evaluar lo que debe ser fortalecido y lo que debe ser abandonado, Drucker dice,una de las preguntas más importantes del liderazgo sin fines de lucro es, ¿producimos resultados que se destacan lo suficiente como para que nosotros podamos justificar el poner nuestros recursos en esta área? La necesidad en sí misma no justifica el seguir invirtiendo. Tampoco lo justifica la tradición. Debe coincidir con tu misión, tu enfoque y tus resultados. Como la parábola de los talentos del Nuevo Testamento, su trabajo es invertir sus recursos donde los beneficios son múltiples, donde usted puede tener éxito.Abandonar cualquier cosa siempre causara amarga resistencia. La gente esta conectada con algo a lo que en un libro anterior (gestión por resultados, 1964) llamé "inversiones en ego empresarial". Sin embargo abandonar lo anterior viene primero. Hasta que se ha logrado esto, muy poco se logrará. . . . Abandonar cualquier cosa así es difícil, pero sólo dura un tiempo muy corto. (*Five Most Important Questions*, p. 51)

18 Ver Winter, "Highest Priority: Cross-Cultural Evangelism", en *Let the Earth Hear His Voice*, pp. 213–25. Ver también a Winter y Koch, "Finishing the Task", pp. 509–24.

```
 ├────────┼────────┼────────┼────────┤
 m0       m1       m2       m3       m4
```

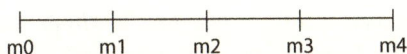

Cada número con el prefijo *m* corresponde a *una barrera cultural importante para una comunicación significativa del Evangelio.* Un ejemplo obvio de tal barrera sería el idioma. Si se tiene que atravesar la barrera del idioma, hay un problema. Pero otras podrían ser la raza, la historia, la religión, la visión del mundo, la cultura, etc. Por ejemplo, el Evangelio ha tenido que luchar mucho para abrirse camino en contextos musulmanes; la religión, la raza y la historia hacen que la comunicación significativa del Evangelio sea algo verdaderamente difícil. Con las Cruzadas, la iglesia de la cristiandad perjudicó seriamente la capacidad de aceptar a Cristo entre los musulmanes. Por tanto, la misión entre los musulmanes sería una situación entre m3 y m4 (religión, historia, idioma, raza y cultura). Lo mismo ocurre con los judíos de Occidente. La "comunicación significativa" es muy difícil en cualquiera de estas situaciones. Está claro que son los ejemplos más extremos que nos podemos encontrar en nuestra vida diaria, pero no es difícil ver en qué nivel de esta escala se encuentra la gente que nos rodea.

Voy a acercarme a nuestro terreno: la mayoría de nosotros puede evaluar a las personas que nos rodean en estos términos. Si a nosotros mismos o a nuestra iglesia la ponemos en el punto m0, una manera en que podríamos interpretar nuestro contexto sería la siguiente:

m0-m1	Personas con cierto conocimiento del cristianismo, que hablan el mismo idioma, tienen intereses similares, quizás la misma nacionalidad, y son de la misma clase que yo o mi iglesia. La mayoría de nuestros amigos entrarían en este nivel.
m1-m2	Aquí están las personas no cristianas que tenemos a nuestro alrededor: personas con poco interés y poco conocimiento del cristianismo, recelosas respecto a la iglesia (han oído cosas malas). Pueden ser personas políticamente correctas, con conciencia social y abierta a lo espiritual. También podemos incluir a personas ofendidas por una mala experiencia con la iglesia o con cristianos. Cualquier persona que te puedas encontrar en un bar, cafetería u otro lugar público.
m2-m3	En este nivel están las personas que no tienen absolutamente ni idea del cristianismo. Quizás forman parte de un grupo étnico con diferentes impulsos religiosos o de una subcultura muy marginal. También se puede incluir aquí a las personas marginadas por el cristianismo, como por ejemplo, la comunidad gay. En este nivel hay personas activamente antagónicas al cristianismo tal y como ellas lo conocen.
m3-m4	En este nivel encontramos grupos étnicos y religiosos como los musulmanes y los judíos. El hecho de que se encuentren en Occidente puede reducir algo la distancia, pero todo lo demás no son más que trabas al diálogo significativo. Este nivel es altamente resistente al Evangelio.

Quienes hayan visto la intensa película *La Misión* recordarán la inolvidable escena en que Jeremy Irons aparece como padre Gabriel, un sacerdote jesuita que penetra en la selva sudamericana con la intención de construir una misión cristiana. Su desafiante objetivo es la conversión de una pequeña tribu de nativos indios amazónicos que previamente habían matado a otros cuantos que lo habían intentado. Cuando su primer encuentro tiene lugar, cada uno está a una remota distancia cultural del otro y se guardan mucho recelo entre sí. Les separan muchos obstáculos culturales: el temor, el idioma, la cultura, la religión, la historia, etc. Cuando los indios están a punto de matar al padre Gabriel, él saca una flauta y se pone a tocar una melodía lírica. A través de la universalidad del amor a la música intenta establecer un puente de comunicación sobre el abismo cultural. Ese iba a ser el frágil inicio de un proceso de aprendizaje que con el tiempo llevaría al padre Gabriel y su pequeño grupo de jesuitas a hacerse amigos de los nativos, aprender su cultura, su idioma y su folklore, estableciendo finalmente una misión eficaz entre ellos. Esa afectuosa atención a *los otros* que hizo falta en aquella situación sigue siendo necesaria en todas las misiones que deben atravesar barreras culturales. Ha llegado el momento de que en Occidente aprendamos que todos *nuestros* intentos de comunicar el Evangelio ahora tienen que atravesar barreras culturales. Nuestra situación no es distinta, solo que es más sutil.

Entonces, ¿qué relación tiene la idea de distancia cultural con la cristiandad y nuestra situación actual? La iglesia pasó de ser un movimiento marginal a ser una institución central con el Edicto de Milán (313 d. C.), en el que Constantino, recién coronado emperador, que reivindicaba la conversión al cristianismo, lo declaró religión oficial del estado, deslegitimizando así a todas las otras.[19] Pero Constantino todavía fue más allá de la proclamación del cristianismo como suma religión oficial: a fin de apuntalar su régimen político, intentó unir iglesia y estado en una especie de abrazo sacramental y por ello congregó a todos los teólogos cristianos y les pidió que elaboraran algún tipo de teología común que uniera a todos los cristianos del imperio y de esta forma asegurara el vínculo político entre iglesia y estado. No es sorprendente que también instituyera una organización de iglesia centralizada con base en Roma, que "reinara" sobre todas las iglesias y uniera a los

---

19 El edicto establecía en forma permanente la tolerancia religiosa del cristianismo dentro del Imperio romano, lo cual fue resultado de un acuerdo político tomado en Milán por los emperadores romanos Constantino I y Licinio en febrero del 313 d.C. La proclamación, que Licinio hizo efectiva para el este en junio del 313 d.C., otorgaba a todo el mundo la libertad de adorar a la deidad que quisieran, aseguraba a los cristianos derechos legales (incluido el de organización de iglesias) y ordenaba el inmediato retorno de las propiedades confiscadas a los mismos. Otros edictos de tolerancia previos habían durado tanto como los regímenes que los emitieron, pero esta vez el edicto hizo efectiva la tolerancia religiosa. En términos sociopolíticos, el resultado del mismo fue establecer la hegemonía religiosa del cristianismo, puesto que este se convirtió en la única religión legítima de la corte y, consecuentemente, quienquiera que pretendiera ejercer algún tipo de poder político tenía que ser un cristiano bautizado.

cristianos de todas partes bajo una institución directamente vinculada al estado. Y así fue como todo cambió y cómo fue instituido todo lo que vino después y que denominamos "cristiandad".

"La fundación del sistema de la cristiandad fue la estrecha colaboración, aunque a veces compleja, entre iglesia y estado; los dos pilares básicos de la sociedad. A través de los siglos, las luchas de poder entre papas y emperadores resultaron en que la influencia pasaba de manos de unos a otros. Pero el sistema de la cristiandad daba por sentado que la iglesia se asociaba con un status quo que se sobreentendía como cristiano y que había que mantener por los intereses creados. La iglesia proporcionaba legitimación religiosa a las actividades del estado y el estado aportaba la fuerza secular necesaria para secundar las decisiones eclesiásticas".[20]

Lo que queda claro es que, después del trato de Constantino con la iglesia, se dieron toda una serie de giros muy significativos. Para ver nuestra propia experiencia de la cristiandad bajo una luz más clara, es necesario destacar los giros más importantes que tuvieron lugar una vez se impuso. Según Stuart Murray[21] el giro hacia la cristiandad significó:

- La adopción del cristianismo como religión oficial de una ciudad, estado o imperio.
- El movimiento de la iglesia desde el margen de la sociedad hacia el centro de la misma.
- La creación y desarrollo progresivo de una cultura o civilización cristiana. -El postulado de que todos los ciudadanos (excepto los judíos) eran cristianos de nacimiento.
- El desarrollo del *corpus Christianum*, donde no había libertad de religión y se consideraba al poder político como algo con autentificación divina.
- El bautismo de los niños era el símbolo obligatorio para incorporarse a aquella sociedad cristiana.
- El domingo era el día oficial de descanso y de asistencia obligatoria a la iglesia; a riesgo de ser castigado.
- Se definió la "ortodoxia" como la creencia común compartida por todos y determinada por los líderes de la iglesia con el apoyo del estado.
- La imposición de una moralidad supuestamente cristiana sobre la totalidad de la sociedad (aunque lo que se solía aplicar eran los criterios morales del Antiguo Testamento).

---

20 Notas de investigación por gentileza del Stuart Murray.
21 Murray, *Post Cristendom*, pp. 76–78.

- Un sistema eclesiástico jerárquico, basado en una distribución por parroquias y diócesis, análogo a la jerarquía estatal y sustentado por el estado.
- La construcción de enormes edificios religiosos ornamentados y la formación de grandes congregaciones.
- Una distinción genérica entre clero y laicidad, así como la relegación de los laicos a un rol mayoritariamente pasivo.
- El aumento de la riqueza de la iglesia y la imposición de diezmos obligatorios para financiar el sistema.
- La defensa del cristianismo por medio de sanciones legales a fin de vedar la herejía, la inmoralidad y el cisma.
- La división del globo entre "cristiandad" y "paganismo" y el lanzamiento de la guerra en el nombre de Cristo y de la iglesia.
- El uso de la fuerza política y militar para imponer la fe cristiana a otros.
- El uso del Antiguo Testamento, en lugar del Nuevo, para sustentar y justificar muchos de estos cambios.

Este giro hacia la cristiandad fue totalmente paradigmático y sus implicaciones absolutamente desastrosas para el movimiento de Jesús que continuaba cambiando radicalmente al mundo romano.

Rodney Stark, considerado por todo el mundo como el mayor experto en la iglesia de ese período, lo resumió en los siguientes términos dramáticos:

> "Los historiadores han aceptado por demasiado tiempo la proclama de que la conversión del emperador Constantino (285-337 d. C.) significó el triunfo del cristianismo. Al contrario, destruyó sus aspectos más atractivos y dinámicos, convirtiendo un movimiento de bases de alta intensidad en una institución arrogante controlada por una élite que a menudo conseguía ser cruel y laxa a la vez".[22]

A este período lo denominamos *cristiandad* y significó una ascendencia a veces completa de la iglesia sobre el estado y la sociedad. Este dominio se debilitó con la llegada del Renacimiento y de la Reforma (siglos XV y XVI) y fue en declive hasta terminar a finales de la Ilustración o del período moderno (siglos XIX y XX).

La Ilustración intentaba poner la razón por encima de la revelación a través de la filosofía y la ciencia; con el tiempo forzó la separación del poder de la iglesia sobre el del estado (Revolución francesa). El estado, y la esfera pública que le acompañaba, fueron despojados de las influencias religiosas. Nació el estado secular con la ciencia como mediador de la verdad y el mercado como mediador del sentido. Entre muchas otras cosas, como resultado del período de la Ilustración,

---

22 Stark, *For the Glory of God*, p. 33.

la sociedad se secularizó y por tanto la iglesia y su mensaje fueron marginados. Quienes hemos vivido en el siglo XX lo hemos experimentado demasiado bien. El problema que tenemos es que la cristiandad está muerta como fuerza social, política y cultural y vivimos en lo que acertadamente ha sido llamado la era *post-cristiana*; sin embargo, *la iglesia sigue operando exactamente de la misma manera*. El paradigma sigue estando firmemente en su lugar. Es decir, en términos de cómo entendemos y "hacemos" iglesia, para nosotros poco ha cambiado en 17 siglos.

Con la desintegración del período moderno y la llegada del postmoderno, las cosas han empezado a cambiar de manera radical. De entrada, se ha terminado el poder hegemónico de las ideologías y, con ello, se ha desmantelado el poder del estado (p. ej., la Unión Soviética) y otras formas de "historias magnas" que puedan unir a sociedades o grupos en una misma gran visión. El efecto directo ha sido la proliferación de subculturas, lo que los sociólogos denominan, *heterogeneización*, o sencillamente *tribalización*, de la cultura occidental. Lo mismo que habíamos intuido a nivel local en la SMRC: la era postmoderna ha dado a luz a un nuevo tribalismo. La gente ahora se identifica mucho menos con las grandes ideologías, los nacionalismos o las lealtades políticas; en cambio se identifican más con otras historias mucho menos grandiosas: como los grupos de interés, los nuevos movimientos religiosos (tipo Nueva Era), la identidad sexual (gays, lesbianas, transexuales, etc.), las actividades deportivas, las ideologías en competencia (neo marxistas, neofascistas, ecoratas, etc.), la clase, el consumo manifiesto (metrosexuales, grunge urbanos, etc.), tipos de trabajo (informáticos, hackers, diseñadores. . .) y etcétera. En una ocasión, un especialista en el ministerio entre jóvenes que trabaja conmigo, en tan solo una hora, identificó cincuenta subculturas juveniles fácilmente identificables (los locos por la computadora, los skaters, los homies, los surfers, los punks, etc.); cada uno de estos grupos se toma con suma seriedad su identidad cultural, así que cualquier respuesta misional a estas personas también debe ser así.

Cuando añadimos a todo esto el fundamental cambio en la cosmovisión filosófica occidental, globalización, cambio climático, avances tecnológicos, terrorismo internacional, los cambios geopolíticos, las crisis económicas, la digitalización de información, redes sociales, el surgimiento de nuevos movimientos religiosos y el nuevo ateísmo, nos vemos obligados a adaptar nuestro pensamiento y metodología. Estos factores conspiran juntos para acelerar aún más la marginación de la iglesia tal como la conocemos, nos obliga a repensar nuestra relación anteriormente privilegiada en relación a la cultura más amplia que nos rodea.

La cuestión aquí es comparar entre la situación de la iglesia de la cristiandad y la nuestra propia: llegar más allá de nuestro propio referente cultural (m0 – m1) es algo totalmente distinto a llegar más allá de importantes barreras culturales (de m1 a m4). El problema es que la iglesia más común en el modo de cristiandad

solo tiende a funcionar razonablemente bien dentro de su propio referente cultural (m0 – m1). La iglesia de la cristiandad fue creada para esto: alcanzar y arrastrar
(y no hago broma, es su manera de operar). El acercamiento de *buscador sensible*
es un modelo más desarrollado surgido a partir del anterior.

Si usamos lo que acabo de describir como una matriz con la que analizamos
la distancia cultural de la iglesia en contextos occidentales en los últimos 2 mil
años, podría lucir como algo así (ver gráfica):

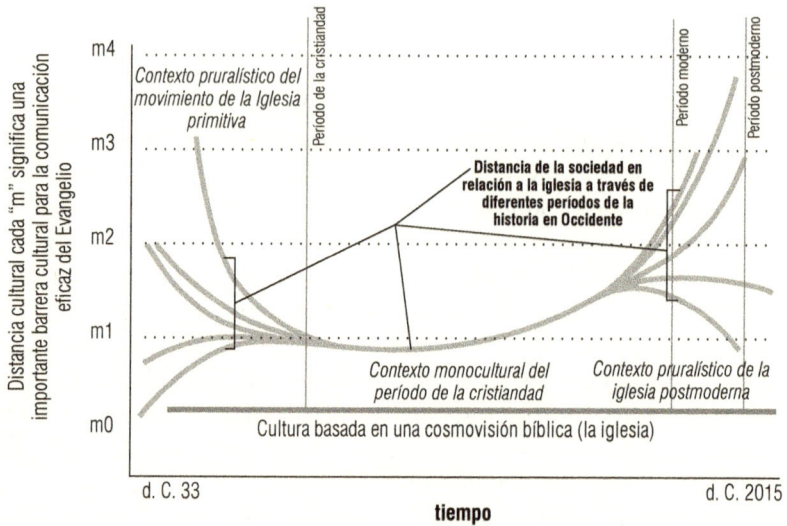

Admito del todo que esto es una simplificación imposible de la situación histórica real, pero el diagrama está diseñado para destilar la esencia de los cambios
de situación de la iglesia en cuanto a la distancia cultural. Notemos la similitud
que hay entre nuestra situación y la de la Iglesia primitiva. Hay muchos grupos culturales; algunos se mueven hacia nosotros, la mayoría se alejan. Ambas
situaciones exigen acercamientos misioneros. Pero ese no fue el caso durante el
período de la cristiandad ya que la cristiandad homogeneizó la cultura y todo
aquel nacido en sus dominios ya era considerado cristiano. Sostengo que en ese
período la iglesia perdió su forma y su llamamiento misionero original, el *ethos*
de su movimiento, y con ello sin darse cuenta destruyó la herencia del Carácter
Apostólico.

Ahora, en el período postmoderno, todo ha cambiado; ahora estamos de
nuevo sobre el *terreno misional genuino*. En la situación contemporánea, la gran
mayoría de gente que nos rodea (este es el caso en Australia, el Reino Unido,
Europa y cada vez más en EE. UU.,) se encuentra a una distancia de la iglesia

entre m1 y m3. En tal situación, el enfoque atraccional común de las iglesias no la acortará. Los grupos evangelísticos Alfa, los cultos evangelísticos y la evangelización entre las amistades cercanas surtirá efecto dentro de nuestro propio marco cultural (m0 – m1), pero raramente funcionará más allá del mismo. Recordemos al padre Gabriel. Para atravesar importantes barreras culturales vamos a tener que adoptar una postura misional en relación a la cultura. En parte significará centrarnos en *enviar* más que en *atraer*,[23] y en parte significará el tener que adoptar las mejores prácticas en metodología de misiones a otras culturas. Sea como sea, si queremos hacer frente a este desafío, necesitaremos un enfoque mucho más sofisticado que el que estamos acostumbrados a usar y tendremos que reajustar nuestro paradigma de iglesia. Ha llegado la hora de que la iglesia misional se levante y de que se despierte el gigante dormido.

En cuanto a los cursos Alfa, se trata de una herramienta evangelística destacada que ha conducido a muchas personas a la fe. Al tiempo en que se escribió la primera edición de este libro, tengo entendido que tan solo en el Reino Unido, 3 millones de personas ya han pasado por estos cursos. Pero las iglesias los usan como una herramienta evangelística que contribuye al crecimiento numérico. Lo interesante, sin embargo, es que en el Reino Unido funciona mejor entre las personas "sin iglesia" que con los genuinos no cristianos; en otras palabras, los que están entre m0 y m1. Y a pesar de este poder evangelístico, visto desde una perspectiva más amplia, no ha representado nada para el crecimiento de la iglesia. Está claro que la iglesia del Reino Unido no cuenta con 3 millones de miembros más a raíz de los cursos Alfa. De hecho, la iglesia sigue estando en serio declive. Alfa, como tal, lejos de ser una herramienta misional eficaz, nos sirve para ilustrar que de hecho no estamos llegando para nada más allá de nosotros mismos.

¿Cómo puede ser? Gran parte del problema es que, aunque mucha gente "sin iglesia" conozca a Jesús a través de Alfa, parece ser que siguen sin querer "ir a la iglesia". Se trata de nuevo del fenómeno *"Sí a Jesús, no a la iglesia"*. La gente se convierte en la intimidad de pequeñas comunidades de amigos, pero en general no quieren que la religión forme parte del trato. Este intercambio de agendas ha sido percibido a veces como una estrategia de "dar gato por liebre", lo cual en general se considera una práctica comercial carente de ética. Así que nos encontramos con la fastidiosa situación de que la expresión predominante de la iglesia (la cristiandad) se ha convertido en el mayor impedimento a la expansión del cristianismo en Occidente. Observando este asunto con el lente del paradigma de movimiento misional, me pregunto "¿qué pasaría si en lugar de ser una herramienta de crecimiento de las iglesias, Alfa se convirtiera en un movimiento de multiplicación de iglesias; una nueva iglesia emergente del grupo Alfa original

---

23 Dedicaré todo un capítulo a este tema cuando tratemos el elemento del ADN*m* llamado Impulso Misional y Encarnacional.

que se multiplica en otras?" ¿Por qué se espera que personas tengan que "ir a la iglesia" cuando todo en la eclesiología del Nuevo Testamento afirma que se puede simplemente "ser (o volverse) la iglesia" donde ellos están? Sospecho que el efecto de este otro paradigma haría que tal movimiento despegase.[24] De hecho, inspirado por ideas misionales más consistentes, líderes del movimiento Alfa como Al Gordon, Graham Singh y otros, ahora están reconfigurando el movimiento sobre líneas no solo evangelisticas sino que también claramente misionales.

Siempre se ha hecho así. . . ¿o no?

Si llegados a este punto, el lector se siente incómodo, me gustaría reiterar que la cristiandad no es en realidad el modelo original y bíblico de la Iglesia primitiva; así que no tenemos por qué tener tantos miramientos. Está bien. Dios no nos va castigar por que intentemos encontrar una mejor manera de ser fieles y más misionales. De hecho, la Reforma protestante tenía razón al insistir en el aforismo de *semper reformanda*, que indica que la iglesia reformada, siempre debía ser reformada, según la palabra de Dios. Este lema contundente asegura un compromiso incorporado a la integridad bíblica y al mismo tiempo insiste en el progreso cultural actual a través de la innovación de nuevas formas inspiradas en el testimonio de la Escritura. Nunca estuvimos destinados a mantenernos estancados en un momento cultural singular. El progreso no es sólo culturalmente deseado; es teológicamente necesario.[25]

¿Piensas que está mal? Entonces echemos una ojeada a los *modos* esenciales de la iglesia analizados en tres eras o épocas. Para ello he elaborado un cuadro sociológico ya que ver los temas en términos de patrones organizativos y sociales nos ayudará a obtener una visión más objetiva de nuestra situación.[26] Aunque, como todas las tablas comparativas, esta tabla sea una simplificación de la situación real (la vida real no se puede categorizar tan fácilmente), pienso que consigue *destilar la esencia* de cada época (ver tabla):

---

24 Mi creencia es que con un paradigma diferente detrás del modelo, este podría realmente despegar.

25 El misiólogo Ed Stetzer, irónicamente, nota la urgencia de la contextualización permanente del Evangelio "si la década de 1950 volviera una vez más, muchas iglesias estarían listas (o el año 1600 o los 80s, dependiendo de su denominación)". Continúa diciendo que no hay nada de malo en los años cincuenta, salvo que ya no vivimos allí. "Debemos amar a los que viven aquí, ahora, no anhelar las cosas que solían ser y ya no son. La sensibilidad cultural de los años cincuenta hace mucho que pasaron en la mayoría de los EE. UU. Los valores y las normas de nuestro contexto actual son drásticamente diferentes y continúan cambiando. La tarea de contextualización es fundamental para la misión de la iglesia porque estamos llamados a comprender y hablar con los que nos rodean de una manera significativa. . . Si su iglesia ama más una época pasada, que la actual misión, entonces esta amando a la cosa equivocada". http://www.christianitytoday.com/edstetzer/2013/may/missing-mission-looking-for-right-results-while-loving.html.

26 Esta tabla la he usado previamente en *The Shaping of the Things to Come*, p. 9.

	Modo apostólico y postapostólico (32-313 d. C.)	Modo de la cristiandad (313 d. C. al presente)	Modo misional (Los últimos 35 años)
Lugar de reunión	No tenían edificios sagrados; muy a menudo en la clandestinidad y bajo persecución. Uso de hogares para adoración.	Los edificios se convierten en el lugar central para la noción y experiencia de iglesia.	Rechaza la necesidad y preocupación por edificios dedicados a la iglesia. Incorpora los segundos y terceros lugares.
Ethos del liderazgo	El liderazgo funciona con por lo menos 5 ministerios basado en Ef. 4 y Hechos (apóstol, profeta, evangelista, pastor y maestro).	Liderazgo en manos de un clero institucionalmente ordenado, creando un gremio profesional que opera primariamente en el modo pastor/maestro.	Rechaza la necesidad y preocupación por edificios dedicados a la iglesia. Incorpora los segundos y terceros lugares.
Estructuras organizativas	Movimiento de base descentralizado y celular.	Institucional, jerárquica y de arriba hacia abajo.	Movimientos de base descentralizados
Modo sacramental (transmisión) de la gracia	La Comunión se celebra como una comida en comunidad sacralizada. Todos pueden participar.	Una mayor institucionalización de la gracia a través de los sacramentos que sólo se pueden experimentar en la iglesia.	Redime, resacraliza y ritualiza nuevos símbolos y actos incluyendo la comida.
Posición en la sociedad	La Iglesia está en los márgenes de la sociedad de manera clandestina.	La iglesia se percibe como algo central en la sociedad y en la cultura imperante.	La iglesia vuelve a estar en los márgenes de la sociedad y la cultura.
Modo misional	Una iglesia misionera encarnacional y que envía.	Atraccional (extraccional) en situaciones más allá de m1.	Misional; encarnacional; envía. La iglesia recupera la postura misional en relación a la cultura.

Lo que se propone en la columna "misional" en esta tabla proviene de la investigación personal que me ha llevado a todo el mundo y a diversos contextos. También formó la base de mi trabajo con Michael Frost en The Shaping of Things to Come: Innovation and Mission for the 21st-Century Church, así que voy a referir al lector allí para más historias y más detalles.

La primera época de la tabla describe el emocionante y determinante movimiento de Jesús que se extendió por todo el Imperio romano, subvirtiéndolo con el tiempo. Si lo analizamos, queda claro que se trataba de un fenómeno de bases, un movimiento de personas que carecía de cualquier tipo de institución fácilmente definible ya que en un contexto de persecución no podía acabar de establecerse. Carecía de sede central y se propagaba por entre las estructuras y ritmos sociales del momento. Esta dinámica de movimiento continuó básicamente y de diversas maneras hasta Constantino. Cuando Constantino entró en escena, todo cambió, absolutamente todo.

Si nos fijamos en la columna del medio (la cristiandad), fácilmente reconoceremos en una u otra medida todos los elementos de lo que solemos entender por "«iglesia". ¿No es verdad que muy pocos podrían concebir a la iglesia sin algún tipo de edificio y con alguna forma particular? Incluso llamamos al edificio "iglesia" y aun decimos "vamos a la iglesia". La mayoría de líderes de la iglesia ejercen su ministerio autorizados por una institución centralizada llamada denominación. La mayoría de los ordenados por el sistema son personas dotadas como pastores y maestros con un certificado que lo acredita. Los otros tres ministerios (APE) de Efesios 4 han desaparecido de la escena. Esto ocurre porque en una cultura en la que se da por sentado que todo el mundo es cristiano, la iglesia solo necesita cuidar de estas personas y enseñarles la fe. En la mayoría de denominaciones solamente los ministros ordenados están autorizados a impartir los sacramentos. Por ejemplo, la Cena del Señor ha dejado de ser comida real y en vivo, para convertirse en ideas y símbolos religiosos extraídos de la comida física y administrados dentro de los confines de la iglesia y de su ministerio oficial. En algunos casos, incluso se ha llegado a percibir la gracia como una sustancia que solo pueden administrar los sacerdotes a través de los sacramentos. En efecto, la gracia se convirtió en una "posesión" de la iglesia institucional y no en algo que se pudiera experimentar fácilmente "fuera" de su esfera directa de control o de influencia.

¿Y la estructura? Las estructuras organizativas de la cristiandad están a años luz de aquellas de la Iglesia primitiva; sería como comparar las Naciones Unidas (una institución cabal, que cuenta con estructuras centralizadas, políticas y protocolos) con *Al Quaeda* (un tejido reticular que opera en torno a una estructura simple con una causa clara). En la era de la cristiandad, la iglesia se percibía a sí misma como el centro de la sociedad y por eso funcionaba en el modo *atraccional*. En tal situación, la gente *viene a la iglesia* a escuchar el Evangelio, a ser enseñada en la fe y a participar de los sacramentos.[27]

Una advertencia: no estoy diciendo que Dios no use, o haya usado, este modo de iglesia. Tampoco estoy diciendo que las personas de dentro de sus es-

---

27 Más tarde tocaré el tema de las situaciones misionales, en que este modo atraccional pasa de hecho a ser extraccional porque separa los vínculos orgánicos que el converso tiene son su cultura y crea una especie de claustro cristiano culturalmente distanciado de su contexto. Es importante hacer mención de ello aquí, porque tiene que ver con la estrategia y la naturaleza de la iglesia misional.

tructuras no sean cristianos genuinos y sinceros. La mayoría de nosotros hemos encontrado a Dios ahí. Es obvio que la ha usado y lo sigue haciendo hoy. Lo que se está diciendo aquí es que las condiciones han cambiado drásticamente y por ello dicha configuración de iglesia está literalmente desfasada. No bastará para hacer frente a los desafíos del siglo XXI: las estadísticas y las tendencias lo sacan a relucir en todos los contextos culturales de Occidente. No basta con hacer algunos cambios a distintos aspectos del mismo modelo, hay que ir a las raíces del paradigma. No debemos abandonar a la cristiandad porque en ella se encuentra el pueblo de Dios, pero necesita un cambio fundamental, una conversión, por decirlo de alguna manera, si queremos que sea genuinamente misional. Este cambio es posible, pero no sin un cambio importante de alineación de nuestros recursos y maneras de pensar actuales. Se trata de un giro que no se dará de ninguna manera si no hay una gran voluntad política, ya que la cristiandad es algo profundamente afincado en nuestra práctica y nuestra imaginación. La mayor resistencia procederá de aquellos con mayores intereses creados en el sistema actual.

"Ahora que la larga época constantiniana ha pasado, los cristianos nos encontramos en una situación mucho más análoga a la de los cristianos del Nuevo Testamento que a la de esa cristiandad que algunos añoran".[28] El teólogo episcopal Robert Webber hace un llamado a los evangélicos a recuperar una idea y una experiencia de iglesiamás pre-constantiniana.[29] Para renovarnos, debemos bajar a tocar nuestras raíces más profundas. Para invocar y acceder al poder del Carácter Apostólico, debemos estar dispuestos a iniciar un viaje de descubrimientos y, por tanto, estar dispuestos a dejar aquello que consideramos más seguro y correr determinados riesgos.

Si sirve para algo, es verdaderamente liberador el darse cuenta de que la cristiandad *no* fue el modo original de iglesia, y esperemos que no sea el definitivo. Ha llegado el momento de destronar a Constantino porque, al parecer en lo relativo a la iglesia, *sigue* siendo el emperador de nuestra imaginación. La iglesia se enfrenta ahora al desafío de descubrir la misión en un nuevo paradigma, mientras lucha por liberarse del esquema mental de la cristiandad. Según palabras del siempre inspirado Loren Mead, "estamos rodeados de reliquias del paradigma de la cristiandad; un paradigma que hace tiempo dejó de funcionar. Estas reliquias nos convierten en rehenes del pasado y dificultan la creación de un nuevo paradigma que en épocas futuras puede llegar a ser tan influyente como el paradigma de la cristiandad lo ha sido en el pasado".[30]

---

28 Clapp, citado en R. E. Webber, *The Younger Evangelicals: Facing the Challenges*, pp. 113–14.

29 Webber, *Younger Evangelicals*.

30 Mead, *The Once and Future Church: Reinventing the Congregation for a New Mission Frontier*, p. 18. En la p.43 dice: "El dilema de la iglesia en esta época de transición es que el armazón de las viejas estructuras sigue ahí, aunque ya no sirva para nada". Concreta que con el armazón se refiere a las instituciones, los roles y algunos esquemas de pensamiento y expectativas. Sea lo que sea, hay que reconocerlo, analizarlo y hacer algo con ello; si es que queremos avanzar.

"Es iglesia, Jim, ¡pero no la de siempre!"

Es el momento para (re) descubrir una nueva historia de la iglesia y su misión. Entrar en lo que se conoce ampliamente como el Movimiento Misional.[31]

En el momento que se escribió la primera edición de este libro, la idea muy fértil de iglesia misional y las formas de la teología que la nutre, estaban en gran parte limitadas a la academia e investigación hecha por teólogos profesionales. En términos de práctica, el pensamiento misional apenas y comenzaba a ganar tracción significativa a nivel congregacional y de las bases. Hago este punto no para ser crítico porque creo que lo que hemos recibido a través de las diferentes exploraciones teológicas sobre el *Misio Dei* es una idea que se basa intensamente en nuestro entendimiento más fundamental acerca de Dios y que ha dado legitimidad teológica profunda al movimiento en general.

Mientras que en la primera edición pude señalar algunos ejemplos excepcionales de la experimentación de nuevas formas de la iglesia en Occidente, en los últimos años ahora tenemos mucho más por medio de formas sostenibles e innovadoras (nuevas) de la iglesia. Por ejemplo; Fresh Expressions (FX), un sistema de entrenamiento y un movimiento dentro de las denominaciones establecidas, se establece ahora en el Reino Unido, Europa, Australia, Canadá y los EE. UU. De hecho, según una investigación reciente en Gran Bretaña, FX ha florecido y se ha convertido en la principal fuente de nuevos convertidos en ese contexto.[32] Forge Mission Training Network, el sistema de formación misional que ayudé a fundar en Australia, ahora ha incorporado centros de formación a través de los Estados Unidos, Canadá, Escocia, Alemania, Rusia y Bélgica y ha participado en la formación de miles de misioneros de las bases en Occidente. Virginia Baptists han comenzado el V3, un movimiento de iglesia encarnacional dirigido por J. R. Woodward y Dan White Jr., que ahora planta iglesias en todo Estados Unidos. Ecclesia Network en los Estados Unidos ha generado numerosas nuevas iglesias contextualizadas. Soma, que se inició en el noroeste de los Estados Unidos, tiene ahora comunidades misionales en todo el mundo incluyendo Australia y Japón. New Song y Xealots, dirigido por el altamente emprendedor Dave Gibbon, está creciendo y tiene un impacto significativo.[33]

---

31 Mi preferencia es usar el término bíblico *apostólico* (griego) que el término más genérico *misional* (latín). Ambos significan "enviado" en español. La razón de mi preferencia es que la palabra *apostólico* trae consigo un entendimiento distintivamente bíblico. Es la palabra bíblica singular de "enviado" (misión en latín), pero lleva una gran cantidad de significado que se pierde cuando se usa lenguaje no bíblico. Sugiero que esta es razón suficiente para utilizarlo. Sin embargo, porque es lenguage disputado reconozco aquí la palabra más genérica *misional* porque es la más comúnmente utilizada en toda la iglesia, por lo tanto, el Movimiento Misional de la iglesia.

32 Ver "Anglican Research on Fresh Expressions".

33 Todas estas iglesias innovadoras son ricas en conversaciones alrededor de la espiritualidad, la vida, Jesús, Dios, fe, discipulado y misión, conversaciones que hacen todo lo posible para incluir a aquellos fuera de la fe. El liderazgo que emerge de ellos tiende a ser imbuido con un espíritu pionero y creativo.

Algunos de los más emocionantes nuevos emprendimientos son los movimientos nuevos, altamente consistentes, misionales que incluyen la familia de iglesias de Soma, fundada por los líderes misionales dinámicos Jeff y Jayne Vanderstelt (unido más adelante por César Kalinowski y Abe Meysenburg); el Underground Network, dirigido por el igualmente dinámico Brian Sanders; 3DM bajo el liderazgo apostólico de Mike Breen. Trinity Grace es otro movimiento dinámico, de alto impacto comenzó en Nueva York por un líder joven brillante, Jon Tyson. Estos movimientos están empezando a multiplicarse basados firmemente en los principios del movimiento misional.

Esta última década también ha visto la adopción del pensamiento misional y su práctica en mega iglesias existentes y otras formas establecidas de la iglesia. Ya he mencionado a Future Travelers, que ha tomado alrededor de 250, principalmente iglesias grandes, a través de la formación en el paradigma misional. Community Christian Church, quien a su vez diera a luz a New Thing Network, con éxito ha adoptado modos misionales de la iglesia junto a las formas más contemporáneas de igle-crecimiento. Redeemer Presbyterian, dirigido por el respetado misionero Tim Keller, ahora tiene influencia global a través de su red de ciudad a ciudad.

A estos se añaden los así llamados movimientos de plantación de iglesias los cuales han aumentado en la última década: New Thing Network, dirigido por los líderes del movimiento Dave y Jon Ferguson, ¡ahora empieza una nueva iglesia cada diez días en Norte América! Constantemente se ha duplicado cada año desde su creación en el 2005. C2C, una organización paraguas de plantación de iglesia en Canadá, está supervisando la siembra y crianza de nuevas comunidades en todo el país. Dejando a un lado la controversia acerca de su líder fundador, Acts 29 ha sido una fuerza importante para el establecimiento de nuevas iglesias en todo el mundo occidental. Ralph Moore, fundador de Hope Chapel, ahora tiene una red de iglesias que suma más de setecientas. Church Multiplication Network además ha ayudado a desarrollar y servir a cientos, si no miles de iglesias en los EE.UU. Y esto es sólo arañar la superficie. . .las agencias plantadoras de iglesias son demasiado numerosas para nombrarlas a todas aquí. Si añadimos a esto el esfuerzo denominacional para plantar nuevas iglesias uno se da cuenta de que los distintos movimientos plantadores de iglesias son un aspecto vibrante del cristianismo misionero más amplio.

Otra novedad en el frente del movimiento misional es la proliferación de

---

Y pocos de ellos son formalmente ordenados — es un movimiento de personas de base genuino. Hay un redescubrimiento de la cristología y la persona de Jesús como el punto central de la fe, en lugar de todos los dogmas muy estilizados y credos que han definido el modo de la cristiandad. En general, es más bien un movimiento marginal, no tienen el significado o juegan el papel central que normalmente tienen las iglesias en la sociedad en general, sin embargo parecen estar comprometidas con compartir la fe en la esfera pública. Y lo interesante es que todas las iglesias y movimientos tienden a tener un corazón misionero, el deseo de llegar a otros con el mensaje de la redención en Jesús.

redes y conferencias misionales. Como su nombre indica, Missio Alliance se compone de una amplia coalición de iglesias que buscan centralizar la atención en las dimensiones misionales del cristianismo. Verge, una conferencia muy influyente que surgió de la Austin Stone, una mega iglesia misional en Austin, Texas, ha tenido un gran impacto en el pensamiento de las generaciones emergentes de profesionales y líderes. Sentralized, una conferencia asociada a Forge, también ha comunicado el mensaje del movimiento misional a través de sus conferencias anuales y regionales. Exponential sigue siendo uno de los foros más amplios que incorporan enfoques misionales entre iglesias contemporáneas.

Asociado con la las conferencias y agencias esta la proliferación de grados académicos en todos los niveles que se especializan en iglesia misional y plantación de iglesias. Seminarios más evangélicos ahora tienen grados de especialista en diferentes aspectos de la iglesia misional, incluyendo a Asbury, Wheaton, Gordon-Conwell, Fuller, Bakke Institute, Biblical Seminary, en los Estados Unidos; ForMission/Springdale, Redcliffe College, y otros en el Reino Unido; Tyndale y Regent en Canadá; Morling en Australia; la University of Pretoria y Stellenbosch en Sudáfrica.

Y luego está lo que se llama el movimiento orgánico, la iglesia simple o iglesia en el hogar. El movimiento orgánico de la iglesia, especialmente representado por Neil Cole y la Church Multiplication Associates, ha tenido un enorme impacto. Aunque es difícil de rastrear en gran parte debido a su naturaleza de base, este movimiento ha capacitado a 50 mil personas en el mundo en su programa llamado Greenhouse (NT: invernadero) y se estima que tiene más de 10 mil iglesias iniciales, con muchas iglesias hijas y nietas detrás de estas.[34] Considerando que la mayoría de las personas siguen pensando en "ir a la iglesia" o asistir a un servicio en uno de los muchos edificios de iglesia en toda su comunidad, un estudio del Grupo Barna revela que millones de adultos están probando nuevas formas de comunidad espiritual y culto, con muchos de ellos abandonando las formas tradicionales por completo.

> "El nuevo estudio, basado en entrevistas a más de cinco mil adultos elegidos al azar por todo el país, detectó que hay un 9% de adultos que semanalmente se reúnen como iglesia en casas. Es un crecimiento destacable, ya que en la pasada década se ha disparado de tan solo un 1% a casi doblar el dígito. En total, uno de cada cinco adultos asiste a una iglesia de este tipo por menos una vez al mes. Si proyectamos estas cifras a la población nacional, eso nos da una estimación de más de 70 millones de adultos que por lo menos han experimentado lo que son las iglesias en los hogares. En una semana normal y corriente, 20 millo-

---

34 Ver Cole, "Are There Church Planting Movements?". *Church 3.0* stats with Stetzer.

nes de adultos se reúnen en este tipo de iglesias. En el transcurso de un mes, ese número se dobla a casi 43 millones de adultos".[35]

Esto es un hecho trascendental. Si bien no todas las iglesias en los hogares forman parte del fenómeno de la iglesia misional emergente (algunas de ellas son bastante reaccionarias, cerradas, conservadoras y para nada innovadoras), sí que constituyen la búsqueda activa de formas nuevas y más sencillas de iglesia que estén más alineadas con su ritmo de vida.

Como fenómeno total, creo que estas diversas expresiones del movimiento misional contienen las semillas del futuro de la iglesia en Norteamérica y en otros lugares. Gerard Kelly, otro importante intérprete de esta situación, observa:

"Los grupos experimentales que intentan hacer encajar la fe cristiana en un contexto postmoderno suelen carecer de los recursos, el perfil y el registro de éxitos de las congregaciones de eras pasadas. Por definición, son nuevos, poco probados, relativamente desorganizados y temerosos de la propia promoción. Rechazan el modelo corporativo de sus antepasados y por eso no parecen tener importancia conforme a los paradigmas existentes. Pero no nos dejemos engañar. En algún lugar del génesis y carácter de estos distintos grupos se esconde el futuro del cristianismo occidental. Descartarlos es desechar las semillas de nuestra supervivencia".[36]

Ha habido una gran cantidad de cambios, sin embargo, la gran mayoría de los cristianos todavía se adhiere a las formas anticuadas de iglesia. Esto es porque no perciben realmente lo que está pasando y porque no pueden imaginarse a la iglesia fuera el modelo heredado. El progreso en este caso es ante todo un problema de imaginación. Todavía ven a través del lente de la cristiandad la cual les parece familiar y está profundamente arraigado. Así que, termino este resumen del movimiento misional utilizando material de la investigación de David B. Barrett y Todd M. Jonson, editores del registro estadístico sobre las tendencias mundiales del World Christian Enciclopedia (Enciclopedia Cristiana Mundial), en su informe correspondiente al año 2001, publicaron unas estadísticas sorprendentes acerca de la misión cristiana. Según ellos, hay 111 millones de cristianos que no van a ninguna iglesia local.[37] Una cifra muy significativa de por sí, ya que

---

35 http://www.barna.org/FlexPage.aspx?Page=BarnaUpdateNarrowPreview&BarnaUpdateID=241
36 Ver Kelly, *RetroFuture: Rediscovering Our Roots, Recharting Our Routes*, p. 12.
37 http//www.jesus.org.uk/dawn/2001/dawn07.html Uno de los rasgos de la EMC es el abandono de las estructuras de la iglesia. Ya no asisten a los cultos que es lo que suele contar. Es como si la asistencia al culto fuera la medida de la iglesia de la cristiandad y su principal modo de operar. Pero no sería sabio descartar a esas personas como no cristianas. Muchas se toman muy en serio su fe, pero luchan contra la expresión cultural de la iglesia. Como persona que ha trabajado con jóvenes adultos durante toda mi vida profesional, me atrevo a sugerir que hay más gente de entre 20 y 35 años que siguen a Jesús fuera de la institución que dentro de la misma.

estas personas, que salieron de nosotros, siguen intentando ser fieles al factor Jesús aunque alienadas de las expresiones actuales de la iglesia. Es sumamente importante el ministerio entre estos hermanos y hermanas.[38] Pero mucho más positivo todavía que estos cristianos algo descontentos que han dejado la iglesia, es el fenómeno paralelo de los llamados "independientes" por Barrett y Johnson, que dicen ser ya más de 20,000 movimientos y redes, con un total de 394 millones de miembros por todo el mundo. A grandes rasgos, estos movimientos o fenómenos. . .

- rechazan el denominacionalismo histórico y otras formas restrictivas y centralizadas de autoridad y organización;
- se reúnen en comunidades de distintos tamaños;
- buscan una vida centrada en Jesús (se ven claramente a sí mismos como cristianos);
- buscan un estilo de vida misionero más eficaz y son uno de los movimientos que crecen más rápido en el mundo. Según los cálculos de Barrett, llegarán a ser 581 millones en el año 2025. ¡20 millones más que todos los movimientos protestantes juntos![39]

Estas cifras deberían merecer la atención de cualquier líder cristiano. Aunque se trata de estadísticas a nivel mundial, y como tales incluyen el fenómeno chino, entre otros, si solamente un 10% (digo yo) de estas cifras corresponden a Occidente, ya nos estamos encontrando con algo realmente profundo y serio. A lo que Barrett y Johnson denominan movimiento independiente, yo prefiero llamarlo iglesia misional emergente en contextos occidentales. Pero al margen de la terminología, se trata de algo muy importante porque es como si se estuviera gestando un enorme movimiento desorganizado. ¿No estamos buscando un verdadero movimiento de crecimiento de la iglesia? Pues, *aquí* lo tenemos. Desafortunadamente, si seguimos observándolo a través de los lentes cada vez

---

38 Según un estudio reciente de George Barna, el cristianismo tradicionalmente ligado a la iglesia, de forma casi inconcebible, parece impedir el avivamiento en lugar de fomentarlo. Según el estudio del Barna Research Group, el número de adultos que han dejado de ir a la iglesia en EE. UU., se ha duplicado desde el 1991, pasando de 39 millones a 75. La población adulta creció en un 15% durante ese mismo período. "De los que han dejado la iglesia, el 55% son hombres", dice Barna. "Cerca de la mitad de las personas que asisten a la iglesia en EE. UU., dicen haber recibido a Cristo como Señor y Salvador, al igual que lo hacen unos 12.5 millones de personas, que son el 16% de las que ya no asisten a la iglesia. Fuentes: Barna Research Group (www.barna.org) y el libro de Andrew Strom (htttp//homepages.ihug.co.nz/˜revival/00-Out-Of-Church.html). Consultar también el de Jameson, *A Churchless Faith*.

39 Fuente: http://jesus.org.uk/dawn/2001/dawn07.html La información completa disponible en http://www.worldchristiandatabase.org/wcd/esweb.asp?WCI=Results&Query=289&PageSi ze=25&Page=72 Las estadísticas se actualizan cada año conforme al "Status of Global Mission" de Barrett: http://www.globalchristianity.org/resources.html (consultar las cifras del 2004).

más obsoletos del paradigma de la cristiandad, no seremos capaces de verlo y nos lo perderemos.

Como he indicado antes, todo ello me ha llevado a adoptar una identidad y una práctica misioneras. El análisis anterior formó parte de mi "conversión" y lo someto a la consideración del lector. Mi propio camino me ha llevado a invertir casi toda mi vida en asegurarme de que el fenómeno del movimiento misional de la iglesia se establezca y siga prosperando.

De misterio a código

En los últimos años he sido influenciado por el muy importante desarrollo en la teoría de organización y liderazgo llamada *pensamiento de diseño*. Me encanta porque nos da una manera de pensar apostólicamente sobre la iglesia así como también nos proporciona de un camino a seguir. En efecto podemos y debemos anticipar nuestro futuro y organización alrededor de las posibilidades de diseño. Las ideas de Roger Martin me han dado una imagen mucho más clara de lo que debe hacer el movimiento misional para seguir adelante.[40]

El pensamiento de diseño permite que la organización se centre en la creatividad y la innovación aprendiendo a partir de un resultado futuro deseado y trabajando hacia atrás mediante el diseño de procesos y organizaciones más apropiadas al resultado deseado. El pensamiento de diseño es la forma de pensamiento que permite el avance del conocimiento y las empresas que logren asimilarlo ganarán una ventaja de negocio a largo plazo, casi inagotable. Ha sido el secreto detrás de la mucha innovación empresarial de McDonald's, Blackberry y Uber.

Roger Martin sugiere que el diseño debe seguir con el siguiente proceso (ver gráfica):

1. *Empieza con misterio:* la primera etapa del embudo es la exploración de un gran misterio, que puede tomar una variedad infinita de formas. Un investigador podría explorar el misterio de un síndrome como el autismo. O tal vez un empresario ambicioso podría tratar de explorar cómo puede reducir a la mitad el precio de los taxis sin él o ella poseer un solo vehículo, como en el caso de Uber. Para mí esto comenzó con tratar de preguntarme cómo creció la Iglesia primitiva desde ser como 25,000 hasta más de 20 millones en poco más de 200 años. . .y contra todos los pronósticos. ¿Qué factores (organizacionales, espirituales, liderazgo, etc.) deben unirse para que eso suceda?

2. *Desarrollar una heurística:* la próxima etapa del embudo es un heurístico, una teoría de trabajo, una regla que ayuda a reducir el campo de

---

40 Martin, *Design of Business.*

la investigación y trabajar el misterio hasta un tamaño manejable.
La heurística puede encontrar una
anomalía genética para el autismo o
el descubrimiento de una plataforma
como los teléfonos inteligentes para
Uber. En cualquier caso, es una llave
para abrir la complejidad sin resolver el
misterio y proporciona una teoría viable
con la que proceder. Sin embargo, este
es el nivel de dominio de los expertos y
algunos otros que puedan comprenderlo.
Para mí esto significó la creación del modelo del Carácter Apostólico con los seis
aspectos que conforman el ADN*m*. Este
nivel, aunque todavía es complejo, nos
ayuda a abrir el misterio.

El embudo de conocimiento

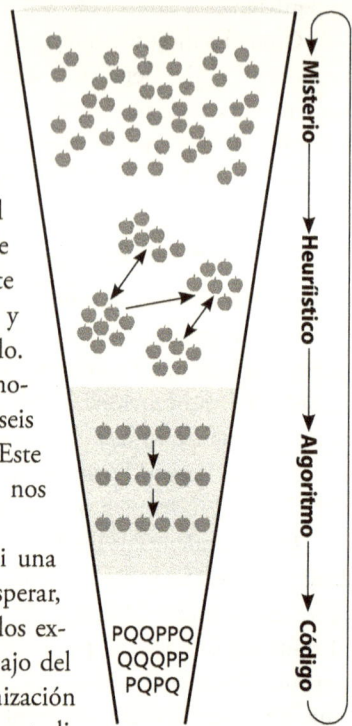

3. *Diseñar y perfeccionar los algoritmos*: Si una
organización quiere sobrevivir y prosperar,
debe tomar la teoría de las manos de los expertos y llevar el conocimiento más abajo del
embudo. En la medida que una organización
pone su heurística en funcionamiento, estudia
más y piensa sobre esta intensamente, así mismo
podrá convertir una regla general en fórmulas fijas y particulares que cada
uno puede reconocer y seguir. Esta fórmula es lo que Martin denomina
algoritmo. *El movimiento misional en Occidente apenas está empezando a
encontrar nuevas formas para operacionalizar la heurística del movimiento
apostólico y acercar estas prácticas a la vida del pueblo de Dios.*[41] *Mucho de
esto toma la forma de discipulado individual y del discipulado hacia dentro
de la organización. (Gran parte de mi trabajo en la próxima década se centrará en esta y en la siguiente etapa).*

4. *Codificar la organización:* añadimos una fase más a Martin diciendo que
no es suficiente simplemente tener algoritmos si no se hacen accesibles y,
en cierto sentido obligatorios, a la vida de la organización. En otras palabras, tenemos que llevar el algoritmo a convertirse en código. En cuanto
al lenguaje de la iglesia esto significa aprender a discipular con eficacia
a la propia organización. . .Codificándola hacia la idea de movimiento

---

41 Ver por ejemplo Woodward, y White Jr., *The Church as Movement: Starting and Sustaining Missional Communities*Absalom, y Harrington, *Discipleship that Fits*, las muchas herramientas creadas por
3DM, la familia de iglesias de Soma, etc.

misional. Esto significa que los algoritmos y las prácticas en el número 3 se hacen parte de los hábitos normales de las personas y la organización de tal manera que las ideas queden incrustadas a través de las herramientas.

Me parece útil este proceso porque creo que ahora más que nunca que nuestro camino hacia el futuro está en la reactivación y la reanimación de la forma de movimiento apostólico en nuestros días. Además creo que el modelo de Carácter Apostólico planteado en este libro es esencialmente el correcto ya que abre el misterio y sugiere una regla viable para que se activen los movimientos cristianos en nuestro contexto. Pero sé muy bien, sin embargo, que mucha gente realmente "no lo entiende", en parte porque estamos inclinados a pensar linealmente (y no en términos de sistemas) y en parte porque requiere que las personas aprendan a pensar de maneras desconocidas y en términos de paradigmas. Para lo que pueda servir, he leído probablemente el manuscrito original de este libro más de 600 veces. Se requiere esfuerzo mental para captar la idea central de este libro porque se trata de paradigmas, y paradigmas son conceptualmente irritantes e invisibles a las personas en el sistema que necesitan un cambio de paradigma. Pero no debemos detenernos en un heurístico; necesitamos constantemente empujar el conocimiento más abajo del embudo hasta llegar al inevitable código.

Muchas agencias de formación misional centran sus esfuerzos en los dos últimos niveles porque apela a las iglesias con enfoque en el igle-crecimiento y que son de mentalidad pragmática. Pero no llegan a explicar estos códigos y algoritmos desde dentro de una historia mayor y paradigmática que deriva de las funciones superiores de misterio y heurística. Esto es desastroso en el largo plazo porque efectivamente deja el viejo paradigma (historia de los sistemas) firmemente en su lugar, que continuará sirviendo como la plantilla primaria del pensamiento. Así que la tarea fundamental de los pragmáticos discipuladores misionales es la de tratar con misterio y heurístico, así como desarrollar algoritmos misionales aprendiendo a inculcarlos como código a través de procesos de discipulado. Si no es así, entonces los nuevos algoritmos y código simplemente serán un programa más de *conectar y utilizar* para el paradigma existente, y el cambio profundo deseado será así saboteado. Para los más intelectuales como yo que viven en el misterio y lo heurístico, lo que yo necesito es "poner las galletas en la bandeja inferior" y empujar hacia el código.

Como ya he indicado antes, ahora estoy involucrado en ayudar a diseñar 100Movimientos (100M), una organización totalmente orientada hacia el reclutamiento, formación y entrenamiento de cien iglesias "ninja" (lo que Wilson, Ferguson llaman iglesias de nivel 4 y 5)[42] ayudándoles a convertirse en verdaderos y vibrantes movimientos espirituales que se reproducen y que operan

---

42 Descargar en este link el material de Todd Wilson, Dave Ferguson, y Alan Hirsch *Becoming Five*: https://exponential.org/resource-ebooks/becomingfive/. Usted puede tomar la prueba aquí http://church-multiplication.com/

directamente sobre los seis elementos de ADN*m* que se describen en este libro.[43] La visual que utilizamos para describir el proceso de 100M en realidad refleja estos dos capítulos introductorios así como lo que se busca a través de este libro (ver gráfica):

El proceso hacia la renovación del movimiento apostólico. . .

- Comienza con el entendimiento de que es la imaginación institucional que domina nuestro pensamiento la que nos ha llevado a este momento crítico. Las formas predominantes, derivadas que procedan de la experiencia europea, están inextricablemente vinculadas a la historia y la hegemonía de los modos de pensamiento de la cristiandad. En este paradigma (porque eso es exactamente lo que es. . . un paradigma), Constantino es todavía el emperador de nuestra imaginación, todavía nos dice cómo pensar acerca de nosotros mismos como iglesia. La cara es infeliz aquí porque él ha llegado a entender que el paradigma que nos ha traído a este punto simplemente no tiene los medios para guiar a la iglesia con éxito en el siglo XXI. Es el final del camino de la iglesia constantiniana y ahora el viaje de aprendizaje comienza con ver el problema en sus términos más severos (cap., 1 y 2).
- La segunda fase implica "destronar a Constantino" y comenzar a re-imaginar a la iglesia como un movimiento misional. Se trata de un cambio de paradigma fundamental que cambia la forma en que estructuramos o entendemos lo que era previamente conocido. Esto significa abrazar la creencia de que de alguna manera el futuro de la iglesia está vinculado a recuperar su espíritu de movimiento natural y aprender a vivir en él. Esto no es una bala de plata; más bien nos proporciona una nueva capacidad de imaginar, y (re) imaginación es donde todo comienza (cap. 1 y 2).
- Entonces se trata de reconocer que todo el potencial para producir un movimiento está realmente latente dentro de la iglesia misma. En otras palabras, las semillas de nuestro futuro ya figuran en la matriz del presente. Otra manera de decirlo es que ya figura el macrocosmos en el microcosmos; la posibilidad de que el conjunto ya está contenido en la unidad más pequeña. No tenemos que importar las respuestas; simplemente tenemos

---

43 100movements.com.

que darnos cuenta que Jesús ya nos ha dado todo lo que necesitamos para hacer el trabajo. Pero también vamos a tener que quitar todos losnumerosos "asesinos de movimientos", los elementos residuales del pensamiento de la cristiandad entretejidos a lo largo de nuestra teología, pensamiento y prácticas que efectivamente suprimen o disminuyen las capacidades innatas de la iglesia para ser un movimiento. Esto requiere determinación y visión. Estoy seguro de que se puede lograr, pero no sin mucho esfuerzo para rediseñar el sistema como un movimiento.

- El cuarto elemento en el diagrama es el movimiento apostólico totalmente libre. El diagrama muestra que los movimientos son increíbles culturas fértiles que pueden generar y mantener todo tipo de formas innovadoramente encarnadas y contextualizadas de iglesia. Los movimientos pueden contener múltiples modelos, son naturalmente reproducibles y pueden ofrecer gran impacto. Por lo tanto, démonos cuenta que la forma actual de la iglesia es también parte del movimiento, pero que no es la única forma. Su monopolio se ha roto.[44]

Cambio en las líneas de la historia

En muchos sentidos, el cambio del modo heredado de la cristiandad a un modo predominantemente misional de la iglesia, es el mayor desafío que enfrenta la iglesia desde la Reforma. Estamos, nos guste o no, viviendo en lo que se llama, y con mucha razón, en un mundo que es post-cristiandad, pos-cristiano y post-moderno. No podemos asumir que las ideas formuladas en contextos y condiciones históricas totalmente diferentes sean iguales a las de un mundo mucho más complejo y cada vez más inestable, que está globalizado y en el cual debemos ofrecer nuestro particular testimonio de Jesús. Simplemente hay que aceptar que lo que nos trajo a este lugar no nos ha de llevar a dónde queremos ir.

La situación requiere, entre otras cosas, de una re-calibración teológica fundamental en nuestra auto comprensión como el pueblo de Dios, además de un

---

44 Creo, con Gerard Kelly, que el verdadero futuro del cristianismo occidental reside en estos movimientos y grupos incipientes y que fomentarlos es una causa digna de ser abrazada. Hace unos años hubo menos razones para ser optimistas sobre nuestra situación. Pero hoy creo que hemos traspasado algún tipo de masa crítica, y hay buenas razones para la esperanza. Pero tenemos que estar dispuestos a realinear los recursos significativamente, invertir en el futuro, hacer un viaje y experimentar como locos. El apéndice titulado "Un curso acelerado de caos" destaca el papel de liderazgo en la creación de las condiciones de este cambio y por qué es necesario. Aunque no es esencial para el flujo de este estudio del Carácter Apostólico, sugiero que el lector tome muy en serio las ideas presentadas en este porque las teorías del caos, la complejidad y la emergencia son extremadamente ricas en metáforas nuevas y en nuevas formas de pensar acerca del liderazgo, las organizaciones y las personas. Es particularmente provechoso si se quiere obtener una real comprensión de la idea del Carácter Apostólico. He encontrado que es bastante profunda y además profundamente enriquecedora.

renovado sentido de cuál es nuestro propósito central en el mundo, así como un cambio de paradigma en cómo nos relacionamos con cualquier contexto en el que nos encontremos. En otras palabras, nuestro reto es nada menos que cambiar las líneas de la historia de su trayectoria actual de decadencia sistemática en lo espiritual, teológico y numérico. Irónicamente creo que el único camino a seguir requiere ante todo que echemos mano de nuestras narrativas más profundas para encontrar los recursos necesarios para negociar el siglo XXI de manera fiel. De alguna manera debemos recuperar lo olvidado: el auto comprensión como un movimiento radical de Jesús, el dinamismo espiritual de una cultura de hacer discípulos y una unidad apostólica que parecía impulsar a la iglesia original.

La eclesiología del Nuevo Testamento en su núcleo es totalmente sobre un movimiento; también está impregnado de un sentido único de propósito, del instinto de saberse enviados, además de un claro sentido de su mandato apostólico. Estoy convencido de que estas cualidades son las que necesitamos recuperar para hacer avanzar la causa de Jesús en nuestro tiempo y lugar.

El Espíritu se mueve de formas maravillosas una vez más en todo el mundo occidental. Movimientos se están provocando de nuevo, y la iglesia está empezando a despertar a sí misma y a su vocación misional. Pero no nos engañemos; revertir el predominio de la forma de la cristiandad de la iglesia no es tarea fácil. Nuestro pensamiento y nuestros comportamientos están profundamente arraigados. La iglesia como institución religiosa tiene un apego excesivo a ideas obsoletas y comportamientos, cosas que una vez funcionaron pero que ya no hacen. Hay que añadirle a esto el hecho de que la cristiandad fue construida y mantenida por un carácter a menudo coercitivo, y con altas expectativas de conformidad al sistema que ha perseguido a los disidentes proféticos y que suprime a las ideas que entraban en conflicto con la sensibilidad católica estática. Mucho de nuestro pensar y actuar, por tanto, está ligado a las formas tradicionales que han sido formuladas en épocas radicalmente diferentes. La transición del modo de funcionar de la cristiandad a uno verdaderamente misional no necesariamente será fácil para la mayoría de las iglesias y líderes de la iglesia. De manera que los aspectos más difíciles del análisis misional ofrecidos en estos dos primeros capítulos no deben de ser evitados, no sea que simplemente reproduzcamos aquello que ya sabemos y conocemos. Necesitamos una visión teológica renovada de la iglesia en misión, una recuperación de la imaginación apostólica igual de potente a los desafíos que hoy enfrentamos. A esto pasamos a continuación.

un viaje al corazón del Carácter Apostólico

◆

Liminalidad-Communitas

Impulso Misional-Encarnacional

Cultura APEPM

Hacer Discípulos

Sistemas Orgánicos

¡Jesús es el Señor!

Preparándonos para el viaje

"En mi opinión, debe haber al fondo de todo, no una ecuación totalmente simple, sino más bien una idea totalmente simple. Y para mí esa idea, cuando por fin la descubrimos, será tan convincente y tan inevitable, tan hermosa, que todos nos vamos a decir el uno al otro, '¿Cómo pudo haber sido diferente?'"

—John Wheeler, exdirector del Departamento de Física de la Universidad de Texas en Austin

"La mejor manera de escapar de la cómoda familiaridad de una imagen heredada de la realidad, es intentar volver a algo más original, más inmediato: retirarse de la habitual interpretación de las experiencias del mundo y retornar a esas experiencias, libres en cuanto sea posible de ideas preconcebidas y prejuicios".

—David Bentley Hart

"Si entramos en nosotros mismos, encontramos que poseemos exactamente lo que deseamos".

—Simone Weil

En esta sección nos adentramos en el verdadero corazón del libro. Este material tendrá una relevancia inmediata en nosotros y en las comunidades de fe donde servimos intentando encontrar ese camino que es extrañamente *nuevo y antiguo* a la vez, y que ha hecho del pueblo de Dios la fuerza transformadora más poderosa de la historia. La aplicación de este material diferirá dependiendo de las situaciones: para la iglesia establecida o el líder de una iglesia que quiera evolucionar en el sentido misional, será crucial desarrollar un proceso de cambio saludable que ayude a reorientar a la iglesia hacia formas apostólicas.[1] Significará una lucha cuerpo a cuerpo con la situación misional que afrontamos (capítulos 1 y 2), así como el cultivo de un proceso de aprendizaje activo en el contexto del caos (apéndice). Debido a que las condiciones iniciales establecen el rango de posibles resultados, el plantador de iglesia/misionero debería incorporar el ADN*m* en la comunidad que va a iniciar (y especialmente en la conciencia del liderazgo) antes de iniciar el proyecto, para que así formen parte de la conciencia fundamental del equipo que planta la iglesia. Para aquellos que todavía están contemplando todas estas cosas con cuidado, espero que esta sección contribuya a dar forma a algunos de estos sueños vitales.

Sea cual sea la situación, sostengo que el cultivo y el desarrollo de cada elemento del ADN*m* por sí mismo habrá de introducir mejoras enormes. Por ejemplo, cualquier iglesia que adopta un impulso misional encarnacional se habrá acercado significativamente a ser un auténtico movimiento de Jesús. Cualquier iglesia que se centra sólo en el discipulado, por definición, va a ser una iglesia más auténtica y así sucesivamente. Pero la pretensión de este libro es que cuando el poder del Espíritu y todos los seis elementos están en su lugar y se informan mutuamente el uno al otro, algo fundamentalmente diferente es activado. . .nace un movimiento apostólico. Un movimiento impulsado por el Carácter Apostólico es claramente, según mi teoría, la forma más alta y más auténtica de *ecclesia* que podría haber existido jamás.

Antes de intentar articular los seis elementos críticos del ADN*m* en cada uno de los capítulos que siguen en esta sección, aquí están algunas definiciones iniciales e ideas claves sobre el Carácter Apostólico, ADN*m*, e iglesia misional.

Los seis elementos del ADN*m*

La *Enciclopedia Británica* define el ADN como ". . .una sustancia química orgánica de estructura molecular compleja que se encuentra en todas las células orgánicas vivas, así como en muchos virus. El ADN codifica la información genética para la transmisión de rasgos heredados".[2] El diccionario lo define así: "material que se replica a sí mismo y que está presente en casi todos los organismos vivos. . . . Es el *portador de la información genética*" [La cursiva es mía].[3] Podemos usar ADN como metáfora guía para la genética de los movimientos misionales debido a lo siguiente:

---

1 Ver el capítulo titulado "A Note to Leaders" en Hirsch con Altclass, *Forgotten Ways Handbook*, para guías en cómo procesar este libro. El manual en sí mismo es un recurso desarrollado para hacer las ideas en este libro más accesibles y aplicables.

2 *Encyclopedia Britannica*, standard ed., CD-ROM, s.v. "DNA".

3 Ibid.

- El ADN se encuentra en todas las células vivas (excepto los virus más simples).
- Codifica la información genética para transmitir los rasgos heredados más allá del organismo de inicio.
- Se replica a sí mismo.
- Es portador de información vital para una reproducción saludable.
- Cuando el ADN muta, afecta a la integridad de todo el sistema.

¿Qué es entonces el ADN*m*? La m viene simplemente a diferenciar la versión biológica de esta; significa sencillamente ADN de un movimiento. El ADN*m* es a los sistemas eclesiales lo que el ADN a los sistemas biológicos. Espero que este concepto o metáfora me ayude a explicar el por qué la presencia de un mecanismo guía sencillo, intrínseco, reproducible y central es necesaria para la reproducción y sostenibilidad de los movimientos misionales genuinos. De la misma manera que un organismo se mantiene y cada una de sus células comprende su función en relación a su ADN, la iglesia encuentra su punto de referencia en su ADN*m* interno. Al igual que el ADN transporta el código genético, y por tanto la vida, de un organismo en particular, así también la iglesia encuentra su punto de referencia en su ADN*m* particular. Todos los seis elementos del ADN*m* son fácilmente discernibles en cada movimiento de transformación misional en la historia: la iglesia del Nuevo Testamento, la Iglesia primitiva posterior, los movimientos célticos, el movimiento de los moravos, el metodismo temprano, la iglesia china, movimientos de iglesia en los hogares en India, entre otros.

Cabe destacar que en los sistemas biológicos, *cada célula es portadora del código completo* de todo el organismo. Es decir, aunque un tipo específico de célula de un organismo, digamos una célula de un músculo o del cerebro, normalmente se remita a una pequeña porción del código genético para su propia estructura, sin embargo contiene la información completa. El macrocosmos está contenido en el microcosmos; el árbol está en la semilla, todo el organismo se puede reproducir desde un único punto de partida. Esta idea de potenciales latentes es críticamente importante para comprender realmente las propuestas sugeridas en este libro: debido a lo latente del ADN*m* en cada expresión auténtica del pueblo de Dios, podemos decir que la semilla del futuro está en el vientre del presente. La posibilidad de movimiento se encuentra en la raíz de la existencia de la iglesia.

Si esto suena raro al principio, intente preguntarse a usted mismo tal y como yo lo he hecho ya para haber llegado a esta conclusión, *¿por qué* y *cómo* fue que la iglesia subterránea en China fue capaz de operar de una manera totalmente consistente con la fenomenología de la Iglesia primitiva? ¿Es que sabían por intuición lo que tenían que hacer cuando todas las estructuras y expresiones de apoyo fueron destruidas? ¿Cómo se explica? Expropiaron todos sus edificios, metieron en la cárcel a todos sus pensadores, ejecutaron, exiliaron o encarcelaron a todo su liderazgo y les fue prohibido todo tipo de reunión bajo la amenaza de la pena de muerte y la tortura. ¿Cómo es que en estas condiciones su reacción fue hacer casi exactamente lo mismo que la Iglesia primitiva? No tenían acceso a ningún tipo de material como este libro; ni siquiera disponían de suficientes Biblias.

Para resumir: cada elemento de ADN*m* es un componente irreductible y esencial del código genético del movimiento que yo llamo Carácter Apostólico. Entonces cada ADN*m* es un área de enfoque concentrado compuesto de una compleja teología práctica, instintos, hábitos, cultura y serios compromisos. Al igual que el ADN en cualquier sistema biológico, el ADN*m* codifica al movimiento en la vida y las estructuras del pueblo de Dios. Otra forma de pensar acerca de esto es ver a cada ADN*m* como la idea más importante de todas. . .la meta-idea: meta-ideas son las ideas fundamentales que apoyan la producción, organización y transmisión de ideas.[4]

Otra metáfora: piensa en cada elemento de ADN*m* como uno de los seis arquetipos originarios o axiomas del movimiento. Como arquetipos del movimiento, estos en alguna manera funcionan como instintos incorporados que parecen guiar los patrones de comportamiento en todos los movimientos. Todos los movimientos son expresiones de los seis arquetipos.

¿Está tu cabeza dando vueltas ya? No te preocupes; una vez que comencemos a explorar cada elemento del ADN*m*, se verá cómo cada uno de ellos funciona como un instinto interno incorporado que transfiere la codificación genética de los movimientos misionales. La cosa a recordar es que, como en la genética, éstos siempre estuvieron ahí, son aspectos fundamental de la codificación innata de la iglesia, pero en la mayoría de los casos están pasivamente en desuso o activamente siendo suprimidos a favor de una menos exigente y más controlable visión de la iglesia. Pero lo bueno siempre permanece; porque están inactivos, pueden ser recuperados y reactivados. Esto es exactamente lo que espero que le suceda a la iglesia en nuestro tiempo.

El Carácter Apostólico: sistema para un movimiento

La otra idea central necesaria para entender este libro es el término "Carácter Apostólico". Al acuñar este término, quería señalar algo que es muy difícil de identificar pero que parece estar siempre activo en la iglesia en su forma dinámica como un movimiento. No hay palabra actual o frase para definir este "espíritu" que imbuye la iglesia del Nuevo Testamento y otras expresiones de la iglesia apostólica.

Cuando recibí algo así como una respuesta a mi persistente pregunta,

---

4 El estupendo término "meta-idea" fue acuñado por Romer, en su artículo "Economic Growth".

"¿cómo fue que la Iglesia primitiva y la china lo lograron? ¿Cómo lograron crecer un promedio del 40% por década?" La respuesta a estas preguntas se ha convertido en la mayor parte del contenido de este libro, fue muy difícil para mí poner un nombre a lo que estaba realmente "viendo". Supongo que mi lucha era similar al intento de los científicos y filósofos por definir la vida misma. ¿Has tratado alguna vez de definir la vida? ¿Qué tal tratar de definir la electricidad? ¿Qué pasa con el concepto de sí mismo? ¿. . . el ego?[5] Uno hubiera pensado que debido a que estos fenómenos (vida, ego, yo) son tan básicos a la vida de todos, que tendríamos definiciones fácilmente a la mano. Y sin embargo, sospecho que el lector luchó para definir fácilmente cualquiera de estos. Del mismo modo yo diría que el Carácter Apostólico es tan fundamental para la vida de la iglesia que fácilmente podemos no "verlo" y mucho menos nombrarlo.

Al acuñar este nuevo término, quería poner un nombre al fenómeno emergente;[6] esa energía de movimiento, los vibrantes instintos espirituales, que pulsan en las pequeñas comunidades de fe que transforma su mundo. El Carácter Apostólico es una organización emergente; un sistema que se plantea al surgir de la interrelación dinámica de los distintos elementos claves del ADNm. En realidad, esto es exactamente cómo la vida en todos los sistemas complejos emerge y evoluciona. Margaret Wheatley quien es científico, consultora, y líder experta sobre cómo los sistemas vivos funcionan, observa...

> "Que como las redes crecen y se transforman en activas comunidades de práctica, descubrimos cómo la vida realmente cambia, y que es a través de la emergencia. Cuando esfuerzos separados, se conectan localmente entre sí como una red, entonces se fortalecen como comunidades de práctica, de repente y sorpresivamente un nuevo sistema surge en un mayor nivel de escala. Este sistema de influencia posee cualidades y capacidades que eran desconocidas a los individuos. No es que se ocultaban; simplemente no existían hasta que surgió el sistema. Son propiedades del sistema, no del individuo, pero una vez allí, los individuos ahora las poseen. Y el sistema que emerge siempre posee mayor poder e influencia de lo que hubiese sido posible a través de un cambio planeado e incremental. Emergencia es como la vida crea un cambio radical y toma las cosas a escala".[7]

Este concepto algo difícil de entender del Carácter Apostólico describe entonces el nuevo ecosistema de movimiento que se compone de la acumulación de

---

5 Trate de hacer esto ahora. No es fácil, ¿no es así? . . .Aunque se podría pensar que porque somos seres vivos que utilizan la electricidad diariamente, podríamos tener al menos una definición clara de cosas tan absolutamente fundamentales.

6 En la teoría de sistemas vivos, una organización emergente es algo que surge de forma espontánea y existe en un ambiente dinámico y complejo, en lugar de ser el resultado de una copia de algo que ya existe.

7 Ver Wheatley y Frieze, "Taking Social Innovation to Scale".

todos los seis elementos del ADN*m*, que juntos crean la plataforma que permite que un movimiento se inicie, desarrolle y prospere. Piense en esto como si fuera su teléfono inteligente, el cual ofrece una nueva plataforma para todas las aplicaciones que utilizas. Como lo diría Neil Cole en su libro *Church 3.0*: "una actualización paradigmática desde el nivel de organización anterior. Se trata del mismo pueblo de Dios, simplemente con una plataforma/sistema totalmente nueva con la cual organizar y operar".

Visto en su forma más lineal, el Carácter Apostólico podría pensarse como simplemente incluyendo seis centros independientes y estratégicos de actividad esencial. Cada una de ellas es una clave fundamental para la salud y la vitalidad de la iglesia. Por ejemplo, se obtiene mucho beneficio al mejorar en cada uno de ellos (cristología, hacer discípulos, APEPM, etc.). Cada aspecto del ADN*m* de hecho proporciona un vital punto focal para el diagnóstico, la toma de decisiones y el desarrollo.

Pero es cuando vemos el Carácter Apostólico como un sistema no lineal que abrimos realmente el poder transformador del pensamiento detrás de los movimientos. En un sistema, todo está conectado y relacionado. Por ejemplo, el discipulado es un centro fundamental de atención para cualquier iglesia, sin embargo, el discipulado por sí mismo no produce un movimiento. Otros factores deben entrar en juego para que un movimiento se realice. Por ejemplo, asumir riesgos, la misión encarnacional, organizarnos como un movimiento y el ministerio del APEPM deben entrar en la ecuación si el movimiento ha de ocurrir. El discipulado es, por tanto, *necesario* para el movimiento pero no es *suficiente* para producirlo. La incomprensión de este hecho es un error que muchos cometen. Pero lo mismo es cierto para el ADN*m*. Vamos a considerar otro escenario: el APEPM es crucial y traerá mucha necesaria integridad al ministerio, pero sólo, carente de auténtico discipulado y misión, el tipo de estructura que el APEPM ofrece probablemente causará una explosión en la organización. Los líderes necesitan desarrollar un área, teniendo en cuenta que esta tiene un impacto en el todo de la organización.

Una vez más, es importante entender que cada aspecto del ADN*m*, aun cuando sea una subunidad individual discreta dentro de un complejo sistema, está profundamente conectado a todos los demás elementos en el sistema. La vida continua y funcional de cualquier organismo vivo depende de cada uno de sus órganos funcionando como un todo integrado. Lo mismo sucede con el Carácter Apostólico. Cuando todos los seis aspectos del ADN*m* se conectan afectándose el uno al otro, el Carácter Apostólico se activa y el movimiento misional es catalizado. De hecho, debido a que los diferentes aspectos del ADN*m* continúan impactándose recíprocamente, la manipulación de uno afecta a todo el sistema. Y es la presencia activa (o la falta de la misma) de este sistema lo que determina si se habrá de producir un movimiento apostólico.[8]

No te preocupes si en un comienzo esto te suena un poco extraño, espiritual y conceptualmente; llegará a ser más claro en la medida que sigamos, o habré fallado en comunicarme efectivamente. Esquemáticamente, el Carácter Apostólico, compuesto como está de los distintos elementos del ADNm, se ve algo como esto (ver gráfica):

Este diagrama presenta un esquema de trabajo de la estructura de toda esta sección, donde se explicará todo sobre el ADNm y el Carácter Apostólico. Una cosa más a tomar en cuenta antes de proceder: los lectores veteranos de *Caminos olvidados* notarán rápidamente que el diagrama contiene un elemento que faltaba en la primera edición—a saber, la referencia a la obra del Espíritu Santo como el verdadero contexto de los movimientos apostólicos. Realmente este fue uno de los elementos originales en mis primeros intentos de articular el Carácter Apostólico. Lo he reinsertado, no como uno de los elementos, sino como algo aún más fundamental: el terreno sobre el cual los movimientos apostólicos nacen, se fortalecen, se sostienen y lo que hace que a fin de cuentas se pueda entregar eficazmente el mensaje del Evangelio. Visto como tal, el Carácter Apostólico es una de las obras esenciales del Espíritu de Dios de ¡hacer nacer, formar y dirigir a la iglesia! Es el Espíritu Santo el que nos une a Dios y a los otros, el que nos lleva a Jesús, el que trabaja en y a través del proceso de discipulado para hacernos más como Cristo, nos santifica, envía a la misión, nos da el poder, va delante de nosotros y conduce a la iglesia a su propio futuro. No hay otro camino a Dios, mucho menos a la dinámica del movimiento misional, sin el previo trabajo del Espíritu el cual hace todo esto posible. Porque esta obra es tan fundamental, tan

---

8 El lector notará que repito esta idea como si se tratara de un estribillo a lo largo del libro. Lo hago porque si se olvida esta naturaleza sistémica del Carácter Apostólico, entonces nada relacionado con este puede ser correctamente entendido.

original, tan básica para cada elemento y el conjunto, todavía creo que podemos decir que el Espíritu representa "uno de" los elementos del ADN*m*. Más bien veo al Espíritu Santo como el contexto en el que todo ocurre.[9] De hecho, creo que el Carácter Apostólico es realmente una de las obras directas del Espíritu en la iglesia. Siguiendo esta hipótesis, el resto del libro será un intento de describir cada uno de los aspectos del Carácter Apostólico y cómo pueden ser reactivados por las iglesias en todas partes pero especialmente en Occidente, donde esta forma de iglesia ha sido activamente olvidada o suprimida. La tarea principal sigue siendo la de tratar de identificar este concepto huidizo que es el Carácter Apostólico, ya que en la recuperación y activación de esta potente herencia de todo el pueblo de Dios, reside la gran renovación de la iglesia de Occidente.

Para basar esta idea un tanto intangible en un ejemplo occidental contemporáneo, a lo largo del libro haré referencia a la historia de *Church Multiplication Associates* (CMA). CMA es un movimiento que empezó en EE. UU., pero que ahora tiene iglesias en 16 países del mundo. No dejes que este nombre tan poco atractivo eclipse el profundo tesoro descubierto en este movimiento, que en seis años llegó a formar 500 iglesias. Neil Cole, fundador y líder de este movimiento cuenta que la historia de CMA empieza con la suya propia como pastor de una iglesia contemporánea, de tamaño medio, que funcionaba bien.

Este hombre de pocas palabras sentía una verdadera carga por las personas que no habían sido evangelizadas, lo cual le condujo con el tiempo a algunos encuentros decisivos con algunas personas marginales. Estas experiencias le hicieron pensar más y más en maneras genuinamente misionales de hacer iglesia.[10] Imbuido de dotes apostólicas, de una audacia innovadora y de una prodigiosa capacidad de ver las cosas orgánicamente, se decidió a plantar un movimiento misional en Long Beach, California. Él explica, "comenzar una sola iglesia no era una opción para nosotros; no nos conformaríamos con nada menos que un movimiento de multiplicación de iglesias y estábamos dispuestos a abandonar todo aquello, aun las que parecían tener éxito, que nos distrajeran de alcanzar ese objetivo. He encontrado que hay muchos métodos eficaces de hacer ministerio que también detienen que la multiplicación suceda. Estábamos dispuestos a abandonar todo lo que no provocara un movimiento de multiplicación de líderes, iglesias y discípulos".[11] Con estas palabras de batalla nació CMA en el centro urbano de Long Beach, California. Y en estas palabras podemos distinguir los ecos de los antiguos impulsos inherentes en el Evangelio del mismo Jesús.

---

9 Ver Tyra, *Holy Spirit in Mission*. También ver a Yong, "On Divine Presence and Divine Agency"; Yong, *Discerning the Spirit(s)*; Yong, *Beyond the Impasse*.

10 Cole, *Organic Church* ; y consultar su anterior libro, *Cultivating a Life for God: Multiplying Disciples through Life Transformation Groups*, para una descripción del movimiento y dinámica de CMA.

11 Ver Cole, *Organic Church*, p. 27.

- A través del movimiento, uno puede encontrar una afirmación simple pero profunda de la experiencia del señorío de Jesús.
- En respuesta a las demandas de Jesús como Señor y Salvador, el movimiento hace hincapié en el discipulado y hacer discípulos es fundamental para todo lo que hacen. La herramienta principal para hacer esto lo llaman Grupos de Transformación de Vida, los cuales forman la estructura básica para todo el movimiento.
- Como ya se mencionó, son maestros en el diseño de todo el movimiento utilizando las varias metáforas orgánicas encontradas en las Escrituras. Fue con esto en mente que Neil escribió su libro seminal *Iglesia orgánica* y luego *Iglesia 3.0* los cuales tratan sobre todas las diferentes dimensiones del movimiento.
- En CMA hay un definitivo impulso misional-encarnaciónal —ellos están "haciendo iglesia" en cualquier contexto social concebible, desde estacionamientos hasta los cafés, desde los bares hasta las casas. Y estos no son controlados a través de una organización centralizada. Simplemente dan libertad, dejan que Jesús dirija el movimiento y luego logran que cada grupo se conecte con los demás en red a través de efectivas relaciones de entrenamiento. Estudiaremos este enfoque en el capítulo 5.
- Tienen un compromiso explícito con un enfoque APEPM del ministerio y liderazgo. Su equipo de liderazgo durante mucho tiempo ha operado conforme a este aspecto crítico del ADN*m*. La influencia de Neil sólo puede ser descrita como apostólica. Esto se discutirá más detalladamente en el capítulo 7.
- Usted encontrará comunidades orientadas a la misión que son fluidas, adaptables, basadas en la aventura y formadas en el contexto de un objetivo común que se encuentra fuera de ellas mismas, lo que luego será descrito como liminalidad-*communitas* en el capítulo 6. El Carácter Apostólico está de hecho vivo y coleando en el movimiento. Y la buena noticia es que aun siendo CMA un gran ejemplo del mismo, de ninguna manera es el único. Lo veremos en iglesias y movimientos a través del libro similares a CMA en mi intento de intentar traducir a contextos occidentales los hallazgos del Carácter Apostólico encontrados en los movimientos post-apostólico y chino.

Cuando estudiaba estos fenómenos, en una etapa determinada, me sobrevino la revelación del maravilloso diseño de Dios: entendí que el Carácter Apostólico, de hecho, está latente en todos los verdaderos cristianos y lo considero una de las obras del Espíritu Santo en nosotros. De alguna manera misteriosa, cuando nos incorporamos a la familia de Dios, todos nos convertimos en 'semillas' que contienen el potencial completo del pueblo de Dios. Si tú o yo fuéramos lanzados como una semilla en un campo distinto, Dios crearía contigo y conmigo una comunidad de Jesús. Esto es lo maravilloso de un verdadero movimiento y cuando se libera y se cultiva, el mundo se transforma.

Misional e iglesia misional

Los términos *misional* e *iglesia misional* tienen su origen en el trabajo de un grupo de practicantes norteamericanos, misiólogos y teóricos, denominado "The Gospel and Our Culture Network" (NT: El Evangelio y nuestra red cultural) quienes se unieron para probar y descubrir algunas de las implicaciones del trabajo del destacado pensador y misionero Lesslie Newbiggin. Fue Newbiggin quien, al regresar de toda una vida como misionero en la India, vio lo pagana que era en realidad la civilización occidental. Entonces empezó a articular la visión de que debíamos considerar el mundo occidental como un campo misionero y que nosotros, como pueblo de Dios en dicho contexto, necesitábamos adoptar una postura misionera en relación a nuestra cultura. Al igual que hubiéramos hecho en la India, por ejemplo.[12] Su trabajo cautivó la imaginación de una iglesia en crisis y en declive para dar forma al pensamiento de generaciones.

Sin embargo, el término *misional* con los años ha tendido a fluir y ha sido rápidamente adoptado por quienes deseaban etiquetas nuevas y más modernas para denominar lo que estaban haciendo; fuera misional o no. Se suele usar en referencia a la sensibilidad con el no creyente, a la iglesia de grupos pequeños o a otros conceptos de crecimiento de iglesia; ensombreciendo de esta manera su significado original. Así que, ¿nos deshacemos de él y nos inventamos otro término?[13] Yo creo que debemos conservarlo, pero revestirlo de un significado más

---

12 GOCN empezó por intentar implementarlas ideas de Newbiggin, haciendo hincapié esencialmente en que el trabajo misionero implicaba lo que denominaban un "triálogo". Así como un diálogo es una conversación entre dos partes, según ellos, la obra misionera exigía una conversación activa entre tres elementos: el Evangelio, la cultura circundante y la iglesia. Pronto descubrieron que en la mayoría de los casos se daba una conversación bastante activa y relativamente fácil entre dos elementos, el Evangelio y la cultura, y muchos se apuntaron al discurso. Sin embargo, no se daba el triálogo porque la iglesia raras veces entraba en la conversación. Se había excluido a ella misma de la ecuación y se había convertido en un mundo en sí misma. Intentaron solucionarlo haciendo entrar a la iglesia en la ecuación y fue así como acuñaron el término "iglesia misional". La iglesia misional, según la perspectiva de GOCN, era una iglesia que se tomaba en serio el triálogo y se formaba en torno al mismo. Consultar a Guder (ed.), *Missional Church: A Vision for the Sending of the Church in North America*.

13 Llevo mucho tiempo debatiendo conmigo mismo acerca del mismo término *misión*. Está tan cargado de historias mezcladas y tan teñido de colonialismo. . . sobre todo para la mente del no cristiano. . . ¿Nos deshacemos de este también? Francamente, no puedo hacerlo. La idea de misión es tan importante, que sencillamente no se me ocurre una palabra mejor. Creo que es mejor recargarla de su verdadero significado.

profundo. La palabra recoge el sentido de los movimientos radicales de Jesús que nosotros necesitamos redescubrir hoy.

Una cosa más sobre terminología antes de entrar en curso: durante esta nueva edición el lector encontrará que tiendo a utilizar algo indistintamente los términos "misional" y "apostólico". Deliberadamente los utilizo indistintamente porque el término latino *missio* es realmente una traducción del término griego *apostello*, y ambos se traducen como la palabra castellana "enviado". Hice este cambio posterior porque no sólo prefiero la terminología del Nuevo Testamento al posterior uso del discurso teológico sino que también, en mi humilde opinión, el pensamiento histórico alrededor de lo que significa la palabra *misión* parece distanciado de alguna manera de lo que la Biblia quiere implicar al utilizar la palabra "apóstol" y por extensión, el adjetivo "apostólico". Por alguna razón la mayoría de teólogos (y extrañamente incluso misiólogos) tienden a alejarse del término y en muchos casos activamente ¡denuncian el uso de la terminología bíblica directa para 'misional'! Mi sospecha profunda es que, como resultado de esto, estamos utilizando algún tipo de atenuada misiología.

Creo que hay algo profundamente equivocado aquí y que en lugar de simplemente cumplir con la "prohibición" histórica, debemos de hacer sonar la alarma. Como protestantes, no estaríamos dispuesto a aceptar este tipo de censura en relación a otras palabras bíblicas claves, incluso aquellas que se utilizan con menos frecuencia en el Nuevo Testamento (p. ej., "creyentes," "reconciliación", "santidad" y otras). ¿Por qué entonces aceptamos esta prohibición del uso del término apostólico? Algo realmente significativo parece abandonarse al aceptar la prohibición heredada sobre el uso del lenguaje usado en la Biblia misma. Creo que esta prohibición viene de lo profundo del modelo del sistema de la cristiandad y necesita ser cuestionada si es que queremos ir más allá de la rutinaria eclesiología de la cristiandad junto con sus desaciertos misiológicos. Junto con todos los que sostienen la autoridad de las Escrituras, creo que para recuperar las verdades que la Biblia misma nos revela a nosotros, tenemos que aprender a bregar con el lenguaje a través del cual el Dios de la Biblia decide revelarse a nosotros. ¿Por qué debemos abstenernos de usar palabras bíblicas para expresar y aclarar ideas bíblicas? ¿Por qué exactamente somos censurados por el uso del lenguaje de "apóstol" y "apostólico"? a fin de cuentas, ¿no estamos tratando de ser un pueblo que se define en términos bíblicos ? Y ¿desde cuando los protestantes prefieren el latín al griego?

Al aplicar el paradigma misional-apostólico a la función y propósito de la iglesia, podemos decir que iglesia misional es una comunidad del pueblo de Dios que se define a sí misma, y organiza su vida en torno a su verdadero propósito de ser un agente de la misión de Dios al mundo. En otras palabras, el principio organizativo auténtico y verdadero de la iglesia es la misión. La iglesia es verdaderamente iglesia cuando es misión. La misma iglesia no es solo un producto de dicha misión, sino que está destinada y obligada a propagarla por todos los medios posibles. La misión de Dios fluye directamente a través de cada creyente y cada comunidad de fe que se adhiera a Jesús. Obstruir este proceso es bloquear los propósitos de Dios para su pueblo y a través del mismo.

Si podemos integrar este sentido interno a nuestra identidad esencial como pueblo de Dios, entonces estaremos en el buen camino para convertirnos en una organización que se adapta. Esta misión puede expresarse en las miles de maneras en las que el reino de Dios se expresa; muy variadas y siempre redentoras.

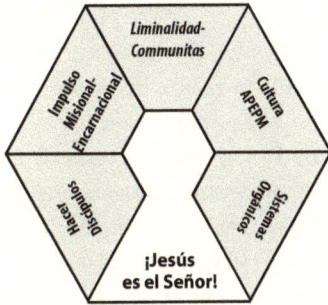

Liminalidad-Communitas · Cultura APEPM · Impulso Misional-Encarnacional · Hacer Discípulos · Sistemas Orgánicos · ¡Jesús es el Señor!

4

El corazón de todo
¡Jesús es el Señor!

"Para nosotros hay un solo Dios, el Padre, de quien proceden todas las cosas y nosotros somos para El; y un Señor, Jesucristo, por quien son todas las cosas y por medio del cual existimos nosotros".

—Pablo (1 Co. 8:6)

"La expansión espontánea de la iglesia reducida a sus elementos básicos es una cosa muy sencilla. No exige una organización elaborada, ni grandes finanzas, ni montones de misioneros asalariados. Al principio puede tratarse del trabajo de un solo hombre y de un hombre sin experiencia de las cosas de este mundo, sin la riqueza de este mundo. Lo que se necesita es fe. Lo que se necesita es el tipo de fe que al unir a un hombre con Cristo, le hace arder".

—Rolland Allen, *The Compulsión of the Spirit*

"No es suficiente decir las oraciones en privado, mantener alta moralidad personal y luego ir a trabajar para reconstruir la torre de Babel. La sustancia y la estructura de los diferentes aspectos de nuestro mundo necesitan ser interrogados a la luz del logro único de Jesús".

—N. T. Wright

Cuando Pablo termina de explorar el misterio de la intervención de Dios en nuestro mundo, se sumerge en una doxología estática, cuya sustancia nos trae la verdadera esencia de la realidad. Dice: "¡Oh, profundidad de las riquezas y de la sabiduría y del conocimiento de Dios! ¡Cuán insondables son sus juicios e inescrutables sus caminos! Pues, ¿quién ha conocido la mente del Señor?, ¿o quién llego a ser su consejero?, ¿o quién le ha dado a el primero para que se le tenga que recompensar? Porque de Él, por Él y para Él son todas las cosas. A Él sea la gloria para siempre. Amén". (Ro. 11:33-36). Como suele pasar siempre en los momentos de profunda inspiración espiritual, la claridad de la verdad desciende sobre Pablo en una sencillez absoluta y articulando estas eternas palabras, dirige nuestra atención al verdadero núcleo de una comprensión hebraica de Dios. *"Porque de Él, por Él y para Él son todas las cosas"*. Hemos tocado el epicentro del conocimiento bíblico de Dios. Y a ese núcleo espiritual debemos retornar si queremos renovar la iglesia de nuestros días. Este capítulo intentará reinterpretar nuestra fe y nuestro seguimiento a Cristo a la luz de la concepción hebraica de la vida. Todo empieza con la confesión básica de Israel, denominada *Shemá Israel* ("Oye, oh Israel") basada en Deuteronomio 6:4.[1]

Es difícil determinar dónde se inserta un material que por su propia naturaleza es mucho más que un simple "elemento" del Carácter Apostólico. Todos los verdaderos movimientos cristianos contienen en su zona cero espiritual un vivo encuentro con el verdadero y único Dios "por quien son todas las cosas y por medio del cual existimos nosotros" (1 Co. 8:4-6). Un Dios que justo en el momento de redimirnos nos reclama como suyos a través de Jesús nuestro Salvador. Si no conseguimos sujetar este centro y circunferencia espiritual de los movimientos de Jesús, jamás los comprenderemos del todo, ni jamás re-invocaremos el poder infundido a sus vidas y comunidades. Addison, en su estudio exhaustivo de los movimientos cristianos, concluye con razón que éstos se mantienen siempre por lo que él denomina "fe caliente y blanca," (NT: Traducción literal del original "white hot faith", el sentido es una fe ferviente) resultante del redescubrimiento del lugar y la importancia de Jesús.[2] En cierta manera, se trata de un elemento del Carácter Apostólico, pero en realidad es mucho más que eso; se trata de una conciencia generalizada sobre el señorío de Jesús, de la absoluta centralidad de Cristo, la cual se percibe claramente en todo el movimiento. Recordémoslo, por favor, cuando empecemos a desplegar los diversos elementos del ADN*m* del Carácter Apostólico. A fin de cuentas, todo esto se trata de Dios en Cristo.

Destilar el mensaje

Cuando preguntas a la gente por qué piensan que el movimiento de la Iglesia primitiva (o el de las iglesias clandestinas en China) creció tanto, la mayoría responde que en gran parte porque eran verdaderos creyentes; que había en su

---

1 Para una exploración más profunda de las ideas y la espiritualidad hebraica en relación a la iglesia misional, consultar *The Shaping of Things to Come*, caps. 7 y 8.

2 Ver Addison, Movement Dynamics, cap. 2.

fe una autenticidad real y permanente y que por tanto daban acceso al poder del Espíritu Santo que estaba en ellos. En teoría, si uno está dispuesto a morir por la fe, eso quiere decir que ha ido más allá de la creencia fácil y ha entrado en el reino de una genuina fe y amor al único y verdadero Dios tal y como ha sido revelado en su hijo Jesucristo.

El estudio de las vidas de estas personas es sin duda inspirador. La persecución conduce al perseguido a vivir pegado al mensaje; la persona se aferra al Evangelio de Jesús y de esta forma desata su poder liberador.

Pero hay algo más. Uno de los "dones" que la persecución parece conferir a los perseguidos es que los capacita para destilar la esencia del mensaje y por tanto acceder al mismo de una nueva manera. Por ejemplo, el movimiento en China. Cuando desaparecen todos los puntos de referencia externos, cuando la mayoría de los líderes y teólogos son encarcelados o ejecutados y se les corta el acceso a todas las fuentes exteriores, los cristianos se ven forzados de alguna manera por las circunstancias a liberar algo verdaderamente potente y convincente en el mensaje que transmiten como pueblo de Dios. El resultado es un movimiento sin paralelo en la historia. ¿Qué es lo que pasa y qué podemos aprender desde Occidente?

Sabemos que los movimientos perseguidos se ven forzados a la clandestinidad y suelen adoptar una estructura celular; también se ven forzados a depender de redes de relaciones para poder sustentarse en calidad de comunidades cristianas. Pero para sobrevivir en el contexto de la persecución, también tienen que desechar todo lo que sean impedimentos innecesarios, incluyendo el de la concepción institucional de *ecclesia* predominante. Pero lo que quizás sea más significativo es que tienen que condensar y purificar su mensaje central para mantenerse fieles y con esperanza. En una iglesia clandestina hay que librarse de todo el desorden de las innecesarias interpretaciones tradicionales y de la parafernalia teológica. No hay ni tiempo ni capacidad interna para mantener los dogmas y las pesadas teologías sistemáticas. Hay que ir "ligero de equipaje". Por tanto, se extraen todas las complejidades innecesarias y, en el proceso, ocurre un milagro: la gente descubre el verdadero mensaje y nace el movimiento. De nuevo la fe vinculada a Jesús, el autor de nuestra fe, con una sencillez total. Es decir, en el corazón de todos los grandes movimientos hallamos la recuperación de una cristología sencilla (conceptos esenciales de quién es Jesús y lo que hace), que refleja con precisión al Jesús de la fe del Nuevo Testamento; se puede decir que se trata de "movimientos de Jesús" en el sentido más literal de la expresión.

Pero esta recuperación de la sencillez libera algo más: la capacidad de transferir rápidamente el mensaje entre las líneas de relación. Liberado de la densidad teológica de los seminarios y de la dependencia del clero profesional, el Evangelio se convierte en algo que se puede "estornudar". Y no se trata de una metáfora caprichosa. Hemos estudiado como se extienden las ideas y lo hacen siguiendo patrones muy similares a los de las epidemias víricas. También sabemos que para que calen y se conviertan en "epidemia" tienen que ser fácilmente transferibles de una persona a otra. Para ello necesitan ser profundas pero sencillas; fáciles de ser captadas por cualquier persona y en muchos casos por campesinos analfabetos.[3] En este sentido, el Evangelio se convierte de nuevo en una posesión de la gente y no meramente de las instituciones religiosas que inconscientemente hacen que sea difícil de entender y aplicar (Mateo 23). En condiciones religiosas y sociales favorables, y en relación con las personas apropiadas, las ideas fácilmente transferibles pueden crear movimientos poderosos que cambien la sociedad (en el caso de la economía, los mercados). Este era el caso del Evangelio en la Iglesia primitiva y en la revolución china. Aferrarse a Jesús desesperadamente, empaparse de la oración, depender del Espíritu y hacer del Evangelio el mensaje llano y sencillo de que Jesús es Señor y Salvador, todo ello sirvió de catalizador al potencial misional inherente al pueblo de Dios.

Este fenómeno de un movimiento que se identifica, destila y vive (incluso muere) por su mensaje representa la clave de la naturaleza del Carácter Apostólico y la clave para recuperarlo en Occidente. Pero si queremos destilar el mensaje en nuestro contexto, de nuevo necesitamos valorar el núcleo del mismo. Es decir, el tema principal de la Biblia: la afirmación redentora de Dios sobre nuestras vidas (reino y pacto).

¡Escucha, oh Israel!

Ya hemos visto que la persecución confiere sobre el pueblo de Dios el "don" de la clarificación del mensaje central de la iglesia. Esto nos despierta una pregunta: ¿qué es ese mensaje? ¿Cómo se ve cuando lo simplificamos del todo?[4] El estudio de los movimientos de Jesús a lo largo de la historia me ha hecho llegar a la conclusión de que la respuesta se encuentra en la sustancia de un monoteísmo bíblico genuino; un encuentro existencial con el Dios Único que nos reclama y nos salva. Así de sencillo, y por muy poco inspirador que pueda sonar en principio, la creencia de que Dios es Uno reside en el corazón tanto de la fe bíblica como de los movimientos de Jesús más destacados de la historia. Esta afirmación irreducible se halla en el núcleo de todas las manifestaciones auténticas del Carácter Apostólico. Este capítulo es un intento de reinterpretar nuestra fe y nuestro seguimiento a Jesús a la luz de la comprensión hebraica de la vida. Y todo

---

3 Así es precisamente como puede Pablo plantar una iglesia en una semana y luego decir que no necesitan seguir siendo instruidos porque ya han recibido el Evangelio en su plenitud (Hch. 17:1-9; 1 y 2 Ts; Hch. 16:11-40). El Evangelio no era algo tan complejo que la gente no lo pudiera captar en una semana con el apóstol. En la Biblia no parece tan complicado como nosotros lo solemos hacer.

4 Extraigo las implicaciones de este elemento del ADN*m* en mi libro con Michael Frost; *ReJesus*.

está íntimamente ligado a la confesión básica de Israel, llamado el *Shemá Yisrael* (¡Escucha, oh Israel!), basado en Deuteronomio 6:4.[5]

Cuando el pueblo de Dios del Nuevo Testamento confiesa que "Jesús es el Señor y Salvador", no se trata solamente de confesar que Jesús es nuestro Maestro y nosotros sus siervos. Esto es cierto, pero dado el contexto hebraico de la confesión, y el hecho de que Jesús es el cumplimiento de las promesas mesiánicas hechas a Israel, la confesión se está haciendo eco de unas creencias que se remontan a la confesión primaria de Israel "Yahvé es Señor". Como tal, esta confesión influye en las corrientes más profundas de la revelación bíblica: temas que nos llevan directamente a la naturaleza de Dios, Su relación con el mundo y su proclama de autoridad sobre todas nuestras vidas. También tiene que ver con el encuentro crítico, la experiencia redentora que forma la relación de pacto entre Dios y Su pueblo.

Para apreciar de verdad el poder y la centralidad de esta afirmación necesitamos colocarla en su contexto religioso original; el del pluralismo y *politeísmo* religioso: las personas que vivían en el Oriente Próximo por entonces eran en esencia un pueblo profundamente espiritual, para quienes la vida estaba llena de lo sagrado, lo místico y lo mágico. Creían que había numerosos dioses, demonios y ángeles a cargo de las diferentes esferas de la vida.[6] La vida era profundamente espiritual pero gobernada por innumerables deidades, muchas de las cuales eran personajes nada agradables. Por ejemplo, si vivías en aquella época y aquel lugar y eras un politeísta practicante, si querías ir a buscar agua al río, de camino tendrías que pasar por los campos de los cuales dependías, atravesar el bosque y bajar al río. Una actividad teóricamente tan simple te representaría un dilema religioso, ya que habría distintas divinidades al cargo de cada uno de estos aspectos de la vida; no sería una actividad fácil, estaría plagada de peligros espirituales. Para no ofender al *Baal* de los campos por donde tenías que pasar, tendrías que llevar una ofrenda espiritual y ejecutar un ritual religioso en el altar de esos campos. Luego tendrías que pasar por el viejo árbol del presagio. Los árboles imponentes solían

---

5 Deb y yo en mi libro *Untamed*, sugerimos un modelo de espiritualidad basada en el *Shemá*.

6 El politeísmo es la creencia en muchos dioses y es característico de prácticamente todas las religiones, menos el judaísmo, el cristianismo y el islam, las cuales comparten la tradición común del monoteísmo; la creencia en un solo Dios. A veces, las religiones politeístas tienen a un supremo creador, foco de su devoción, por encima de todos los otros dioses; como ciertas fases del hinduismo (también hay la tendencia a identificar los muchos dioses como múltiples aspectos del Ser Supremo). A veces, los dioses se consideran menos importantes que una meta superior, estado o salvador, como en el budismo. A veces, un dios demuestra dominar más que los otros sin adquirir la supremacía total, como Zeus en la religión griega. Es típico de las culturas politeístas incluir la creencia en muchas fuerzas demoníacas o fantasmagóricas además de los dioses. Algunos seres sobrenaturales son malévolos; incluso en las religiones monoteístas podemos hallar la creencia en muchos demonios, como en el cristianismo del Nuevo Testamento.–"Politeísmo" (Enciclopedia Británica, versión electrónica, 2001).

considerarse morada de espíritus horribles llamados dríadas y por tanto deberías asegurarte de no molestarlos. Para ello, de nuevo deberías seguir un ritual prescrito para apaciguar a esa dríada en particular. Luego, tu sistema de creencias te recordaría que si ofendías a la diosa del río, el río podría secarse o desbordarse, provocando catástrofes y sufrimientos. Por tanto, cuando llegaras al río, también te tocaría aplacar con un sacrificio la ira de la diosa del río, una deidad particularmente impredecible. Es decir, que algo tan sencillo como bajar al río se convertía en realidad en un complejo proceso religioso.

Pero la visión politeísta iba mucho más allá de los campos y los ríos.

Había deidades que presidían todas y cada una de las esferas de la vida: el estado (la política), la familia, la guerra, la fertilidad, etc. La vida del politeísta no solo era compleja (tener que dirigirse a cada deidad con el protocolo adecuado) sino que también resultaba peligrosa (no todos los dioses eran buenos, de hecho, algunos eran el mismo demonio). Ese era el aplastante contexto religioso de Israel.

En este contexto llega el *Shemá* ...

> *"Escucha, oh Israel, el Señor es nuestro Dios, el Señor uno es. Amarás al Señor tu Dios con todo tu corazón, con toda tu alma y con toda tu fuerza.* Y estas palabras que yo te mando hoy, estarán sobre tu corazón; y diligentemente las enseñarás a tus hijos, y hablarás de ellas cuando te sientes en tu casa y cuando andes por el camino, cuando te acuestes y cuando te levantes. Y las atarás como una señal a tu mano, y serán por insignias entre tus ojos. Y las escribirás en los postes de tu casa y en tus puertas". (Dt. 6:4-9, itálicas del autor)

Esta declaración tiene, en este contexto religioso, claras implicaciones de un gran alcance: esto significaba para quien a ella se acogiera que ya no habrían dioses distintos para cada esfera de la vida, un dios para el templo, otro dios para la política, otro distinto para la fertilidad de los campos, otro más para el río, etc. Yahvé será UNO, el Dios que gobierna sobre todos los aspectos de la vida en el mundo. Yahvé es el Señor del hogar, el campo, la política, el trabajo, etc. La tarea religiosa se centra ahora en honrar a este Dios en y a través de todos los aspectos de la vida. *"Porque de Él, por Él y para Él son todas las cosas"* (Ro. 11:36).

Esto constituye no solo la base de la adoración, como veremos más tarde, sino también la agenda de la labor religiosa principal del discipulado. Es un llamamiento a que los israelitas vivan la vida bajo el señorío de un solo Dios y no bajo la tiranía de muchos dioses. Por esto la alianza entre Israel y Yahvé empieza por la reclamación absoluta, por parte de Yahvé, de toda la vida de Israel, así como la prohibición total de los ídolos y los falsos dioses (Ex. 20:2-5).

La demanda de lealtad del reino de Dios es amplia en alcance. "Cuando Dios invade la conciencia del hombre, la dependencia de este en la 'paz y la seguridad' desaparece de cada rincón de su existencia. La vida se hace vulnerable en su totalidad. Ya no hay muros de contención entre las cámaras lo cual limita las explosiones a un solo compartimiento. Cuando Dios escoge al hombre, le confiere de toda la responsabilidad de obediencia total a una exigencia absoluta".[7] El señorío de Yahvé es la salvación completa por gracia ya a la vez una exigencia total; en la fe bíblica, salvación y señorío están indisolublemente ligadas. Así que, bajo la perspectiva hebraica, el monoteísmo no es tanto la declaración acerca de Dios como ser eterno en unidad esencial, como lo fuera para los teólogos helenistas, más bien es la proclamación existencial de que hay un solo Dios que es Señor sobre todos los aspectos de la vida — ¡es todo acerca del Rey y su pacto! De nuevo nos encontramos con la naturaleza práctica y concreta del pensamiento hebraico. Los politeístas pueden compartamentalizar la vida y distribuirla entre muchos poderes. Pero como Maurice Friedman dice: "La persona de fe en el mundo israelita no se distingue de los 'gentiles' por una simple visión 'espiritual' de la deidad, sino (más bien) por la exclusividad de su relación con Dios y por referirle a Él todas las cosas".[8] Los monoteístas (auténticos creyentes bíblicos) solamente tienen un punto de referencia para la vida y la existencia: Dios. El *Shemá* se halla originariamente a primera instancia de esta proclamación sistémica y completa sobre nuestras vidas. Es pues un llamamiento a la lealtad al pacto más que una declaración de ontología (naturaleza del ser) teológica.[9] Las implicaciones llegan muy lejos, no solo para la teología, sino para la *visión del mundo*; para orientar al creyente hacia la vida misma. A la fuerza tiene que influir en nuestra concepción de la vida y la fe.

Veamos lo que dice el teólogo Paul Minear:

"Solamente podemos darnos cuenta de la soberanía exclusiva de Dios por medio de una dura lucha con otros dioses, con todas las fuerzas que se oponen a su voluntad. Con ello quiero decir que para los mismos autores bíblicos, el monoteísmo empieza, no como una etapa de la especulación metafísica, no como el paso final del desarrollo del politeísmo, no como la fusión de todos los dioses en uno (este sería el caso del hinduismo), sino cuando Dios se convierte en la realidad decisiva para un hombre en particular y por tanto exige el destronamiento de todos los otros dioses.

---

7 Minear, *Eyes of Faith*, p. 115.

8 Ver Friedman, Buber, *The Life of Dialogue*, 242, citado en Roy Oliver, *The Wanderer and the Way*, p. 13.

9 Ontología es la preocupación filosófica por la naturaleza del "ser" (ontos). En manos de la iglesia de la cristiandad, influida por el pensamiento helenístico y platónico, la teología se preocupa más de la metafísica (la rama de la filosofía que trata de los primeros principios de las cosas, incluyendo conceptos abstractos como el ser, el conocer, la sustancia, la causa, la identidad, el tiempo y el espacio) que de la física y por ello tiene una naturaleza tan especulativa. La teología ontológica, por tanto, se centraba en Dios como ser eterno; Su naturaleza innata más que su afirmación existencial sobre nuestras vidas. Es casi imposible encontrar algo así en la totalidad de las Escrituras y sin embargo, se convirtió en la preocupación principal de la tradición occidental y lo sigue siendo.

Esto nos ayuda a entender por qué los primeros cristianos encontraban en la obediencia total a Jesús la manifestación final y suprema de Dios. Nos señala la razón de que muriendo con Él al mundo, ellos mismos experimentaban el verdadero conocimiento de Dios y el verdadero poder de Dios. El mensaje de que Dios era uno intensificaba su lucha contra los falsos dioses. Para ellos, el conflicto con los dioses paganos había llegado a su etapa final.

La creencia cristiana no consiste simplemente en decir "hay un solo Dios". El diablo lo sabe. Los cristianos responden a Dios con la fe en sus obras, la confianza en su poder, la esperanza en su promesa y el abandono apasionado a Su voluntad. Solamente en el contexto de una vocación tan apasionada puede vivir el conocimiento del único Señor. Un conocimiento que no elimina la lucha con el diablo y sus obras, la necesita. Dicho "monoteísmo" solo se puede manifestar del todo en la existencia humana a base de la obediencia incondicional, la pasión infinita, la resignación infinita y el entusiasmo infinito, como por ejemplo, en Jesús".[10]

Los "celos" de Dios deben ser entendidos bajo esta luz (Ex. 20:5, 34:12; Dt. 4:24, etc.). Es un rechazo a compartir su exclusividad sobre las vidas de su pueblo. No es que sea una respuesta emocional negativa; es sencillamente el desarrollo de su pretensión sobre la de los otros ídolos.[11] Dios no nos va a compartir con falsos dioses, pero no porque simplemente 'tenga celos' sino porque la idolatría nos puede perjudicar y fracturar.

Toda la vida bajo Dios

Dios es UNO y debemos poner todos los aspectos de nuestras vidas, comunitarios e individuales, bajo este único Dios: Yahvé. Este "monoteísmo práctico" se halla en el epicentro del concepto bíblico de fe de Israel, y por tanto de la Biblia. A partir de ahí, todo fluye. Incluso el concepto de *Torá* (literalmente 'instrucción') va dirigido a cumplirlo. Cuando leemos el Pentateuco, lo primero que nos choca es la lógica radicalmente no lineal asociada al mismo. Parece que salta de un tema a otro y que pasa de temas de teología sublime en un versículo a cuestiones de aspecto trivial en el siguiente.

"Un versículo trata del acercamiento de los israelitas a Dios en el templo y el siguiente versículo trata de lo que hay que hacer si se te cae un asno en un agujero. El siguiente quizás trata sobre el moho en la cocina, enlazado con otro sobre el ciclo menstrual femenino. Parece radicalmente discontinuo y le suele faltar

---

10 Minear, *Eyes of Faith*, pp. 25–26.

11 Mi perra, Ruby, es una perra celosa. Cuando acaricio a otros perros, ella se pone de por medio para que no pueda hacerlo. Una idea sobre la naturaleza de la exclusividad.

el razonamiento secuencial que esperamos de todo texto. ¿Qué pasa? ¿Cómo vamos a entender el significado?"[12]

Aunque la "lógica" de la *Torá* no sea lineal, sí que es más bien profunda; una lógica que nos prepara para relacionar con Dios *todos* los aspectos de la vida. El ser fiel a la Torá representará conectar directamente con Yahvé sobre todas las cuestiones de la vida: se trate de moho, de la alabanza en el templo o de todo lo que queda de por medio. Por tanto, a Dios le importa todo; nuestro trabajo, nuestra vida doméstica, nuestra salud, nuestra alabanza. Le preocupa cada uno de los aspectos de la vida del creyente, no tan solo las llamadas dimensiones espirituales.

Mientras que en la tradición cristiana occidental hemos tendido a ver "lo religioso" como una categoría de la vida entre muchas otras (incluso damos a monjas y curas el nombre de "religiosos"), la mente hebraica no hace tal distinción de una existencia puramente "religiosa", ya que todo en la vida está relacionado. . . Todo en la vida es sagrado cuando entra en relación con el Dios vivo.[13]

La perspectiva hebraica traza una correlación directa de todos y cada uno de los aspectos de la vida con los propósitos eternos de Dios; esta es la lógica intrínseca de la Torá. Es una extensión natural de la afirmación hecha por el monoteísmo ¡Yahvé es Señor! De hecho, la trata de instruir con esta orientación; Pablo incluso la denomina "maestra de escuela" (Gl. 3:19; 4:5), puesto que nos enseña la piedad, nos orienta y nos conduce a Jesús. Esta fue y es su verdadera función.

Para decirlo de manera más explícita, según la visión bíblica no hay distinción entre lo secular y lo sagrado. No se puede concebir lugar en el mundo que no quede bajo el señorío de Yahvé. Todo en la vida le pertenece y la verdadera santidad consiste en poner todas las esferas de nuestra vida bajo el dominio de Dios. Esto es lo que constituye la adoración bíblica. Esto es lo que significa amar a Dios con todo nuestro corazón, toda nuestra mente y todas nuestras fuerzas. Más tarde hablaremos de las implicaciones, pero ahora necesitamos considerar como cambia Jesús la ecuación.

¡Jesús es el Señor!

La encarnación no altera la naturaleza de Dios ni el monoteísmo práctico fundamental de las Escrituras; más bien recuerda algunas cosas y lo reestructura en torno al personaje central del Nuevo Testamento: ¡Jesucristo! Ahora debemos nuestras lealtades a nuestro Salvador y Revelador. Él se convierte en nuestro foco de atención y en el eje de nuestra relación con Dios. Nos adherimos a Él y Él no solamente inicia un nuevo pacto, Él es el Nuevo Pacto. Así que tenemos dos dimensiones a esta frase dependiendo de qué palabra se acentúa.

---

12 Ver Frost y Hirsh, *Shaping of the Things to Come*, p. 126.
13 Ibid., p. 126.

Cuando la Iglesia primitiva proclama que "Jesús es el Señor", lo hace de la misma manera, y con exactamente las mismas implicaciones, que lo hizo Israel en el *Shemá*. De hecho, la situación religiosa fundamental no había cambiado tanto (de hecho, nunca lo hace). El politeísmo seguía siendo la fuerza religiosa dominante en sus días como lo es ahora. Los nombres de los dioses han ido cambiando; de los cananitas (Baal, Astheroth, etc.) a los greco-romanos (Venus, Diana, Apolo, etc.), y en el presente el amor romántico, el consumismo y la religión actual de la autoayuda, pero en esencia la confesión es la misma y con el mismo impacto. De hecho, en Roma eso les representó un problema. Según la teología romana, el César era una manifestación física de un dios que exigía lealtad total. Además, era política de Roma dedicarse a congregar a todos los dioses de las naciones subyugadas y ponerlos bajo el señorío del César para así crear una religión que creará una unidad religiosa más profunda en un imperio político tan heterogéneo. Solamente se podían mantener los dioses tribales si se reconocía que César estaba por encima de éstos. El hecho de que un cierto grupo tribal hubiera sido conquistado indicaba que el dios romano era supremo y la gente solía someterse (excepto los judíos y los cristianos). El resultado era unificar las religiones del imperio y vincularlas al estado.[14] (¿Nos suena algo familiar?)

La Iglesia primitiva se negó a aceptar el señorío del César; se negó a ver a Jesús como una mera parte del panteón de los dioses en Roma. De hecho, la confesión "Jesús es el Señor" en sus bocas y en aquel contexto se convierte en una frase profundamente subversiva que llega a socavar el gobierno del César. Los cristianos querían poner toda su vida bajo el señorío de Jesús y eso significaba subvertir el señorío del César. Los emperadores lo sabían demasiado bien; de ahí las terribles persecuciones. Pero lo interesante es que nuestros antepasados espirituales comprendieron de verdad el sentido interno del monoteísmo. Sabían que Jesús era Señor y que su señorío excluía cualquier otra lealtad definitiva. Sabían que eso era el núcleo de la fe y que no podían renunciar a ello, y no lo hicieron.

Resulta que este es el caso de los cristianos clandestinos en China: se niegan a rendirse ante el señorío del estado comunista sobre sus vidas, puesto que ello conllevaría el destronamiento del señorío supremo de Cristo.[15] Es interesante que sea este choque de gobernaciones supremas la fuente de conflicto espiritual en los dos casos que he escogido para demostrar la naturaleza del Carácter Apostólico. También en ambos casos, los cristianos estaban dispuestos a morir antes que negar su afirmación esencial. Este es el corazón de la confesión cristiana.

---

14 De hecho, esto es exactamente lo que Constantino intentaba hacer cuando convirtió el cristianismo en la religión oficial del estado; unir iglesia y estado bajo el reinado del emperador. Incluso retuvo el título Pontifex Maximus, que era el del sumo sacerdote del sistema religioso romano.

15 Consultar: Lambert, *China's Christian Missions: The Costly Revival*, p. 193 para una descripción de la teología del Señorío y el estado de China.

Monoteismo jesusiano

¿Cómo ha condicionado entonces la revelación en el Nuevo Testamento la comprensión bíblica de monoteísmo? Afirmando que Dios es trino por naturaleza, el Nuevo Testamento revela que cada persona de la Trinidad juega un papel particular en la experiencia humana de la redención. Y aunque no hay duda que sugiere una trinidad compleja en la naturaleza divina, el acento general de las Escrituras recae sobre el hecho de que Dios es uno. Los cristianos del Nuevo Testamento no movieron ni una jota de su compromiso primario con el *Shemá* y el monoteísmo, precisamente porque, como he tratado de articular, comprendieron que ese monoteísmo era la confesión central del pueblo de Dios.[16] Incluso el reino de Dios es un llamado a vivir bajo el señorío de Dios (reino = gobierno de Dios) y por eso cuando Jesús dice en Mt. 6:33 "buscad primero el reino de Dios y todo lo demás os será añadido", está siendo totalmente coherente con la dinámica básica del *Shemá*. El reino de Dios sobre nosotros es "la punta de lanza" del reinado de Jesús sobre todas las áreas de la vida.

Lo que nos indica la revelación del Nuevo Testamento es que la segunda persona de la Trinidad adopta un rol distinto en relación a la redención. No solamente redimiendo al mundo mediante su muerte y resurrección, sino con su señorío a la derecha del Padre (Mt. 26:62; Mc. 12:35-36; 14:62; 16:19; Hch. 2:32-33; Ro. 8:34; entre muchas otras referencias). En esos días, sentarse a la derecha de un rey implicaba una posición ejecutiva de favor.

Pero la enseñanza sobre el señorío ejecutivo de Jesús va mucho más allá de limitarse a estar en una posición preferente. Pablo sugiere que la verdadera función del señorío, normalmente asociado al Padre, ahora recae sobre Jesús. ". . . el cual (Dios) obró en Cristo cuando le resucitó de entre los muertos y le sentó a su diestra en los lugares celestiales, muy por encima de todo principado, autoridad, poder, dominio y de todo nombre que se nombra, no sólo en este siglo sino también en el venidero. Y *todo sometió bajo sus pies, y a Él lo dio por cabeza sobre todas las cosas* a la iglesia, la cual es su cuerpo, la plenitud de aquel que lo llena todo en todo". (Ef. 1:20-23). En 1 Co. 15:25-28, Pablo dice: "Pues Él debe reinar hasta que haya puesto todos sus enemigos debajo de sus pies. Y el último enemigo que será abolido es la muerte. Porque él ha puesto todo en sujeción bajo sus pies. Pero cuando dice que todas las cosas le están sujetas, es evidente que se exceptúa a aquel que ha sometido a Él todas las cosas. Y cuando todo haya sido sometido a Él, entonces también el Hijo mismo se sujetará a aquel que sujetó a Él todas las cosas, para que Dios sea todo en todos".

---

16 Recientemente me he topado con una completa exploración del monoteísmo y el cristianismo en los escritos del brillante erudito N.T.Wright. Sugiero la lectura de la sección "Rethinking God" de su libro: *Paul: Fresh Perspectives*, pp. 83–107; una extensa exploración del monoteísmo del NT.

Esta redefinición del monoteísmo bíblico en torno al papel de Jesús la denominaré *monoteísmo Cristo-céntrico*, porque reordena nuestras lealtades a Dios en torno a la persona y la obra de Cristo. Jesús se convierte, pues, en el punto giratorio de nuestra relación con Dios y a Él debemos nuestra obediencia y lealtad. ¡Jesús es el Señor! Este señorío se expresa exactamente igual que se expresaba en el Antiguo Testamento. Es el centro inamovible del credo y la confesión cristiana. Pero no se trata solamente de la naturaleza misma de Dios; tiene implicaciones prácticas en nuestras vidas. Probablemente lo mejor sea referirnos a nuestro Señor mismo en relación a la continuidad de la validez del *Shemá*:

> "Uno de los maestros de la ley se acercó y los oyó discutiendo. Al ver lo bien que Jesús les había contestado, le preguntó: —De todos los mandamientos, ¿cuál es el más importante? —*El más importante es: "Oye, Israel. El Señor nuestro Dios es el único Señor* —contestó Jesús—. *Ama al Señor tu Dios con todo tu corazón, con toda tu alma, con toda tu mente y con todas tus fuerzas"*. El segundo es: "Ama a tu prójimo como a ti mismo". *No hay otro mandamiento más importante que éstos"*. (Mc. 12:28-31, las itálicas son mías)

El *Shemá* se expresa por todas las páginas del Nuevo Testamento de manera nada ambigua, solo que ahora queda cristológicamente redefinida; toda religión genuinamente bíblica está imbuida de esta forma de monoteísmo.

Mesías//Mesiánico

Me gustaría repetir aquí algo que parece obvio pero que se suele pasar por alto. En un cristianismo misional auténtico, es el Dios revelado en la persona concreta de Jesús lo que desempeña un papel *absolutamente* determinante.[17] Todo lo que ahora podemos saber sobre Dios es calificado por cómo se ha revelado a nosotros en el la persona del resucitado Jesús histórico. En otras palabras, no hay ninguna manera de llegar a Dios sin pasar por la persona de Jesús. Nuestra identidad como movimiento, al igual que nuestro destino como pueblo, están indisolublemente ligados a Jesús; la segunda persona de la Trinidad. De hecho, nuestra conexión con Dios pasa solo por el Mediador; Jesús es "El Camino", nadie viene al Padre si no es por Él (Jn. 14:6). Esto es lo que nos distingue como *cristianos*. Esto es lo que yo llamo *Mesías//Mesiánica*: la idea que Jesús el Mesías, todo sobre Él, su persona y su trabajo, sin ninguna reducción posible—establece el patrón principal para el movimiento que reclama su nombre. Siempre debemos esperar una correspondencia entre el fundador y sus seguidores. . . individual y colectivamente.

---

17 Ver Frost y Hirsch, *Shaping of Things to Come*, pp. 105–14.

Si el movimiento no se asemeja, actúa y suena como el Fundador, entonces algo debe estar profundamente errado.[18]

El cristianismo, por tanto, lleva en su corazón un movimiento mesiánico, que intenta encarnar coherentemente la vida, la espiritualidad y la misión de su Fundador. Lo hemos convertido en tantas otras cosas. . . pero se trata de esto, así de simple. El discipulado, llegar a ser como Jesús nuestro Señor y Fundador, queda en el epicentro de la obra de la iglesia. Eso quiere decir que la cristología debe definir todo lo que hacemos y decimos. También quiere decir que para redescubrir el ethos del auténtico cristianismo, necesitaremos redirigir nuestra atención a la Raíz de todo, recalibrar nuestras organizaciones y a nosotros mismos en torno a la persona y la obra de Jesús el Señor. Significará tomarse en serio los Evangelios como los textos principales que nos definen. Significará actuar como Jesús en relación a las personas externas a la fe; así lo hacen lo "God's Squad," (NT: Literalmente "El escuadrón de Dios") un importante movimiento misional dirigido a los motociclistas delincuentes alrededor del mundo, los cuales declaran: "Jesucristo, amigo de los proscritos".

Cristianismo más allá de lo sagrado y lo secular

Un monoteísmo genuinamente mesiánico, por tanto, termina con toda noción de falsa separación entre lo "sagrado" y lo "secular". Abraham Kuyper lo comprende así cuando dice: "no hay una pulgada cuadrada en todo el dominio de nuestra existencia humana sobre la que Cristo, quien es Soberano sobre todas las cosas, no clame, ¡es mía!"[19] Si el mundo y todo lo que hay en él pertenece a Dios, entonces no hay esfera en la vida que no quede radicalmente a merced de Su gobierno. En nuestra vida y en nuestra cultura no puede haber áreas que no sean de Dios.

Si esto es así, entonces las iglesias, ya sea las más formales o las más contemporáneas, las experimentales o las sacramentales, al buscar establecer "espacios sagrados" especiales, caen en el tentador error de comunicar a los fieles que de hecho existe en la realidad una brecha entre lo sagrado y lo secular. ¿Al establecer un lugar que llamamos "sagrado", que es lo que estamos entonces diciendo sobre el resto de la vida? ¿No es esta sagrada también? No podemos escapar de la conclusión de que estableciendo espacios a los que les llamamos "sagrados", por implicación, hacemos todo lo demás "no-sagrado" asignándole así a una gran porción de nuestra vida un área libre de la influencia de Dios, o secular. Siguiendo los impulsos del monoteísmo bíblico, en lugar de establecer espacios particulares

---

18 Insto a los lectores a explorar el significado de la persona de Jesús, así como la misión de su pueblo en mi libro con Mike Frost , *ReJesus*.

19 Ver Kuyper, "Sphere Sovereignty", p. 488.

como sagrados, deberíamos de definir todos los aspectos y dimensiones de la vida como "sagrados", familia, trabajo, juego, conflictos y así sucesivamente y no limitar la presencia de Dios sólo a zonas tétricas y religiosas.[20]

Utilizo este ejemplo simplemente para destacar cuán profundamente el dualismo, como lo vemos en la idea de la división entre lo sagrado/secular, penetra nuestra conciencias y pensamiento y cómo el monoteísmo bíblico nos ayuda a desarrollar una perspectiva más global de la vida. El dualismo distorsiona nuestra experiencia de Dios, su pueblo y su mundo.

La gente impregnada de paradigmas espirituales dualistas experimenta a Dios como una deidad basada en la iglesia y la religión como un asunto privado. La iglesia suele ser concebida como un espacio sagrado: la arquitectura, la música, las liturgias, el lenguaje, la cultura. . . todo ello contribuye a crear un evento sagrado que en ningún otro lugar se puede experimentar del mismo modo. En otras palabras, vamos a la iglesia a experimentar a Dios, y Dios está ahí de verdad (está en todas partes y sobretodo le gusta habitar entre Su pueblo), pero la manera en que lo hacemos suele crear una percepción muy difícil de echar por tierra, de que a Dios solo podemos encontrarlo en un lugar así y que tal experiencia requiere de una parafernalia ministerial/clerical elaborada (Jn. 4:20-24).

La espiritualidad dualista ha sido denominada de distintas maneras, pero quizás la idea de la desconexión domingo-lunes la trae a la superficie. Experimentamos un cierto tipo de Dios los domingos, pero los lunes es distinto; "es el mundo real y las cosas ahí funcionan distinto". ¿Cuántas veces hemos oído a los profesionales del ministerio distintas variaciones de esta frase? "No puedes entenderlo. Para mí no es tan fácil como para ti. Tú trabajas en la iglesia, con cristianos, etc. . ." Las dos 'esferas de la vida,' lo sagrado y lo secular, se conciben como infinitamente distintas y en direcciones opuestas. Es cosa del creyente vivir de una manera en la esfera sagrada y de otra en la esfera secular. De hecho, con nuestra manera de hacer iglesia estamos comunicando este mensaje no verbal del dualismo. Después de todo, el medio es el mensaje. La gente ve las cosas de manera distorsionada, limitando a Dios a la esfera religiosa. Esto crea un vacío que vienen a ocupar los ídolos y una adoración falsa o incompleta (ver gráfica).

Ahora, si tomamos los mismos elementos y los realineamos para que encajen en una comprensión no dualista de Dios, la iglesia y el mundo, nos sale algo así (ver gráfica):

---

20 Esto no significa que la estética no tiene un papel importante que jugar en el culto o en nuestro entendimiento y experiencia de iglesia, sino que simplemente señalar que la estética cuando divorciada de un impulso monoteísta y una tarea misional, está obligada a hacer crecer más la brecha entre lo sagrado y lo secular, y en nuestro caso asignar la espiritualidad al ámbito meramente de lo privado y lo religioso. Esto ha sido la práctica básica de la cristiandad, la cual ha dañado nuestra comprensión de la presencia de Dios como algo que esta presente en todas partes.

Esfera privada
(actividades sagradas:
adoración, oracion, etc.)

Esfera pública
(actividades seculares: trabajo,
juego, familia, política, etc.)

DIOS **IGLESIA**
la institución
mediadora
MUNDO

Realmo sagrado **Realmo secular**
Espiritualidad dualista

Ver las cosas de esta manera nos lleva a abrazar una perspectiva de la fe que lo engloba todo en la vida. Si rechazamos el falso dualismo entre lo secular y lo sagrado y entregamos toda nuestra vida a Jesús, entonces viviremos la verdadera

• Espiritualidad NO misional
• Adoración hecha "en lo abstracto"
• "Expresión de iglesia "tenebrosa"
• Teología hecha "en lo abstracto"

• Unificando nuestras vidas
bajo el Dios UNICO
• Santificando el día a día

DIOS

IGLESIA

• La presencia de Dios en todas las
cosas
• Gracia común
• Dios en lugares extraños

MUNDO

• Fe orientada por técnica
• Religiosidad seca
• Moralismo y legalismo

Jesús es el Señor de ¡TODO!
(Espiritualidad no-dualista)

espiritualidad. No hay nada en nuestra vida que no pueda, ni deba, ser puesto bajo el reinado de Dios sobre todas las cosas. Nuestra labor es integrar los elementos dispares que forman nuestra vida y nuestras comunidades y ponerlos bajo el único Dios el cual se nos ha manifestado en Jesucristo.

Si no lo conseguimos, aunque nos confesemos monoteístas, podemos acabar practicando el politeísmo. Las expresiones dualistas de la fe, en la práctica, suelen terminar siendo politeísmo. Según esto, distintos dioses gobernarán las distintas esferas de nuestra vida y el Dios de la iglesia, según este acercamiento, es incapaz de actuar fuera de la esfera religiosa privatizada. El monoteísmo Cristo-céntrico exige lealtad justo dónde la reivindican los otros dioses; eso nos ocurre a nosotros ahora y les ocurrió a nuestros antepasados. No nos engañemos, estamos rodeados de falsos dioses que nos salen al encuentro y quieren hacerse de nuestra vida y nuestra lealtad; entre ellos no hay que subestimar la adoración a la riqueza y los dioses asociados del consumismo. Pero también es como nació y se desarrolló el apartheid en Sudáfrica. Los cristianos blancos de Sudáfrica no pusieron su situación nacional bajo el señorío de Jesús, en cambio estaban invocando a un falso dios que gobernaba la política de los blancos y terminaron aplastando a la gente de color; algo profundamente pecaminoso y malévolo. Cuando no logramos poner una esfera de la vida bajo el gobierno de Jesús, esta se convierte en autónoma y susceptible de ser gobernada por otros dioses, con los muchos pecados que eso conlleva.

Es así como muchos cristianos acaban siendo en la práctica politeístas.

¿No es interesante que la mayoría de miembros de iglesia confiesen una desconexión radical entre el Dios que gobierna el domingo y los dioses que gobiernan el lunes? ¿Cuántos de nosotros vivimos como si hubiera un dios distinto en cada esfera de nuestra vida? Un dios para el trabajo, otro para la familia, otro cuando vamos al cine u otro en la política. No me extraña que nos cueste encontrar sentido a todas las cosas. Y todo esto porque no logramos responder de verdad al único Dios.[21] Solamente podemos hacer frente a este fracaso por medio de un discipulado que empiece por devolverle a Dios todos los elementos dispares de nuestras vidas, es decir, poniéndolas bajo su señorío.

¿Cuán lejos es demasiado lejos?

Quizás podemos terminar este capítulo explorando la manera en que esta fuerza central, que es el ADN*m*, guía en realidad nuestras conductas y actividades misionales. Como misionero encarnacional a menudo se me pregunta "¿hasta qué punto debemos encarnarnos? ¿Y si nos pasamos de la raya?" Buena pregunta. ¿Cómo podemos detectar que nuestros intentos de encarnar el Evangelio se están convirtiendo en puro sincretismo (una mezcla de religiones)?[22] Creo que el concepto de monoteísmo Cristo-céntrico que hemos definido es nuestra guía. Cuando la cultura que nos rodea hace una incursión en el señorío de Jesús sobre todos los aspectos de nuestra vida, entonces el monoteísmo funciona como criterio de distinción, en tanto que nos ayuda a discernir entre sincretismo y una genuina expresión encarnacional de iglesia.

---

21 Para una exposición teológica más amplia sobre el desafío del monoteísmo en el contexto de la cultura contemporánea, consultar a Niebuhr, *Radical Monotheism and Western Culture*.

22 El sincretismo es una mezcla de religiones y visiones del mundo que diluye el efecto de ambas cosas, creando de hecho una nueva subespecie de religión.

El sincretismo consigue diluir la afirmación hecha por el Dios bíblico y crea una religión que simplemente disminuye la tensión de vivir bajo dicha afirmación y termina por dar solidez a los prejuicios religiosos de la cultura anfitriona. Me he referido anteriormente al ejemplo del apartheid para que podamos analizarlo ahora un poco más, pero la aplicación es válida en cualquier otro contexto.[23] Lo que ocurrió en Sudáfrica tiene mucho que ver: el cristianismo blanco europeo de hecho aprobaba el prejuicio racial y legitimaba las estructuras de poder opresivo de los blancos de Sudáfrica, en nombre de una doctrina denominada "paternalismo cristiano". Esta pequeña porción de teología se desarrolló a nivel social y político resultando en lo que ahora conocemos como la política del apartheid.

Fue el sincretismo y no tan solo la conveniencia política, porque la vasta mayoría de los blancos en Sudáfrica vivían bajo un código calvinista muy religioso; es un pueblo profundamente religioso (¡hay congestionamientos de tráfico para ir a la iglesia el domingo!). Fueron los teólogos quienes dieron al apartheid su legitimidad original y la autoridad que lo mantuvo. Dios, bajo la influencia sincretista de los teólogos del apartheid, se convirtió en un Dios racista que justificaba la supresión de los negros como "inferiores". Pero si lo analizamos de forma más simple, podemos considerar el apartheid como el negarse a vivir bajo el amor y la justicia que forman parte de nuestra adoración a un verdadero Dios. ¿Cómo se puede adorar al Dios de la justicia actuando injustamente? La respuesta bíblica es clara: no se puede. En este caso, actuar con amor y justicia hacia las personas de raza negra se percibía como una amenaza a la viabilidad y a la identidad de los afrikáners (NT: Grupo étnico sur africano descendientes predominantemente de inmigrantes holandeses) y por eso, en nombre del dominio y la supervivencia racial, sacaban la raza y la política de la ecuación del Señorío de Jesús. O más bien, actuando con sincretismo, incluyeron a Dios en su agenda racial. Paradójicamente, el resto de la cultura era profundamente cristiana, pero el dios de la política y de la vida social era un dios distinto al Dios de la iglesia.

Quizás otro ejemplo de África nos ayude a afianzar la idea: el genocidio de Ruanda, un sanguinario frenesí que implicó a cristianos e iglesias en la masacre. Lee Camp lo explica como un fracaso del señorío de Cristo.

"De hecho, el genocidio de Ruanda pone de relieve el fracaso recurrente de gran parte del cristianismo histórico. La proclamación del "Evangelio" a menudo no ha resaltado lo suficiente un elemento fundamental de las enseñanzas de Jesús y, de hecho, de la doctrina cristiana ortodoxa: *Jesús es el Señor' es una afirmación radical que en definitiva está enraizada en cuestiones de obediencia, de autoridad final y de claros criterios de referencia para la vida humana.* En cambio, el cris-

---

23 Lo hago desde la perspectiva de alguien que creció en la Sudáfrica del apartheid (estuve ahí hasta los 22 años) y de alguien que ha reflexionado profundamente sobre la pecaminosa naturaleza de dicho sistema.

tianismo con frecuencia ha preferido aliarse cómodamente con otro tipo de autoridades; fueran políticas, económicas, culturales o étnicas. Puede que 'Jesús es el Señor' sea una de las mentiras cristianas más divulgadas. ¿Es que los cristianos han proclamado que Jesús es el Señor mientras dejaban sistemáticamente de obedecerle? Al menos este ha sido el caso en Ruanda: 'hutus cristianos' han asesinado a 'tutsis cristianos' (y viceversa), como si la palabra 'cristiano' fuera una marca comercial que denota 'espiritualidad' o 'religión', pero no un compromiso con el mismo Señor".[24]

¿Qué significa esto en la práctica para quienes intentan recuperar el Carácter Apostólico en la vida de la comunidad de Dios? Para empezar, implica volverse a conectar directamente a la confesión central de que "Jesús es el Señor" e intentar reorientar la iglesia en torno a la misma. También implicará simplificar nuestros mensajes principales, despojándolos de la teología excesivamente compleja, y evaluar el grueso de los patrones tradicionales que conforman nuestra conducta y dominan nuestras conciencias. Estoy totalmente convencido de que la cristología, y en particular la cristología sin lastres de la Iglesia primitiva del Nuevo Testamento, reside en el corazón de la renovación de la iglesia de todas las épocas.

Tristemente, la historia demuestra con amplitud cómo el pueblo de Dios podemos muy a menudo llegar a ensombrecer la centralidad de Jesús en nuestra experiencia de iglesia. Hay tal desbarajuste en nuestra "religión", tanta competencia de ideologías, que es fácil que se pierda esta que es la confesión central y unificadora de la fe. Es increíble lo fácil que resulta sacar a Jesús de en medio de su pueblo. ¿Nos hemos preguntado alguna vez por qué en Apocalipsis 3:20 se ve a Jesús fuera de la iglesia, llamando a la puerta y pidiendo permiso para entrar? Antes de nada, deberíamos preguntarnos "¿cómo llegó allí?" Preguntarnos francamente si "el Jesús de verdad es realmente Señor de nuestra comunidad" puede resultar un ejercicio muy agotador en verdad.

Para recuperar el Carácter Apostólico debemos aprender lo que significa *recalibrar* y volver a la "fórmula" básica de iglesia; debemos volver constantemente a nuestro Fundador y reinstalar nuestra fe y vida comunitaria en Él. Todo empezó con Jesús y todo terminará con Él; a Él debemos regresar constantemente si queremos reencontrarnos de nuevo a nosotros mismos. Como mínimo, esto es lo que significa confesar que Él es el Alfa y el Omega. El cristianismo en esencia es un movimiento, no una religión. La confesión "Jesús es el Señor" es un desafío a tomarnos en serio la centralidad absoluta y continuada de Jesús en el cristianismo en general y en consecuencia en la iglesia local. Como hemos visto, el movimiento cristiano primitivo y la iglesia clandestina de China descubrieron que esto era lo que los sostenía y guiaba en medio de un gigantesco desafío de adaptación.

---

24 Ver Camp, *Mere Discipleship: Radical Christianity in a Rebellious World*, p. 16.

No se espera menos de nosotros al tratar de negociar el desafío del siglo veintiuno. El elemento del señorío de Jesús nunca dejó de ser el verdadero centro de la experiencia cristiana de Dios; lo único que cambió fue nuestro enfoque.

El primer paso para recuperar el Carácter Apostólico es por tanto la recuperación del señorío de Cristo en toda su simplicidad.[25] Ese es el lugar al que la iglesia debe regresar constantemente para renovarse. Él es nuestra Piedra de Toque, nuestro Centro, nuestro Fundador y quien tiene la preeminencia teológica y existencial de la vida de su pueblo.

Es difícil adorar de verdad al único Dios verdadero porque implica someter cada aspecto de nuestras vidas. Pero es fundamental para la vida y el propósito del discípulo en este mundo, y no se concibe atajo alguno al respecto. No hace falta que analicemos grandes sistemas como el apartheid o los horrores del genocidio de Ruanda para ver funcionar esta dinámica; nos basta con mirar a nuestras propias vidas; cuando pecamos deliberadamente, cuando nos negamos a dejar entrar el señorío de Jesús en todas las dimensiones de nuestra vida y responder en obediencia, lo que conseguimos es limitar el señorío de Jesús y su reinado absoluto (Lc. 6:46[26]).

Cuando practicamos la disciplina misional de la encarnación, siempre necesitamos tener la mirada puesta en el señorío de Jesús y las afirmaciones inherentes a su naturaleza. ¿Cuándo nos hemos pasado de la raya? Pues por ejemplo, cuando nos negamos a poner bajo el señorío de Jesús aspectos de nuestra cultura y nuestra vida; así de sencillo.

Este capítulo ha intentado identificar y articular el epicentro del ADN*m* espiritual, que es por tanto un elemento crucial del Carácter Apostólico. Los otros elementos de la estructura del ADN*m* espiritual se forman en torno al monoteísmo cristocéntrico y bajo su guía; lo asumen. En el corazón del llamamiento y misión de la iglesia encontramos el desafío a responder a Dios con todo lo que somos y todo lo que tenemos para así completar el significado de nuestras vidas.

---

25 Hay una comunidad de fe en Adelaide, Australia, llamada The Spare Chair (la silla libre), que decidió que el único credo que necesita (la única filosofía bajo la que iba a operar legítimamente) es "vivir bajo el señorío de Jesús en el poder del Espíritu Santo".

26 "¿Por qué me llamáis 'Señor, Señor' y no hacéis lo que os digo?"

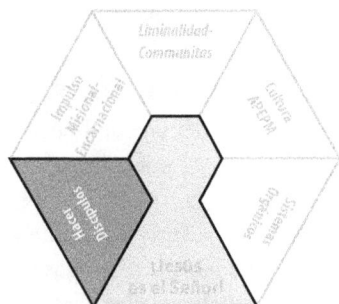

5

Hacer discípulos

"Solo podemos vivir cambios: no podemos pensar nuestro camino hacia la humanidad. Cada uno de nosotros, cada grupo, debe convertirse en modelo de aquello que deseamos crear".

—Iván Ilich

"La mayor prueba de cristianismo para los demás no es hasta qué punto la persona puede analizar lógicamente sus razones para creer, sino hasta qué punto en la práctica está dispuesta a entregar su vida por esta creencia".

—T.S.Eliot

"*Si* se mantienen fieles a mis enseñanzas, *entonces* serán realmente mis discípulos; y conocerán la verdad, y la verdad los hará libres".

—Jesús en Jn 8.31-32 (itálicas del autor)

Como he indicado ya en numerosas ocasiones hasta el momento, los cinco elementos del ADN*m* deben estar presentes si se quiere activar de verdad el Carácter Apostólico de manera que penetre en la vida de los movimientos y las comunidades cristianas. Cada elemento en sí mismo es un componente crucial, que cuando se hace evidente predispone a la comunidad para la misión y la acerca al momento crítico en el que todos los elementos se amplifican, se unen, se influyen unos a otros y por tanto liberan la potente fuerza del Carácter Apostólico. Todos los elementos del ADN*m* van juntos y deben estar todos presentes de manera significativa para que el Carácter Apostólico pueda manifestarse, pero mi propia experiencia y observación me indica que quizás *este* elemento, el discipulado, sea el más crucial de toda la mezcla de ADN*m*. Es así porque la tarea esencial del discipulado es la de encarnar el mensaje de Jesús, el Fundador. En otras palabras, este es el elemento *estratégico* y es por tanto quizá el mejor lugar para empezar.

C. S. Lewis entendía que el propósito de la iglesia era acercar a la gente a Cristo y hacer que se parecieran a Él. Decía que la iglesia no tenía otro propósito. "Si la iglesia no está haciendo esto, entonces todas las catedrales, el clero, las misiones, los sermones e incluso la Biblia, son una pérdida de tiempo".[1] Cuando se trata del discipulado, y la capacidad de generar auténticos seguidores de Jesús, se trata de ese único factor crucial que a fin de cuentas determinará la calidad del todo; si fracasamos en este punto, fracasaremos en todos los demás. De hecho, si fracasamos en esto, lo más seguro es que ni siquiera podamos poner en marcha ninguno de los otros elementos del ADN*m* de manera significativa y perdurable.

Pero lo que es todavía más significativo es que esta fuera justamente la tarea en la que Jesús concentrara sus esfuerzos e invirtiera la mayor parte de su tiempo y energía; concretamente, en la selección y desarrollo de aquella banda heterogénea de seguidores sobre cuyos hombros temblorosos dejó la totalidad del movimiento redentor que iba a emerger con su muerte y resurrección. Jesús fundó el movimiento cristiano, el movimiento religioso más importante de la historia y que se extendió a través de los tiempos hasta el siglo XXI, simplemente invirtiendo su vida en sus seguidores, inoculándoles sus enseñanzas y convirtiéndolos en verdaderos discípulos.

Al final debió encomendar su causa a los discípulos, creyendo que iban a superar fielmente la prueba y que de alguna manera iban a encarnar y transmitir adecuadamente su mensaje al mundo. Podríamos plantearnos el riesgo que corrió Dios al entregar un movimiento tan frágil y precario en aquel entonces a ese grupo tan peculiar. Pero el hecho es que salió adelante y eso tiene relación con la verdad de que aquel material humano más bien dudoso se había convertido en un grupo de discípulos gracias al contacto con Jesús. Jesús, a través de convivir con ellos, les había mostrado el camino a Dios, consiguiendo inocular en ellos su vida y el Evangelio. Si Jesús hubiese fallado en la fundamental tarea de hacer discípulos de las personas que andaban con Él, usted no estaría leyendo este libro hoy, y ciertamente yo no lo habría escrito. Esto demuestra que el discipulado es fundamental y estratégico.

Es interesante que cuando nos fijamos en las peligrosas historias de los grandes movimientos cristianos, en su nivel menos complicado, lo que observamos son sencillamente sistemas de discipulado. Pero lo que resulta más bien divertido es que nunca parecen ir más allá; nunca pasan del mero discipulado. Lo que

---

1 Ver Vaus, *Mere Theology, A Guide to the Thought of C. S. Lewis*, p. 167.

ocurre es que hacer discípulos es a la vez el punto de partida, la práctica estratégica y la clave para un impacto misional duradero en el movimiento y a través
del mismo. Los fenómenos wesleyano, franciscano y chino, todos ellos están en
esencia compuestos y dirigidos por discípulos y tienen absolutamente claro el
mandato de ir y hacer discípulos.

Tomemos, por ejemplo, el movimiento metodista fundado en Gran Bretaña
por John Wesley en el siglo XVIII: después de un encuentro con Dios que le
cambió la vida, Wesley empezó a viajar por toda la Gran Bretaña con la visión de
convertir y discipular a una nación y de renovar a una iglesia caída. Pretendía "ni
más ni menos que la recuperación de la verdad, la vida y el poder del cristianismo
primitivo y la expansión de ese tipo de cristianismo".[2] Al cabo de una generación, en Gran Bretaña una de cada treinta personas se había hecho metodista y
el movimiento se estaba convirtiendo en un fenómeno mundial. Según Stephen
Addison, un misiólogo que ha pasado gran parte de su carrera estudiando los
movimientos cristianos, la clave del éxito metodista fue el alto grado de compromiso a la causa metodista que se esperaba de los participantes.[3] Esta causa
entró en declive en la medida en que el movimiento se alejó de su ethos misional
original o la evangelización y el discipulado degeneraron en mero legalismo religioso mantenido por la institución, las reglas y el clero profesional. De hecho,
aunque el metodismo en América había experimentado un crecimiento exponencial (35% de la población en más o menos cuarenta años), dos críticos "asesinos
de movimiento" fueron introducidos en el metodismo en América, los que de
manera efectiva paralizaron el movimiento. En 1850 los líderes del metodismo
se habían cansado de las críticas de los episcopales y los presbiterianos los cuales
les ridiculizaban por ser ministros "toscos e ignorantes", por lo que decidieron
que todos sus predicadores de circuito y ministros locales tuvieran que completar
cuatro años de estudios de ordenación para poder ser calificados. ¡El crecimiento
cesó inmediatamente! Diez años más tarde (1860) ya no necesitaban sus exitosas
clases y bandas (NT: sistema de discipulado y estudio bíblico en grupos pequeños
utilizado por los metodistas al comienzo): el discipulado se había convertido en
una tarea extra, opcional. ¡Desde entonces, el metodismo ha estado en declive en
relación con el crecimiento porcentual de la población![4]

Para el seguidor de Jesús, el discipulado no es el primer paso de una carrera
prometedora. Es en sí mismo el cumplimiento de su destino. No se puede dejar
de ser discípulo *por el camino*. Sin embargo, nos cuesta encontrar sitio para un
discipulado radical en nuestra vida conjunta como creyentes. En el mejor de los

---

2 Ver Hunter III, *To Spread the Power: Church Growth in the Wesleyan Spirit*, p. 40.

3 Ver Addison, Movement Dynamics, Keys to the Expansion and Renewal of the Church
in Mission, p. 44.

4 Ver Stark y Finke, *Churching of America, 1776–2005*.

casos, tendemos a pensar en ello como algo que hacemos con los recién convertidos. El dilema que encontramos hoy al respecto es que, aunque disponemos de un lenguaje histórico de discipulado, nuestra práctica real del discipulado está muy lejos de ser consistente, y como resultado se tiende a eclipsar la centralidad del problema. Creo que es justo decir que en la iglesia en Occidente hemos perdido en gran medida el arte de hacer discípulos. Se debe en parte a haberlo reducido a la asimilación intelectual de ideas y en parte al impacto del cristianismo cultural que se desprende de la idea de iglesia de la cristiandad; y en parte también porque el fenómeno del consumismo actual opera en contra de un verdadero seguimiento a Jesús.

Por estas razones creo que hemos bajado la barra de lo que significa participar en la comunidad cristiana al mínimo denominador común. Sin embargo, cuando vemos movimientos misionales importantes, descubrimos lo muy contra intuitivos que son en realidad sus hincapiés; parecen contradecir rotundamente muchas de las prácticas de igle-crecimiento actuales.

Por ejemplo, lejos de querer "complacer a la gente", hacia el año 170 d. C., el movimiento cristiano clandestino había desarrollado lo que denominaban catequesis. No se trataba meramente de las confesiones doctrinales en que luego se convirtieron, implicaban un riguroso examen personal que obligaba al catecúmeno a demostrar que era digno de dicha comunidad.[5] El posible converso no solo corría el riesgo de perder su vida debido a la persecución de la época, sino que ¡primero tenía que demostrar su creencia si quería formar parte de la comunidad cristiana! A muchos se los rechazaba por considerar que no eran dignos. Esto es todo lo contrario a la práctica tan habitual en nuestros días de "facilitar" la entrada a la gente. Este elemento de discipulado vigoroso que caracterizaba el movimiento cristiano primitivo quedó frustrado por el diluvio de mundanalidad que inundó la iglesia después de Constantino, cuando se rebajó el criterio de membresía y se "cristianizó" la cultura en su totalidad.

Aparte de la estrategia tan simple de multiplicar iglesias orgánicas reproductivas, Neil Cole, de Church Multiplication Associates, sugiere que la clave de su destacado crecimiento a 500 iglesias en pocos años, giró esencialmente entorno a su firme compromiso con el discipulado. Cuenta que durante el primer período empezaron por articular el siguiente objetivo de CMA: *"Queremos bajar la barra de cómo se hace iglesia y levantar la barra de lo que significa ser un discípulo"*. Su razonamiento era que, si la experiencia de iglesia era lo suficientemente simple como para que cualquiera pudiera vivirla, y estaba formada por personas que habían tomado su propia cruz y habían pagado el precio de seguir a Jesús, el resultado iba a ser un movimiento que capacita al cristiano normal y corriente

---

5 Para estudiar los procesos de conversión y los catecismos de la Iglesia primitiva, consultar a Kreider, *The Change of Conversion and the Origin of Christendom*, 1999).

para la obra tan poco corriente de Dios. "Las iglesias se vuelven sanas, fértiles y se multiplican".[6] Si esto es correcto, entonces gran parte de nuestra equivocada práctica actual parece estar al revés. Convertimos a la iglesia en algo complejo y al discipulado en algo demasiado fácil.

Con la centralidad del discipulado en mente, desarrollaron el concepto de LTGs (NT: Life Transformation Groups; Esp.: "grupos de transformación de vida"), un sistema sencillo y duplicable que con el tiempo se ha usado por todo el mundo y que por su simplicidad y reproductividad ha acercado a mucha gente a Jesús y ha hecho crecer el movimiento. Un LTG es sencillamente una lectura bíblica, compartir, rendir cuentas a otros y oración. En el movimiento CMA se exige estar en un LTG a todos los que se consideren cristianos, y no solo en las primeras fases de la vida cristiana. Se trata de un compromiso continuado de quienes participan en las diversas expresiones de CMA, incluyendo al liderazgo a todos los niveles. En otras palabras, son básicamente un movimiento de discipulado.[7] Neil sostiene que es esencialmente esta combinación de ideas orgánicas en la organización y el compromiso primordial con el discipulado lo que ha producido un crecimiento tan destacado en CMA.

Del mismo modo, movimientos en cierne tales como las comunidades de Soma y New Thing Network, requieren altos niveles de discipulado a través de su sistema. Para Soma esto implica que todos sus miembros se comprometan a participar en prácticas comunes entretejidas a lo largo de las diferentes comunidades misionales, que a su vez forman los cimientos de todo el movimiento. Se le resta importancia a la mera asistencia a la adoración del domingo con el propósito de enfatizar el compromiso con el discipulado individual y comunitario. New Thing Network, por el contrario, pone más énfasis en el aprendizaje y el desarrollo de nuevos líderes como un aspecto inevitable de su sistema (desarrollo de líderes). Una persona puede convertirse en un líder en el movimiento sólo si primero es un aprendiz y si ayuda a la vez a otros a convertirse en aprendices. New Thing ha ido creciendo exponencialmente durante el tiempo en que he escrito esta segunda edición del libro. Los ejemplos que he presentado aquí son sólo algunos de los movimientos rápidamente crecientes en Occidente que toman el discipulado en serio.

Las historias de CMA, Soma, New Thing, y otros, calza perfectamente con las mejores ideas en cuanto a la dinámica de movimiento. Steve Addison discierne cinco fases en la transmisión de ideas a través de los movimientos misioneros.[8]

Las quiero señalar ahora para subrayar el por qué el discipulado es tan importante para el impacto misional. Dimensiones propias del discipulado se pueden

---

6 Ver Cole, *Organic Church*, p. 50.
7 Ver Cole, *Cultivating a Life for God*.
8 Ver Addison, *Movements that Change the World Five Keys to Spreading the Gospel*.

discernir en todos los niveles: *encuentro con Jesús, compromiso, relaciones contagio-sas, movilización*, excepto, quizás, *métodos dinámicos*. De hecho, sin un discipu-lado significativo, no puede haber ningún movimiento real y por lo tanto ningún impacto significativo del Evangelio en el mundo; ¡esta es la razón de por qué es tan importante!

"El pequeño Jesús" en Disneylandia

Antes de continuar con la exploración del ADN*m* del discipulado en los movi-mientos apostólicos transformadores, solo podremos reconocer el significado de este aspecto del Carácter Apostólico si hemos comprendido primero la situación cultural en la que nos encontramos ya que si no entendemos nuestro medio cultural actual, tampoco podremos reconocer la importancia de este aspecto del Carácter Apostólico.[9]. El discipulado tiene que ver con la adhesión a Cristo. Por tanto siempre se articula y experimenta en contraste con todas la otras cosas que compiten por nuestra lealtad y fidelidad. En la época de la iglesia temprana, la fidelidad a Cristo tenía que hacer frente a las proclamaciones de los sistemas religiosos falsos de entonces, además de la demanda de lealtad política total al César. Fue la negación de los cristianos de admitir que "César era Señor" fue lo que en primer lugar les acarreó problemas. En el caso de los cristianos chinos, su lealtad a Jesús se enfrenta con las exigencias incondicionales del es-tado comunista totalitario, el cual no soporta que ninguna religión rivalice con su poder.

Mi propia experiencia en un ministerio local, la relatada en los dos primeros capítulos de este libro, me ha hecho llegar a la conclusión de que para quienes vivimos en el mundo occidental, el mayor desafío a la viabilidad del cristianismo no es ni el budismo, a pesar de lo atractiva que resulta esta filosofía a la mente occidental; ni el Islam, a pesar del desafío que representa a la cultura occidental; tampoco lo es la amenaza de los nuevos movimientos religiosos; de hecho, todos estos nuevos movimientos religiosos demuestran que la gente está buscando de verdad, lo cual es un activo para quienes estamos dispuestos a compartir nuestra fe entre los que buscan. Deb y yo regularmente vamos a *Burning Man* y nos hemos encontrado allí una de las experiencias más espiritualmente abiertas que hemos vivido. Estas espiritualidades alternativas son desafíos al cristianismo, no hay duda de eso, pero he llegado a la conclusión de que el mayor desafío a la viabilidad de nuestra fe es el *consumismo*. Este desafío al Evangelio es muchísimo

---

9 Mi libro (escrito con Deb Hirsch) *Untamed*, se dedica a la exploración de una forma claramente misional de discipulado. Se destaca el papel de Jesús en la definición de lo que el discipulado es, el papel del Espíritu en la formación y empoderamiento del pueblo de Dios, el *Shemá* como central para el amor a Dios y la espiritualidad práctica, el consumismo como religión falsa, el sexo y el engaño, y así sucesivamente.

más odioso e insidioso porque todos y cada uno de nosotros estamos infectados del mismo de muchas maneras.

Mi formación profesional, antes de conocer a Cristo, era la mercadotecnia y la publicidad y cuando veo el poder del consumismo y del mercado en nuestras vidas, me quedan pocas dudas de que se trata de un fenómeno religioso de mucha importancia. Si el papel de la religión es ofrecer un sentido de identidad, propósito, sentido y comunidad, el consumismo cumple con todos estos criterios. Debido a la competencia en el mercado, los publicistas se han vuelto tan insidiosos que ahora ya optan de forma deliberada por las ideas teológicas y los símbolos religiosos a fin de vender sus productos. Pero esta adaptación es meramente incidental o funcional, es decir, es coherente con su propia naturaleza, es decir, la propia del sacerdocio oficial de una nueva religión que penetra en todas partes. La asimilación de símbolos y rituales religiosos simplemente sirve para apuntalar su apelación a la dimensión espiritual de la vida. Un ejecutivo del mundo de la publicidad me confesó hace poco que están entrando de forma deliberada en el vacío espiritual dejado en Occidente por el cristianismo.

El astuto comentarista Douglas Rushkoff, en su documental sobre el consumismo, *The Persuaders* (NT: Los Persuasores), destaca cómo la mercadotecnia y la publicidad están aprendiendo de la religión para vender sus productos. Han adoptado el lenguaje y el simbolismo de las grandes religiones para vender sus productos porque saben que la religión ofrece el supremo objeto del deseo y que la gente hará lo que sea para conseguirlo. Si a través de la publicidad consiguen conectar su producto con ese vacío tan grande, entonces *venderán*.

Mucho de lo que entendemos por *publicidad* es una oferta explícita de sentido de identidad, propósito y comunidad. La mayoría de anuncios apelan a una o más de estas dimensiones de la vida. Tomemos, por ejemplo, un anuncio de coches que se ve en mi país, en que se nos presenta una comunidad fantástica de gente muy contenta que cantan en el coche y se lo pasan genial. En todo el anuncio no se mencionan para nada las cualidades del coche, ni de su ingeniería técnica, ni de su disponibilidad, ni del precio; se trata de una apelación explícita a la necesidad que tenemos de ser aceptados por los demás. El gancho del anuncio es una oferta de comunidad, de estatus y de ser aceptados por gente estupenda: si el consumidor se comprara el vehículo, obtendría todas esas cosas. Si nos ponemos a analizar todos los anuncios, casi todos van por ahí. Compra esto y cambiarás (Levy Strauss incluso usó la idea de nacer de nuevo por medio de la compra de sus productos).[10]

---

10 En el 2003, la marca Levi Strauss lanzó un spot publicitario para los tejanos Levi 501, en el que salía una mujer que se bautizaba, sumergiéndose en el agua con ropa interior y saliendo del agua con estos tejanos. En Nueva Zelanda fue censurado por considerar que se hacía un uso indebido de los símbolos religiosos.

Mucho de lo que entendemos por *publicidad* no tiene nada que ver con los aspectos inherentes a los productos publicitados. En cambio sí tiene que ver con la gestión del valor y el significado que la gente otorga a los productos y el estatus derivado de los mismos. Está claro que en nuestros días, como cultura, hemos totemizado[11] o convertido el producto en un ídolo más. En otras palabras, ha adquirido para nosotros un significado religioso. Tanto es así que he llegado a creer que en cuanto al consumismo se refiere, estamos tratando de una religión excesivamente potente propagada por una máquina de medios muy sofisticados.

Nos guste o no, este es nuestro contexto misional, nuestra situación, pero el consumismo afecta a todos y cada uno de nosotros personalmente. Debemos encontrar una manera de lidiar con este si es que vamos a ser testigos efectivos de Jesús en el siglo XXI.

Consumiendo religión

El problema de la iglesia en esta situación es que ahora se ve forzada a competir por la lealtad de las personas con el resto de ideologías y tendencias del mercado de las religiones y de los productos; y hacerlo de manera que refleje la dinámica del mercado, ya que justamente es la base de las incontables elecciones diarias de la gente. En la situación moderna y posmoderna, la iglesia se ve forzada a ser poco más que un *mercader de bienes y servicios religiosos*. El *usuario final* de los servicios de la iglesia, es decir, nosotros, caemos fácilmente en el papel de consumidores individualistas y sagaces que devoran los bienes y servicios religiosos ofrecidos por el más reciente o el mejor comercial. La alabanza, en lugar de *capturar la atención* a través de la participación creativa del corazón y la mente del asistente, ahora se convierte en mero *entretenimiento*, cuyo fin es proporcionar picos de emoción trascendentes; algo muy similar al papel de los "cines sensibles" en la novela de George Orwell *Brave New World* (NT: "Un valiente nuevo mundo"), en que la gente va al cine solamente para recibir un zumbido.

Los exponentes del "igle-crecimiento" nos han enseñado de forma explícita a vender y hacer el producto a la medida para que guste al público al que va dirigido. Nos piden que imitemos a los centros comerciales, creando en la iglesia una experiencia similar en que se ofrezca algo para cada necesidad. La intención es buena y la actitud sincera, pero ignora totalmente las ramificaciones que conlleva;

---

11 Totemizar es asignar un significado religioso o establecer un vínculo místico con un objeto, que a la vez sirve de emblema o símbolo del poder que las personas le confieren. Queda implícito en toda la idolatría religiosa. En parte, Pablo habla de ello en 1 Co. 19-22. El ídolo en sí mismo no es un dios. Es una representación de ese "dios". Detrás de todas estas cosas que exigen nuestra lealtad, nos encontramos con el poder de lo demoníaco. El monoteísmo nos libró de estas falsas lealtades para establecer una sola lealtad al Dios Único.

ya que al final, el medio ha desbordado muy fácilmente al mensaje.[12] La cristiandad, operando como lo hace en el modo atraccional y dirigida por profesionales,
ya era susceptible al consumismo, pero bajo la influencia de la práctica contemporánea del "igle-crecimiento", el consumismo se ha convertido, de hecho, en el
motor ideológico del ministerio de las iglesias.

El mismo diseño del local de la iglesia nos dice (consultar el diagrama ofrecido en el capítulo uno) que como mínimo el 90% de la gente que asiste al culto
lo hace de forma pasiva. En otras palabras, vienen a consumir. Son los recipientes
pasivos de los bienes y servicios religiosos que astutamente despachan los profesionales durante el culto. Casi todo lo que hacemos en estos cultos más bien
estandarizados y formato de iglesia "empaquetada", lo hacemos para atraer a los
participantes, y para ello tenemos que conseguir que la experiencia de iglesia
sea lo más conveniente y cómoda posible. Es la auténtica versión religiosa de
"compra todo en un solo lugar" y sin molestias. Pero lo único que conseguimos
es agregar más combustible a la llama del insaciable consumismo. Personalmente,
he llegado a la terrible conclusión de que sencillamente no se puede consumir el
camino hacia el discipulado. El consumismo tal y como lo experimentamos en el
día a día, y el discipulado tal y como está pensado en las Escrituras, son incom-
patibles. Ambos quieren dominar nuestras vidas; solo que en la mercadotecnia se
habla de la fidelidad a la marca o la comunidad de marca.

Hablando de la inseguridad de la situación humana, fue Jesús quién dijo: "no
os preocupéis, diciendo: '¿Qué comeremos?' o '¿qué beberemos?' o '¿con qué nos
vestiremos?' Porque los gentiles *buscan ansiosamente* todas estas cosas; y vuestro
Padre celestial sabe que necesitáis todas estas cosas. Pero buscad primero su reino
y su justicia, y todas estas cosas os serán añadidas". (Mt. 6:31-33). El consumismo
es totalmente pagano. Los gentiles *buscan ansiosamente* todas esas cosas. En griego
se usa la palabra *epizyteo*, buscar, desear, querer). A la luz de esto, programas
como *el Gran Hermano* (NT: "Big Brother"), Extreme Makeover (NT: "Cambio
Extremo"), por ejemplo, son de los programas más paganos y *paganizadores* de la
televisión. Incluso los perennes programas favoritos de todos sobre decoración y
remodelación de interiores nos paganizan, porque se centran en todo aquello que
tan fácilmente nos esclaviza. En todos ellos la banalidad del consumismo alcanza
un clímax al vendernos la mentira de que aquella nueva cocina o aquella amplia-
ción de la casa nos harán más completos, mientras que de hecho eso solo añadirá
más stress a nuestra familia y a nuestra hipoteca.[13] Todos estos programas pro-
mocionan mucho mejor la incredulidad que incluso el ateísmo intelectual más
absoluto, porque atacan ahí donde debemos rendir nuestra confianza y lealtad. La

---

12 Ver Frost y Hirsch, *The Shaping of Things to Come*, cap. 9, sobretodo de pp. 149–152.

13 En su impresionante libro, *Affluenza*, los economistas Hamilton y Denniss detallan cómo el tener
más que nunca nos ha hecho más infelices que nunca. *Affluenza: When Too Much is Never Enough*.

mayoría de gente somos profundamente susceptibles a la seducción idólatra del
dinero y de las cosas. Haríamos bien en recordar lo que nuestro Señor dijo acerca
de servir a dos maestros y acerca de *buscar* las cosas (Mt. 6:24- 33).

Mark Sayers, un amigo mío, comenta que uno de los atractivos religiosos
más seductores del consumismo es que nos ofrece una nueva inmediatez, una
alternativa viviente a aquello por lo que el cielo siempre ha estado en la tradición
judeocristiana; el cumplimiento de todos nuestros deseos.

Tenemos al alcance de nuestra mano unas experiencias y ofertas que en épocas anteriores solo estaban al alcance de reyes. Cuando se nos ofrece "el cielo
ahora", abandonamos la búsqueda final para perseguir algo que puede consu-
mirse inmediatamente; sea un servicio, un producto o una experiencia pseudo
religiosa. El consumismo contiene todos los rasgos distintivos del verdadero paganismo; tenemos que verlo en toda su crudeza.

Pero no se trata de un mero objetivo o de un frío análisis; me he aplicado
esta crítica a mí mismo y a mi ministerio y me he tenido que arrepentir constantemente. En el capítulo uno, narraba la experiencia del inicio de un importante
proyecto misionero en una cafetería llamada *Elevation*. Cuando nos empezó a ir
mal, no logramos generar un mayor compromiso por parte de los miembros de
la comunidad. Como líderes, lo consideramos un fracaso nuestro; fracasamos en
hacer discípulos. Al no habernos centrado intencionadamente en el desarrollo de
discípulos, sin quererlo habíamos cultivado el consumismo (religioso) ya inma-
nente. Aprendí a trompicones, que si nosotros no discipulamos, la cultura sí que
lo hará. Para mí ese fue el momento de la verdad como líder del movimiento y me
propuse que a partir de entonces debía cambiar mi práctica y que el discipulado
se debía convertir de alguna manera en la actividad central de todo lo que hiciera
en el futuro a través de la comunidad cristiana.

Parece, entonces, que contamos con dos opciones básicas: (1) intentamos
redimir los ritmos y estructuras del consumismo, como Pete Ward sugiere en su
excelente libro sobre eclesiología misional. Su consejo es que en lugar de rechazar
o denunciar el consumismo, debemos considerarlo una oportunidad para que la
iglesia redescubra su naturaleza misional y redentora. Sostiene que en el consumismo se da una búsqueda masiva y que la iglesia no puede dejar pasar la oportunidad de comunicarse con sentido dentro de este contexto. Sugiere por tanto,
que la iglesia se reorganice radicalmente en torno de los principios consumistas,
manteniendo por otro lado su perfil misional.[14] (2) Alternativamente, debemos
iniciar un desafío totalmente profético al control que el consumismo ejerce en
toda nuestra vida. Estas dos alternativas se convierten en nuestro desafío misio-

---

14 Mi problema con el trabajo de Pete es que creo que desestima el poder que tiene el consumismo de eliminar el cristianismo y no al revés. Pienso que somos demasiado consumistas ya y que esto
no guarda coherencia con el morir a uno mismo que representa seguir a Jesús.

nal y son opciones de vida reales. Sin embargo, mi advertencia es que si vamos a "cenar con el diablo", debemos llevar una cuchara muy larga porque estamos tratando con un sistema religioso alternativo profundamente enraizado, frente al cual los discípulos de Jesús deben modelar una realidad alternativa.

Una de las maneras más eficaces y contracorriente que algunos seguidores de Jesús están utilizando para hacer discípulos, es el renovado interés en practicar nuevas órdenes monásticas y misionales. Un grupo de estos, denominado Rutba House, ha desarrollado doce prácticas, o reglas, de un nuevo monasticismo para desafiar la mundanalidad de la iglesia.[15] Son las siguientes:

1. La relocalización en lugares abandonados de la ciudad.
2. El compartir los recursos económicos con los demás miembros de la comunidad y con los necesitados.
3. La hospitalidad con el extraño.
4. El lamentarse de la división racial en la iglesia y la sociedad, combinado con una búsqueda activa de una reconciliación justa.
5. La humilde sumisión al Cuerpo de Cristo, la iglesia.
6. La formación intencionada en el Camino de Cristo y la Regla de la Comunidad.
7. El apoyo a los célibes, así como a las parejas casadas monógamas y sus hijos.
8. La proximidad geográfica entre miembros de la comunidad que comparten una misma regla de vida.
9. El cuidado de la tierra de Dios y el apoyo a la economía local.
10. El ser pacificadores en medio de la violencia.

El lector estará de acuerdo en que se trata de puntos críticos en torno a los cuales nos encontramos con los efectos del consumismo en nuestras vidas. Están floreciendo muchas órdenes de este tipo en Occidente, como por ejemplo: Shane Claiborne y Jonathan Wilson-Hartgrove han tenido un amplio impacto en los mileniales. Y luego, también hay grupos como el *Eden Project* (Gran Bretaña), *InnerChange* (en EE. UU., y el sudeste asiático), *Urban Neighbors of Hope* (en Australia y Tailandia), *Incedo -New Zealand,* solo para dar algunos ejemplos.

La conspiración de los imitadores de Jesús

Volvamos de nuevo a por qué el discipulado es tan crucial y quizás sea el elemento central del ADN*m* del Carácter Apostólico. David Bosch estuvo acertado cuando dijo que "el discipulado es determinado por la relación con Cristo mismo, no por la mera conformidad con unos mandamientos impersonales. Su contexto no es

---

15 Ver Rutba House, *Schools for Conversion: 12 Marks of a New Monasticism.*

una aula (donde suele impartirse la "enseñanza"), ni tan siquiera la iglesia, sino el mundo".[16] Seamos sinceros, el *pensamiento* evangélico hace resonar esta idea. Hacemos hincapié en la primacía de nuestra relación con Jesús y no en las meras ideas sobre Él, decimos que es un fenómeno que engloba toda nuestra vida, pero es la práctica de nuestro estilo de vida, no el pensamiento, lo que constantemente nos desanima.

Los movimientos apostólicos hacen de esto su tarea principal porque cuando pensamos de verdad en ello, quizás sea la actividad más estratégica de todas las de la iglesia. Cuando Jesús encomienda a su gente lo que se ha dado a llamar la Gran Comisión, ¿qué tiene en mente? ¿Por qué el encargo central es el de "hacer discípulos a todas las naciones"? (Mt. 28:18-20)[17]

Esta pregunta debería hacernos retroceder al verdadero significado y sentido del discipulado. Si el centro del discipulado es llegar a ser como Jesús, entonces me parece que una lectura misional de este texto da a entender que la estrategia de Jesús es la de lograr que un montón de versiones de él mismo se infiltren en cada rincón y hendidura de la sociedad, reproduciéndose a sí mismos en su pueblo y a través de su pueblo por todos los lugares del mundo. Pero este tema va mucho más allá que el modelo sociológico relacionado con la conversión y transmisión de ideas en movimientos; va dirigido a uno de los propósitos centrales de la misión de Cristo entre nosotros. Jesús no solo encarna a Dios en nuestro territorio, sino que también nos proporciona la imagen del ser humano perfecto. Pablo dice que nuestro destino eterno es el ser formados a la imagen de Cristo (Ro. 8:29; 2 Co. 3:18). Pero la relación entre Jesús y su pueblo es mucho más profunda. Nuestra unión mística con Cristo y su habitar en nosotros son el centro de la experiencia cristiana de Dios; lo vemos en todas las enseñanzas de Pablo cuando habla sobre el estar "en Cristo" y Él en nosotros, así como en la teología de Juan al hablar de "permanecer en Cristo". Por tanto, todas las disciplinas espirituales están dirigidas a una misma cosa: el *parecernos a Cristo*. Nos hacemos eco de las palabras atribuidas a la Madre Teresa: "Debemos llegar a ser santos no porque queramos sentirnos así, sino porque Cristo debe poder vivir su vida plenamente en nosotros". Una de las mejores maneras de pensar acerca del discipulado es que este se trata de hacer las mismas cosas que Jesús hizo por los mismos motivos que Él las hizo.

Como tal, el Hombre-Dios que Jesús es, y debe seguir siendo, permanece como el epicentro de la espiritualidad cristiana y de la teología. Se nos recuerda constantemente que tenemos que llegar a ser como Jesús es. Esta idea de imitar a Cristo es indiscutiblemente uno de los principios centrales de las enseñanzas de

---

16 Ver Bosch, *Transforming Mission*, p. 67.

17 Ver mi e-book gratuito *Disciplism: evangelismo supercomputadoras a través de la lente del discipulado*. Disponible para descarga gratuita en http://www.alanhirsch.org/ebooks/

Jesús y de los apóstoles. Queda implícita en el discipulado y lo colma de sentido. Pero ser seguidor de Cristo no significa imitarle en el sentido literal y mimético, sino expresarle a través de nuestra propia vida. "Un cristiano no es una reproducción artificial de Cristo [un clon] . . . la tarea del cristiano consiste en transponer a Cristo en el meollo de su propia existencia diaria".[18] Me da la impresión que el distintivo de la vida de sus seguidores debería ser la voluntad de transmitir su mensaje, como algo que debe expresarse en cualquier aspecto de sus vidas. Es decir, la meta del seguidor de Cristo es la de llenar el mundo de "imitadores de Jesús", tener una presencia activa y redentora como la de Cristo en todas las esferas y lugares de la tierra: la conspiración de los imitadores de Jesús.

Para que un movimiento sobreviva más allá de su impulso inicial, el fundador de alguna manera debe *seguir literalmente vivo* entre su gente y la vitalidad del mensaje subsiguiente dependerá de la disposición y la capacidad de su gente para encarnar fielmente el mensaje. Los recuerdos y aventuras del fundador siguen vivas entre la gente y les anima a vivir una vida santa e íntegra. De una manera muy real y serena, de hecho debemos *convertirnos en el Evangelio* entre la gente que nos rodea; en una expresión del verdadero Jesús a través de la calidad de nuestras vidas. Debemos vivir nuestras verdades. O como Pablo dice, somos cartas vivientes cuyo mensaje está siendo leído constantemente por otras personas (2 Co. 3:1-3). A fin de cuentas, el medio es el mensaje y los movimientos cristianos de verdad parecen poder expresar el mensaje de forma auténtica por medio de las vidas de todos sus miembros conjunta e individualmente.[19] Eso los convierte en creíbles y transferibles.

Encarnación y transmisión

Una idea íntimamente ligada a la de imitar a Cristo es la encarnación, con su implicación de crear patrones y modelos. Cuando estudiamos los movimientos cristianos de la historia, nos damos cuenta de que esas personas encontraron la manera de traducir los grandes temas del Evangelio (el reino de Dios, la redención, la expiación, el perdón, el amor. . .) a la vida concreta, encarnando a Jesús de maneras profundamente relacionales y atractivas.[20]

Fue así como dichos movimientos se convirtieron en movimientos de personas y no en una filosofía religiosa cerrada mediada por una élite religiosa, como suele pasar en la historia de las religiones.

---

18 Ver Guardini, *The Lord*, p. 452.

19 Para indagar más sobre el medio como mensaje, ir al capítulo con este título del libro de Frost y Hirsch *The Shaping of Things to Come*.

20 Mucho se ha escrito en la última década sobre el discipulado como encarnación: Smith, *Desiring the Kingdom* y *Encarnado* de Frost son dos excelentes ejemplos.

Encarnar literalmente significa poner carne a las ideas y experiencias que nos mueven. Si estas ideas y experiencias se creen y se valoran de verdad, entonces se viven de verdad. La encarnación es un factor importante para un liderazgo sano en las organizaciones humanas, pero es absolutamente crucial para la viabilidad y el testimonio de un movimiento cristiano y por tanto para el discipulado y el liderazgo misional.[21] No es algo que se pueda transmitir meramente a través de la escritura y los libros: siempre se comunica a través de la vida misma, del líder a la comunidad, del maestro al discípulo, y de creyente a creyente.

La idea de encarnar nuestro mensaje pone de relieve, y demuestra también, la verdad que intentamos comunicar. Esto es justamente lo que el discipulado cristiano debe intentar conseguir. Jim Wallis dice que "la única manera de propagar un mensaje es vivirlo".[22] Cuando intentamos traducir la idea de la encarnación a términos de estrategia misional, el impacto del Evangelio en la gente, nosotros mismo debemos llegar a ser una representación substancial de lo que para mucha gente que no está en Cristo resulta una teoría más bien confusa. Este concepto por tanto tiene una importancia no solamente existencial para una vida auténtica, se trata de algo absolutamente crucial para la transmisión del Evangelio más allá de nosotros mismos y para el inicio y supervivencia de los movimientos misionales. Es crucial para la autenticidad y vitalidad de la misión de la iglesia. Si necesitamos ejemplos en la historia de la iglesia de Occidente, basta con fijarnos en alguien como Francisco de Asís, quien vivió su mensaje en una comunidad que encarnó sus enseñanzas. Ejemplos similares podemos encontrar, por ejemplo, en el conde Zinzendorf y los moravos.

Con estas reflexiones en mente, escuchemos a Pablo. Intentemos discernir el significado de la encarnación y considerar su impacto sobre los demás en los sistemas sociales circundantes.

"Y vosotros vinisteis a ser *imitadores* de nosotros y del Señor, habiendo recibido la palabra, en medio de mucha tribulación, con el gozo del Espíritu Santo, de manera que *llegasteis a ser un ejemplo* para todos los creyentes en Macedonia y en Acaya. Porque saliendo de vosotros, *la palabra del Señor ha resonado*, no sólo en Macedonia y Acaya, sino que también *por todas partes vuestra fe en Dios se ha divulgado, de modo que nosotros no tenemos necesidad de hablar nada.* Pues ellos mismos cuentan acerca de nosotros, de la acogida que tuvimos por parte de

---

21 A los creyentes la idea de encarnar nuestras creencias y mensajes a la fuerza tiene que hacernos pensar en la encarnación literal de Dios. En Jesús, el medio es el mensaje. Él es amor. Su vida comunica plena y totalmente su mensaje. No solo proclamó el Evangelio, Él es el Evangelio. Por eso tuvo un impacto tan profundo en su mundo, y lo sigue teniendo en el nuestro y a lo largo de toda la historia.

22 Ver Wallis, *Call to Conversion.* Citado por Len Hajmarson, *Toward a Theology of Public Presence*, en un artículo en www.allelon.org/articles/article.cfm?id=143&page=1

vosotros, y de cómo os convertisteis de los ídolos a Dios para servir al Dios vivo y verdadero". (1 Ts. 1:6-9, itálicas del autor)

"Hermanos, sed imitadores míos, y observad a los que andan según el ejemplo que tenéis en nosotros". (Flp. 3:17)

"No porque no tengamos derecho a ello, sino para ofrecernos como modelo a vosotros a fin de que sigáis nuestro ejemplo". (2 Ts. 3:9)

"Muéstrate en todo como ejemplo de buenas obras, con pureza de doctrina, con dignidad, con palabra sana e irreprochable, a fin de que el adversario se avergüence al no tener nada malo que decir de nosotros". (Tit. 2:7-8)

"Sed imitadores de mí, como también yo lo soy de Cristo". (1 Co. 11:1)

Como los apóstoles eran esencialmente los guardianes del ADN del pueblo de Dios, la encarnación del Evangelio en ellos tenía que ser observada como parte integral de sus vidas; si querían que el mensaje tuviera un efecto duradero. Esta coherencia entre mensaje y mensajero fue lo que dio autenticidad al mensaje apostólico y cultivó la receptividad de quienes lo escuchaban. Las iglesias paulinas a su vez podían ser fieles porque habían observado en Pablo un modelo vivo de fidelidad. Consecuentemente, los conversos a través de Pablo encarnaban también esa fidelidad, que otros podían ver y de ahí el impacto eterno. Las enseñanzas deben quedar inoculadas en las vidas de los seguidores y eso solo se consigue a través de una relación de discipulado.

Para ser efectivos, los movimientos, y las ideas centrales asociadas a los mismos, deben echar raíces en las vidas de sus seguidores. Si esto no ocurre, el movimiento sencillamente no despegará. De nuevo, no se trata solamente de un tema de integridad personal, se trata también de los patrones. El patrón de un movimiento suele quedar definido en cierto sentido por su fundador.[23] Por tanto, en términos de las dinámicas de los movimientos y su misión en la iglesia cristiana, esta idea de modelar el mensaje es absolutamente crucial para la transmisión del mensaje original más allá de nuestro Fundador hacia las futuras generaciones.

Una de las cosas más importantes que ocurre en el movimiento misional en los últimos años es el renovado compromiso con el discipulado y el hacer discípulos. Las iglesias están empezando a tomar en serio esta práctica convirtiéndola en una prioridad estratégica. Libros, investigación, conferencias y capacitación relacionados a este aspecto crítico del ADN*m,* también se han claramente multiplicado.

Una de las maneras principales en las que el discipulado está siendo adoptado a través de sistemas de iglesias es a través del desarrollo de nuevas prácticas

---

23 Ver Hirsch yFrost, *ReJesus*, p. 75–83.

disciplulares, el cultivo de nuevos hábitos, la invención de nuevas herramientas sociales y la creación de liturgias culturales que incorporen los valores fundamentales de la iglesia local en la vida de sus miembros y a través de ellos en el mundo.

Está fuera del alcance de este libro el describir completamente todas las prácticas actuales, simplemente deseo señalar que todos los movimientos emergentes en contextos occidentales han empezado a poner la idea de "prácticas" discipulares en el mero centro de sus estrategias de discipulado. Los ejemplos incluyen prácticas orientadas a estimular la vida espiritual y la unidad de la comunidad alrededor del discipulado, el ministerio y la misión propuesta por Michael Frost. Su modelo B.E.L.L.S.,[24] ha estimulado a New Thing Network a desarrollar sus propias prácticas misionales con el nombre de B.L.E.S.S. aplicándolas a todo el sistema. La creciente red de Soma, ya un movimiento excepcional orientado al discipulado, también ha desarrollado seis prácticas fundamentales que incorporan y mantienen la cultura del movimiento a lo largo de las prácticas de: *Comer, Escuchar, Historia, Bendecir, Celebrar y Re-crear.*[25] Construido sobre la base del lenguaje discipular llamado LifeShapes producto del trabajo pionero de Mike Breen en Sheffield, Inglaterra, 3DM se ha convertido en una de las agencias de desarrollo de discípulos más importantes en toda Norte América, Europa y Australia. 100M está poniendo mucho esfuerzo y recursos en el desarrollo de prácticas disciplulares y herramientas misionales. Estos son sólo para nombrar unos pocos. Mientras que la falta de énfasis en el discipulado de la iglesia en Occidente sigue siendo su desatino más evidente, en este sentido creo que el movimiento misional al menos va en la dirección correcta.

Sé el cambio que tú quieres ver: liderazgo inspiracional

La galardonada película que relata la vida de Gandhi empieza con el funeral de estado del gran hombre que había transformado la India. Un comentarista de la radio norteamericana narra el sentido de aquella vida para el resto del mundo. En su relato, menciona que aquel hombre jamás había sido un líder "oficial", jamás había ostentado ningún cargo político ni dirigido ningún gobierno, nunca había tenido un título oficial y se consideraba a sí mismo como un humilde tejedor de ropa, sin embargo, había transformado la historia de su pueblo en múltiples aspectos y determinado el destino de naciones del mundo moderno. Alteró su mundo, no a través de las maniobras políticas ni del poder institucional, sino más bien a través del puro poder inspirador de una vida íntegra y basada en virtudes

---

24 Ver Frost, *Five Habits of Highly Missional People*. El modelo de B.E.L.L.S ha sido desarrollado más por Frost en *Surprise the World*

25 http://wearesoma.com/resources/our-distinctives/. Ver también el "LIGHT" acrónimo de Brisco y Ford, *Missional Quest*, y el modelo de Community Christian llamado "BLESS" en el libro de Ferguson y Ferguson *Discover Your Mission Now*.

religiosas, morales y sociales. Fue un modelo de liderazgo tan destacado, que todavía sigue teniendo influencia en el mundo. Por todos es conocido que sirvió de modelo e inspiración a Martin Luther King Jr. en su postura frente al movimiento de derechos civiles en EE. UU.

De hecho, Gandhi fue una persona extraordinaria y a quien vale la pena estudiar en relación a los movimientos sociales y al liderazgo. Lo particularmente extraordinario es que alcanzó su visión de una India independiente renunciando a la violencia y evitando todo tipo de poder y autoridad institucional. El liderazgo inspirador puede describirse como un tipo peculiar de poder social que surge de la integridad personal y de la encarnación de grandes ideas en contraposición con el poder que surge de algún tipo de autoridad externa o estructural como la de un gobierno, corporación o institución religiosa. Por ejemplo, el poder de un presidente se lo confiere el cargo que ocupa, al igual que un general militar, un ejecutivo, un líder denominacional, etc. Según el poder institucional, es la institución humana la que confiere poder y autoridad a un individuo a fin de que ejerza cierta tarea. Por tanto, el papel se ejerce gracias a una fuente externa de poder. No es este el caso en el liderazgo inspirador. El liderazgo inspirador conlleva una relación entre líderes y seguidores, en la que se da una influencia mutua para conseguir unos objetivos comunes; siempre con la idea de convertir a los seguidores en líderes por derecho propio. Esto se consigue apelando a los valores y al llamamiento sin ofrecer incentivos materiales. Se basa en el poder moral y por tanto es algo primariamente interno.

Lo interesante de Gandhi es que cuando sondeas las raíces ideológicas de su filosofía, en ningún momento reivindica la originalidad de sus ideas: decía que todo lo había aprendido de Jesús indirectamente, vía Tolstoi. De nuevo, pues, tenemos que dirigir nuestra atención al Fundador. Así que fijémonos en Él.

Cuando examinamos la vida y ministerio de Jesús, vemos también que no tenía ni cargo ni títulos oficiales. No podía acreditar sus conocimientos, no dirigió ningún ejército, se opuso al uso de la violencia y en cambio nos habló del poder espiritual y transformador del amor y del perdón, y así cambió el mundo para siempre. En el acto de mayor influencia espiritual en la historia de la humanidad, se sacrificó a sí mismo para redimir al mundo. El tipo de poder inherente a este acto supremo de sacrificio, como el de todos los actos de sacrificio, es un poder no coercitivo que influye en la gente a nivel puramente espiritual; hace entrar a la gente dentro de su influencia y hace que cambie pidiéndoles una respuesta moral y espiritual a todos aquellos que entran en su órbita. Jesús es plenamente consciente de este poder cuando dice en Jn. 12:32: "yo, si soy levantado de la tierra, *atraeré* a todos a mí mismo". Es el poder de sus enseñanzas y la calidad de su vida lo que cambia el mundo. Cambió el mundo para siempre sin ser una autoridad oficial, ni un político ni un general. Esto sí que es liderazgo espiritual auténtico y el liderazgo cristiano sólo es auténtico en la medida que refleja este tipo de poder y autoridad espiritual.

Si necesitamos más ejemplos bíblicos, no hay más que acudir al apóstol Pablo. Siempre que defiende su propio rol apostólico del de los "falsos apóstoles" (2 Corintios), no hace referencia a ningún acto de "ordenación" por parte de una institución que todavía no existía, más bien apela a los lectores a su sufrimiento por la causa, su integridad, al llamamiento a ser apóstol por parte de Jesús, sus experiencias espirituales, su humildad y su "carencia de poder" en términos humanos (2 Co. 1:1; Gl. 1:1). Nada que ver con la descripción del típico ejecutivo carismático y poderoso que está arriba de todo y de todos. De nuevo nos encontramos con la fuente del verdadero poder espiritual que esconde un gran liderazgo. No se encuentra en lo externo sino en la combinación del llamamiento, los dones y la integridad personal.

La influencia es difícil de cuantificar, pero cuando la encuentras, sabes reconocerla. Resulta interesante y profundo que la palabra usada en el Nuevo Testamento como autoridad sea *exousia*, que literalmente significa "fuera de uno mismo" (fuera de la sustancia propia). Cuando sondeamos la naturaleza de la autoridad espiritual en las Escrituras, queda claro que la autoridad proviene en primer lugar de dentro de uno mismo y solo en un segundo lugar de fuerzas externas. Para ser más exactos, la autoridad moral procede de una mezcla de integridad personal, nuestra relación con Dios y la riqueza de nuestras relaciones con las personas que nos rodean. Estas cualidades deberían ser características de un liderazgo que encuentra su inspiración en Jesucristo.[26] ¡Hay tantos problemas en el mundo relacionados con el mal uso del poder y la autoridad! Y en la historia de la cristiandad, para vergüenza nuestra, la iglesia en muchos aspectos se ha llevado el primer lugar. Solo hay que recordar las Cruzadas, la Inquisición, la persecución de los cristianos no conformistas y el trato dispensado a los judíos, para ver lo mucho que nos hemos alejado del auténtico liderazgo moral y espiritual.

Alguien me recordó hace poco que la mejor crítica a lo malo es la práctica de lo mejor. ¿Cuál sería entonces la práctica de lo mejor en este caso? Para encontrar lo "mejor" debemos buscarlo ahí donde el liderazgo *realmente* funciona; en los grandes movimientos cristianos de la historia. Cabe destacar que la mayoría de los líderes de dichos movimientos carecerían de los requisitos necesarios para dirigir nuestras iglesias occidentales; sin embargo, y en su gran mayoría, el impacto de su influencia a través de redes descentralizadas es exponencialmente mayor que el de sus equivalentes occidentales en instituciones centralizadas. ¿Cómo se explica?

Ya he mencionado que hace poco conocí a un destacado líder apostólico de la iglesia clandestina en China, llamado "Tío L", que dirigía un movimiento clan-

---

26 O, como Steve McKinnon, uno de mis colegas de Forge, dijo una vez, "George Bush tiene poder; ¡la Madre Teresa tiene autoridad!"

destino de iglesias por las casas de unos tres millones de cristianos. Ese hombre ejemplificaba la autoridad espiritual. Carecía de preparación académica, no tenía "cargo" ni títulos asociados, tampoco tenía ninguna verdadera institución central que le ayudara a administrar y controlar las decenas de miles de iglesias y, sin embargo, su influencia y sus enseñanzas se hacían sentir por todo el movimiento. ¿Cómo se consigue esto? La única manera de conseguirlo es mediante el ejercicio de una autorización espiritual genuina para el liderazgo.

El liderazgo como una extensión del discipulado

Si no es ya obvio, tengo que decirlo de manera más explícita: la calidad del liderazgo de la iglesia es directamente proporcional a la calidad del discipulado. Si fracasamos en el área de hacer discípulos, no debería sorprendernos que también fracasemos en el área de desarrollo de liderazgo. Pienso que muchos de los problemas con los que se enfrenta la iglesia cuando intenta cultivar el liderazgo misional frente a los desafíos del siglo XXI se resolverían si nos centráramos en algo previo al desarrollo de líderes *per se*, es decir, el discipulado. El discipulado va primero, el liderazgo siempre va después. Si queremos que el liderazgo sea genuinamente cristiano, siempre debe reflejar la imagen de Cristo, por ende. . . el discipulado.

En términos de la dinámica de los movimientos, podría decirse que el alcance de un movimiento es directamente proporcional a la amplitud de su base de liderazgo. El liderazgo a su vez está directamente relacionado a la calidad del discipulado. No podemos esperar que se cumpla la misión de Jesús a menos que podamos desarrollar discípulos totalmente dedicados, que se reproducen y que toman la iniciativa.[27] No hay ninguna otra manera de desarrollar movimientos transformadores genuinos aparte de la labor crucial de hacer discípulos. Como dice irónicamente Neil Cole: "si no puedes reproducir discípulos, no puedes reproducir líderes. Si no puedes reproducir líderes, no puedes reproducir iglesias. Si no puedes reproducir iglesias, no puedes reproducir movimientos".[28]

Si deseamos desarrollar y engendrar un liderazgo genuinamente misional, entonces debemos plantar primero la semilla de la obligación para con la misión de Dios en el mundo durante las fases más elementales del discipulado. Esta semilla debe ser cultivada hasta que florezca plenamente en un liderazgo misional. No se trata de ser coercitivos ni de manipular, sino simplemente de reconocer que como discípulos, participamos activamente en el *missio Dei*. No podemos intentar producir liderazgo misional si el ADN del liderazgo misional no ha sido sembrado mediante el discipulado. Esa es justamente la manera de discipular de

---

27 Ver http://onmovements.com/?p=101
28 Sus palabras en una presentación en Melbourne, en mayo del 2006.

Jesús: en torno a la misión. No más los ha llamado para estar con Él, se los lleva a la aventura de las misiones, el ministerio y el aprendizaje. Se ven directamente implicados en la proclamación del reino, sirviendo a los pobres, sanando y sacando demonios. Se trata de un discipulado activo y directo en el contexto de misión. Lo mismo ocurre en los grandes movimientos cristianos. Desde el mismo comienzo, incluso el converso más reciente ya participa en la misión; pudiéndose convertir en un héroe espiritual. Si aceptamos que Jesús ha creado el patrón básico del discipulado para la iglesia, entonces debemos admitir que el discipulado es nuestra tarea principal. Pero si el discipulado se halla en el corazón de lo que se nos ha encomendado, entonces debemos organizarnos en torno al mismo, ya que la misión es el principio catalizador del discipulado. En Jesús, ambas cosas están inexorablemente ligadas.

Esto nos lleva a la sección final de este capítulo, que nos indica de alguna manera cómo podríamos ser más coherentes con el patrón bíblico del discipulado.

Saliendo a la carretera con Jesús

Todos estamos familiarizados con los relatos del Evangelio en que Jesús selecciona un grupo de discípulos, convive con ellos, hace ministerio con ellos y les hace de mentor. Este enfoque en la formación de unos seguidores era algo común en la época de Jesús en Israel. La mayoría de rabinos iniciaban y desarrollaban sus escuelas de pensamiento de manera similar. Ese fenómeno de experiencia de vida facilitaba la transferencia de información y de ideas a situaciones históricas concretas. Ya lo he descrito antes y no me voy a alargar más, pero sí quiero recalcar que esa fue la manera en que Jesús formó a sus discípulos y que no podemos pretender generar discípulos auténticos de ninguna otra manera.

Muy pocos niegan que en nuestros días exista una crisis de liderazgo en las iglesias de Occidente. Nos encontramos ante un desafío de adaptación que necesitará de un cierto tipo de liderazgo que nos pueda guiar por las complejidades del siglo XXI. En este libro y otros, hemos puesto la etiqueta de "misional" a este tipo de liderazgo. Lo que necesitamos es un liderazgo misional. El problema es que la mayoría de nuestras instituciones de formación se dedican a formar un tipo de líder más bien de *mantenimiento*. No hay más que fijarse en las temáticas y las personas que las enseñan para demostrarlo. Si queremos aprender algo de los peligros corridos por los grandes movimientos cristianos y si vamos a intentar centrarnos en torno al Carácter Apostólico, entonces no nos queda más remedio que encontrar "la mejor manera" de formar a los líderes.

He creído durante mucho tiempo que en el liderazgo, o en la falta del mismo, se halla en gran parte la clave de la renovación o el declive de la iglesia. Si esto es verdad, que el liderazgo es crucial para nuestro éxito o fracaso, entonces debemos preguntarnos por qué estamos en este estado actual de decaimiento y luego poner remedio a la situación. Esto tiene una importancia estratégica. Si vamos un poco más allá, al final tendremos que centrar nuestra atención en las agencias y las personas que han sido responsables de la formación y el apoyo de un liderazgo que ha visto el declive masivo del cristianismo durante los últimos dos siglos. Hay que cuestionar con dureza la manera en la que formamos y desarrollamos líderes.

Quizás la fuente más significativa del mal estado del liderazgo en nuestros días provenga de la manera y el contexto en que formamos a los líderes. En la mayoría de los casos, el futuro líder es apartado del contexto de la vida cotidiana y del ministerio para estudiar en un entorno más bien enclaustrado durante un período que a veces llega a ser de siete años.

Durante ese período están sujetos a una inmensa cantidad de compleja información sobre las disciplinas bíblicas, la teología, la ética, la historia de la iglesia, el pastorado, etc. La vasta mayoría de dicha información es correcta y útil, lo que es mucho más peligroso para el discipulado en esa situación son los verdaderos procesos de *socialización* que el estudiante atraviesa en su camino. En efecto, se socializan fuera de la vida real, desarrollando un tipo de lenguaje y pensamiento que raramente es comprendido y expresado fuera de un seminario. Es como si para aprender teología tuviéramos que dejar el lugar en donde estamos y coger un vuelo al maravilloso mundo de la abstracción, para estar volando por allí durante un largo período de tiempo y luego preguntarnos cómo es que nos cuesta tanto aterrizar de nuevo (ver gráfica):

Entrenamiento basado en la academia (fuera del contexto)

misional/liderazgo/contexto ministerial

No me gustaría que se me malinterpretase, necesitamos un trabajo intelectual serio en las ideas clave de nuestra época, lo que es realmente preocupante es que dicho trabajo suela tener lugar en el entorno pasivo de las aulas. Para amar a Dios con todo nuestro ser, el desarrollo de líderes debe inculcar en el discípulo un amor al aprendizaje de por vida, pero esto guarda mucha más coherencia con el *ethos* del discipulado que con el de la academia.

Sencillamente, esta no es la manera en que Jesús nos enseñó a hacer discípulos. No es que a Jesús le faltara un modelo apropiado de academia; los griegos lo tenían ya cientos de años antes de Cristo y era algo bien arraigado en el mundo greco-romano. La visión del mundo hebrea estaba orientada a la vida y no prestaba tanta atención a los conceptos e ideas en sí mismas. Por otro lado, me parece que lo académico se centra casi exclusivamente en torno a la transferencia de conceptos e ideas. Los seminarios e instituciones siguen un modelo académico similar y son en su mayoría incapaces de producir discípulos y líderes misionales. No es que no quieran, el problema inherente a los seminarios es que la bandeja de entrada de información está llena hasta arriba de todo, mientras que la bandeja de salida de acción y obediencia está casi vacía. El seminario exige la pasividad del alumno mientras que el discipulado exige la actividad. Si el discipulado es básicamente llegar a ser como Jesús, esto no se consigue con la mera transferencia de información fuera del contexto de la vida cotidiana. Como intentaré demostrar, no creo que podamos continuar intentando *pensar* como abrir el camino a una nueva manera de actuar, necesitamos *actuar* abriendo camino a una nueva manera de pensar.[29] ¿Cómo podemos habernos alejado tanto del *ethos* del discipulado que nos transmitió nuestro Señor? ¿Cómo vamos a recuperarlo?

La respuesta a la primera pregunta es que la influencia de las ideas de conocimiento griegas o helenistas sobre la cristiandad occidental fue muy profunda. Hacia el siglo cuarto, la visión platónica del mundo ya había triunfado totalmente sobre la visión hebraica de la iglesia. Más tarde, Aristóteles se convirtió en el filósofo preponderante en la iglesia. Este también operaba en un marco helenístico. En esencia, la visión helenista del conocimiento se centra en los conceptos, las ideas, la naturaleza del ser, los tipos y las formas. En cambio, la hebraica se centra básicamente en los temas de la existencia en concreto, la obediencia, la sabiduría orientada a la vida y la interrelación de todas las cosas en Dios. Como judíos, queda bastante claro que Jesús y la Iglesia primitiva operaban a partir de un pensamiento hebraico y no helenístico.

El siguiente gráfico intenta ilustrar esta distinción. Si el punto de partida son los *viejos pensamientos* o los *viejos comportamientos* de una persona o iglesia, y nuestra obligación es cambiar la situación, si emprendemos un acercamiento helenístico, lo que haremos será proporcionar información a través de libros, o clases, para intentar que esa persona o iglesia piense de otra manera y después quizás actúe de otra manera. El problema es que apelando tan solo a los aspectos intelectuales de la persona no conseguimos cambiar el comportamiento.

El pensamiento helenista da por sentado que si la gente tiene las ideas correctas entonces se comportará conforme a ellas. Este enfoque se caracteriza, por

---

29 He tomado prestada esta frase tan útil a los autores de *Surfing the Edge of Chaos*, p. 14.

tanto, por el intento de *pensar cómo abrir el camino a una nueva manera de actuar*.
Tanto la historia como la experiencia nos demuestran que se trata de una falacia.
Desde luego, para hacer discípulos no sirve. Lo único que se consigue es que la
persona cambie de manera de *pensar*; el problema es que su comportamiento
casi siempre sigue siendo el mismo. Esto puede ser realmente frustrante, ya que
cuando la persona ha adoptado un nuevo paradigma de pensamiento, le resulta
muy difícil afrontar la situación de la que procede.

Muchos líderes de iglesia experimentan esto constantemente: se empieza por
reconocer algún tipo de problema en la iglesia local junto con el deseo de afron-
tarlo. Entonces, partiendo como lo hacen de un sistema influenciado por la visión helenística del conocimiento, deciden ir a una conferencia o a un seminario
para acceder a un montón de nuevas ideas sobre la renovación de la iglesia, el
liderazgo y las misiones. El problema es que lo único que obtienen es una *nueva
forma de pensar*. Pero el problema de la congregación no ha cambiado. Si van más
allá, pronto se dan cuenta de que su propia conducta tampoco ha cambiado. Es
verdaderamente difícil cambiar de conducta tan solo con las ideas nuevas, ya que
las conductas están profundamente arraigadas en nuestros hábitos, la educación,
las normas culturales, el pensamiento equivocado, etc. Aunque el conocimiento
sea esencial para la transformación, pronto descubrimos que para transformarnos
necesitamos mucho más que ideas nuevas. Cualquiera que haya luchado contra
una adicción lo sabe muy bien.

Tratamos este asunto porque este tipo de acercamiento está tan profundamente afincado en la iglesia en Occidente, que necesitamos ser conscientes de lo
que hay, antes de poder encontrar un camino mejor. ¿Cuál es ese camino mejor?
No es de extrañar que lo encontremos en el antiguo arte de hacer discípulos. El
discipulado funciona mejor con el esquema mental hebraico del conocimiento.
En otras palabras, si se quiere transformar a una persona, hay que tener en cuenta
a esa persona en su totalidad. También debemos entender que para ser personas
completas, tenemos que educarnos en el contexto *de* la vida y *para* la vida. La
manera de hacerlo, de hecho la manera en que Jesús lo hizo, es *actuando hacia
una nueva forma de pensar*. Esta es claramente la manera en que Jesús formó a
sus discípulos. No solo convivieron con Él y le observaron en todas las circunstancias posibles, también hicieron ministerio con Él, se equivocaron y fueron
corregidos por Él. . . todo ello, en el contexto de la vida cotidiana. Una vez más,
estas prácticas las habremos de encontrar siempre presentes en todos los grandes
movimientos cristianos.

Así que, sea que nos encontremos ante la antigua manera de pensar y comportarse, o ante la nueva manera junto a viejos hábitos, la manera de avanzar es
poner las acciones en la ecuación. No es algo tan extraño como parece a simple
vista. Los seres humanos son criaturas pensantes y sensibles con un profundo

deseo de comprender el mundo y la vida. Por eso tendemos a procesar las cosas sobre la marcha. Las ideas y la información son importantes, pero son necesarias para conducir la acción y se asimilan y comprenden mejor en el contexto de la aplicación diaria. Es decir, todos estos procesos dinámicos de pensamiento acompañan a nuestras acciones. Se trata del contexto (no solamente del contenido). Aunque así lo presuponga el modelo helenista, cuando actuamos, no dejamos atrás nuestra mente. Pensamos mientras actuamos y actuamos mientras pensamos. De hecho, es justamente así como todos hemos aprendido a andar, hablar, socializarnos y razonar. ¿Por qué deberíamos dar por sentado que nuestra forma de aprender cambia al hacernos mayores?[30] Por eso propongo algo así (ver gráfica):

Antiguo Pensamiento
Antiguo Comportamiento

Concepto hebraico del conocimiento
(actuar correctamente nos lleva a pensar correctamente)
• acción-reflexión
• encarnar
• mentoría
• modelar

Pensando hacia una nueva manera de pensar

Actuando hacia una nueva manera de pensar

Actuando hacia una nueva manera de actuar

p

concepto griego del conocimiento
(pensar correctamente nos lleva a actuar correctamente)
• la academia
• información/ideas
• conferencias
• libros

Nuevo Pensamiento Nuevo Comportamiento

Actuando hacia una nueva manera de pensar

Nuevo Pensamiento Antiguo Comportamiento

Aprendizaje Participativo (Discipulado) vs la Academia

Antes de terminar este capítulo, me gustaría proporcionar al lector un ejemplo real de cómo algunos sistemas de formación, en el intento de formar líderes misionales, están empezando a reorientarse a sí mismos en torno a un ethos del discipulado. En *Forge Mission Training Network* hemos construido todo el sistema en torno a este concepto de discipulado. Nuestras metas paralelas son desarrollar misioneros para Occidente y desarrollar un estilo de liderazgo que se distinga por ser pionero y misional. Para este fin, acogemos a internos que ponemos en un entorno al que no están acostumbrados. La razón es que cuando se pone a una per-

---

30 El gráfico siguiente está inspirado en la obra de Dave Ridgway y James Jesudason, en sus notas sobre el proceso de aprendizaje.

sona en una situación en la que no dispone de las capacidades que corresponden a su repertorio habitual de aptitudes y dones, entonces está mucho más abierta al verdadero aprendizaje. Lo llamamos tirarse en la parte honda. La mayor parte del aprendizaje del interno se realiza con 'manos a la obra', es decir, haciendo cosas. Los internos se encuentran periódicamente (como mínimo semanalmente) con el monitor que los supervisa, identifican problemas, sugieren actuaciones y se proponen recursos, incluyendo también libros y conferencias. Tenemos también sesiones de aprendizaje intensivo en las que pasamos mucha información, pero esta información solo pueden comunicarla quienes hayan demostrado por sí mismos ser capaces de hacer exactamente lo mismo que enseñan; solo permitimos que enseñen personas que están activas en la práctica misional. Con este tipo de formación se incrementa de forma significativa la capacidad del interno de captar los temas, resolverlos e integrarlos. La misión es, y siempre ha sido, la madre de toda buena teología.

No pueden dejar de inspirarnos todos esos increíbles movimientos cristianos que de forma instintiva y sin demasiada teoría han conseguido hacer bien las cosas. Debe de ser uno de los trabajos secretos del Espíritu Santo, pero también creo que se trata de una parte intrínseca del ADNm que constituye el Carácter Apostólico. Como tal, está latente en la iglesia y nace en situaciones que exigen adaptación, como si se tratara de un recuerdo olvidado que de repente nos viene a la memoria cuando la situación lo requiere. He aquí el secreto de cómo pasa la fe de una persona a otra y de una generación a la siguiente; la mega-conspiración dinámica y recurrente de los "pequeños cristos".

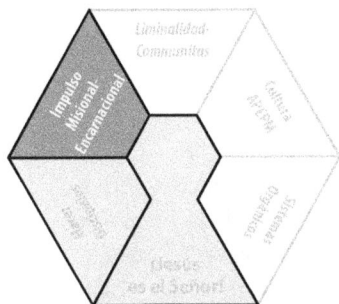

Impulso misional-encarnacional

"Como el Padre me envió a mí, *así* yo los envío a ustedes".
—Jesús en Jn 20.21 (itálicas del autor)

"El Evangelio debe ser proclamado de nuevo en nuevas formas en cada generación, puesto que cada generación tiene sus propias preguntas únicas. El Evangelio debe enviarse constantemente en una nueva dirección, porque los receptores están cambiando varias veces su lugar de domicilio".
—Helmut Thielicke

"No debería preocuparnos que [durante épocas distintas] la fe cristiana fuera percibida y experimentada de formas nuevas y distintas. La fe cristiana es intrínsecamente encarnacional; por tanto, a menos que la iglesia decida permanecer como una entidad extraña, siempre entrará en el contexto en el que se encuentra".
—David Bosch. *Transforming Mission*

"Siempre he tenido conflictos con el sistema. Siempre he sentido que la iglesia fue pensada para proveer las respuestas a los problemas de las sociedades. Hacer algo que cambie el estatus quo. Siempre he sentido la necesidad de llevar el mensaje de Jesús a todos los rincones y recovecos de Santa Bárbara, a los lugares donde la iglesia ha tenido poco o ningún interés y menos impacto. Como un organismo apostólico y profético, la orden de Uffizi existe para transformar Santa Bárbara en un pequeño puesto de avanzada del reino; para eliminar la falta de vivienda, para detener el tráfico de drogas, para plantar iglesias, ver personas ser salvas y para traer justicia tangible a aquellos que son rechazados y oprimidos de cualquier manera. Somos responsables, vamos a ir, haremos lo que sea necesario".

Estas palabras fueron pronunciadas por Jeff Shaffer en una reunión que celebraba diez años de la orden de Uffizi,[1] una agencia fundada por Jeff y dedicada a la misión encarnacional en Santa Bárbara. No pude evitar pensar que estaba detectando en Jeff la misma energía que inflama a los movimientos misionales en todo tiempo y lugar.

En este capítulo echaremos una ojeada al ímpetu y la configuración de los movimientos de Jesús con la perspectiva del espacio y del tiempo. Algo que yo he decidido denominar impulso misional-encarnacional. He sido muy deliberado en la elección de estas palabras ya que parecen vincular dos motivadores teológicos discretos (junto con la metodología asociada a cada impulso) que se combinan para extender el impacto del Evangelio y a integrar la historia de Jesús profundamente en la cultura que lo recibe. Fue Jesús mismo quien nos encargó con estas palabras de la Gran Comisión: "*Como* el Padre me envió a mí, *así* yo los envío a ustedes" [énfasis del autor].[2] Claramente estamos siendo enviados aquí, pero también se nos dice *cómo* hemos de ser enviados. Estamos siendo enviamos de la misma manera en que el hijo fue enviado. . .como un mensaje encarnado. . .¡encarnacionalmente! Una vez más como cristianos, estamos obligados a modelar nuestro llamado a ir basados en el carácter de nuestro Fundador y el modelo que nos dejó.

Dado el papel del impulso misional encarnado en extender el impacto del movimiento, creo que a menos que abracemos esta misma dinámica, en efecto se obstaculiza nuestra capacidad para sembrar las semillas de impacto transformacional así como la posibilidad de multiplicación.

No solo se trata de algo importante por cuestiones prácticas relacionadas con los movimientos, sino porque mucha teología de la misión y la encarnación se centra y concentra en este impulso. El impulso misional-encarnacional es en efecto el desarrollo práctico de la misión de Dios (el *missio Dei*) y de la Encarnación. Está enraizado en la misma manera en que Dios redimió al mundo y en cómo se reveló a sí mismo ante nosotros.

Tratándose de un elemento tan decisivo del ADN*m* es, sin embargo, el que

---

1 Escuche estas palabras en un discurso en la reunión del décimo aniversario de la orden de Uffizi 06/10/2015.

2 El adverbio griego *kathos* legítimamente se traduce como un mandato para reflejar o emular una acción, persona o ejemplar de lo con el que se está comparando. El léxico griego de Thayer dice "según la manera en la que, en la medida en que, sólo, como" (p. ej., Mt. 28:6; Mc. 11:6; 16:7; Jn. 15:10, 12; 17:22; Heb. 5:4) (http://biblehub.com/greek/2531.htm). Por lo tanto, "así como" nos invita a hacernos la pregunta; "¿cómo el Padre envía al Hijo?" y la respuesta es. . . por medio de la encarnación, de manera encarnacional.

más fácilmente se pasa por alto debido a un pensamiento muy sincero pero moldeado de otro modo y cautivado por otra imaginación; la del impulso *evangelístico atraccional*. Resulta difícil criticar la genuina sinceridad de las iniciativas evangelísticas dirigidas a dar crecimiento a la iglesia. En muchos aspectos está bien, te hace sentir bien e incluso a veces es muy eficaz. Pero he llegado a la conclusión de que la forma en que ahora en gran parte hacemos evangelismo está bloqueando nuestra capacidad de ser un movimiento de discipulado. Es hora de replantear nuestras prácticas a lo largo de líneas más auténticamente bíblicas.

Nuestra teología primaria moldea nuestra metodología primaria

Como esto va en contra del engranaje de nuestras prácticas, es importante captar la dinámica teológica del impulso misional-encarnacional para entender cómo estos dos fundamentos entretejidos de teología cristiana esencial influyen en nuestras prácticas y conductas. Hay dos doctrinas profundas que influyen en la práctica dándole significado teológico: el *missio Dei* y la encarnación.

Misión//Misional

Durante los últimos cuarenta años más o menos, se ha dado un giro masivo en la manera de ver las misiones. Algunos han articulado este cambio, pasando de centrarlas en la iglesia a centrarlas en Dios. Este es el caso de Darrell Guder:

> "Nos hemos dado cuenta de que la misión no es simplemente una actividad de la iglesia. La misión es más bien el resultado de la iniciativa de Dios, enraizada en los propósitos de Dios de restaurar y sanar la creación. Misión significa 'enviar' y es el tema bíblico central que describe el propósito de la acción de Dios en la historia humana. La misión de Dios empezó con el llamamiento a Israel a recibir las bendiciones de Dios para ser de bendición a las naciones. La misión de Dios se desplegó en la historia de Su pueblo a través de los siglos, que ha quedado registrada en las Escrituras y que alcanzó su clímax revelador en la encarnación de la obra de salvación de Dios en el ministerio de Jesús, su crucifixión y su resurrección. . . Hoy continúa en el testimonio mundial del Evangelio de Jesús a todas las culturas a través de las iglesias".[3]

Guder concluye, que "hemos aprendido a hablar de Dios como de un 'Dios misionero'. Consecuentemente hemos aprendido a entender a la iglesia como 'pueblo enviado'. 'Como el Padre me envió, yo os envío' (Jn 20:21; 5:36-37; 6:44; 8:16-18; 17:18)".[4] De la misma manera en que Dios envió al Hijo al mundo, nosotros somos en el fondo un pueblo enviado, o sencillamente, *misionero*.

---

3 Consultar a Guder, (ed.), *Misional Church: A Vision for the Sending Church in North America*, p. 4.
4 Ibid, p. 4.

El impulso misional implica encarnar y vivir el hecho de ser enviados. Es en esencia un movimiento destinado a salir de una comunidad o individuo e ir a otro. Es un empuje hacia fuera enraizado en la misión de Dios y que fuerza a la iglesia a alcanzar un mundo perdido. Por tanto, un impulso misional genuino, más que atraer, lo que hace es enviar. El modelo de misión del NT es centrífugo más que centrípeto. No puede quedar más claro. Cuando Jesús compara el reino de Dios a las semillas que se esparcen, no está bromeando. Pero si lo aplicamos a nuestras prácticas misionales, sería algo así (ver gráfica):

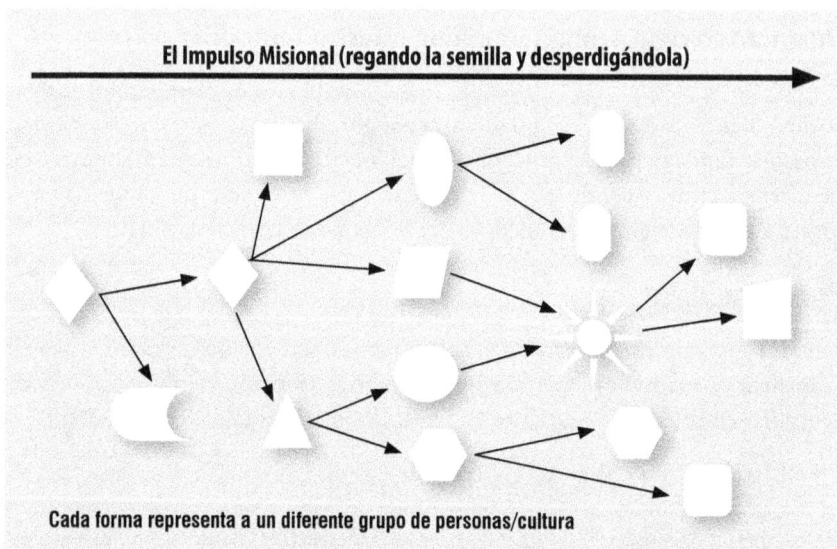

El Impulso Misional (regando la semilla y desperdigándola)

Cada forma representa a un diferente grupo de personas/cultura

Toda misión genuina se inspira en esto, así que no debería resultarnos demasiado extraño, si le damos la vuelta parece un árbol genealógico espiritual, ¿no es así? Es como todos llegamos aquí y cómo transmitimos nuestras propias historias y ADN a nuestros descendientes. Para usar otra metáfora que se ha convertido en común a través de los medios de comunicación social, fácilmente podemos observar el patrón de "estornudo viral" relacionado con el impulso misional.

Pero este mismo gráfico también nos permite ver exactamente cómo hemos inhibido el fluir de este movimiento hacia fuera. El modelo de la cristiandad tiende a obstaculizar el impulso misional (enviado y enviando) apoyándose casi exclusivamente en enfoques atraccionales (ven y tómalo). Como hemos visto en el capítulo 2, el modelo de difusión y de arrastre que es intrínseco al entendimiento modelo de iglesia de la cristiandad en relación con la cultura, es eficaz en los contextos m0, m1, pero mucho su impacto no va mucho más allá de ellos y cada vez es menos en la medida que aumentan los niveles de complejidad cultural. Las formas de cristiandad de la iglesia son realmente buenas en la recolección del "fruto maduro", el que cuelga a baja altura, pero no hay una visión real, ni la comprensión o el método de cómo llegar más allá de un enfoque meramente evangelístico al contexto. La estrategia entonces está diseñada para estimular el crecimiento numérico a través de la una mejor programación, mejor plantel y recursos además de un mercadeo efectivo. El cambio de misión encarnacional con alcance evangelístico puede parecer sutil, pero es realmente una forma totalmente diferente de ver lo que se ha convertido en algo demasiado familiar. En nuestros formatos actuales, no hay un real énfasis en *ir* pero si hacemos mucho en *vengan*. El efecto neto del uso exclusivo del evangelismo attractional solamente bloquea involuntariamente el movimiento hacia *ir* que está integrado en el mensaje del Evangelio mismo. En lugar de ser sembrado en el viento, las semillas se colocan en almacenes eclesiales, perdiendo así claramente el propósito para el cual se producen las semillas en primer lugar.[5] O, para volver a la metáfora del *estornudo*, suprimiendo el "estornudo" al retener del todo el impulso de estornudar. Es por esta razón, que el modelo atraccional sencillamente no podrá nunca esperar tener el mismo amplio impacto en la cultura que de hecho tienen los movimientos de Jesús (ver gráfica):

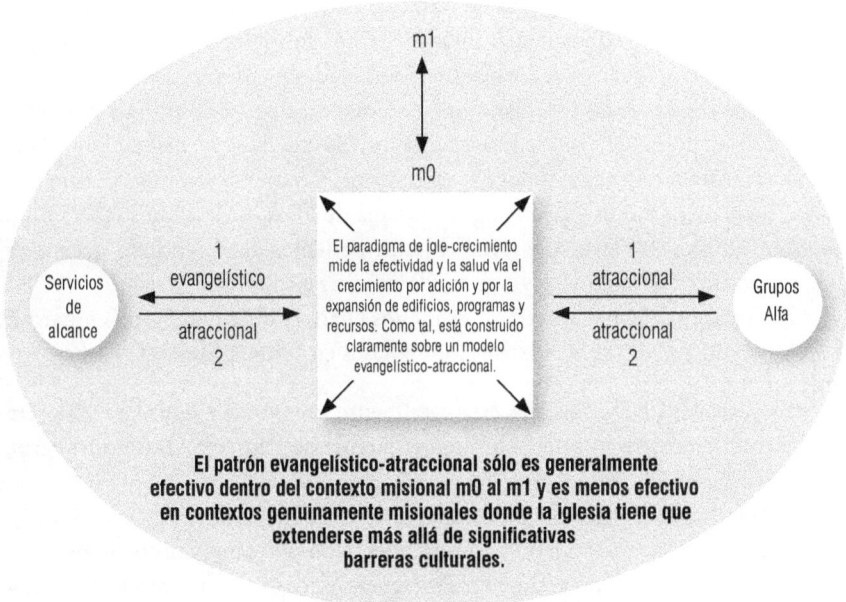

El patrón evangelístico-atraccional sólo es generalmente efectivo dentro del contexto misional m0 al m1 y es menos efectivo en contextos genuinamente misionales donde la iglesia tiene que extenderse más allá de significativas barreras culturales.

El Impulso Evangelístico-Atraccional

---

5 Este problema se corrige fácilmente: sólo hay que incrustar el ADN*m*, enfatizando el *ir* y dejando de insistir en la iglesia attractional. Tenemos que aprender a confiar en el reino de Dios para hacer el trabajo de dispersión, de riego y crecimiento de las semillas (1 Co. 3:6-7). Aunque suena simple, es una dura lección de aprender para los que dependen de controlarlo todo para sentirse bien.

Encarnación//Encarnacional

Juan 1:1-18 es el texto determinante y central de las Escrituras, que narra la maravillosa entrada de Dios en la historia humana. Pero este texto está lejos de ser el único que sondea dicho misterio. Todos los cristianos reconocen que Dios estaba totalmente presente en Jesús y que se trasladó a nuestro barrio en un acto de amor humilde, sin que el mundo haya conocido jamás cosa igual.

> "Cuando hablamos de la Encarnación con 'E' mayúscula, nos estamos refiriendo a ese acto de amor sublime y de humildad con el que Dios se propone entrar en las profundidades de nuestro mundo, nuestra vida y nuestra realidad para que la redención y la consecuente unión entre Dios y la humanidad puedan tener lugar. Esta 'encarnación' de Dios es tan radical y total que repercute en todas Sus demás acciones en el mundo".[6]

Cuando Dios vino a nuestro mundo en y a través de Jesús, el Eterno se mudó a nuestro barrio y se dispuso a residir entre nosotros (Jn. 1:14). El empuje central de la Encarnación, claro, en la medida en que podemos penetrar en este misterio, fue que Dios se convirtió en uno de nosotros para redimir la raza humana. Pero la Encarnación, y la consecuente obra de Cristo, consiguieron mucho más que nuestra salvación, fue un acto de profunda afinidad, una *identificación* radical con todo lo que significaba ser humano; un acto que desataba todo tipo de potencial en la persona con quien se identificaba. Pero más allá de la identificación está la *revelación*: tomando para sí todos los aspectos de la humanidad, Jesús es para nosotros de manera casi literal la imagen humana de Dios. Si deseamos saber cómo es Dios, no tenemos más que mirar a Jesús. Podemos comprenderlo porque es uno de nosotros. Nos conoce y nos puede mostrar el camino.[7]

Por tanto, podemos identificar al menos cuatro dimensiones que enmarcan nuestra comprensión de la Encarnación de Dios en Jesús el Mesías.[8] A saber:

- *Presencia*: El Dios eterno está totalmente presente en Jesús. Jesús no era simplemente un profeta o un representante de Dios, era Dios hecho carne (Jn. 1:1-15; Col. 2:2-9).
- *Proximidad*: Dios se ha acercado a nosotros a través de Cristo y no solo de una manera que podemos comprender, sino que también podamos acceder. No solo llamó a la gente al arrepentimiento y proclamó la presencia directa de Dios (ver. 1:15), sino que se hizo amigo de los marginados y vivió cerca de los quebrantados y perdidos (Lc. 19:10).

---

6 Ver Frost y Hirsch, *Shaping of Things to Come*, 35. Consultar las páginas 35–40 para explorar las implicaciones de la realidad encarnacional.

7 Para continuar reflexionando más sobre el testimonio encarnacional y la misión, ver Frost, *Incarnate*; Halter, *Flesh*; y Hammond y Cronshaw *Sentness*.

8 He adaptado este cuadro del material de formación de mi colega de Forge, Michael Frost.

- *Prevención:* El entendimiento de que Dios prepara (previene) los corazones de las personas sintonizándoles con su necesidad de salvación. Jesús dice una y otra vez que Él sólo hace lo que ve hacer al Padre y que vive para seguir la obra previa de Dios en el corazón humano, en la cultura y en la sociedad (Jn. 5:19-20; 6:38; 9:4; 12:49-50, etc.)
- *Carencia de poder:* Convirtiéndose en "uno de nosotros" toma la forma de un siervo y no la de alguien que gobierna por encima nuestro (Flp. 2:6; Lc. 22:25-27). No nos deja aturdidos con un show de luz y sonido, sino que vive como un humilde carpintero en el remanso de Galilea durante 30 años, antes de activar su destino mesiánico. Actuando así, rehúye todas las nociones normales de poder coercitivo y nos demuestra como el amor y la humildad (carencia de poder) reflejan la verdadera naturaleza de Dios y son el medio clave para transformar la sociedad humana.
- *Pasión:* Pasión (o pathos) es la capacidad de sentir las cosas profundamente. Se nos dice que Jesús tenía compasión intensa por la gente (Mc. 6:34). No es de extrañar, pues compasión es la capacidad de empatizar con los que sufren precisamente porque uno sabe el significado del dolor y el conflicto humano y en su papel como el Siervo Sufriente (Is. 52:13-53. 12), Jesús asume el dolor y el sufrimiento en sí mismo y redime la condición humana desde el interior hacia fuera (Heb. 2:5-18). Es por Sus heridas que somos sanados (Is. 53:5).
- *Proclamación:* la presencia de Dios no solamente dignifica directamente todo lo que es humano, sino que también es heraldo del reino de Dios llamando a la gente a responder con la fe y el arrepentimiento. De esta forma inicia la invitación del Evangelio que sigue estando activa hasta el día de hoy.

Quizás lo podríamos ilustrar de la siguiente manera (ver gráfica):

La Encarnación

La Encarnación no solo repercute en las obras de Dios en el mundo, sino que también debe repercutir en las nuestras. Si la manera principal de llegar al mundo fue para Dios encarnarse en Jesús, entonces nuestra manera de llegar al mundo debe ser igualmente *encarnacional*. O como ha dicho David Bosch, "si nos tomamos en serio la encarnación, la palabra tiene que hacerse carne en cada nuevo contexto".[9] Por tanto, actuar de manera encarnacional significará en parte, que nuestra misión entre las personas de fuera de la fe debe ejercerse con una identificación y afinidad genuinas. Como mínimo, significará trasladarnos a un espacio geográfico común y establecer una presencia real de convivencia con el grupo que queremos alcanzar. Pero el motivo básico del ministerio encarnacional es también *revelador*; es decir, que estas personas lleguen a conocer a Dios a través de Jesús. Decir que la Encarnación debe influir en todas las dimensiones de la vida individual y comunitaria seguramente sea poco. Al convertirse en uno de nosotros, Dios nos ha dado un arquetipo de verdadera humanidad, y consecuentemente, de verdadera comunidad. Esto tiene unas implicaciones tremendas en nuestras vidas y en nuestra misión. Así que, valiéndonos del cuadro anterior, apliquemos este concepto a la misión del pueblo de Dios:

- *Presencia*: el hecho de que Dios viviera en el barrio nazareno durante 30 años y nadie se diera cuenta, debería perturbar en gran medida nuestra manera normal de hacer misión. No solamente tiene implicaciones en nuestro testimonio de vida humana normal, también nos dice algo respecto al momento y la anonimidad relativa de las maneras encarnacionales de hacer misión. Hay un momento para los acercamientos directos, pero también hay un momento para limitarnos a formar parte del tejido de una comunidad y vivir la humanidad de todo ello. Además, la idea de presencia realza el papel de las relaciones en la misión. Si las relaciones son el medio clave para la transferencia del Evangelio, eso significa que vamos a tener que estar presentes entre la gente de nuestro círculo. Nuestras vidas son nuestro mensaje y no podemos ausentarnos de esta ecuación. Pero una de las profundas implicaciones de nuestra presencia como representantes de Jesús es que a Jesús, de hecho, le gusta estar entre las personas con que salimos. Reciben el mensaje implícito de que realmente le interesan a Dios.
- *Proximidad*: Jesús se mezcló con gente de todos los niveles de la sociedad. Comió con fariseos, recaudadores de impuestos y prostitutas. Si vamos a seguir sus pasos, tendremos que estar directa y activamente implicados en las vidas de las personas a quienes queremos llegar. Eso no solo implica nuestra presencia, sino una disponibilidad genuina, espontánea y sostenida con las amistades y comunidades en que habitamos.

---

9 Ver Bosch, *Transforming Mission*, p. 21.

- *Prevención*: Dios no limita su presencia a los cristianos bautizados—¡Él es un evangelista implacable! Siempre está obrando en su mundo, justo en el meollo de las cosas—en la vida de las personas pecadoras, incluyendo la nuestra propia. John Wesley llama a esta realidad "gracia preventiva" (gracia preparatoria), ¡y él construyó su ministerio completo sobre esta base sólida! Realmente creía que Dios siempre estaba preparando el camino para la predicación del Evangelio, que Él estaba obrando en cada persona, cortejándoles en una relación en y a través de Jesús. No "traemos a Dios" con nosotros a cualquier situación, Él existe mucho antes de que usted o yo lleguemos a la escena. Los misioneros encarnacionales tratan de discernir lo que Dios está haciendo en un pueblo y una cultura. . . y simplemente se unen a Él en la misión.
- *Carencia de poder:* Si intentamos actuar como Cristo, no podemos depender de las formas de poder normales para comunicar el Evangelio. Tenemos que tomarnos el modelo de Jesús con absoluta seriedad (Mt. 23:25-28; Flp. 2:5 en adelante).[10] Esto nos compromete al servicio y la humildad en nuestras relaciones con el mundo. Desafortunadamente, gran parte de la historia de la iglesia muestra lo poco que hemos asimilado este aspecto de la encarnación de Cristo en nuestra comprensión de la iglesia, el liderazgo y las misiones.
- *Pasión*: Esta encarnación práctica nos involucra personalmente, es lo que mi esposa Debra llama "la encarnación del corazón". Al participar en el drama de la situación humana, el discípulo que es atento, siente algo del dolor de una persona o un pueblo y luego trata de ver cómo el Evangelio se dirige directamente a ese dolor.[11] Estamos tratando con seres humanos y no objetos. Todos tienen historias, dolores y alegrías. Compartimos una experiencia común de la humanidad. Muchos sufren grandes dificultades de la vida. Estamos llamados a participar de la misma manera que Jesús participaba. . . ¡con compasión! (Mc. 6:34).
- *Proclamación*: la invitación del Evangelio iniciada en el ministerio de Jesús sigue viva y activa hasta el día de hoy. Un enfoque genuinamente encarnacional requerirá el que estemos siempre dispuestos a compartir el Evangelio con las personas de nuestro mundo. No podemos extraer este aspecto de la ecuación y seguir fieles a nuestro llamamiento. Somos en

---

10 Jesús es bastante explícito en este sentido: "Pero Jesús los reunió a todos y les dijo: como muy bien sabéis, los gobernantes someten a las naciones a su dominio, y los poderosos les hacen sentir su autoridad. Pero entre vosotros no debe ser así. Antes bien, si alguno de vosotros quiere ser grande, deberá ponerse al servicio de los demás, y si alguno de vosotros quiere ser principal, deberá hacerse servidor de todos. De la misma manera que el Hijo del Hombre no ha venido para ser servido, sino para servir y dar su vida en pago de la libertad de todos los hombres". (Mt. 7:20; 25-28).

11 Ver Hirsch y Hirsch, *Untamed*.

esencia "una tribu con un mensaje" y eso significa que debemos asegurarnos de ser fieles en la transmisión del mensaje que llevamos por medio de la proclamación (ver gráfica).

Misión Encarnacional

Gregory Bateson, biólogo seminal y uno de los fundadores de la cibernética (teoría de sistemas) mantiene que todos los seres vivientes existen solamente en una vasta red de relaciones. Somos parte de un ecosistema más amplio de conexiones con nuestro mundo, nuestra cultura y cosas en general.[12] Esto también es cierto en relación a la iglesia en misión. Estamos relacionados con Dios y entre sí, pero también estamos en una relación viva y continua con el mundo que habitamos. Estamos en un sentido ya encarnados en un vasto sistema de relaciones de la cual somos responsables.

Vivir de forma encarnacional significa, no solo seguir el patrón de humanidad instaurado en la Encarnación, sino también crear un espacio donde la misión pueda tener lugar de forma orgánica. De esta manera, la misión se convierte en algo que "encaja" al dedillo en el ritmo normal y corriente de la vida, las amistades y la comunidad; que está, por tanto, totalmente *contextualizada*. Estas "prácticas" forman el punto de partida de una misión encarnacional genuina. Pero también nos proporcionan un punto de entrada a la auténtica experiencia de Jesús y su misión. Lindy Croucher, misionera entre los pobres de una orden llamada UNOH, equipara el vivir de forma encarnacional a la escena en que Mary Poppins coge a los niños de la mano y se mete en el cuadro. Dice que para ella, la misión encarnacional ha sido como "entrar en los Evangelios". Piensa que por vez primera "está viviendo dentro de los Evangelios".[13]

La encarnación debe pues influir en nuestra relación con el complejo

---

12 Ver Charlton, *Understanding Gregory Bateson*, p. 120.

13 Tomado de una comunicación personal con la autora.

mundo multicultural que nos rodea. Los miembros de *InnerChange* (una orden misionera que trabaja con los pobres en San Francisco, Los Ángeles, Vietnam y Cambodia) se lo toman muy en serio, no solo porque trabajan con los pobres y dicha identificación con la gente en su pobreza es esencial para establecer un diálogo que tenga sentido, sino porque también es totalmente bíblica. Es una reverberación total de los medios de Dios para llegar a nosotros. Para identificarse con los pobres, todos los miembros de *InnerChange* viven voluntariamente bajo el umbral de la línea de pobreza, pasan el 80% de su tiempo en el barrio y trabajan para sostenerse para que la gente no le pueda decir "te pagan para estar entre nosotros". También plantan comunidades de fe autóctonas que se convierten en una parte genuina de los diversos grupos de gente a quienes están intentando llegar.

El ministerio encarnacional significa esencialmente llevar la iglesia a la gente y no la gente a la iglesia. En San Francisco, un destacado misionero urbano llamado Mark Scandrette personifica en su barrio las 6 dimensiones de la práctica encarnacional. Forma parte de numerosos grupos de artistas locales, de activistas, de negocios. . . y así lleva la presencia de Dios a las vidas de un grupo de personas alienadas de la iglesia tal y como la han conocido. Su ministerio es difícil de valorar en términos puramente numéricos, pero sin duda ese valioso ministerio ha acercado el reino de Dios mucho más que nunca a numerosas personas que están fuera de la iglesia.

Esta práctica de encarnar el Evangelio tiene repercusión en algunos de los movimientos actuales más destacados. *God's Squad*, cuyo ministerio son las bandas ilegales de motorizados, también usa el mismo acercamiento. Con los años se han convertido en una parte más del tejido de esa subcultura y están ahí cuando la gente se pone a hablar de Dios, Jesús, el significado de la vida. . . como todo el mundo hace a su manera. Han hecho entrar a Jesús en la imaginación de la cultura de los motociclistas ambulantes, de la cual ellos forman una parte tan vital. Pero no hay por qué limitarse a las subculturas, los pobres y los grupos étnicos. Debe convertirse en parte de nuestra práctica en relación a las personas que nos rodean en la vida diaria. En el momento que salió la primera edición de este libro, en Australia habían más de 60 iglesias en bares y seguro que hay muchas más en el Reino Unido y los EE. UU.

Y luego está la proliferación masiva de lo que podemos llamar misiones en terceros lugares (o lugares neutrales). Partiendo de la frase dada por Ray Oldenburg,[14] terceros lugares representan nuestros entornos sociales preferenciales, los lugares donde nos gusta pasar un tiempo agradable cuando tenemos tiempo para hacerlo. Los ejemplos son las cafeterías, clubes deportivos, reuniones

---

14 Ver Oldenburg, *Great Good Place*. En la tipología de Oldenburg sobre terceros lugares, el primer lugar es la casa, el segundo lugar es de trabajo y el tercero el lugar de reunión social.

entre amigos, bares, grupos de interés, clases de arte, teatro, grupos de yoga y/o ejercicio y discotecas.

Uno de los principales misioneros encarnacionales en Norte América es el líder de Forge, Hugh Halter. Involucrado en una visión donde todo el pueblo de Dios puede usar lo que tienen como parte de la misión de Dios, él ha comenzado un movimiento de héroes cotidianos, de campeones con historias peligrosas llamado movimiento BiVo.[15]

Uno de los mejores ejemplos que he visto en los últimos años se llama Life in Deep Ellum. Inspirado en el Centro Cultural Cristiano de Copenhague en Dinamarca y con sede en el corazón del distrito de arte de Dallas, este ministerio patrocina fiestas, exposiciones de artistas locales, tiene una tienda de café frío, un pequeño teatro, clases de baile y proyectos de desarrollo comunitario mientras que integra perfectamente a su iglesia en la vida de Life in Deep Ellum.[16]

Clint Garman, un plantador de iglesia misional, ha creado un bar en el centro de Ventura que está teniendo un efecto enorme en el barrio. Siguiendo por la carretera en Fort Worth, mi amigo Joey Turner dirige una de las más elegantes y socialmente comprometidas tiendas de café en la región. El impacto en la comunidad es enorme. Un excelente ejemplo de ministerio en bares fue iniciado por el pastor de la iglesia Portland Four Square, Ryan Saari. Llamado Oregon Public House, esta iniciativa sin ánimo de lucro, se dedica profundamente a la comunidad local, alberga una comunidad de la iglesia, recauda dinero para la caridad, recibe a artistas locales y apoya a los más desfavorecidos.[17]

En Melbourne, una gran iglesia pentecostal ha vendido su propiedad de valor sustancial y edificios para invertir en un centro comercial local y convertirse en una presencia directa y activa en este corazón de la vida social suburbana. En el centro comercial serán plenamente responsables de crear tejido social e inyectarle espiritualidad a estos lugares muchas veces "sin alma" de la vida moderna. No solo son financieros interesados en un proyecto rentable, también están en un sentido real diariamente llevando el reino a los lugares habitados por personas. Presencia y adoración cristiana han entrado en el espacio público.[18]

En la región de Seattle/Tacoma, las comunidades Soma han optado por dejar a un lado sus expresiones anteriores de ministerio y han alquilado y comprado edificios convirtiéndolos en discotecas, cafeterías y estudios de grabación con el compromiso de grabar a muchos músicos de la zona. Desde el principio tomaron medidas significativas para limitar el recurso atraccional del ministerio con el fin de independizar a los miembros de la presión de tener que ir a un "servicio" para

---

15 Ver Halter, *Bivo*.
16 www.lifeindeepellum.com/.
17 http://oregonpublichouse.com/.
18 http://www.urbanlife.org.au/.

más bien promover que todos se involucren en las expresiones locales de misión. Posteriormente han diseñado completamente a la iglesia como una red regionalizada de comunidades misionales, que han pactado unos con otros en adoptar y servir una subcultura particular, una causa común, una comunidad escolar y cosas por el estilo. Ahora se están convirtiendo en un movimiento muy fuerte con iglesias asociadas en tres continentes. Asimismo, la iglesia Trinity Grace en la ciudad de Nueva York, adopta un enfoque casi idéntico. El resultado neto es que de manera efectiva alcanzan a una variedad muy amplia de gente en grupos distribuidos en los diferentes distritos de Nueva York. Cada comunidad está realmente contextualizada y se convierte en parte de la comunidad a la que sirve.

Como muchos ministerios para-eclesiásticos, Los Navegantes (The Navigators) están replanteándose totalmente sus enfoques misioneros. Uno de los brazos más nuevos del movimiento se llama *BetterTogether*, o sencillamente *B2G*. Lo dirige el visionario Gary Bradley y se trata de grupos de amigos que cooperan para llevar el Evangelio de Jesús y su reino a su entorno habitual como canales de gracia y de bendición. Están atentos al lugar donde Dios está obrando y su objetivo es unirse a Él en las realidades del discipulado en un contexto misional. ¿Su credo? "Ahí donde estés, Dios se está moviendo para hacer entrar a la gente a la profunda y arriesgada realidad de conocerlo". También se dedican al desarrollo de comunidades de transformación que encarnan a Jesús en todas las esferas de la vida. El objetivo de Gary es "ver la historia de Jesús plasmada de nuevas maneras en la próxima generación".[19] Asimismo, el programa "Chapter Planting" de InterVarsity también está haciendo un esfuerzo muy exitoso plantando comunidades de adoración localmente contextualizadas en cientos de universidades en los Estados Unidos.[20]

Estas son tan solo algunas de las muchas maneras en que los individuos, las iglesias y las agencias misioneras se están alejando de la seguridad de la iglesia atraccional para experimentar caminos misionales y encarnacionales. El claro efecto de estas distintas expresiones de la misión encarnacional es la siembra del Evangelio en áreas locales o en grupos, de manera que forme parte del tejido intrínseco de dicha cultura. Además, una presencia encarnacional genuina da un toque profundamente personal a la misión y a la vez otorga credibilidad a la proclamación y su respuesta. El arte de pensar de manera misional en las organizaciones está en reconocer que la iglesia es responsable de entregar el mensaje de Jesús en condiciones culturales radicalmente diferentes y constantemente cambiantes. Esto exige movimiento y una constante adaptación. Nunca debemos subestimar el poder de las prácticas encarnacionales para acercar el Evangelio a cualquier grupo de gente.

---

19 http://home.navigators.org/us/b2g/index.cfm.
20 http://bit.ly/1fyTQn0.

A modo de contraste, hemos distorsionado el sentido de misión encarnacional cuando, como misioneros occidentales, hemos impuesto patrones denominacionales determinados sobre otros. Esto exige una adaptación movimiento y constante en vías de desarrollo. Eso no solo empequeñece la validez de la cultura local, sino que aliena a los cristianos locales de su entorno cultural, al transponer una expresión cultural occidental en lugar de las autóctonas. El resultado directo es un pobre hombre negro en medio de la selva africana, vestido con una túnica, frente a un edificio de iglesia de estilo gótico, haciendo entrar a la gente a un culto que casi no tiene sentido; ni siquiera para las culturas que lo crearon. En estos casos no se ha hecho ningún intento de contextualizar ni el Evangelio ni la iglesia, y nos preguntamos por qué tienen tan poca repercusión entre la población del lugar. Este error es fácil de detectar en medio de África, pero hacemos lo mismo por todo el Occidente tan tribalizado ahora mismo.

Cuando consideramos los patrones que la encarnación práctica crea con el tiempo, vemos que las prácticas encarnacionales realmente incorporan y profundizan el mensaje del Evangelio en cada grupo de personas de forma que ellos también puedan adorar a Jesús en formas que hagan sentido a su cultura. Una representación gráfica del impulso encarnacional se vería algo como esto (ver gráfica):

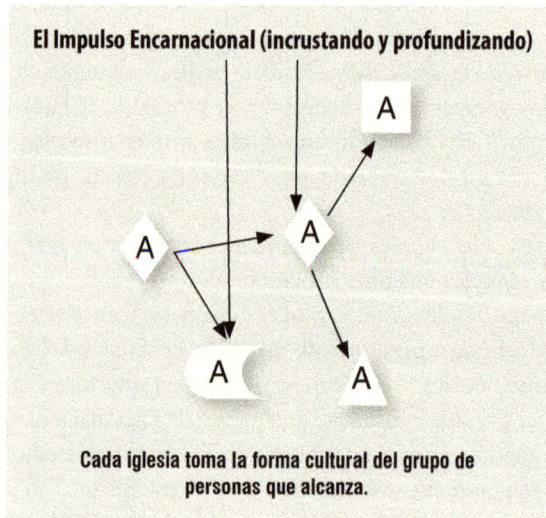

El Impulso Encarnacional (incrustando y profundizando)

Cada iglesia toma la forma cultural del grupo de personas que alcanza.

Actuando encarnacionalmente, los misioneros se aseguran de que la gente de cualquier tribu abrace el Evangelio y lo viva de manera *significativa* para dicha tribu. Como consecuencia, toda la cultura en sí encuentra su plenitud y su redención en Jesús. El Evangelio transforma la tribu *desde dentro*, por decirlo de alguna manera. Apocalipsis 21-22 nos recuerda que en la Gran Redención habrá una expresión genuina de la cultura redimida cuando toda tribu, grupo lingüístico y nación adoren a Dios por lo que ha hecho por ellos. Las naciones adorarán desde dentro de sus propias expresiones culturales.

Tanto misional como encarnacional: hacia fuera y profundizando

El impulso misional está inspirado y es informado por la misión de Dios, mientras que el impulso encarnacional se nutre profundamente de la encarnación como su metáfora primaria. De hecho ambos son necesarios para forjar una misión genuinamente bíblica. El impulso *encarnacional* obtiene su inspiración a partir de la Encarnación y el impulso misional obtiene su energía de la Misión de Dios. En las peligrosas historias de los movimientos cristianos, estos impulsos se juntan en uno solo: el impulso misional-encarnacional. Los dos juntos en acción operan como las dos cuchillas de unas tijeras, lo que las convierte en una herramienta eficaz para cortar. El impulso misional hace que el mensaje se expanda; el impulso encarnacional hace que el mensaje profundice. Se trata de algo tan vital en los movimientos, que he llegado a pensar que se trata de uno de los elementos más identificables del Carácter Apostólico, y por tanto intrínseco a la iglesia en su versión apostólica. Esta fusión del impulso misional y encarnacional puede tener el siguiente aspecto (ver gráfica):

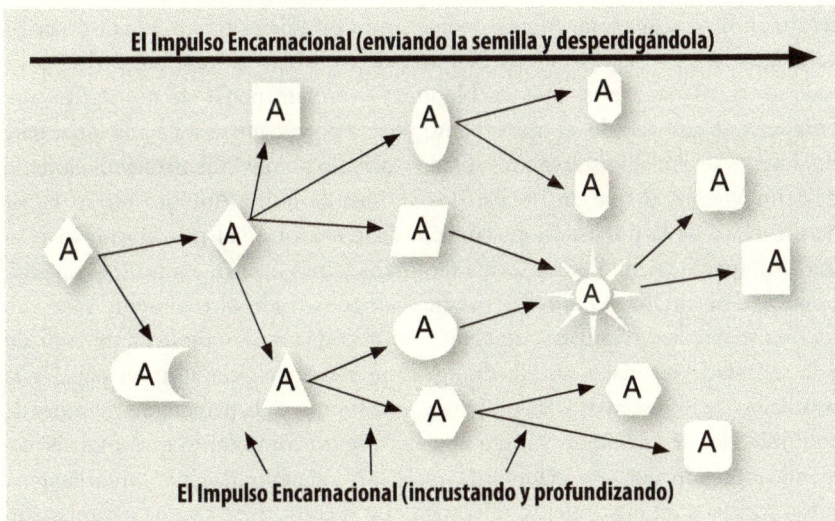

El Impulso Encarnacional (enviando la semilla y desperdigándola)

El Impulso Encarnacional (incrustando y profundizando)

Al irse extendiendo la misión, el Evangelio también se va sembrando a sí mismo en la cultura anfitriona. El resultado son comunidades de fe que forman parte de la cultura en que habitan y a la vez son misionales. Así van extendiendo la misión que han recibido iniciando nuevas obras misioneras en grupos y tribus distintas. Puede sonar un poco teórico, pero es un reflejo de lo que ocurre concretamente con *Church Multiplication Associates, Urban Neighbors of Hope, God's Squad, InnerChange, BetterTogether, Stadia* y los muchos otros movimientos que se toman este enfoque en serio. Este gráfico ilustra claramente la acción de éstos y otros movimientos que siguen este impulso, aunque no usen el lenguaje de este libro. También es ciertamente un aspecto de los movimientos de la Iglesia primitiva y el de China.

Veamos algunas de las implicaciones del enfoque misional encarnacional.

Hacer bebés es divertido

En primer lugar, no es difícil ver que la capacidad reproductora de la iglesia está directamente relacionada con este impulso. ¿Parece un árbol genealógico, no? Ya lo estudiaremos mejor cuando tratemos del elemento del ADN*m* llamado sistemas orgánicos, pero es importante saber que aquí reside el impulso para la siembra y reproducción del pueblo de Dios en todas las culturas y pueblos. Podríamos imaginarnos que cada unidad de iglesia es una vaina llena de semillas: cada iglesia está 'preñada' de otras iglesias. Es así como se propaga la iglesia apostólica, siguiendo este impulso.

Nuevos movimientos misionales comienzan llevando el mensaje y luego profundizándolo en ciclos incrementales, pero lamentablemente muchas veces no terminan de esta manera. Algo sucede cuando los líderes tratan de controlar las cosas demasiado. En el esfuerzo de tratar de controlar los resultados del movimiento, sin darse cuenta pueden bloquear su innato poder de multiplicación. Una vez que esto sucede, el movimiento poco a poco comenzara a adicionar para finalmente terminar sustrayendo. ¿Qué le sucedió al movimiento revolucionario de John Wesley, el cual en los Estados Unidos de Norte América creció a más de un tercio de la población en tan sólo cuarenta años? El metodismo tuvo su mayor impacto cuando en su forma temprana y más primal, era un movimiento popular descentralizado, viral, reproductivo, construido directamente sobre un fuerte sistema de discipulado, un compromiso con la misión pionera, un llamado a la santidad personal y social, evangelismo relacional, elevando el papel y la condición de los esclavos y las mujeres y, por supuesto, la plantación de miles de comunidades de adoración. Como el clero intentó controlar lo que estaba sucediendo optando por una eclesiología más sacramentalizada, involuntariamente sofocaron así a un movimiento dinámico que al convertirse en una organización centralizada perdió mucho de su poder para cambiar el mundo. La verdadera misión encarnacional siempre se expresa en la proliferación de expresiones de *ecclesia* únicamente contextualizadas— véalo en el mismo Nuevo Testamento. Suprimir este elemento del ADN*m* actúa en nuestro propio detrimento.

Movimientos, como la vida misma, están comprometidos con un crecimiento exponencial desde el principio. Las iglesias que nunca se reproducen están sofocando la reproducibilidad innata del movimiento que Jesús comenzó. Según Neil Cole, solo el 4% de las iglesias bautistas de Estados Unidos plantan una iglesia hermana. Si lo extrapolamos a las demás denominaciones, esto significa que el 96% de las iglesias convencionales de EE. UU., nunca darán a luz.[21] También, según Cole:

> "A muchos les parece bien. He escuchado a gente decir: 'tenemos muchas iglesias y muchas están vacías, ¿para qué vamos a poner más? No necesitamos más iglesias sino mejores iglesias'. Imaginemos esta afirmación aplicada a las personas: 'Tenemos mucha gente. No necesitamos más gente sino mejor gente. ¿Para qué tener más hijos?' A esto le llamo ser corto de visión. Por más superpoblado que esté el mundo, si dejáramos de tener hijos, nos encontraríamos a solo una generación de la extinción total. Imaginemos los titulares si de repente se descubre que el 96% de las mujeres norteamericanas no son fértiles y no pueden tener hijos. Al instante sabríamos dos cosas: no es natural y por tanto no están bien de salud. También sabríamos que nuestro futuro corre serio peligro."[22]

El impulso misional-encarnacional es un indicador fundamental de la salud de la iglesia.

Entrando en el ritmo de las cosas

En segundo lugar, el impulso misional encarnacional requiere que como misioneros a Occidente intentemos inocular el Evangelio, y por extensión, la iglesia, de tal manera que se convierta en un verdadero elemento orgánico del tejido de la comunidad huésped. Mientras que el impulso misional significa que siempre nos tomaremos en serio los grupos culturales como sistemas culturales peculiares, el impulso encarnacional exigirá que nos tomemos siempre en serio la cultura específica de cada grupo; lo suficientemente en serio como para desarrollar una comunidad de fe que sea fiel al Evangelio y relevante con la cultura que trata de evangelizar. Esto es lo que significa contextualizar el Evangelio y la iglesia. Cuando la misión va cargada de un modelo cultural de iglesia, no podemos evitar el imponer esa noción prefabricada de la misma sobre la comunidad en cuestión. Por eso la iglesia siempre se mantiene en cierto modo aislada del resto de la comunidad. Es mucho más eficaz el enfoque que nos anima a desarrollar comunidades cristianas genuinas en medio de la gente; comunidades que quieran convertirse en verdadera parte vital de la cultura existente y de la vida de esa gente.

---

21 http://www.onmission.com/site/c.cnKHIPNuEoG/b.830269/k.AE98/Assisting_in_Church_planting.htm.

22 Cole, *Organic Church*, p. 119.

Una iglesia genuinamente misional intentará comprender de verdad las cuestiones que vive la gente desde dentro: ¿qué les entusiasma, qué los deprime, qué significa Dios para ellos, dónde buscan la redención. . . ? Intentará observar y comprender los ritmos y redes sociales de las personas a quienes intenta llegar. ¿Cuándo y dónde se encuentran? ¿Cómo son esos encuentros?; intentando articular el Evangelio y la comunidad cristiana dentro de esos grupos, de manera que se convierta en parte genuina de dicha cultura y no algo artificial y ajeno a ella. El enfoque misional-encarnacional implica identificarse con un grupo concreto, implica sensibilidad cultural y atreverse a innovar para cumplir auténticamente con su misión. (Ver Apéndice 3 para una descripción extendida de comunidades en terceros lugares; una forma excepcional de iglesia encarnacional).

Los siguientes pensamientos sobre la contextualización fueron desarrollados por Richard y Dory Gorman (plantadores de New Thing Network y amigos en el centro de la ciudad de Chicago). Ellos sugieren que para comprender su contexto local, usted tiene que ir a un barrio y hacer preguntas relacionadas con lo siguiente:

Poder: ¿Quiénes son los poderosos? ¿Quiénes son los débiles y por qué? ¿Qué tiene que decir el Evangelio?

Economía: ¿Quiénes son los ricos? ¿Quiénes son los pobres? ¿Qué tiene que decir el Evangelio?

Dolor: ¿Dónde está el dolor del barrio? ¿Qué tiene que decir el Evangelio?

Celebraciones: ¿Dónde están las celebraciones? ¿Cómo podemos afirmarlas y unirnos a ellas?

Personas de Paz: ¿Quiénes son los guardianes de la comunidad y cómo puedo servirles?[23]

Al respetar la cultura y la integridad del grupo social, la práctica misional-encarnacional realza el tejido social de la cultura huésped. Esto es importante porque el Evangelio, y por tanto el proceso de conversión, siempre viajan junto al tejido social de una determinada cultura. Las relaciones preexistentes son un factor crítico para el crecimiento exponencial de un movimiento. "Los nuevos movimientos religiosos fracasan cuando se convierten en redes cerradas o semi-cerradas. Para que haya un crecimiento exponencial continuado, un movimiento debe mantener abierta su relación con la gente de afuera. Debe llegar a otras redes sociales adyacentes".[24] Rodney Stark sostiene que, al crecer, los movimientos amplían exponencialmente su "superficie social". Cada nuevo miembro abre nuevas redes de relaciones entre el movimiento y los miembros en potencia; siempre que

---

23 Ver Gorman, *Just Step In.*
24 Ver Addison, Movement Dynamics, p. 52.

dicho movimiento siga siendo un sistema abierto. Las redes sociales variarán de una cultura a otra, "pero la gente constituye estructuras de apego personal directo que definen las líneas por las que seguramente llegará la conversión".[25]

En Occidente se dan maravillosas experiencias en esta dirección. Gracias a su compromiso con Cristo y su servicio en la comunidad, un grupo relativamente pequeño de gente puede tener un gran impacto en su vecindario. Muchas iglesias establecidas se están adaptando a las nuevas condiciones y renuevan del todo sus edificios y recursos para que haya una participación más genuina de toda la comunidad; convirtiéndolos en centros deportivos, escuelas, cafés, centros médicos, etc. He tenido el privilegio de colaborar con iglesias bien establecidas que han vendido su edificio y se han trasladado a centros comerciales o a la calle principal. Forge, junto con otros organismos, como la Parish Collective, Fresh Expressions, Missio, V3, la red de Ecclesia, Soma y Gospel Communities on Mission, enfatizan un enfoque misional encarnado en su formación de líderes desde el principio. El líder de EE. UU., de Forge, Hugh Halter, lo dice así:[26]

- Pasamos del "*modelo atraccional*" a uno de "*comunidad encarnacional*".
- Limitamos el crecimiento por transferencia y construimos *momentun* en medio de una cultura con curiosidad por lo espiritual.
- Aprendemos a "encarnar" el Evangelio de manera que tenga sentido para los santos y para la demás gente.
- Aportamos grandes valores a una cultura que carece de los mismos: no hace falta organizar "cultos evangelísticos para gente interesada".
- Estructuramos nuestras vidas como líderes, nuestro dinero y a nuestra gente de maneras que propulsen la actividad misional.

Pero este ethos parece ser un factor del que carecen la mayoría de iglesias locales en la relación con su propio contexto. Por ello su posible impacto e influencia quedan minimizados. La iglesia atraccional no solo frena el impulso hacia el exterior de un movimiento cristiano, sino que tiende a invalidar también el impulso encarnacional. La iglesia atraccional sostiene que la gente tiene que venir a nosotros para escuchar el Evangelio, a nuestro patio trasero, a nuestra zona cultural. De hecho, deben convertirse en uno de nosotros si quieren seguir a Cristo. No me canso de hacer hincapié en lo profundamente alienante que es esto para la mayoría de no cristianos, que en general están dispuestos a explorar a Jesús, pero que no quieren verse "mezclados con la iglesia" durante este proceso. Por otro lado, el modo bíblico no es tanto traer a la gente a la iglesia como llevar a Jesús (y la iglesia) a la gente.

---

25 Ver Stark, *Rise of Christianity*, p. 22.

26 Material tomado de Missio's ZerOrientation. Utilizado con el permiso de Hugh Halter. Consultar también: http://www.missio.us/train.html.

Eclesiología misional o ... poniendo lo más importante primero

Otra parte fundamental de este aspecto del ADN*m* tiene que ver con el flujo teológico y metodológico de la iglesia misional. En la red de formación misionera Forge, un sistema de formación de líderes en el que participo, trabajamos duro para transmitir la siguiente "fórmula" de misiones en la cultura postcristiana: *la cristología determina la misiología y la misiología determina la eclesiología.* Una manera de decir que para podernos alinear correctamente como movimiento misionero, necesitamos volver en primer lugar al Fundador del cristianismo y a partir de ahí, recalibrar nuestro enfoque. La misión cristiana siempre empieza en Jesús y Él la define. Jesús es nuestro punto de referencia constante; siempre empezamos y terminamos con Él. Es Jesús quien determina la misión de la iglesia en el mundo y por tanto nuestro sentido de propósito y misión nos viene de haber sido enviados por Él al mundo.[27]

Es importante tener en cuenta que la iglesia (eclesiología) debe volver siempre a Jesús con el fin de ajustar su auto comprensión haciendo una revisión crítica sobre su cultura y metodologías. Cuando volvemos a Jesús y aprendemos de su actividad misional, descubrimos todo un nuevo mundo. Redescubrimos ese extraño tipo de santidad que resultaba tan profundamente atractiva a las personas no religiosas y tan ofensiva a las religiosas. Yo solía vivir en la zona roja de Melbourne, también área de drogadictos, puedo decir con confianza que estas personas generalmente no apreciaban a los cristianos; sin embargo, en la época de Jesús, a este tipo de gente les encantaba estar con Él y a Él con ellos. Tanto es así que esto realmente se convirtió en uno de los títulos que Él llevaba con orgullo: "Jesús, amigo de pecadores" (Lc. 7:31-34; Mt. 11:16-19). Esto debe significar algo para nosotros. Debe afectar nuestra eclesiología y discipulado. Sugiero que, en un contexto misional, debemos reaprender de Él los "cómos" de hacer misión. De Jesús aprendemos a relacionarnos con las personas de una manera totalmente fresca y poco religiosa. Él salía con "pecadores", frecuentaba los bares de su época (Mt. 11:19). Iba abiertamente de fiesta, ayunaba, celebraba, profetizaba y lloraba; todo ello haciendo accesible y provocativo el reino de Dios a la gente de la calle. Para nosotros, se trata de volver a Jesús.

Nuestro propósito no solo queda definido por la persona y la obra de Jesús, sino también por nuestra metodología. Estas cosas conforman la agenda de nuestra misiología. Nuestra misiología (nuestro sentido de propósito en el mundo) debe influir en la naturaleza y las funciones de la iglesia, así como en las formas. En mi opinión, es absolutamente vital que el orden sea el correcto. Es Cristo quien determina nuestro propósito y misión en el mundo y luego nuestra misión

---

27 La dimensión cristológica de esta afirmación queda más elaborada en mi libro anterior (con Mike Frost), *The Shaping of Things to Come*, pp. 112–35.

debe impulsar nuestra búsqueda de maneras de estar en el mundo. Se podría representar como algo así (ver gráfica):

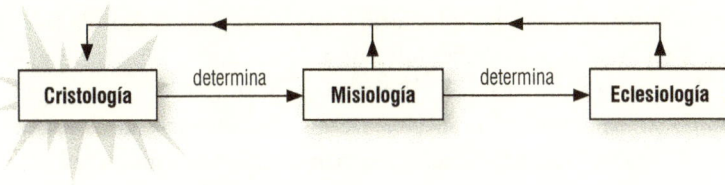

```
        ┌─────────────◄───────────────┐  ┌─────────◄─────────┐
        │             ▲               │  │         ▲         │
        ▼             │               │  ▼         │         │
  ┌──────────┐  determina  ┌──────────┐  determina  ┌──────────┐
  │Cristología│ ─────────► │Misiología │ ─────────► │Eclesiología│
  └──────────┘            └──────────┘            └──────────┘
```

Experimentos en la verdad: la iglesia que surge de la misión

Según leo yo en las Escrituras, la eclesiología (particularmente en relación con las formas culturales de la iglesia) es la más fluida de las doctrinas. Como entidad histórica, la iglesia existe en un tiempo determinado. Como una entidad cultural, existe entre un determinado grupo de personas. No hay nada sagrado acerca de las formas culturales de la iglesia. Son totalmente adaptables y necesita ajustarse solamente a Jesús como Señor y Fundador, o si lo prefiere, debe de conformarse al Evangelio ya que el mismo no es negociable. Las formas culturales de la iglesia son vasijas de barro que guardan el tesoro que es Cristo, como creyentes bíblicos, no creemos que usted deba seguir las formas derivadas de culturas y situaciones totalmente diferentes. Somos libres para seguir a Jesús en formas que son realmente significativas para la cultura en que vivimos. Estas pueden y deben adaptarse a las condiciones cambiantes en las que nos encontramos. No podemos hacer de las expresiones culturales algo sagrado e inviolable, si hacemos esto terminamos ejercitando una peligrosa idolatría. La iglesia no debe convertirse en el objeto de su propio afecto. La iglesia debería representar una dinámica expresión cultural del pueblo de Dios en cualquier lugar. El estilo de adoración, dinámicas sociales y expresiones litúrgicas, deben resultar del proceso de contextualización del Evangelio en cualquier cultura dada. *La iglesia debe de seguir a la misión.*[28]

Aprovechando la afirmación hecha por el arzobispo de Canterbury sobre lo que él llama una "economía mixta" de iglesia, estilos y expresiones, la agencia de formación Fresh Expressions promueve entre plantadores de iglesias que sean las preguntas sobre la misión las que impulsen las respuestas de la iglesia, y no viceversa. "Quienes comienzan por las preguntas sobre la relación con la iglesia existente ya han cometido el error más común y peligroso. Empieza por la iglesia y lo más probable es que la misión se quede olvidada por el camino. Empieza por la misión y lo más seguro es que encuentres la iglesia".[29] Empezamos primero por

---

28 Yo he tomado esta frase prestada de Milton Oliver, un amigo y colega de trabajo.

29 Ver Cray, ed., *The Mission Shaped Church* , p. 116. "Los primeros cristianos no se centraban en la iglesia sino en seguir a Jesús y cumplir con Su misión; la iglesia emergió de ahí". Robinson y Smith, *Invading Secular Space*, p. 40.

la misión encarnacional y la iglesia, por decirlo de alguna manera, va surgiendo gradualmente. Pero si se es coherente con las prácticas encarnacionales, esa iglesia adoptará la forma del grupo cultural al cual intenta llegar. La misión encarnacional es enormemente sensible a las formas culturales y los ritmos de las personas, ya que son el medio para ejercer influencia y relacionarse significativamente con otros. La misión encarnacional, de esta manera, se relaciona con la gente *desde dentro* de su expresión cultural. Una vez que se concreta esta conexión, observación y escucha misional esencial y se han establecido algunas redes, entonces ya se pueden formar comunidades cristianas. Esta es la única manera de asegurarnos de que la comunidad cristiana se encarna de verdad y está plenamente contextualizada.

Otro subproducto importante de la idea de que la iglesia sigue a la misión es la misión encarnacional, especialmente en nuevos contextos culturales, se convierte en la sala de máquinas para que emerjan innovadoras nuevas formas culturales de *ecclesia*. El proceso representado en la gráfica a continuación muestra cómo funciona el proceso de encarnar los énfasis propios del Evangelio en las mejores prácticas de la innovación derivada de los expertos en innovación de IDEO[30] (ver gráfica):

El Ciclo de Encarnación-Innovación

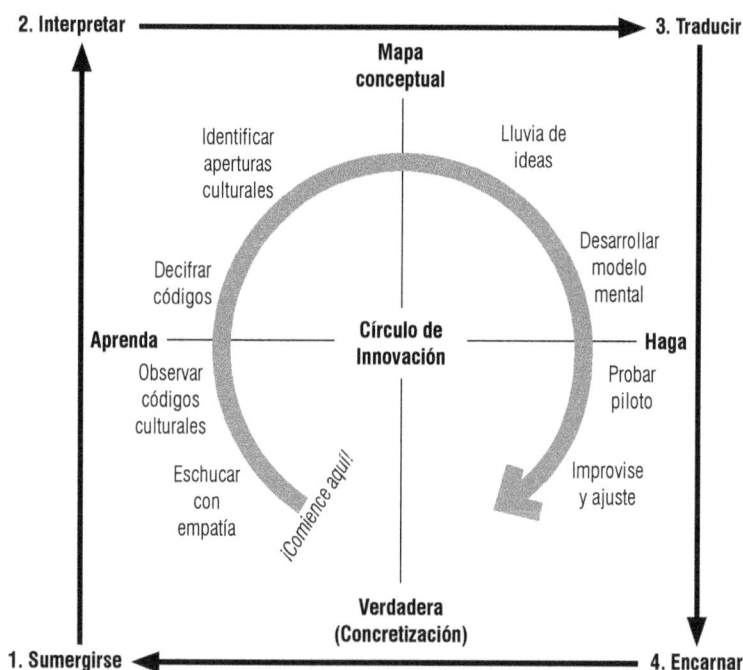

2. Interpretar — 3. Traducir

Mapa conceptual

Identificar aperturas culturales

Lluvia de ideas

Decifrar códigos

Desarrollar modelo mental

Aprenda — Círculo de Innovación — Haga

Observar códigos culturales

Probar piloto

Eschucar con empatía

¡Comience aquí!

Improvise y ajuste

Verdadera (Concretización)

1. Sumergirse — 4. Encarnar

---

30 Ver Hirsch y Catchim, *Permanent Revolution*, pp. 196–201, para mayor elaboración de este punto.

Si sacamos a la misión de la ecuación, le atinamos un serio golpe a nuestra capacidad para innovar, algo que desesperadamente necesitamos para escaparnos de las formas desgastadas de la cristiandad de la iglesia.

De hecho, esta es la única manera que tiene la iglesia de llegar a formar parte del tejido cultural y los ritmos sociales de la comunidad huésped. Una vez se ha conseguido esto, entonces sí que puede ejercer influencia desde dentro. No importa de qué grupo se trate. Por nuestros barrios hay literalmente cientos de "tribus" distintas que pueden ser alcanzadas de esta manera. New Forms, un movimiento misional radical en el Reino Unido y Europa liderado por el apóstol Peter Farmer, está haciendo el trabajo particular de crear innovadoras formas de iglesia basado en el contexto, así como lo hacen los muchos experimentos de iglesia que han surgido a través de Fresh Expressions. Con el acercamiento misional-encarnacional, Jesús puede entrar en sus imaginaciones y sus conversaciones de una manera realmente evocadora.

Para concluir este capítulo, es importante reiterar que el impulso misional-encarnacional quizás sea uno de los aspectos más importantes del Carácter Apostólico porque al adoptar este enfoque nos vemos abocados al descubrimiento natural de muchos otros aspectos del ADN*m*. La misión encarnacional despierta y requiere a los ministerios apostólico, profético y evangelístico. El discipulado se activa y crea las condiciones naturales de liminalidad en la que emergen nuevas formas de *communitas*. Los movimientos apostólicos saludables también requerirán formas apropiadas de organización que permitan la mutua rendición de cuentas mientras que al mismo tiempo no inhibe el crecimiento natural que proviene de tomar las palabras de Jesús en serio. La misión encarnacional es crucial, ya que sin ella no iremos a ninguna parte; seguiremos atrapados en el modelo de iglesia de la cristiandad.

Para adaptarnos a los desafíos del siglo XXI, necesitamos atravesar un cambio fundamental a nivel de la forma en que percibimos más ampliamente a la cultura (s). Necesitamos renovar nuestra responsabilidad de entregar con eficacia el mensaje de Jesús a ellos. Necesitamos pasar de lo evangelístico-atraccional a lo misional-encarnacional. La mejor manera de cubrir esta transición es ver la misión como una actividad de Dios y no básicamente de la iglesia. Participamos en la misión de Dios y no al revés. Si esto se admite, entonces tenemos que hacer cosas que reflejen la acción de Dios en el mundo y eso nos lleva directamente al impulso misional-encarnacional que tan claramente ha marcado a los grandes movimientos cristianos de la historia.

En su forma más simple, eso significará dejar que Jesús dirija nuestras vidas en el trabajo, en los *terceros lugares* y en las casas de las distintas personas de nuestra vida, enseñándonos lo que tenemos que hacer para ser verdadera semejanza de Cristo a otros. Él nos enseñará a ser una expresión encarnada y redentora del Evangelio en cada rincón y hendidura de nuestra cultura. Así como el Padre envió a Jesús, así también nosotros debemos de ir (Jn. 20:21). Porque seguimos el camino y el modelo de Jesús, debemos de comprometernos fundamentalmente al enfoque misional-encarnacional para la misión. Y aunque parezca extraño al principio, podemos decir que aunque sólo Jesús es la verdadera encarnación de Dios, que todos los creyentes podemos, y de hecho debemos, convertirnos en encarnaciones de Jesús a otros.

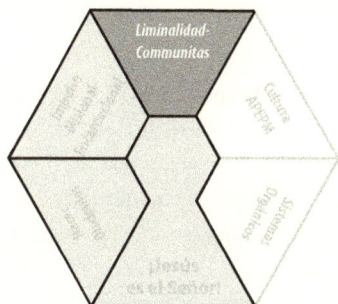

Liminalidad-*communitas*

"El principal estímulo para la renovación del cristianismo vendrá desde abajo y desde la orilla, de sectores del mundo cristiano que se encuentran en los márgenes".

—W. C. Roof

"Es lo desconocido lo que define nuestra existencia. Estamos constantemente buscando, no respuestas a nuestra preguntas, sino nuevas preguntas. Somos exploradores …

—Cmte Benjamin Sisco, *Star Trek: Deep Space Nine*

"Nunca se sabe cuánto realmente crees algo hasta que comprobar su veracidad o falsedad se convierte en un asunto de vida o muerte para el individuo".

—C. S. Lewis

En diciembre del 2004 ocurrió algo espantoso y extraordinario a la vez: el tsunami asiático que mató a unas 250,000 personas y que provocó en todo el mundo lo que sin duda fue una de las más increíbles explosiones de generosidad y compasión de la historia reciente. Jamás se había prestado tanta ayuda internacional en respuesta a una situación de crisis. En medio de ese gran horror y prueba del tsunami, la gente no solo descubrió su propia humanidad, sino que se descubrieron unos a otros de una nueva y extraordinaria manera. Exactamente el mismo fenómeno que se experimentó en Nueva York en ese fatídico 11 de septiembre del 2001, experiencia que se repitió dos años más tarde en el día en que toda la costa este de los EE. UU., se quedó sin luz eléctrica. El 11 de septiembre no solo cambió al mundo, sino que la misma ciudad de Nueva York sufrió una transformación elemental: se deshizo de su actitud tosca y de su imagen de ser gente ruda y se convirtió en una ciudad llena de amabilidad y generosidad.

Hubo claras manifestaciones de liminalidad y *communitas* y justamente es este aspecto humano el que vamos a explorar en este capítulo. Una *communitas*, como veremos, adopta muchas formas, pero sea cual sea su forma, describe de manera fiel el tipo de comunidad y camaradería que experimentaron y experimentan los verdaderos movimientos cristianos y por tanto es un elemento esencial del Carácter Apostólico. La iglesia perseguida, tanto los primeros cristianos como los de China, se experimentan unos a otros en el contexto de un conflicto compartido que los une en un tipo de comunidad mucho más profunda que la que estamos acostumbrados a ver en términos general. De tal manera que mucho de este tipo de vinculación es evidente en estos movimientos el cual debe ser considerado como un elemento esencial del ADN*m*. En la introducción a esta sección del libro, ofrecí algunas ideas del significado y definición del concepto de "iglesia misional".[1] Bregar con el concepto de liminalidad-*communitas* nos ayuda a entender *por qué* la misión es tan central a la identidad, propósito y funcionamiento de la iglesia, y *por qué* parece formar parte de los elementos básicos del ADN*m* y por lo tanto del Carácter Apostólico. Es también una de las razones porque Michael Frost (mi viejo amigo y compañero de aventuras) y yo escribimos el libro *Faith of Leap*, un libro dedicado enteramente a este tema tan importante.[2]

"¿La comunidad para mí?" o "¿yo para la comunidad?"

El plantearme estas preguntas se convirtió en algo muy personal dada mi experiencia como líder en la South Melbourne Restoration Community, cuya historia expliqué en el primer capítulo de este libro. Cuando miró atrás y recuerdo la primera dinámica de aquella vibrante comunidad, especialmente cuando se estaba formando, veo que funcionábamos como una iglesia misional, aunque de una manera muy ingenua, pre cognitiva e instintiva. Todo lo que hicimos fue proponernos crear una comunidad que fuese radicalmente abierta y dedicada a todo tipo de gente marginada en la sociedad. Ocurrieron cosas. Fue emocionante, la comunidad se centraba en un sentido de destino y de misión que como resultado la hacía crecer de una manera extraña y maravillosa. Éramos misionales, aunque por entonces era una cosa muy poco articulada, y como resultado tuvimos una experiencia de comunidad muy considerable.

---

1 La idea básica es que la misión de la iglesia está indisolublemente ligada a la misión de Dios, que Dios es un Dios misionero y que la iglesia es el principal agente histórico de la misión en el mundo. Por lo tanto, los propósitos redentores de Dios fluyen a travéz de cada comunidad cristiana en todo el mundo.

2 Hirsch y Frost, *Faith of Leap*. Ver también Hiebert, *Anthropological Insights from Missionaries*, y Zahniser, *Symbol and Ceremony*, para algunas aplicaciones misioneras transculturales de la idea de *communitas*.

Pero algo empezó a cambiar cuando empezamos a crecer y nos volvimos conscientes de ser una iglesia atractiva y postmoderna del Gen X. Por razones comprensibles, muchos cristianos de clase media de iglesias del cinturón bíblico de Melbourne, se vinieron al centro para participar de lo que Dios estaba haciendo ahí y nosotros dimos la bienvenida a esa nueva estabilidad, ya que hasta entonces se había tratado de una experiencia muy caótica de *ecclesia*. Estos cristianos recién llegados no tenían necesidades. Eso fue un cambio fantástico para nosotros y nos dejamos acariciar por un período de sublime estabilidad. Pero con la estabilidad algo cambió. Aunque ganamos mucho con la participación de estas maravillosas personas, con todo y eso, inadvertidamente se había perdido algo importante, ya que la cultura de la iglesia cambió, pasando a ser más de clase media, y mucho más estable.

Llegué a la conclusión de que debe haber algo sobre la cultura de la clase media que parece contrario a los valores del Evangelio auténtico. O tal vez sólo podríamos decir que la cultura de clase media parece contener elementos que eventualmente entran en acción para atenuar las demandas de lo que significa seguir a Jesús (discipulado) en nuestras vidas diarias. En otras palabras, nuestra propia cultura de clase media ¡puede funcionar como un enemigo interno! No se trata de una afirmación negativa sobre la gente de clase media *per se*; yo mismo pertenezco a una familia de clase media. Pero sí habría que aislar algunos de los valores y supuestos que parecen formar parte de la misma.[3] Tenemos que ser especialmente conscientes de los valores culturales que damos por sentado, ya que no podemos "verlos" fácilmente.

En un capítulo anterior a este comentamos que mucho de lo que entendemos por clase media tiene que ver con la preocupación por la seguridad desarrollada sobretodo en la búsqueda de lo mejor para nuestros hijos. Es algo comprensible siempre que no se convierta en obsesivo. Pero cuando estos impulsos de la cultura de clase media se funden con el consumismo, como suele pasar en la mayoría de los casos, podemos añadir a la lista la obsesión por la comodidad y la conveniencia. No es una buena mezcla; al menos en lo que al Evangelio y la iglesia misional se refiere.[4] Operando bajo la influencia de estos "errores" de software de

---

3 Quiero decir con esto que ciertos aspectos de la cultura aceptada, en alguna medida corresponden a la frase paulina "poderes y principados", trabajando directamente para socavar las afirmaciones de Cristo en nuestras vidas. Tenemos que reconocer la naturaleza inherentemente espiritual (positiva o negativa) de toda cultura. . . la cultura de la clase media incluida.

4 Robert Incahusti cuenta que Nikolai Berdyaev veía la clase media en su nivel más adulterado "como un estado del alma caracterizado por un aferrarse degradante a la seguridad y una estrechez de mente incapaz de imaginar un mundo mucho más grande que el propio. No es que la clase media adore el dinero per se, pero sí que es adicta al éxito personal, a la seguridad y a la felicidad. Por esas cosas, la gente está dispuesta a jugarse su honor, ignorar la justicia y traicionar la verdad, reemplazando todos estos importantes valores por moralismos triviales y simples banalidades que enturbian las distinciones importantes y justifican las acciones egoístas. Se ha convertido en un sinónimo de riqueza

clase media, nuestra comunidad se convirtió en un mercader de bienes y servicios religiosos particulares y apetecibles dirigidos a llamar la atención de consumidores espirituales con "discernimiento". Adulados por el crecimiento numérico y llevados por nuestras propias agendas de clase media, sin pensarlo nos pusimos a seguir el impulso de "reunir y entretener" implícito en la teoría de igle-crecimiento y crecimos en números, pero terminamos perdiendo algo primario e indispensable. Empezó a llegarnos más gente procedente de otras iglesias, pero el flujo de conversiones se convirtió en un chorrito hasta que se quedó totalmente seco. Paradójicamente, teníamos más trabajo que nunca, pero cada vez menos verdadero impacto misional. Habíamos pasado de la idea misional de "yo para la comunidad y la comunidad para el mundo" a la idea consumista de "la comunidad para mí" y eso casi nos destruye. Solo pudimos recuperarnos recalibrando la comunidad en torno a líneas fundamentalmente misionales y eso no sin mucho dolor y pérdida numérica. Pero al hacerlo, una vez más experimentamos a nosotros mismos como una *communitas* y no como simplemente comunidad la cual puede ser una de las formas más altamente individualistas tan comunes en la economía de libre mercado y las culturas occidentales—las llamadas asociaciones libres y voluntaristas de individuos autónomos.

Liminalidad y *communitas*

Tratando de entender lo que estaba ocurriendo en nuestra propia iglesia, mientras que a la vez trataba de responder a la pregunta de cómo fue que los movimientos apostólicos crecieron de manera tan notable y contra todo pronóstico, he encontrado las ideas del antropólogo Victor Turner sobre liminalidad y *communitas* claves esenciales para nombrar parte del misterio.[5]

Turner era un antropólogo que estudió distintos ritos de pasaje entre grupos tribales africanos y acuñó el término *liminalidad* para describir el proceso de transición que acompaña a un cambio fundamental de estado o de posición social. En este contexto, las situaciones de liminalidad pueden ser extremas. Se expulsa al individuo afectado de las estructuras normales de la vida, se le humilla, desorienta y se le somete a varios ritos de pasaje, lo cual todo junto constituye una especie de examen para probar si se puede devolver a dicha persona a la sociedad para que suba al siguiente nivel de la estructura social predominante. Por tanto,

de espíritu maligno, de pericia tecnológica estrecha de mente y de la preocupación por el éxito mundano. Los ideales culturales del caballero, el monje, el filósofo y el poeta quedan todos superados por el ideal cultural del ejecutivo; aptamente definido como 'la voluntad del bienestar'. Y cuando se trata de espiritualidad, la clase media no repudia la religión pero reinterpreta su valor en términos de utilidad. El amor a los pobres pasa a la periferia de la fe y solo lo abrazamos si no entra en contradicción con los intereses económicos personales propios … " Nicolai Berdyaev citado por Robert Inchausti en *Subversive Orthodoxy: Rebels, Revolutionaries and Other Christians in Disguise*, pp. 42–43.

5 Ver Turner, *Ritual Process*, y a Turner, *Passages, Margins, and Poverty*.

la liminalidad se refiere a un tipo de situación en la que la gente se encuentra en tierra de nadie, un estado marginal en relación a la sociedad circundante, un lugar que puede conllevar peligros y desorientación; aunque no necesariamente.[6]

Por ejemplo, en algunas tribus, los niños quedan al cuidado de las mujeres hasta que alcanzan la edad de iniciación; alrededor de los 13 años. Llegado ese momento, los hombres se cuelan de noche en la zona de la aldea donde viven las mujeres y "secuestran" a los chicos. Les cubren los ojos y los conducen bruscamente en manada hacia el bosque, fuera de la aldea. Los circuncidan y luego dejan que se espabilen solos por la jungla africana durante un período que puede llegar a seis meses. Una vez al mes, los ancianos de la tribu los visitan para asesorarlos y ver cómo estaan. Pero en general, ellos mismos son quienes tienen que buscar recursos internos y externos para hacer frente a la prueba. Durante ese tiempo, los iniciados pasan de la desorientación y el individualismo a una camaradería que se forja con las condiciones de prueba de la liminalidad. Este sentido de camaradería y de comunidad que *surge* del conflicto compartido es lo que Turner denomina *communitas*. Según él, la *communitas* se da cuando los individuos se ven forzados a encontrarse mutuamente por medio de una experiencia común de conflicto, humillación, transición o marginación. Incluye intensos sentimientos de unidad social y de pertenencia como resultado de haber tenido que confiar unos en otros para poder sobrevivir. En muchos sentidos, la *communitas* es lo que crea y renueva una cultura tribal.[7]

Si *communitas* es el resultado, liminalidad es la condición de catalizador que produce el resultado. Liminalidad, según Turner, se presenta en la experiencia de la desorientación, marginalidad, peligro, sufrimiento, humillación o desafío que requiere a un grupo de personas para lograr vencerlo con éxito o perecer en el intento. Liminalidad sucede cuando nos encontramos fuera de nuestra zona de comodidad, ante lo desconocido, cuando nos sentimos en riesgo, en medio de un desafío o cuando deliberadamente salimos en busca de una aventura. Y es absolutamente esencial en la formación de *communitas* como forma de aprendizaje, el discipulado, la salud mental, el desarrollo del carácter, crianza de los hijos, y lo que es muy importante. . . en casi todas las formas de innovación y en toda actividad que requiera de un espíritu empresarial. Negarse a participar en algo que nos demande asumir riesgos nos conduce a una terrible neurosis provocada por el miedo y en última instancia provoca la decadencia de cualquier sistema vivo, ya sea organismo, individuo o comunidad. Volviendo a nuestro ejemplo de

---

6 Contrariamente a lo que podemos imaginar, el peligro puede ser bueno. Como bien dice Carnell Corbin, "el peligro resalta la naturaleza paradójica del bien y el mal; al menos en lo que a experimentarlos se refiere. Resalta la bondad y le da todo un aspecto que el mal en si mismo niega" (*Bright Shadow of Reality*, p. 109).

7 Godin, ha hecho mucho para traducir la idea de cultura tribal en la vida corporativa. Ver su popular obra *Tribes*.

la terrible experiencia compartida por los niños africanos, si estos al final salen triunfantes de todas estas experiencias, se reintroducen en la tribu de nuevo, pero ahora como hombres. Así la comunidad les concede el estatus de hombría, ya no son considerados más como niños (ver gráfica):

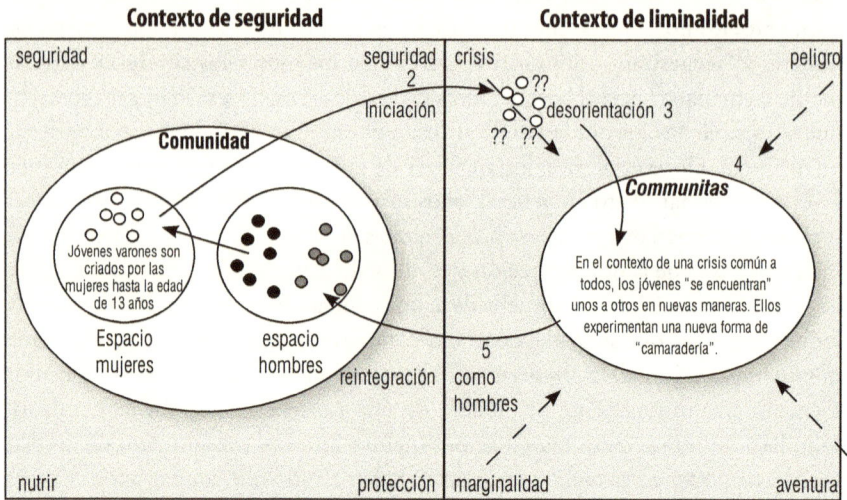

Contexto de seguridad   **Contexto de liminalidad**

seguridad   seguridad 2 | crisis   peligro
                   Iniciación | ?? desorientación 3
                                | ?? ??

Comunidad

Jóvenes varones son criados por las mujeres hasta la edad de 13 años

Communitas

En el contexto de una crisis común a todos, los jóvenes "se encuentran" unos a otros en nuevas maneras. Ellos experimentan una nueva forma de "camaradería".

Espacio mujeres   espacio hombres   reintegración 5 como hombres

nutrir   protección | marginalidad   aventura

Las ideas relacionadas de liminalidad y *communitas* también describen la dinámica de la comunidad cristiana que se propone superar su instinto de agruparse y abrazarse para centrarse en una misión común que implica un peligroso viaje a un lugar desconocido. Esta misión pide a la iglesia que se desprenda de su seguridad colectiva y se lance al mundo de la acción, en el que experimentará desorientación y marginación, pero también se encontrará con Dios y con los demás de una nueva manera. *Communitas* es un concepto siempre vinculado a la experiencia de liminalidad. Involucra aventuras y movimiento, y describe esa experiencia única de camaradería que solo se da entre un grupo de gente inspirado por la visión de un mundo mejor y que intenta hacer algo para conseguirlo (recordemos la respuesta al tsunami). Pero es justo en este punto donde resulta tan problemático que la iglesia sea cautiva del consumismo, la seguridad y la clase media. Y es aquí por tanto donde el desafío de adaptación del siglo XXI podría ser la invitación de Dios a la iglesia a que vuelva a descubrirse como una *communitas* misional.

Mientras que algunos misiólogos usan esta idea para describir la experiencia de transición de la iglesia en Occidente de un estado (el de la cristiandad) a otro (el misional),[8] se suele hacer hincapié en el nuevo estado de la iglesia al final del

---

8 Ver Roxburgh, *The Missionary Congregation, Leadership & Liminality*, capítulo 2.

proceso, considerando como algo temporal la liminalidad-*communitas*. En el caso del Carácter Apostólico, la liminalidad-*communitas* es la norma y la condición propia del pueblo peregrino de Dios. Fue así en todos los grandes movimientos cristianos. Y fueron esas condiciones de peligro las que condujeron a estos movimientos al descubrimiento del Carácter Apostólico. Queda claro que tanto la Iglesia primitiva como la iglesia clandestina china experimentaron liminalidad, ya que fueron movimientos ilícitos y perseguidos.

Bajo esta perspectiva, los movimientos cristianos fueron y son expresiones de liminalidad-*communitas* y no de comunidad, como solemos concebir. Además, por lo que veo, se trata de un elemento normativo del Carácter Apostólico. La pérdida de la *communitas* conduce a una rebaja general del fenómeno del Carácter Apostólico; que necesita todos los seis elementos del ADN*m*, incluyendo este, para poder arder en llamas.

Saltando en fe: experiencias bíblicas de liminalidad-*communitas*

Esta idea de *communitas* y liminalidad como algo normativo entre el pueblo de Dios levantó gran polémica hace poco durante unas conferencias que ofrecimos. Algunas personas respondieron con verdadera vehemencia cuando Michael Frost y yo propusimos esta manera de entender la comunidad cristiana. Esta respuesta negativa nos forzó a reflexionar profundamente sobre la validez de estas ideas, pero después de mucho buscar tengo que decir que no he cambiado de opinión. Todo lo contrario, este choque de concepciones en relación al propósito de la iglesia me ha forzado a concluir que para muchos de quienes nos critican, la comunidad cristiana se ha convertido en poco más que un lugar tranquilo y de reflexión para las almas (como en los círculos de adoración alternativa) o un zumbido espiritual (como en círculos carismáticos) para personas que tratan de recuperarse de un estilo de vida consumista y demasiado ocupado. Pero ¿es esto lo que la iglesia debería ser? ¿Es este nuestro gran propósito? ¿Servir de una especie de refugio donde se recuperan los adictos al trabajo y a las experiencias almáticas? ¿Una especie de hospital espiritual? Creo que con encontramos con una respuesta crítica tan fuerte porque en realidad "captaron el mensaje" de la iglesia misional, pero no les gustó porque, en este caso, les pedía que dejaran una religión de momentos tranquilos en lugares tranquilos y se lanzaran a la liminalidad y al compromiso activo.

Pero la razón principal de que no cambiara de opinión no es porque simplemente estuviera en desacuerdo con su sentido del propósito del pueblo de Dios (que lo estoy), sino porque he llegado a creer que la *communitas* es totalmente bíblica y va intrínsecamente ligada al Carácter Apostólico. Si repasamos las Escrituras con los conceptos de liminalidad y *communitas* en mente, concluimos que las secciones más teológicamente fértiles se dieron en épocas extremas, cuando la gente se hallaba totalmente fuera de su zona de seguridad. Los principales centros de revelación parecen darse en épocas de liminalidad (p. ej., los patriarcas, la Torá, los profetas, Jesús, Pablo, Juan, etc.) y la mayoría de milagros de la Biblia se registran igualmente en situaciones de liminalidad (p. ej., el Éxodo, el Exilio, los Evangelios y el libro de los Hechos). Y cuando pensamos en las historias que han inspirado al pueblo de Dios a lo largo de los siglos, nos encontramos con que son historias que conllevan aventuras del espíritu en un contexto de desafío. De hecho, esta es *justo la razón* que las convierte en inspiradoras (p. ej., Hebreos 11).

Tomemos, por ejemplo, a Abraham, a quien junto a todos sus familiares (se calcula que eran unas 70 personas con sus pertenencias), Dios pide que deje su casa, su hogar y todo lo que le es familiar, para emprender un arriesgado viaje a una tierra que, de momento, es una simple promesa hecha por un Dios invisible. Cuando nos fijamos en las distintas experiencias que atraviesan en su camino, historias que posteriormente han dado forma a la fe (p. ej., la ofrenda de Isaac), no se trata de bonitos relatos para ir a la cama. Más bien se trata de un tipo de fidelidad peligrosa que nos remite a la fe de Abraham (Gl. 3:15 en adelante, Heb. 11:9-13). O si exploramos la experiencia profundamente liminal del Éxodo, nos encontramos con que esa dífícl travesía moldeó indeleblemente al pueblo de Dios y sigue haciéndolo hasta el día de hoy. También fue este el contexto de la revelación substancial de Dios en el pacto con su pueblo. Lo mismo puede decirse del exilio a Babilonia de siglos más tarde; una situación extrema que cambió radicalmente la relación entre Israel y su Dios, y todavía sigue cambiándola. Los profetas comunicaban la Palabra de Dios en tales contextos extremos. El hecho es que justo cuando el pueblo de Dios se asentó y olvidó al Señor (Dt. 4:23-31), de nuevo tuvieron que ser perturbados espiritualmente por los profetas. Para despertar a la gente a su llamamiento perdido, los profetas les evocaban aquellos peligrosos recuerdos de fuegos en la montaña, de persecuciones de ejércitos y de un Dios que redimió a su pueblo e hizo un pacto sagrado y eterno con él. ¡A mí todo esto me suena muy liminal!

Pensemos en las vidas y ministerios de Samuel, Elías, Sansón, David y su grupo, y preguntémonos con qué condiciones se encontraron. La respuesta nos conducirá de nuevo a la liminalidad y la *communitas*. Y cuando vamos al Nuevo Testamento, solo hay que mirar la vida de Jesús, que no tenía dónde descansar ni reposar su cabeza, y que discipuló a sus seguidores *por el camino*, en condiciones realmente difíciles, en un territorio ocupado y frente a la oposición de una élite religiosa hostil y malévola.

Para encontrar situaciones similares en abundancia solo hay que mirar la vida de Pablo. Nos lo describe de manera muy vívida en 2 Corintios: los azotes, las palizas, el encarcelamiento y un naufragio tienen poco de seguridad, salvaguarda, comodidad y conveniencia y sin embargo, a través de estas experiencias él y los suyos realinearon totalmente el curso de la historia en torno al Evangelio de Jesucristo. El libro de los Hechos rebosa *communitas* y liminalidad de tal manera que casi se lee como una emocionante historia de aventuras.

Pero lo más importante es que se trata de descripciones preceptivas para la iglesia, ya que liminalidad y *communitas* parecen ser algo normativo en el pueblo peregrino de Dios en la Biblia y en los movimientos cristianos de la historia. Su "presencia" es tan penetrante que sencillamente me veo incapaz de explicar cómo podemos haber perdido esa perspectiva. He llegado a la conclusión de que el choque de imágenes de la iglesia que experimenté en mi reciente viaje de ministerio al que he hecho mención, me sirve para destacar lo lejos que hemos ido a parar de la imaginación bíblica y de la experiencia de iglesia como un movimiento.

¡Está en todas partes!; ¡en todas partes!

Una vez entendido lo que significa liminalidad-*communitas*, es difícil no detectar un tipo de experiencia comunal así en muchos aspectos de nuestras vidas. Ya he mencionado como en tiempo de gran revuelta social o de desastres hay algo nuevo que se despierta en nosotros; por ejemplo, el tsunami fue una gran tragedia, pero despertó algo realmente bueno en nosotros. Pero la *communitas* se puede encontrar en situaciones mucho más comunes y menos peligrosas, como los equipos deportivos en que un grupo de personas como individuos se reúnen para conseguir algo en común. Se convierten en un equipo en torno a un desafío común. De hecho, pienso que mucha de la gente participa en deportes de equipo, lo hace principalmente por la camaradería que se desarrolla en los mismos y quizá sólo secundariamente por el beneficio del ejercicio físico.

También la vemos reflejada en prácticas laborales comunes en las que a un grupo de gente en situación corporativa se les pide que hagan juntos algo que no pueden hacer solos. La fecha tope hace que una situación así se convierta en un gran reto y que las personas que están colaborando se conviertan realmente en buenos colegas. Esta misma dinámica la encontramos en los campamentos de aventuras o en las misiones a corto plazo, en los que la gente sale de sus entornos de seguridad habituales y se pone en situaciones de desorientación y marginación. Mucha gente que visita los barrios bajos de México vuelve profunda y radicalmente cambiada por la experiencia. Pero uno tiene que experimentar estas situaciones desorientadoras para realmente aprender algo nuevo.

Mi esposa, Deb, y yo, desde ya hace algún tiempo hacemos un "peregrinaje" a al evento Burning Man (NT: literalmente "hombre en llamas o ardiendo), un festival de arte que se lleva a cabo anualmente en el centro del desierto de Nevada. Hacemos esto no sólo porque amamos el arte y la belleza (realmente nos encanta, y hay mucho de eso a nuestro derredor) o simplemente para testificar de Jesús entre gente que está espiritualmente hambrienta y abierta (si, ¡lo hacemos!). También vamos porque Burning Man es una experiencia que requiere que todos los participantes deliberadamente se someten a condiciones de liminalidad (a veces muy extremas, tanto cultural como geográficamente) con el fin de experimentar la alegría mística de la *communitas* que une a los participantes en lo que ellos llaman la "economía de los dones".[9] Y aunque los 65 mil "quemadores" se juntan por siete días en una ciudad improvisada en medio del desierto, la experiencia continúa aún después del final ya que varios grupos de personas de todo el mundo permanecen conectados durante el resto del año para mantener el fuego ardiendo. Burning Man ha demostrado ser un duradero y vigoroso movimiento cultural que ha tenido un impacto en las vidas de personas en todos los estratos de la sociedad. . . no sólo en las artes. Curiosamente, este grupo fue uno de los primeros en aplicar deliberadamente las perspectivas de Turner en el mismo ADN del movimiento.[10]

Exploraremos algunas de las dimensiones míticas de la *communitas* que vemos en las películas y en la literatura, pero antes notemos que, aunque no se use la terminología de *liminalidad* y de *communitas*, hay un montón de películas en torno a este tema. Todos conocemos muy bien la historia, ¿no? Dos personas se encuentran en una situación de normalidad (orientación); de improviso pasa algo y los actores son propulsados hacia lo desconocido (desorientación); finalmente las personas deciden unirse para encontrar una solución y volver a lo que hoy es una "nueva normalidad" (reorientación). ¿Cuántas veces se paga ver una película en el cine que simplemente repite una y otra vez esta misma línea de historia mítica? Un hombre huye de sagaces elementos de la CIA (NT: Agencia Central de Inteligencia de EE. UU.,) en una situación desesperado este pide ayuda a alguien que no tiene nada que ver con el asunto, que por casualidad es una mujer preciosa, de modo que acaba implicándose en la trama por su asociación con él. Huyen juntos. Esquivando las balas y manteniéndose un paso por delante de sus perseguidores, este hombre y esta mujer, al tener que confiar el uno en el otro, acaban por "encontrarse" y gracias a ello acabarán por resolver la situación.

---

9 http://burningman.org/culture/philosophical-center/.

10 Turner volvió a los Estados Unidos y realizó un estudio sobre el papel de los artistas en Nueva York. Concluyó que estas comunidades subterráneas y en su mayoría bohemias eran claros ejemplos de liminalidad y communitas, los que son necesarios para renovar y mejorar a la sociedad. Él dice, "profetas y artistas tienden a ser liminales y marginales, gente marginada que tiende a luchar con una sinceridad apasionada para librarse de los tópicos asociados a estatus y roles y entran en relaciones vitales con otros hombres sea en la realidad o la imaginación. En sus producciones podemos atrapar vislumbres de ese inusitado potencial evolutivo en la humanidad que aún no ha sido exteriorizado y fijado en la estructura" (*Ritual Process*, p. 128). Del mismo modo podemos afirmar las palabras del historiador W. C. Roof que dijo que el principal estímulo para la renovación del cristianismo·vendrá desde la parte inferior y del borde, de sectores del mundo cristiano que se encuentran en los márgenes. Roof, *Religion in America Today*, p. 50.

De hecho, la mayoría de historias de aventuras hablan de liminalidad-*communitas* de una forma u otra. Normalmente implican a un grupo dispar de personas que tienen que colaborar entre ellas para superar un peligro. Desde *La Identidad de Bourne* (con Matt Damon) hasta la emotiva *Salvando al soldado Ryan*; desde la gran actuación de Russel Crowe en *Master & Commander* hasta el valiente enfrentamiento de Zion con las máquinas de la serie *Matrix*. La liminalidad-*communitas* sale prácticamente en toda película en que intervengan aspectos de aventura. Todas estas historias ejercen un verdadero poder sobre nosotros porque despiertan algo que llevamos muy adentro; la necesidad inherentemente al ser humano de buscar la aventura, emprender un viaje y vivir la camaradería. Lo que esto nos enseña es que en los contextos en que la gente tiene que hacer frente a una amenaza que les es común o aun la potencial destrucción total, esta gente encuentra una nueva dimensión a su propia humanidad. Y no solo en las películas. Ocurre en las películas porque ocurre también en la vida real. La liminalidad puede sacar lo mejor de nosotros porque el peligro hace resaltar la naturaleza paradójica del bien y del mal; al menos en tanto en cuanto lo experimentamos. Hace destacar la bondad y le da a todo un aspecto que el mal en sí rechaza. O como dice el siempre inspirador C. S. Lewis: "No creo que el bosque brillara tanto, ni el agua fuera tan cálida, ni el amor tan dulce, si no hubiera peligro en los lagos".[11]

Mientras que el peligro y la crisis necesariamente exponen a una persona o a un grupo a la posibilidad de destrucción o fracaso, también le proporcionan la oportunidad de buscar los recursos internos para superar el mal y enriquecerse como resultado. Además, en tales situaciones las relaciones se convierten en camaradería. Sin usar la palabra liminalidad, David Bosch hace bien en apuntar que

"Siendo estrictos, deberíamos decir que la iglesia siempre está en estado de crisis y que su mayor defecto es que solo en ocasiones es consciente de ello (Kraemer). Tiene que ser así por la tensión reinante entre la naturaleza esencial de la iglesia y su condición empírica... Que hubiera tantos siglos de existencia libre de crisis fue una anormalidad para la iglesia... Y si la atmósfera de falta de crisis sigue todavía existiendo en tantos lugares de Occidente, sencillamente es resultado de un peligroso engaño. Tenemos que saber que encontrar una crisis es también encontrar la posibilidad de ser verdaderamente iglesia".[12]

Como se mencionó antes, la liminalidad es el catalizador que despierta la posibilidad de *communitas*. Tenemos que aceptarla y aprender de ella. De muchas maneras esta relación con la liminalidad y *communitas* se refleja en los escritos de un pensador organizacional clave y futurista llamado Nassim Taleb. En su libro

---

11 C.S. Lewis citado por Carnell, en *Bright Shadow of Reality*, p. 109.
12 Bosch, *Transforming Mission: Paradigm Shifts in the Theology of Mission*, p. 2.

Antifragil: cosas que ganamos del desorden, introduce el concepto de la siguiente manera: "algunas cosas se benefician de las crisis; ellos prosperan y crecen cuando se exponen al riesgo de la volatilidad, la casualidad, el desorden, los estresores por aventuras de amor, el riesgo y la incertidumbre. Sin embargo, a pesar de la ubicuidad del fenómeno, no existe una palabra que exprese el exacto opuesto a la palabra "frágil". Llamémosle anti frágil. La anti fragilidad va más allá de la simple resistencia o solidez. Lo resistente resiste los golpes y se mantiene igual; lo anti frágil se vuelve mejor".[13] La persona u organización que es anti frágil, adquiere fuerza de las ocasiones de extremo estrés o peligro. La fuerza adquirida es mucho más potente que la de la resistencia donde el objetivo es simplemente sobrevivir y eventualmente volver a algún estado básico de previa de salud normal. Personas y organizaciones anti frágiles mejoran con esfuerzo y realmente aprenden de y adaptándose a los conocimientos obtenidos por enfrentar el riesgo y el estrés. La experiencia produce una robustez que les permite prosperar frente a la grave adversidad. Por ejemplo, las bacterias que son resistentes a los antibióticos son sistemas anti frágiles. Igualmente preocupante son los movimientos jihadistas en el mundo que parecen estar constantemente aprendiendo y adaptándose a diferentes estrategias y tácticas para contrarrestarlos. Según Taleb, el punto más importante para la iglesia en su conjunto es que el privar a los sistemas de factores vitales estresantes no es una cosa buena y de hecho puede ser francamente perjudicial.[14] Esto debe ser escuchado con atención porque la historia de la iglesia en Occidente es una de profunda inadaptabilidad (todavía estamos enganchados en nuestro pensamiento sobre la iglesia a formas obsoletas de eclesiología europea); somos reacios a asumir riesgos y estamos obsesionados con la seguridad.

Pero liminalidad-*communitas* no se trata sólo de crisis y peligros. Hay versiones congeladas de *communitas* que contienen un verdadero potencial para la reestructuración misional de las comunidades. Mark Scandrette es un increíble misionero urbano en el bohemio San Francisco. Uno de los proyectos que ha ayudado a empezar es una cooperativa de arte mural cuyo fin es pintar muros que el ayuntamiento les da para que pinten ahí una obra. Funciona de la siguiente manera: conciertan el proyecto con el ayuntamiento. Entonces reúnen a los miembros de la cooperativa (la mayoría no son cristianos) para decidir lo que quieren decir a través de su arte. Después de conversar mucho sobre política, religión, significado de la vida, etc., se deciden por un tema. Entonces se dividen el mural de manera que toque una sección a cada miembro de la cooperativa. Cada uno diseña su parte del mural y luego hay que encajar con el tema general

---

13 Ver Taleb, *Antifragile*, p. 3–4.

14 Taleb, *Antifragile*, cap. 3. Las ideas de Taleb son similares a las ideas seminales del economista Joseph Schumpeter, quien mantiene que la economía es un proceso evolutivo de la innovación continua y la "destrucción creativa".

y con la obra de los otros miembros. Una vez tienen el diseño conceptual, se toman unos cuantos sábados libres y, armados con escaleras y pintura, se pasan el día subiendo y bajando escaleras, pintando, charlando, compartiendo la comida y unas cuantas cervezas hasta que se acaba el día. El proyecto puede tardar tres meses en terminarse, pero cuando terminan, han profundizado en las vidas de unos y otros, han hablado de un montón de temas relacionados con la vida, Dios y la espiritualidad, y se han hecho amigos.

Otras versiones de los mismo podrían ser una cooperativa agraria, el activismo político, la construcción de casas para los necesitados (como Habitat for Humanity) o sencillamente un grupo de amigos preocupados por el entorno que se dedican a limpiar la ciudad. No es tan complicado. Todo esto son ejemplos de cómo, juntamente con otras personas, podemos emprender un viaje y entrar en un montón de maravillosas conversaciones. Ahí tenemos la *communitas* en la vida diaria.

El mito de *communitas*

Para acabar de rematar este concepto quisiera volver brevemente al cine y la literatura, donde podemos sondear el potencial de la *communitas* misional a la luz de su representación mística en algunas de las historias y películas más penetrantes que han inspirado y cautivado nuestra imaginación.[15]

Con esto en mente, consideremos esa verdad mítica de la destacada historia de Tolkien de *La comunidad del anillo* (el título en sí mismo un indicio de la *communitas* por suceder). La historia empieza con un joven hobbit llamado Frodo que circunstancialmente (o quizás haya algo más profundo ahí) se encuentra en posesión del *anillo del poder*. Este anillo mágico es creación de Sauron el señor de la oscuridad y lo hizo para que gobernara sobre otros anillos de poder que había distribuido sinuosamente entre las distintas gentes de la tierra media. Este anillo estaba destinado a congregar a todos los poderes bajo la suprema influencia del mal y a concentrarlos bajo el mismo Sauron. El anillo ejerce una influencia muy

---

15 Decir que una historia es mística no es decir que es pura fantasía. Más bien lo contrario: apelar al poder del mito es dar una nueva vida y significado a las cosas cotidianas. Y es que el mito llega a los niveles más profundos de la consciencia humana. Resuena en nosotros porque se trata de una verdad universal y fundamental. Escuchemos lo que dice C. S. Lewis, el genio de los relatos, sobre el significado del mito: "El valor del mito es que toma todas las cosas que conocemos y restaura en ellas el rico significado que había quedado escondido tras el 'velo de la familiaridad'. El niño se come la carne fría imaginándose que es un búfalo (de otra forma no lo haría) que acaba de cazar con su propio arco y flecha. Y el niño es sabio. La verdadera carne le sabe mucho mejor después de haberla sazonado con esa historia: podríamos decir que solo entonces es la verdadera carne. Si estás cansado de ese viejo paisaje real, míralo a través de un espejo. Añadiendo pan, oro, un a caballo, una manzana o incluso los mismos caminos al mito [Lewis se está refiriendo aquí al Señor de los anillos de Tolkien], no nos apartamos de la realidad, la redescubrimos". C. S. Lewis, 'Tolkien's Lord of the Rings' en *Essay Collection and Other Short Pieces*, pp. 525–26.

seductora pero corrosiva a la vez y nadie puede tocarlo sin ser profundamente cambiado por él. En toda la tierra media quizás solamente los hobbits sean lo suficientemente inocentes para no ser enteramente destruidos por el señuelo de su poder coercitivo, pero llegan a caer bajo su poder y con el tiempo quedan manchados por el mismo.

En Frodo recae la tarea de llevar este anillo hasta la casa de Elrond y, contra los instintos de protección y seguridad propios de un hobbit, decide emprender la aventura. Hay que tener en cuenta que los hobbits raramente salen de su zona, si es que lo hacen. Son unos personajes peculiares que comen seis veces al día y tienen una madriguera por hogar. No son tipos aventureros. Samwise Gamgee insinúa que va a emprender el viaje y entonces se lanzan los dos. Luego se les unirán los primos de Frodo, el par de traviesos Merry y Pippin. Por el camino se encuentran con un demonio espantoso y amenazador en forma de poderosos espectros del anillo; los jinetes negros enviados por Sauron para recuperar el anillo.

Más adelante, superando peligros de muerte (otro encuentro horroroso con los jinetes negros), consiguen llegar al consejo de Elrond, el rey Elfo. Ahí, en el consejo, se decide que nadie se atreverá a tocar el anillo por miedo a ser corrompidos por el mismo. Frodo, que se acaba de recuperar del envenenamiento causado por la espada de un jinete negro, siguiendo el sentido del deber típico de los hobbits, accede a llevar el anillo hasta el Monte Orodruin, en el negro corazón de Mordor, el reino de Sauron. Se trata de una tarea imposible y las perspectivas de éxito son ínfimas. Pero se decide que, a pesar de todo, van a intentarlo. En el consejo se crea la comunidad del anillo. Está formada por hobbits, Aragorn (el rey exiliado), Boromir (un príncipe humano honorable pero desesperado que se ve fascinado por el poder del anillo), Gimli el enano, Légolas el elfo y Gandalf el mago. También es importante advertir que se trata de una "comunidad" bastante improbable ya que los enanos y los elfos nunca se han llevado bien. Los humanos están tan divididos como sus reinos y los hobbits no son guerreros por mucho que uno se lo intente imaginar. Sin embargo, contra todo pronóstico, la combinación de aptitudes y la pura fuerza de voluntad harán que esta *comunidad* se salga con la suya.

Estoy haciendo este breve resumen de esta gran historia para resaltar el hecho de que la "comunidad del anillo" solo llega a convertirse en una verdadera comunidad de camaradas después de sufrir y luchar para hacer frente al desbordante mal. Al emprender esta tarea aparentemente imposible, y al enfrentarse juntos a las dificultades, el grupo se convierte de hecho en una *communitas*. Se descubren unos a otros de una manera en que no se conocían o no se hubieran podido conocer en otras circunstancias. Esta es la representación mítica de la misión (nada menos que la destrucción del mal en el mundo), el discipulado (escoger constantemente la bondad frente a la desbordante oposición) y la *communitas* (convertirse en una gran comunidad que persigue una misión). El elfo y el enano se convierten en amigos inseparables y los hobbits se convierten en algo que jamás hubieran sido si se hubieran quedado en la seguridad de Hobbiton. Están unidos unos a otros y se han *encontrado* de verdad unos a otros en el contexto de una misión ardua pero común.

Jesús es mi des-equilibrio

Creo que a estas alturas ya ha quedado clara la idea, pero ¿cómo resalta la teoría del caos el papel que juega la liminalidad-*communitas* en la conformación de la vida y la estructura de iglesia?[16] Sabemos por la teoría de los sistemas vivos que todos ellos tienden al equilibrio (y por tanto se acercan a la muerte) si no logran responder adecuadamente a sus entornos. La ley de la variedad como requisito, una importante ley cibernética, dice que "la supervivencia de cualquier sistema vivo depende de su capacidad de cultivar (no solo tolerar) la adaptabilidad y la diversidad en su estructura interna".[17] El sistema en equilibrio sencillamente no ha desarrollado los recursos o mecanismos internos necesarios para responder adecuadamente a los desafíos de adaptación cuando estos se presentan y por tanto se enfrenta al posible fallecimiento. Podemos decir pues, que la supervivencia de los sistemas vivos favorece unos niveles altos de adrenalina, la atención y la experimentación.

Por ejemplo, "los peces de un acuario pueden nadar, criar y obtener comida con un esfuerzo mínimo; y además están a salvo de sus depredadores. Pero, como bien saben todos los propietarios de acuarios, estos peces son extremamente sensibles a incluso las más mínimas fluctuaciones del entorno". Los amos tienen que limpiar la pecera periódicamente, vigilar la temperatura, medir el PH y alimentar a los peces. Esto ocurre porque la pecera carece de un ecosistema natural; es un entorno artificial. Por otro lado, los mismos peces en su entorno natural (el océano) tienen que trabajar mucho más para sostenerse y están sujetos a muchas más amenazas, pero como han aprendido a hacer frente a más variaciones (la temperatura, los alimentos, los depredadores, etc.) son mucho más fuertes cuando tienen que hacer frente a los desafíos.[18]

Muchos de nosotros disfrutamos con la película *Buscando a Nemo*, en la que el joven Nemo es capturado por un coleccionista de peces y Marlin, su irritable padre, se dispone a encontrarlo y rescatarlo. Respaldado por la compañía de un pez afable pero despistada que se llama Dory, el demasiado prudente padre se embarca en un peligroso viaje y resulta ser el poco probable héroe de un esfuerzo

---

16 Ver anexo sobre las perspectivas de la teoría del caos en relación a la misión.
17 Pascale, Millemann, y Goija, *Surfing the Edge of Chaos*, p. 20.
18 Ibid.

épico por rescatar a su hijo; quien intenta varias veces por sí mismo volver a casa sano y salvo. *Buscando a Nemo* es en sí una gran historia de *communitas* ya que muchas criaturas se unen para ayudar a rescatar al joven pez, pero me gustaría fijar ahora la atención en el entorno artificial al que Nemo ha ido a parar.

Recordemos por un momento la actuación de las otras criaturas cuando Nemo es sacado del océano e introducido en el acuario; todos reculan y se apartan de él por miedo a que sea portador de enfermedades contagiosas procedentes del océano e infecte la pecera. Es poco escrupuloso, lo cual representa un peligro para los peces de la pecera que han vivido en el entorno protegido de la misma y que ya no son capaces de adaptarse a las variaciones y al peligro, incluyendo bichos bien normales con quienes sus primos del mar se llevan muy bien. Por eso ellos le piden a Pierre el langostino que salga de su escondite y este somete a Nemo a una sesión de limpieza. Solo entonces los demás peces se atreven a acercarse a Nemo y charlar con el desorientado jovenzuelo. La vida en la pecera es segura, excepto cuando el asqueroso dentista se olvida de limpiarla o de alimentarles, pero en general, la vida continúa aunque es un poco estéril y aburrida. Algunos peces sueñan con escapar y ansían la arriesgada libertad del océano.

Buscando a Nemo puede enseñarnos algunas cosas: sin una verdadera implicación con el "mundo exterior", las iglesias pronto se convierten en entornos artificiales y protegidos, peceras eclesiales libres del peligro y las molestias del entorno circundante. Se convierten en sistemas cerrados con una cultura peculiar propia que tiene pocas asociaciones relacionales, sociales y culturales con el mundo de afuera (y a esto le llamamos santidad). Se percibe a la gente que viene como si fuera a introducir bichos mundanos en la iglesia. Así que hay que "limpiarla" rápidamente. Si llevamos todavía un poco más lejos la metáfora, estos sistemas cerrados se mantienen gracias a personas que están considerablemente aisladas del mundo, que nutren a los suyos y mantienen el entorno estable, agradable, limpio y libre de molestias.

No pretendo ser malvado ni cínico, pero ¿no nos recuerda esto ni un poco a la iglesia normal y corriente? Seamos honestos. Mi propia experiencia me dice que sí. De nuevo, eso no implica que no se pueda encontrar a Dios en esos lugares; no hay duda que lo está. Pero parece que en estos lugares se suele encontrar más a menudo con los ya "encontrados" que con los "perdidos", ya que los "perdidos" no hay manera que encuentren el camino de entrada. ¿Hacemos una prueba? Hace poco escuché que en Nueva Zelanda, un estudio indicaba que el 80% de los jóvenes que se han criado en grupos de jóvenes cristianos, cuando van a la universidad, ¡pierden la fe durante su primer año! Cuando mencioné este dato en un viaje reciente a Norteamérica, unos líderes de jóvenes cristianos me comentaron que la tasa de abandono en EE. UU., es muy similar. Ed Stetzer pone la cifra de EE. UU., alrededor del 70% y lo califica diciendo que muchos de ellos de hecho regresan a la fe más adelante en la vida, pero estas son cifras alarmantes, sin lugar a duda.[19] Incluso si las estadísticas varían de un país a otro, sabemos que esto ocurre. La catástrofe más grande en términos de cristianismo y la iglesia está entre los adultos jóvenes así como lo reporta la más reciente investigación de la organización PEW Research y esto con el surgimiento de los llamados "nones" (NT: este término se refiere a la respuesta dada por jóvenes adultos en encuestas donde al ser preguntados por su adherencia religiosa responden "none" (NT: "ninguna").[20] En los grupos de jóvenes de las iglesias, los entretenemos con buena música, juegos y un montón de variaciones del corito "Jesús me ama si lo sé porque la Biblia me lo dice" y luego nos preguntamos por qué no pueden hacer frente al entorno más cáustico de la universidad. ¿Recuerdas que dijimos antes sobre el entorno artificial?

El problema es que cuando un sistema es cerrado, artificial y en líneas generales no ha cultivado la adaptación y la variabilidad interna, al final se deteriorará hacia el equilibrio. Y sabemos que en los sistemas vivos el equilibrio total equivale a la muerte; si nuestro cuerpo está en perfecto equilibrio, estamos oficialmente . . . kaput.

Al contrario de lo que podamos pensar, el peligro y el riesgo pueden ser buenos e incluso necesarios. La liminalidad puede crear la *communitas* o puede destruirnos. Alfred North Whitehead comentó una vez que sin la aventura, la civilización entraría en plena decadencia.[21] Lo mismo ocurre con la iglesia. Y repito, se debe en gran parte a que hemos estructurado las comunidades en aislamiento de la verdadera implicación con el mundo. Nos estamos perdiendo una experiencia de liminalidad-*communitas* porque nos estamos perdiendo el componente misional que nos saca de nuestras zonas protegidas para implicarnos arriesgadamente en el mundo. Para algunos cristianos, podría significar simplemente cruzar la calle.

Salir adelante en medio el amplio océano

Hay mucho que aprender de la teoría del caos y de los sistemas vivos en relación a la *communitas* porque estas disciplinas nos enseñan que implicarnos fuera de la pecera es algo realmente esencial para la salud organizativa. La teoría de los sistemas vivos dice que:

1. *El equilibrio es un precursor de la muerte.* "Cuando un sistema vivo se encuentra en estado de equilibrio es menos sensible a los cambios que

---

19 Stetzer, "Desertores y discípulos: ¿Cuántos estudiantes realmente están dejando la iglesia? http://www.christianitytoday.com/edstetzer/2014/may/dropouts-and-disciples-how-many-students-are-really-leaving.html.

20 http://www.pewforum.org/2012/10/09/nones-on-the-rise/

21 Citado en Pascale, Millemann, y Gioja, *Surfing*, p. 21.

ocurren a su alrededor. Esto lo sitúa en un nivel de máximo riesgo".[22] Esto tiene correlación con la situación en el ciclo de vida de una organización en que esta tiende a abusar de la regulación, perder dinamismo, acoger estructuras inoperantes y degenerar en términos de resultados. En este estado, en efecto se está moviendo *hacia* el equilibrio. Cuando la iglesia de la cristiandad no logra responder a los estímulos externos y se desprende de la experiencia liminal y se convierte en referencia de sí misma, podemos estar seguros de que está a punto de caer. En otras palabras, ha perdido el enfoque misional que debería sacarla de sus propias fronteras. En tantas iglesias el mantenimiento de la institución se ha convertido en la misión principal. . . Esa jamás fue la intención de Jesús. Nuestro objetivo al organizarnos como personas no es montar, conservar y sacar el máximo de partido a una institución durante su ciclo de vida, sino extender la misión de Dios por el mundo. Nuestra meta principal no es perpetuar la iglesia como institución, sino seguir a Jesús en su misión por el mundo. "El cristianismo se preocupa por el despliegue del reino de Dios en este mundo, no por la longevidad de organizaciones".[23] Cuando tenemos en mente la misión, las ideas orgánicas sobre cristianismo y vida de iglesia fluyen con cierta facilidad. Cuando lo que tenemos en mente es la institución de la iglesia, lo que viene detrás son lo enfoques mecanizados, ya que conseguimos dejar fuera de la ecuación su mecanismo innato de respuesta (misión). *La misión es, y debe ser, el principio organizador de la iglesia.*

2. "A la luz de la amenaza, o galvanizadas por la oportunidad, las cosas vivas se mueven hacia el filo del caos".[24] Es decir, huyen de la estabilidad y el equilibrio hacia una condición de apertura y creatividad. Esta condición evoca unos niveles más altos de mutación y experimentación, y en este estado es más posible encontrar nuevas soluciones porque es justamente así como la naturaleza avanza y se asegura la supervivencia frente a la amenaza. Nuestra supervivencia se ve amenazada significativamente. Nos encontramos con que nos estamos moviendo hacia el caos y empezando a experimentar con nuevos modos de iglesia. Justamente por esto nos tomamos en serio el paradigma de iglesia misional y quizás justamente por esto hay gente que lee este libro. Forma parte del proceso de aprendizaje y adaptación y es un indicador clave de que el sistema está empezando a responder. La razón es que el contexto de misión que nos rodea no nos puede permitir el lujo de la estabilidad, localización, status quo y familiaridad. Tampoco nos permite mantener la falsa distinción entre lo

---

22 *Ibid*, p. 6.
23 Easum, *Unfreezing Moves*, p. 17.
24 Pascale, Millemann, y Gioja, *Surfing*, p. 6.

sagrado y lo secular para que nos centremos en lo sagrado.[25] Cuando nos implicamos de manera genuina, nos estamos moviendo hacia el caos, lo cual resulta en una gran variedad de experimentos e innovaciones. Aquí estamos en nuestros días, viendo florecer nuevas formas de hacer iglesia y nuevas maneras de implicar a la gente en las misiones. ¡Emocionante!

3. Cuando se da esta emoción y se puede mantener el tiempo suficiente como para que el sistema dé respuesta a las condiciones externas (sean amenazas u oportunidades), los componentes de los sistemas vivos se '*auto organizan*' y como resultado, del desorden emergen nuevas formas y repertorios.[26] Es el carácter que Dios ha imprimido a la vida misma con la capacidad de poderse organizar a altos niveles de inteligencia si se dan las condiciones apropiadas. En la vida, la creatividad y la capacidad de adaptación se expresan por medio de la aparición espontánea de la novedad en los momentos críticos de inestabilidad. La guerra es un buen ejemplo. Con lo terrible que es, se trata de un desafío de adaptación que suele conllevar innovaciones tecnológicas y de aprendizaje humano.

4. "Los sistemas vivos no pueden ser *dirigidos* por un camino lineal. Los imprevistos son inevitables".[27] Intenta reunir en rebaño a los gatos o las mariposas. La naturaleza humana es profundamente impredecible. Ese es el sentido de la historia o el por qué miramos las noticias cada noche. Sencillamente no sabemos lo que nos deparará el mañana. El desafío no es dirigir los sistemas vivos, sino *perturbarlos* de manera que se aproximen al resultado deseado y entonces, que el liderazgo trate de enfocar la intención por medio del significado y la visión. Este proceso de perturbación del sistema es una función crucial del liderazgo. Se trata de crear las condiciones en que pueda tener lugar el cambio, la adaptación y la innovación.

Además de tener una visión clara, el liderazgo misional también implica facilitar la aparición de la novedad por medio de la formación y el mantenimiento de redes de comunicaciones; creando una cultura del aprendizaje en que se fomente el cuestionamiento y se recompense la innovación; creando un clima de confianza y de apoyo mutuo; reconociendo la viabilidad de las novedades cuando surgen y permitiendo a la vez la libertad de cometer errores. Por esto Roxburgh y Romanuk pueden decir que el papel del liderazgo en la iglesia es *cultivar entornos en que el Espíritu de Dios pueda proclamar y desatar la imaginación misional del pueblo de Dios.*[28]

---

25 Easum, *Unfreezing Moves*, p. 21.
26 Pascale, Millemann, y Gioja *Surfing*, p. 6.
27 Ibid, p. 6.
28 Ver Roxburgh y Romanik, *The Missional Leader*, cap. 2.

El futuro y el moldeado de las cosas por venir[29]

Cultivar una visión vigorosa y transformadora también puede, como resultado, crear liminalidad entre la *communitas* resultante. Fritz Roethlisberger, profesor de Harvard Business School y un pionero en el campo de la conducta organizativa, hizo la siguiente observación: "la mayoría de personas piensan en el futuro como un fin y en el presente como un medio, mientras que en realidad, el presente es un fin y el futuro un medio".[30] Traduciendo a Roethlisberger, podríamos decir que tener un sentido definido de visión (un futuro preferido) y de misión altera e influye en la manera de pensar y comportarse de la gente en el presente.

Visto de esta manera, el futuro es un medio para alterar la conducta. La nueva conducta conforma el fin, el cual a su vez altera el futuro y así sucesivamente en espiral.

No nos arrastramos hacia un gran futuro. Más bien lo declaramos con valentía en una visión y sirve de catalizador para todo lo que viene detrás. "Cuando el presidente Kennedy anunció su famosa visión del hombre sobre la luna, no había soluciones a los problemas que se iban a encontrar por delante: la aprobación del congreso, la apropiación de fondos, los avances tecnológicos y el rejuvenecimiento de la NASA todavía tenían que ocurrir para que se pudiera cumplir la visión".[31] La visión que tenía Kennedy del hombre sobre la luna, actuó de catalizador, recogiendo toda una serie de emociones y aspiraciones, de deseos y entusiasmo, de curiosidad, de poder, de búsqueda de conocimiento, el deseo competitivo de ser el primer país en llegar a la luna, la avidez imperialista. . . toda esta disparidad de fuerzas se conjugaron para lanzar una acción unificada.[32] Lo mismo se puede decir del mensaje de Martin Luther King Jr. "tengo un sueño". Extrañamente atrajo lo necesario para provocar e iniciar una acción a favor de dicha visión.

Cuando miramos hacia atrás esos eventos nos parecen inevitables, como que si sencillamente tenían que pasar. Pero no es así en absoluto. Es como si perdiéramos la perspectiva de la *communitas* misional que tales visiones evocan. Los autores de *Surfing the Edge of Chaos* hacen un profundo comentario cuando dicen que "*actuar en pro de un objetivo poderoso altera la estructura de la realidad*".[33] Nosotros, el pueblo de Dios, somos arrastrados por una visión de futuro que constituye nuestra misión. Cuando nos vemos atrapados en ella y la perseguimos, cambiamos y seguidamente proclamamos la historia.

---

29 (NT: Traducción al español de *The Shaping of Things To Come*, título del libro anterior de este mismo autor; no necesariamente el título que tendrá en caso de ser traducido al español).

30 Citado en Pascale, Millemann, Goija, *Surfing*, p. 72.

31 Ibid, p. 72.

32 Ibid, p. 72–73.

33 Ibid, p. 73.

Esto es exactamente a lo que se refieren los autores Richard Pascale, Mark Millemann y Linda Gioja cuando dicen que debemos "gestionar desde el futuro".[34] Gestionar desde el futuro, establecer un objetivo seductor que arrastre a la organización hacia fuera de su zona de comodidad, es una disciplina clave, necesaria para movernos hacia el caos y por tanto importante para el desarrollo de la iglesia misional. Esto significa colocarnos en el nuevo futuro y entonces dar una serie de pasos, no para llegar allí algún día, sino como si ya estuviéramos allí, o casi allí, *ahora*. Esta es la perspectiva del reino de Dios en el Nuevo Testamento. Decir que el futuro (escatológico) reino de Dios está presente entre nosotros, significa que estamos llamados a actuar sobre el conocimiento de que ya está aquí *ahora* y que llegará a su cumplimiento *entonces*. Es decir, nos vemos arrastrados al futuro de Dios para el mundo. Esta tensión entre el "ahora" y el "todavía no" del reino define nuestra realidad y nos mantiene en movimiento, creciendo y adaptándonos. En la terminología de los sistemas vivos se trata de nuestro siempre presente atractor extraño (un mecanismo innato de guía). Este concepto de planificar desde el futuro no es tan solo un oscuro principio teológico, sino uno de los activadores clave de la misión en nuestras vidas y organizaciones y por tanto una función directa del liderazgo misional. Los líderes del pueblo de Dios necesitan convertirlo en disciplina en la manera de hacer iglesia y de guiar al pueblo de Dios en su misión. Lo siguiente es un ejemplo de cómo puede funcionar en el desarrollo de organizaciones.

> "En 1987, inspirado por un culto en la iglesia, el abogado Billy Payne se propone alcanzar un objetivo de mucha envergadura: que los juegos olímpicos de 1996 tengan lugar en su ciudad natal (Atlanta). Resulta que no recibe ningún respaldo económico directo ni por parte del ayuntamiento ni del estado. Es más, Atlanta dispone de muy pocas instalaciones apropiadas para la logística de una competición olímpica. Durante los primeros años, la opinión pública y los medios se constituyen en un coro de escépticos. Pero, paso a paso, Payne va construyendo los juegos olímpicos como si se tratará de la elaboración de una colcha tejida a mano. Sale victorioso, en parte, porque su objetivo de llevar los Juegos Olímpicos a Atlanta era algo tangible y conectado al atractor extraño del orgullo y la hospitalidad sureñas".[35]

"Con el compromiso de patrocinio por parte de Coca Cola en 1992, Payne recibe su primera siembra económica: 540 millones de dólares. Resuelve el problema de la falta de instalaciones utilizando las de otras ciudades como Washington DC y Orlando, en Florida. Tiene que generar 1,7 mil millones de dólares para una organización temporal, supervisar proyectos con 82,500 trabajadores y 42,000

---

34 Ibid, p. 240.
35 *Surfing the Edge of Chaos*, pp. 240–41.

voluntarios".[36] Y logró que le sobrara dinero, que pudo donar a su ciudad. Fue una verdadera proeza nacida de una visión por su ciudad. Billy Payne entendió lo que significaba gestionar desde el futuro. Él mismo dice: "Siempre he pensado que la manera de hacer frente a la vida, en lo personal y el trabajo, es ponerme objetivos extremadamente altos que parezcan totalmente inalcanzables, y entonces trabajar desde la convicción de que los has conseguido. Con ello estoy convencido de que alcanzaré la mitad de los mismos. En cuanto al resto, siempre habrás llegado más allá de lo que hubieras conseguido de otra manera".[37]

Esta misma dinámica se da en todos los grandes visionarios. Hablan desde el futuro. Tanto en el caso de la fundación Urban Neighbors of Hope, una orden misionera dedicada a los más pobres de entre los pobres de Melbourne, como en el caso de la iglesia local que tiene la visión de evangelizar a la gente, como en el de Martin Luther King Jr. El verdadero poder es este: una visión seductora del futuro es una manera de generar una *communitas* genuina, desarrollando un sentido corporativo de misión que a su vez "crea" el futuro.[38]

La misión como principio organizativo

En una observación atribuida a Gordon Cosby, líder pionero de la destacada comunidad Church of the Savior de Washington, DC, este decía que en sus 60 años de ministerio, había observado que ningún grupo que se reuniera en torno a un propósito no misional (p. ej., oración, adoración, estudio bíblico, etc.) acababa convirtiéndose en misional. Solo los grupos que se proponían ser misionales de entrada (incluyendo la oración, la adoración y el estudio bíblico en el proceso) acababan siéndolo. Esta observación encaja con toda la investigación llevada a cabo por Carl George[39] y otros, según la cual la vasta mayoría de grupos y actividades de iglesia, incluso en las iglesias que están sanas, van dirigidas a la gente de adentro y no consiguen abordar las cuestiones misionales con que la iglesia se encuentra en cualquier situación.

Si la evangelización y el discipulado de las naciones se hayan en el corazón del propósito de la iglesia en el mundo, entonces es la misión, y no el ministerio, el verdadero principio organizativo de la misma. A misión, aquí, le estamos dando un sentido muy limitado para sugerir la orientación de la iglesia hacia "los de fuera" y la del ministerio hacia "los de adentro". La experiencia nos dicta que una iglesia centrada en el ministerio raras veces llega a dedicarse a la misión, aunque lo

---

36 Ibid, p. 241.

37 Ibid, pp. 240–41.

38 Como dijo Martin Buber una vez: "Quien ya no puede desear lo imposible solo conseguirá lo demasiado probable". Buber, *On Judaism*, p. 35. O, como Caesar Pavese advirtió: "para conocer el mundo, hay que construirlo".

39 Carl George es el creador del modelo de meta iglesia, que inicialmente estaba basado en la observación del movimiento coreano asociado a David Yonggi Cho.

intente de todo corazón. Sin embargo, la iglesia centrada en la misión tendrá que dedicarse al ministerio, porque el *ministerio* es el medio de llevar a cabo la misión. Nuestros cultos, nuestro ministerio, necesitan una causa mayor para mantener la iglesia viva y darle un sentido más amplio. Al plantar la bandera fuera de las paredes y límites de la iglesia, por decirlo de alguna manera, esta se descubre a sí misma agrupándose; esto es misión. Por esta razón la conversación misional es tan importante para la renovación de la iglesia. Al perseguir la misión, nos descubrimos a nosotros mismos, y a Dios, de una nueva manera, y las naciones pueden "ver" y escuchar a la vez el Evangelio y ser salvos.

Un principio organizativo es aquello entorno a lo cual una organización estructura su vida y sus actividades. Cuesta imaginar que un equipo deportivo pueda sobrevivir durante mucho tiempo si se olvida de su misión primordial, la de competir y ganar cada partido para así llegar a la final de la liga y ganarla. El ganar la preciada copa, la medalla o el premio que sea, mantiene al equipo centrado e integrado. Su misión es su principio organizativo, la camaradería se da por el camino. El equipo experimenta la *communitas* cuando se implica en su tarea principal; cuando afronta el desafío físico y se arriesga a fracasar para poder ganar (ver gráfica):

Comunidad
La experiencia estática de un grupo de personas que existe para su própio beneficio y para los de adentro. Sus energías estan primariamente enfocadas hacia dentro.

"la comunidad para mí"

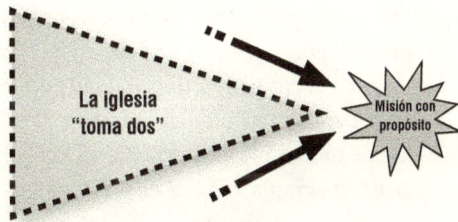

Communitas
La jornada de un grupo de personas que se encuentran unos a otros solamente al tener una visión y misión en común y que va más allá de ellos mismos. Su energía está enfocada primariamente hacia fuera y hacia adelante.

"Yo para la comunidad y la comunidad para el mundo"

Cómo la misión y la visión pueden formar comunidades

Otro ejemplo de principio organizativo: la constitución de un país es básicamente el principio organizativo del estado y la vida pública y política asociada a él. Por ejemplo, la constitución de los EE. UU., defiende las libertades básicas y la democracia que han marcado a esa nación como única. De igual manera, la misión es nuestra constitución, o al menos, es una parte central de la misma. Para defender el ethos de movimiento del pueblo de Dios es fundamental que la iglesia mantenga a la misión en el centro de su identidad. Sin misión no hay movimiento y la comunidad muere en espíritu mucho antes de morir físicamente. Olvidarse de la misión es olvidarnos de nosotros mismos, olvidarse de la misión es perder nuestra razón de ser, lo cual nos conduce paulatinamente al fallecimiento. Nuestro sentido de misión no solo fluye del entendimiento de la Misión de Dios y de la iglesia misional, sino que forma la inspiración que orienta a la iglesia de Jesucristo y la mantiene moviéndose constantemente hacia delante y hacia fuera.

Más allá de iglesia en blanco y negro

Evoquemos brevemente la pecera estéril y las terribles estadísticas de jóvenes que abandonan la fe al llegar a la universidad. El problema, en parte, es nuestra manera de hacer iglesia.[40] Como hemos observado en el capítulo tres, el dualismo platónico es la creencia de que el mundo está separado entre lo espiritual y lo no espiritual, entre el reino de lo sagrado y el de lo secular. Esta visión del mundo, más bien ajena a la mente hebraica, se convirtió en la predominante en la iglesia a finales del siglo cuarto, en gran parte por la influencia de San Agustín y otros de los primeros teólogos de la iglesia. Saco a relucir el tema del dualismo porque, aunque ahora intelectualmente rechazamos esta filosofía, en la práctica todavía tendemos de tal manera a encarnar esta creencia en las mismas estructuras y actividades de la iglesia, que imposibilitamos cualquier mensaje de afirmación de vida que deseemos retratar verbalmente. El resultado de esta idea dualista de la vida y la fe es el entorno artificial de la pecera, ya que en la práctica separa lo que es esencial para una visión del mundo y de la espiritualidad bíblica e integrada; la idea de que todo en la vida está bajo Dios.

En un diagrama basado en otro previo del capítulo 3 podemos ilustrar el aspecto de la estructura de la iglesia dualista. Sería algo así (ver gráfica):

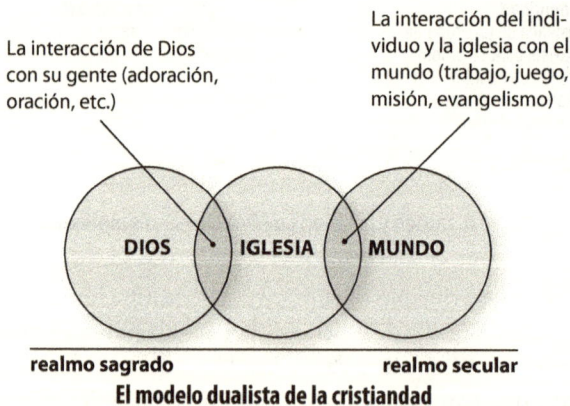

La interacción de Dios con su gente (adoración, oración, etc.)

La interacción del individuo y la iglesia con el mundo (trabajo, juego, misión, evangelismo)

DIOS   IGLESIA   MUNDO

realmo sagrado   realmo secular
El modelo dualista de la cristiandad

---

40 En esta sección he utilizado material de mi trabajo previo *The Shaping of Things to Come*, pp. 157–59, pero lo he utilizado de manera distinta.

Ilustrémoslo: Jane es la típica miembro de iglesia. Ama a Dios y quiere crecer en Él. Su problema es cómo conjugar todos los aspectos de la vida para que su fe tenga sentido. ¿Cuál es su experiencia de iglesia?:

Ella pasa la mayor parte de su tiempo en el espacio secular y "sin Dios" llamado mundo. El domingo va a la iglesia (círculo del medio). La congregación le ofrece una especie de espacio neutral lleno de creyentes como ella. Entre ellos se siente a salvo y segura porque la tensión que suele sentir "en el mundo" se ve temporalmente mitigada. Tras un poco de "compañerismo", entra en el culto (simbolizado por la interfaz entre los círculos de "Dios" y de "iglesia") como respuesta a la llamada a la alabanza. Empieza la música y con ella la adoración, y se ve arrastrada a una especie de éxtasis al implicarse de corazón en la alabanza a Dios. De repente es como si Dios hubiera bajado de un salto. Sigue la alabanza y Jane empieza a sentir que realmente se está conectando con Dios. Después del tiempo de adoración y alabanza, queda expuesta a la Palabra de Dios a través del sermón. El Pastor es un gran predicador y siente que el sermón verdaderamente la ha "nutrido". Entonces, en el momento de la santa cena vuelve a comprometerse con Jesús como salvador personal. La iglesia canta un par de conmovedoras canciones más, el pastor pronuncia la bendición y ¡de repente es como si Dios de nuevo pegara un salto y regresara al cielo! Jane se encuentra de nuevo en el círculo de en medio tomando un refresco o un café con sus amigos cristianos. Pero tiene que regresar al mundo (simbolizado por el círculo del "mundo"). Bajo esta experiencia y visión del mundo dualista de Jane, este espacio es un contexto un tanto cáustico para los cristianos porque no se percibe a Dios como si estuviera "en el mundo". Por ello es también una experiencia un tanto desgarradora, con lo cual le cuesta llegar al grupo de estudio que tiene a media semana, en el que pasará por una experiencia similar a la del domingo (aunque no a la misma escala). Sí, tiene sus devocionales y a veces Dios "aparece", pero al margen de esto se siente bastante sola y en un lugar de precariedad espiritual.

Pido perdón por esta simplificación un tanto satírica, pero estoy seguro de que muchos de nosotros nos reconocemos en esta historia. La tragedia es que en este tipo de iglesia todo contribuye a que Jane experimente su vida fundamentalmente en esta dualidad, es decir, dividida entre los sagrado y lo secular. Nadie se ha propuesto intencionadamente que así sea; es como si de alguna manera se hubiera metido un virus en el sistema, una asquerosa sanguijuela que se ha instalado en la programación básica que se haya bajo el software cristiano. Así que, sin importar cuan atractivo queramos hacer el culto, seguirá "comunicando" este dualismo entre lo sagrado y lo secular que ha plagado la iglesia. El resultado directo de esta manera de hacer iglesia es que se experimenta a Dios como un dios de iglesia, no como el Dios de toda la vida, incluyendo a la iglesia.

Tal y como está concebida y estructurada la vida de iglesia, la comunidad no tiene corte misional; está fraccionada de la implicación misional en el mundo. Su mensaje institucional siempre obra en contra de la misma, y por tanto cancelando su manifiesto mensaje verbal. Además, esa interiorizada espiritualidad dualista impide que la gente vea su trabajo, tiempo de ocio o estudios como ministerio o misión. El ministerio tiende a considerase una cosa de iglesia a cargo de expertos en la materia.

Pero hay otra manera de configurar estos tres elementos del diagrama que tiene más sentido, es mucho más integrada y es bíblica. Se trataría sencillamente de reconfigurar la relación entre Dios, mundo e iglesia. En la terminología de este libro significará convertirla en misional-encarnacional, lo cual a su vez engendrará la *communitas* (ver gráfica):

- Iglesia encarnacional
- Conección misional
- *Communitas*

DIOS

IGLESIA

MUNDO

El modo misional (liminalidad-*communitas*)

Reorientando los tres círculos obtenemos una idea totalmente distinta de la experiencia cristiana. Si podemos concebir que los tres círculos se entrecruzan en el centro, ahí encontraremos una iglesia verdaderamente misional, profundamente encarnacional, actuando de forma que el ministerio de Jesús se propague por el mundo. Según este modelo, nuestra adoración a Dios siempre se da en el contexto de nuestra implicación con el mundo, lo cual obliga a la iglesia a tener un significado cultural para los de afuera. También será claramente de corte misional porque estará abierta a todos. La iglesia no es algo que se hace en abstracción del mundo. Nuestra evangelización y nuestra acción social son comunitarias y nos unimos a Dios para redimir al mundo (Él ya está ahí), siendo nuestra espiritualidad tan variada como la vida misma.

Esto es exactamente lo que buscan todas las formas de misión encarnacional. Por ejemplo, la misión en terceros lugares que se describe en el capítulo anterior. Se trataba sencillamente de esta convergencia entre Dios, su pueblo, su misión, la espiritualidad y la comunidad; todo ello de la forma encarnacional y orgánica que tiene el potencial de transformar barrios enteros. Los discípulos de Jesús se niegan a reunirse como pueblo de Dios en lugares sagrados y aislados. Existen para encarnar y llevar a cabo su misión en 'terceros lugares'; esos lugares donde la gente va a pasar su tiempo libre. Por tanto se reúnen en bares, clubs deportivos, grupos de ocio, grupos de interés, subculturas, etc. Y la gente se fija en lo que hacen. Al optar deliberadamente por "ser iglesia" en espacios públicos, tienen que estar constantemente atentos a su contexto misional. Eso hace que la adoración y toda la vida de iglesia en general sea encarnacional y sensible a la cultura.

El potencial misional de esta experiencia es fácil de probar: intentemos cantar un corito estático en un bar o cafetería. En la mayoría de los casos, la clientela y el propietario se desentenderán y no se nos volverá a dejar hacerlo; al menos en presencia de otros clientes. Entonces, ¿se puede alabar en lugares públicos? Claro que sí, pero tendremos que conectar con Dios de tal forma que en lugar de alejar a la gente, la atraiga y despierte curiosidad en ella. La naturaleza misional misma de este tercer lugar exige una contextualización de la vida y de la expresión cultural de la iglesia. Una de las cosas más misionales que una comunidad cristiana podría hacer es sencillamente salir de su local e ir hacia dónde está la gente; ser el pueblo redimido de Dios en ese lugar y ¡de una manera que invite a la gente a participar! Cuando los tres círculos se entrecruzan, empiezan a aparecer aspectos del Carácter Apostólico.

Esto es lo que tratamos de engendrar en los internos de *Forge Misión Training Network* y una de las cosas más gratificantes de trabajar con ellos es ver cómo, cuando tienen una idea, se iluminan viendo cómo pueden integrar todos los elementos dispares de sus vidas y seguirse llamando *iglesia*. La iglesia no tiene por qué ser algo totalmente ajeno al resto de nuestra vida. De hecho, solo es fiel a su propio propósito cuando consigue enlazar todos los cabos sueltos bajo un solo Dios; el verdadero sentido del monoteísmo como ya vimos en el tercer capítulo. Es un hecho que Dios está en todas partes. Ya está profundamente implicado en la historia humana y en las vidas de su pueblo. El punto de apoyo conceptual para hacer la transición a este modelo se haya en el círculo llamado *iglesia*. La iglesia necesita ajustar su postura en relación a Dios y al mundo. Pero tendrá que romper con la esclavitud del dualismo. Una de las mejores maneras de conseguirlo es convertirse en misional; implicarse directamente en los distintos contextos en que se encuentra.

Así que, siga la calle de adoquines amarillos

Una de las cosas que nos enseñan la historia de Abraham, el compañerismo de un equipo deportivo, la camaradería desesperada entre los veteranos de guerra y la comunidad del *Señor de los Anillos*, es que el camino ya es importante de por sí. La madurez y la puesta al día exigen riesgo y movimiento, y la aventura es de hecho muy buena para el alma. Todas estas experiencias nos enseñan que, al embarcarnos en una misión común en la que nos enfrentaremos juntos al peligro y tendremos que depender unos de otros para sobrevivir, encontraremos un profundo amor y una profunda unión. Encontramos todos estos elementos en la manera en que Jesús formó a sus discípulos cuando se embarcaron juntos en un viaje que los alejó de sus hogares, su familia y su seguridad (fuera social o religiosa) en una aventura que conllevó liminalidad, riesgos, aprendizaje práctico, *communitas* y descubrimientos espirituales. Por el camino, todos sus temores de insuficiencia y falta de previsión se desvanecieron para ser reemplazados por una fe valerosa que se mantuvo y cambió el mundo para siempre.

Lo que hace que los movimientos cristianos de verdad sean tan dinámicos es justamente el movimiento, no solo por su sistema y estructura organizativa, sino por el hecho de que hay un *movimiento* real. No quiero decir que todo cristiano tenga que literalmente abandonar su hogar y su familia para seguir a Jesús, sino que la transacción espiritual fundamental de dejarlo todo en el nombre de Jesús está en la base de todo lo que vendrá después. Es decir, las personas que forman parte de estos movimientos decidieron entrar en la liminalidad de dejar seguridad y comodidades ya cuando se convirtieron, por eso no han tenido que convertirlo en un factor determinante más tarde. Esto quiere decir que han seguido siendo un pueblo líquido, que se adapta y evoluciona constantemente, dependiendo del contexto. Eso fue así en un principio hasta que Constantino nos dio los edificios, una institución y un vínculo entre la iglesia y el estado que conseguiría mantener dormido el Carácter Apostólico durante mucho, mucho tiempo.

Debemos tomar carretera de nuevo. Somos el pueblo del Camino y ese camino se abre ante nosotros, invitándonos a un nuevo futuro en el que se nos permite participar y jugar nuestro papel. Al intentar articular la naturaleza de la auténtica comunidad cristiana (la de una *communitas* formada en torno a la misión y emprendida por un grupo de camaradas inseguros pero valientes), evocar el imaginario mítico de las grandes historias y recordar la manera en que Jesús y los primeros cristianos propagaron el mensaje, estamos despertando ese anhelo y esa disposición a emprender una aventura que nos conducirá a redescubrir esa fuerza de antaño llamada Carácter Apostólico.

Vale la pena recordar en este punto que el barco está más seguro cuando está en Puerto. Pero las naves no fueron hechas para estar en el puerto, fueron hechas para zarpar y lanzarse a la aventura que ofrece el mar abierto.

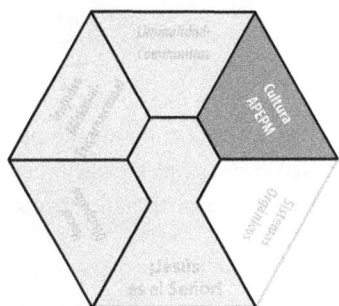

◆ 8 ◆

Cultura APEPM

"La dicotomía clérigos-laicos. . . es uno de los principales obstáculos que hoy enfrenta la iglesia para ser eficaz en ser agente del reino de Dios porque crea una falsa idea de que sólo "hombres santos", es decir, ministros ordenados, son realmente los calificados y los responsables de un liderazgo y un ministerio significativo".

—Howard Snyder

La distribución de ministerios y dones hecha por el Rey [APEPM] no es un sustituto a la presencia del Mesías, pero sí es el modo en como Él se hace presente".

—Markus Barth

"La primera responsabilidad de un líder es definir la realidad".
—Max DePree, en *Credibility*

Algunos años atrás, tuve el privilegio de escuchar a un destacado líder de la iglesia clandestina en China, a quien cariñosamente llaman "Tío L".[1] Era un hombre callado, pequeño y encorvado, que en ese momento dirigía un movimiento clandestino de iglesias en hogares de nada menos que ¡tres millones de cristianos! No tiene titulación académica, pero exhibe un intelecto sorprendente, imbuido de una sabiduría perspicaz y orientada a la vida. No tiene "cargo" ni títulos asociados; sin embargo, ejerce un destacado don de liderazgo y llamamiento. No tiene una institución central real que le ayude a administrar y controlar los cientos de miles de iglesias; sin embargo, su influencia y sus enseñanzas se hacen

---

1 No es su verdadero nombre. Hay que proteger su identidad debido a la situación en China.

sentir por todo el movimiento. Entiendo que empleó tan solo a unas pocas personas; sin embargo, dirige a millones. Ha estado en la cárcel y ha sufrido mucho por su fe; sin embargo, ya anciano, sigue desafiando al estado con su participación en el movimiento clandestino. Sin la menor duda, en ese inspirador anciano encontré un auténtico apóstol.

Philip Yancey cuenta una experiencia similar en relación a su reciente viaje a China, donde conoció a un líder de 44 años, brillante y apasionado, llamado hermano Shi. De joven, Shi había dirigido las juventudes comunistas de su provincia y luego había servido también en la Guardia Roja. Cuando se convirtió, le echaron de su casa y fue perseguido por las autoridades. Yancey escribe, "Shi tiene que estar siempre viajando, eludiendo la policía a través de salidas estrechas. Las iglesias que hay en las casas, reconociendo sus aptitudes de liderazgo, le han promocionado y ahora ¡supervisa a 260,000 cristianos en su provincia!"[2] Yancey hace bien en maravillarse dado su propio contexto en los EE. UU., con mega iglesias de entre 1,000 y 20,000 miembros, que exigen sofisticadas organizaciones para operar. Ya he mencionado antes a mi amigo Neil Cole, quien es el fundador de un movimiento de más de 10 mil iglesias, pero él no tiene ninguna organización formal para "dirigirla".

La presentación de estos destacados líderes apostólicos es un buen punto de partida para este capítulo, ya que nos hace recuperar ese mismo tipo de preguntas que inicialmente me condujeron a buscar ese ingrediente "extraordinario" que parece estimular a los movimientos cristianos de toda la historia. Lo que me preocupaba entonces, y me continúa preocupando ahora, es ¿cómo lo hicieron? Una de las respuestas claras es que no lo hicieron sin un liderazgo transcendental, eso nos queda bien claro. Pero eso conlleva otra pregunta ¿qué *tipo* de liderazgo? Hoy en día tenemos todo tipo de líderes y de recursos, sin embargo, aún así nos encontramos en serio declive. ¿Cuál es pues la diferencia? Esta es una buena pregunta que exige una respuesta igualmente buena.

Por lo tanto, ¿cuál era/es la diferencia entre el liderazgo de un movimiento y nuestras formas más reguladas y operativas de dirigir? Es una buena pregunta y bien vale la pena hacerla porque nos obliga a reevaluar las formas estándar de liderazgo que hemos producido y que de alguna manera mantienen al sistema en decadencia. En los diez años desde la primera edición de *Caminos olvidados*, he ido mucho más profundo en este tema,[3] y estoy cada vez más convencido de la

---

2 Ver Yancey, *Christianity Today*, vol. 48, no. 7, p. 72.

3 Recomiendo que el lector explore más completamente la teología y la dinámica del APEPM en Hirsch y Catchim, *Permanent Revolution*. También hay un estudio asociado y guía práctica, *The Permanent Revolution Playbook*. Ver también a Cole, *Primal Fire*; Woodward, *Creating a Missional Culture*; Jones, *Church Zero*; y Breen *Leading Kingdom Movements*. Sam Metcalf también ha escrito un excelente trabajo sobre el ministerio Apostólico y su estructura, *Beyond the Local Church*. También tengo un próximo libro (2016) que de manera práctica explorará la idea de la funcionalidad del APEPM en la iglesia y la sociedad y esto va a formr la base en buena medida de mi trabajo con 100Movements.

necesidad de replantear completamente las nociones heredadas del ministerio y el liderazgo a lo largo de las líneas explícitamente enseñadas, así como activamente demostradas por la iglesia del Nuevo Testamento, a saber, la categorización de Efesios capítulo 4 de apóstol, profeta y evangelista, junto a las categorías comúnmente más aceptadas de pastor y maestro (APEPM). Estoy absolutamente convencido de que nunca hemos de concebir un verdadero movimiento misional—del tipo que tiene tanto crecimiento exponencial como un efecto transformador de amplio espectro, que no contenga el ministerio APEPM. Permítanme decir esto de manera más categórica; a menos que utilicemos formas al menos quíntuples de ministerio y liderazgo, un genuino movimiento misional ¡no sucederá! Se necesitan por lo menos los cinco ministerios del APEPM para iniciar, desarrollar y mantener un movimiento. En otras palabras, jugar con la integridad de este elemento particular del ADN*m* es equivalente a asesinar la posibilidad de un movimiento.

Si quieres un movimiento misional, primero debes tener un ministerio apostólico

Tenemos que tener claro que los movimientos necesitan que todas las cinco funciones-ministerios APEPM estén activas y comprometidas para lograr cualquier impacto duradero para la causa de Jesús. Sin embargo, también creo que el más excluido y deslegitimado en la iglesia en Occidente (el apostólico) es realmente el más crucial en nuestros días debido a la situación que enfrentamos en Occidente. Creo que el mayor eslabón perdido para despertar un movimiento, por lo menos el tipo descrito en este libro, es el ministerio apostólico. La razón es que el apóstol (como lo sugiere el nombre *apostello*) es el más responsable y capaz de tanto diseñar como dirigir, el impulso de "enviados" de la iglesia. Si *a priori* excluimos el impulso apostólico, también significa que por la misma acción hemos de excluir el impulso misional de la ecuación de la iglesia. No es de extrañar que la iglesia rara vez haya cumplido con su propósito misionero; ¡en gran parte se debe a que hemos cauterizado su función apostólica! Los dos están íntimamente relacionados.

En otras palabras, no nos debería sorprender que haya una correlación directa entre los modos apostólicos del ministerio y los movimientos apostólicos. Esto en ninguna manera pretendo sugerir que los que funcionan bajo un llamado apostólico son más importantes que los otros ministerios. No lo son. Tampoco implica que el apostólico es por defecto la autoridad espiritual por sobre los demás (en cualquier caso, este tipo de relación de poder jerárquico está explícitamente prohibido en el Nuevo Testamento, por ejemplo en Flm. 2). Simplemente quiero señalar que si excluimos *a priori* el ministerio apostólico, entonces en esa misma acción excluimos los llamamientos y funciones diseñados y dados por Jesús a la iglesia para que esta sea enviada. Nos estaríamos dando un balazo en nuestro propio pie si así lo hacemos; estaríamos de hecho eliminando la posibilidad de *ecclesia* como un movimiento misional (de gente enviada). Si se quita lo apostólico en principio, entonces estaremos deslegitimizando a las personas y funciones que son las más propensas para establecer, mantener y desarrollar las posibilidades misionales en primer lugar.

Llegados a este punto, vale la pena repetir de nuevo que la iglesia de Occidente se enfrenta a un desafío de adaptación masivo: es positivo en tanto a que presenta la oportunidad de vernos obligados a cambiar; es negativo en tanto a la rapidez del cambio intermitente.[4] Estos desafíos gemelos representan una amenaza considerable al cristianismo, tal y como está de encerrado en el modelo predominante de iglesia constantiniana (cristiandad) con toda la rigidez institucional que eso conlleva. El misiólogo canadiense Alan Roxburgh está en lo correcto cuando dice que la transición de los modos de iglesia propios de la cristiandad a las nuevas formas más misionales, *requiere* por fuerza la función apostólica.[5] Los entornos de cambio disruptivo requieren organizaciones flexibles y adaptables y líderes para diseñar y guiar efectivamente.[6] Los entornos de cambio discontinuo exigen liderazgo y organizaciones capaces de adaptarse.[7] Así como el rol apostólico tiene la responsabilidad y el don de la extensión del cristianismo, también la situación misionera exige un tipo de liderazgo pionero e innovador que ayude a la iglesia a negociar el nuevo territorio en que se encuentra. Esto es bastante claro cuando consideramos el movimiento misional de la iglesia, que por su naturaleza, se basa principalmente en un espíritu pionero e innovador y por lo tanto es fundamentalmente apostólica. Pero es igualmente cierto para las iglesias establecidas que requieren de una reforma fundamental y de reestructuración que les permita alinearse más perfectamente con los propósitos de Dios.

El llamado de la persona apostólica es esencialmente la expansión del cristianismo a menudo en terreno desconocido. Como tal, él o ella dirige a la iglesia a su llamamiento esencial y ayuda a guiarla hacia su destino, como pueblo misionero que lleva un mensaje de transformación al mundo. Todas las demás funciones de la iglesia deben ser calificadas por su misión de extender la misión redentora de

---

4 En el capítulo 3 se desarrolla la idea del desafío de adaptación.

5 Ver Roxburgh, *Missionary Congregation*, p. 61.

6 Esta no es una pequeña tarea, y se requiere de un modo particular de liderazgo. Un desafío adaptativo requiere una organización adaptativa. En sistemas vivos, la adaptabilidad es la capacidad de un organismo para cambiar el comportamiento en distintos ambientes. Aplicado a las iglesias y las organizaciones, requiere que aquellos que entienden el ADN*m* esencial de la iglesia y el Evangelio dinámico reunido con el saber aplicarlo en diferentes contextos.

7 No es poca cosa y exige un estilo de liderazgo en particular. Un desafío de adaptación exige que la organización sepa adaptarse. En los sistemas vivos, la adaptación es la capacidad de un organismo para cambiar de comportamiento dependiendo del entorno. Si lo aplicamos a las iglesias y las organizaciones, exigirá que aquellos que comprenden el ADN*m* esencial de la iglesia y la dinámica del Evangelio, sepan cómo combinarlo con la experiencia misonal en los distintos contextos.

Dios por medio de su vida y su testimonio. Por tanto, el líder apostólico encarna, simboliza y representa la misión apostólica a la comunidad misional. Además, saca a la luz y desarrolla los dones y llamamientos de todo el pueblo de Dios. Sin el ministerio apostólico, la iglesia o bien olvida su alto llamamiento o no consigue implementarlo. Desgraciadamente, en los decadentes sistemas denominacionales, a estas personas se las "congela" o exilia porque perturban el equilibrio de un sistema estancado. Esta "pérdida" de la influencia del apóstol resulta ser una de las principales razones del gran declive denominacional. Si realmente queremos una iglesia misional, entonces debemos tener un sistema de liderazgo misional que la dirija; así de simple.

Soy muy consciente de las diversas reacciones que este tema puede provocar. En parte se debe a la confusión entre el rol y llamamiento único de los apóstoles originales y el del ministerio apostól-*ico* actual, es decir, un conjunto de dones que expanden y substancian todavía más la obra apostólica original, pero que en ningún caso la alteran. Pero otro motivo de esta reacción negativa también ha sido que muchos de los que han reivindicado el "apostolado," no le ha hecho justicia y al final han acabado por desacreditar este rol tan vital. Tristemente, la historia de la iglesia está plagada de falsos apóstoles.[8] La verdad es que también está llena de falsos profetas, falsos maestros, falsos pastores y charlatanes que afirman hacer el papel de evangelistas. En otras palabras, necesitamos tener madurez en los cinco llamados y ajustarlos a todos a la norma impuesta por el ministerio quíntuple de Jesús.

La única conclusión de la investigación y el estudio a que ha estado sometido este libro es que el ministerio apostólico es un elemento insustituible y catalítico del ADN*m* de la cultura APEPM; no hay forma que se produzca un movimiento misional sin él. Es por esta razón que debemos rectificarlo en nuestros días. Es muy sencillo: una iglesia misional necesita un liderazgo misional y para que esto sea así, se va a necesitar bastante más que el tipo de liderazgo tradicional del pastor y maestro.[9]

---

8 Para entender un poco mejor el tema: los apóstoles del NT lucharon justamente con lo mismo. Gran parte de su lucha en la fundación de los primeros movimientos cristianos era en contra de los falsos apóstoles de la época. Pero por eso los apóstoles originales no encontraron ninguna razón para descartar la función apostólica del todo. No vemos a Pablo renunciar a su apostolado porque hubiera falsarios a su alrededor. Todo lo contrario, todavía argumentaba más sobre la validez y la autoridad de su propio apostolado contra las proclamas de los farsantes. Por la providencia divina, estos textos paulinos han acabado constituyendo el criterio de autoridad que somete a prueba la autenticidad de cualquier autoproclamacion apostólica.

9 Roxburgh va más allá y dice que, en la práctica real, una concepción predominantemente pastoral de la iglesia y del ministerio constituye en la actualidad una de las principales barreras al replanteamiento de la iglesia como agencia misional. También dice, en relación a la institucionalización y dominio de la función pastoral encarnada en la ordenación, que "el gremio de los ordenados tendrán que salir; se trata de una función social que jamás nos llevará por la liminalidad". A. J. Roxburgh, *The Missionary Congregation, Leadership & Liminality*, pp. 64–65.

Debido a que los líderes definen la realidad para aquellos que trabajan en las organizaciones que dirigen, el liderazgo siempre proporciona un punto estratégico de influencia para el cambio y la renovación misional. El liderazgo cataliza el cambio: por lo que es el liderazgo apostólico, o dicho más exactamente, es el apóstol como parte intrínseca del sistema completo del APEPM, quien puede plenamente catalizar un movimiento apostólico. Tenga en cuenta que todos los elementos del ADN*m* están inextricablemente interconectados y relacionados entre sí. Si falta aquí (como con cualquier otro elemento del ADN*m*) significa que vamos a terminar con una grave disfunción en el sistema suprimiendo así la aparición natural del Carácter Apostólico en toda la organización. Bloquear la función apostólica dejándola fuera de la organización, es un asesino en primer grado del movimiento. Por otro lado, una oportuna corrección aquí traerá grandes cambios. Se trata sencillamente de que superemos este temor histórico y así podamos crecer y madurar como movimiento misional (Ef. 4:11 en adelante). No es pura casualidad que todas las denominaciones históricas que siempre han rechazado el liderazgo apostólico se encuentren ahora en un declive sistemático y de largo plazo en todos los contextos de Occidente. Este capítulo se centrará, por tanto, en definir el por qué es necesario el ministerio apostólico y por qué este es un aspecto insustituible del ADN*m*. Quiero sugerir una vez más al lector que lea mi libro escrito junto con Tim Catchim, *The Permanent Revolution* (NT: "La revolución permanente"), donde se explora este tema en una manera mucho más profunda.

Descripción del trabajo de un apóstol

El ministerio apostólico es básicamente una función, no un cargo. Por *cargo* solemos entender algo relacionado con una institución centralizada y establecida. El cargo obtiene su autoridad por ocupar un puesto en dicha estructura institucional. En el Nuevo Testamento no podemos encontrar este nivel de "institución," ni tampoco en el período post-bíblico. Por otro lado, la iglesia del Nuevo Testamento lleva todos los sellos de un movimiento emergente, prácticamente sin estructuras centralizadas, sin una clase ministerial profesional "ordenada" y sin edificios de "iglesia" oficiales. Además, en un contexto de persecución, cualquier inclinación institucional latente que hubieran tenido quedaba del todo eliminada por la presión externa, que iba más allá de su control. El ministerio apostólico, que estaba muy vivo en la Iglesia primitiva, se percibía como un don y un llamamiento de Dios, que quedaba autentificado por una vida coherente con el mensaje y reconocido por sus efectos sobre el movimiento y su contexto, es decir, la expansión de la misión de Dios y la sostenibilidad y salud de las iglesias. Era algo claramente crucial para la supervivencia y el crecimiento del movimiento. Es difícil ver sobrevivir al cristianismo sin este tipo de influencia y liderazgo.

El por qué este ministerio en particular es tan vitalmente importante, y parece ser que irreemplazable, lo encontramos en la descripción del apóstol como el *guardián del Carácter Apostólico* y del mismo Evangelio. Todo ministerio apostólico subsiguiente se modela a si mismo sobre el arquetipo de los apóstoles originales y autoritativos. Esto quiere decir que él o ella es la persona que implanta y activa el ADN*m*.[10] Una vez inoculado en las comunidades locales, el ministerio apostólico se ocupa de asegurarse que las iglesias resultantes se mantienen fieles al mismo y no mutan en algo que Dios no había pensado originalmente. Además de abrir nuevas iglesias, el ministerio apostólico sienta las bases ahí donde no hay. Un ejemplo clásico de esto lo encontramos en el oeste americano. Los predicadores iban a pueblos o localidades poco pobladas, predicaban el Evangelio, acompañaban a la gente hacia Cristo, establecían iglesias y luego se iban a otro sitio y no volvían hasta el año siguiente; siguiendo el mismo circuito. Los apóstoles de la iglesia en China operaban exactamente de la misma manera.[11]

Pero la importancia del ministerio apostólico no se limita a los movimientos misioneros nuevos. También sigue siendo relevante para las denominaciones establecidas. De hecho, es crucial para el proceso de revitalización. Steve Addison, asesor de misiones e igle-crecimiento dice:

"El rol apostólico dentro de las iglesias establecidas y las denominaciones conlleva una reinterpretación de los valores fundacionales de las mismas a la luz de las demandas de su misión en el día de hoy. El objetivo final de estos líderes apostólicos es alejar a la denominación del mantenimiento y hacerla regresar a la misión. El líder denominacional apostólico tiene que ser un visionario, que pueda sobrellevar una oposición importante por parte de la misma estructura denominacional y pueda establecer alianzas con quienes desean el cambio. Además, la estrategia del líder apostólico podría implicar impartir visión y ganarse la aprobación para pasar del mantenimiento a la misión. Este líder tiene que estimular las señales de vida que hay dentro de la estructura existente y levantar una nueva generación de líderes y de iglesias a partir de la antigua. El líder apostólico denominacional necesita asegurarse de que la nueva generación no se queda "congelada" por quienes se resisten al cambio. Finalmente, un líder así debe reestructurar las instituciones de la denominación para que sirvan a los propósitos misionales".[12]

---

10 1 Co. 3:9-11 nos da una clave para este aspecto del ministerio apostólico: "Porque nosotros somos colaboradores de Dios, y vosotros sois labranza de Dios, edificio de Dios. Conforme a la gracia de Dios que me fue dada, yo, como sabio arquitecto, puse el fundamento, y otro edifica sobre él. Pero cada uno tenga cuidado cómo edifica encima. Pues nadie puede poner otro fundamento que el que ya está puesto, el cual es Jesucristo". El ministerio apostólico tiene que ver con poner fundamentos, o en la terminología de este libro, con inocular el ADN*m* de la iglesia y del Evangelio. El lector debería advertir el vínculo indisoluble entre cristología y la iglesia.

11 Notas de trabajo de Curtis Seargeant, reconocido experto en el fenómeno chino.

12 Addison, *A Basis for the Continuing Ministry of the Apostle in the Church's Mission*, p. 190.

El corazón de la tarea apostólica es la expansión del cristianismo tanto *físicamente*, en forma de un esfuerzo misionero pionero y de plantar iglesias, como *teológicamente*, por medio de la integración de la doctrina apostólica en la vida de los individuos cristianos y las comunidades de las cuales forman parte. Pero más aún, como guardián del Carácter Apostólico, él o ella es la persona que da un punto de referencia personal y el contexto espiritual para otros ministerios del pueblo de Dios.

Así que me gustaría sugerir que hay cuatro funciones primarias del ministerio apostólico ilustrándolo de la siguiente manera (ver gráfica):[13]

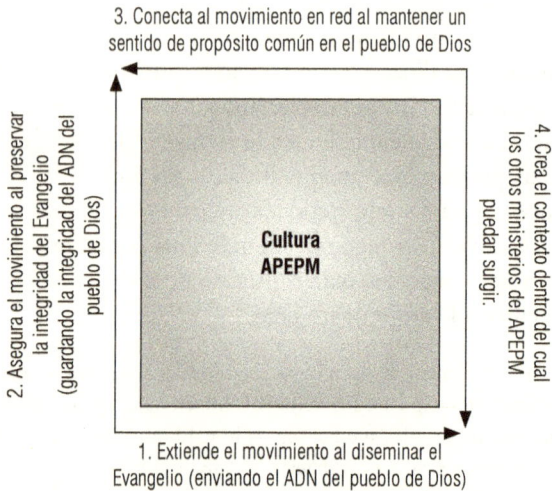

3. Conecta al movimiento en red al mantener un sentido de propósito común en el pueblo de Dios

2. Asegura el movimiento al preservar la integridad del Evangelio (guardando la integridad del ADN del pueblo de Dios)

Cultura APEPM

4. Crea el contexto dentro del cual los otros ministerios del APEPM puedan surgir.

1. Extiende el movimiento al diseminar el Evangelio (enviando el ADN del pueblo de Dios)

Las funciones del ministerio apostólico

1. *Inocular el ADNm como base para alcanzar nuevos terrenos para el Evangelio y la iglesia.*

Como guardián (mayordomo) del ADN del pueblo de Jesús, el apóstol es a la vez mensajero y portador del ADN*m* del cristianismo. Como "el enviado",[14] lleva el Evangelio a nuevos contextos misionales e inocula el ADN del pueblo de Dios en nuevas iglesias que emergen en esos lugares. El apóstol es pionero y su espíritu pionero e innovador lo distingue de manera única en relación a los otros ministerios. "Es realmente importante que a quienes se les encomiende un liderazgo apostólico y translocal sean pioneros. La iglesia está llamada a ser un movimiento dinámico y no una institución estática. Por esta razón su liderazgo deben ejercerlo quienes estén en la primera línea de la expansión de la iglesia".[15]

---

13 La edición original tenía tres funciones mencionadas. En Hirsch y Catchim, *Permanent Revolution*, cap. 5, se extendió a cuatro. Así que también aquí.

14 La palabra apóstol significa "enviado".

15 Addison, *A Basis for the Continuing Ministry*, p. 80.

2. Custodiar el ADNm por medio de la aplicación e integración de la teología apostólica.

Como guardián del ADN del pueblo de Dios, la responsabilidad del ministerio apostólico no termina con la obra misionera pionera. También tiene el mandato de asegurarse que las iglesias se mantengan fieles al Evangelio y su ethos. Este aspecto del ministerio apostólico puede ser descrito como crear y mantener la *red de significado* que sostiene a todo el movimiento unido. El ministerio apostólico lo hace despertando a la gente de nuevo al Evangelio e inoculándolo en el marco organizativo de maneras en que tenga sentido. El movimiento se mantendrá durante un largo período de tiempo gracias a esta red apostólica de significado. Es algo crucial para la misión translocal. Veamos lo que hace el apóstol bíblico: se dedica a la obra misionera, establece nuevas iglesias y una vez establecidas, se va y cruza otras fronteras. Pero también ve como algo esencial que las iglesias estén en red y exhorta a los discípulos, viajando con ellos, cultivando el liderazgo y guiándoles para asegurarse una comprensión correcta y la integración del mensaje del Evangelio en la vida diaria de cada uno de los oyentes. El apóstol es rápido en deshacerse del error y la herejía; eliminando posibles mutaciones del ADN*m*.

Todo ministerio apostólico auténtico hace esto. Los apóstoles no son simples emprendedores que hacen mucho ruido; también son teólogos tenaces (o por lo menos deberían serlo si son genuinamente apostólicos). Esta necesidad de asegurarse una integridad doctrinal es por tanto otra característica clave del ministerio apostólico, sin la cual nosotros no estaríamos aquí, ya que constituye la base de la fe cristiana. Aunque reconozcamos que la autoridad de enseñanza de "los doce" es fundacional y autoritaia, y conforma la teología base de la iglesia, el ministerio apostólico ha contenido estos elementos durante siglos. Fijémonos, por ejemplo, en los ministerios de San Patricio, John Wesley, Ignacio de Loyola, John Wimber, William Booth, William Carey y el incontable número de apóstoles sin nombre de la iglesia clandestina en China; en todos ellos encontramos este elemento dual de misionero pionero y teólogo celoso.

A la luz de estos comentarios, podemos ver cómo diversas formas reduccionistas de cristianismo representan un peligro para nosotros hoy. Existen varias expresiones del cristianismo en medio nuestro que son simples formas diluidas, consumistas y sincretizadas de la fe cristiana original, y que, en mi opinión, tienden a florecer en el contexto del pluralismo postmoderno y el relativismo imperante. Estas formas mutantes de cristianismo son una auténtica amenaza para la iglesia en Occidente precisamente porque nos alejan del vigor real de nuestro mensaje original y primario. En muchos sentidos, el mantener el Evangelio descontaminado y preservar su poder para las generaciones futuras, siempre ha sido una de las principales funciones del ministerio apostólico (Ro. 1:16). Esta es una de las razones de que sea un ministerio tan vital hoy en día. No tengo la menor duda de cómo Pablo haría frente al "spongianismo" [16]; lo consideraría un ataque directo al ADN del Evangelio y por tanto a la iglesia.

3. *Mantener la visión y el propósito en común para sostener al movimiento en red.*

Así como Tim y yo decimos en *The Permanent Revolution*, las funciones apostólicas de sembrar y de guardar los códigos genéticos de *ecclesia*, en efecto producen un creciente movimiento multicultural y multidimensional en red a través de un amplio terreno cultural". [17] Pero ¿cómo puede el liderazgo apostólico mantener un sentido de unidad significativa en un movimiento que se está extendiendo rápidamente en muchos ámbitos diferentes? "Aparte de la labor necesaria del Espíritu Santo para mantener la identidad y cohesión de un movimiento, la respuesta está en la misma naturaleza de los códigos del Evangelio, así como la gestión de los significados comunes y unificadoras inherentes en el Evangelio mismo". [18]

Es aquí donde la identidad teológica, el significado y el propósito se mezclan para crear una identidad común con un único sentido de destino y vocación. La unidad de la iglesia de Jesús es un mandato apostólico. La unidad de la iglesia alrededor del único Dios verdadero, es el terreno sobre el cual puede florecer la diversidad real en el ministerio. Pablo remarca incesantemente este punto (p. ej. Ef. 4:1-6). Pertenecemos juntos; tenemos una raíz y un destino común y una misión que sólo nosotros podemos cumplir en relación con lo que Jesús ha hecho en y por nosotros. Esto forma la base de nuestra comunión y proporciona la estructura del movimiento. El apóstol tanto se encarga de comunicar este conocimiento como también lo utiliza para sostener y mantener el movimiento.

Este sentido de significado y propósito comunes no solo sirve para iniciar movimientos sino que también sirve para mantenerlos en constante crecimiento. En la Iglesia primitiva, no había ningún cuerpo central emitiendo órdenes y delegando responsabilidades. La influencia e integridad fueron mediadas a través de las redes apostólicas y el compromiso en relación con el ADN*m*.

---

16 De hecho, esta tentación teológica representa para la EMC (la iglesia emergente y misional) una de las amenazas más potentes. De ahí mi vehemencia. Como fenómeno de finales del siglo XX y principios del XXI, la EMC es muy susceptible a la mezcla postmoderna de pluralismo religioso y relativismo filosófico. Esto hace difícil defender la verdad en la esfera pública. Las proclamas sobre la verdad han de limitarse a la esfera de la opinión privada. Eso ejerce una presión muy fuerte para negar la unicidad de Cristo y su obra a nuestro favor. He visto a muchas iglesias emergentes sucumbir ante el liberalismo teológico "a la Spong" y luego morir. El cambio para adaptarse nos tiene que acercar más a nuestro mensaje original, no alejarnos del mismo. Pienso que esto es algo crucial.

17 Hirsch y Catchim, *Permanent Revolution*, pp. 111–12.

18 Ibid., p. 111.

Los movimientos en red tienen la ventaja de ser capaces de reproducirse fácilmente y se pueden propagar muy rápido, pero para que esto suceda se requieren dones y habilidades que difieren significativamente de los del tipo más jerárquico de liderazgo (sacerdotal o corporativo) al que nos hemos acostumbrado tanto.

4. Crear el entorno para que emerjan otras iglesias.

¿Se ha preguntado alguien por qué en todas las listas de ministerios, el de apóstol siempre aparece de forma explícita como el primero? ¿Por qué se considera el ministerio más importante? (1 Co. 12:28, Ef. 4:11) ¿Por qué en Ef. 2:20 Pablo dice que la iglesia está construida sobre el fundamento de los apóstoles y los profetas?[19] No es que se deba a una concepción organizativa y jerárquica del liderazgo, ya que tales ideas de liderazgo no existían en el movimiento del Nuevo Testamento. Más bien se debe a que constituye el don fundacional que proporciona el *entorno* y el *punto de referencia* a los demás ministerios mencionados en las Escrituras.

New Covenant Ministries Internacional (NCMI)[20] es una misión que opera en contextos occidentales y basa su ministerio en sus enseñanzas sobre la naturaleza fundacional del ministerio apostólico. Ellos aseguran no ser ni una denominación ni un grupo de iglesias. Se ven a sí mismos sencillamente como un grupo de gente comprometida en el progreso del reino de Dios por medio de la misión y el trabajo en red. Se ven a sí mismos como un equipo apostólico y profético translocal unido por un propósito común y las relaciones amistosas. Pero en este proceso han plantado cientos de iglesias, trabajan en red con otros cientos y ahora ya están en 60 países. Eso que empezaron a principios de los ochenta.

Roxburgh tiene razón al decir que el ministerio apostólico es "fundacional para todas las demás funciones".[21] Es decir, inicia las demás; constituye su fundamento. A partir del ministerio apostólico, el ADN*m* es inoculado y distribuido entre los otros distintos ministerios que forman lo que yo denomino con el acrónimo APEPM (apostólico, profético, evangelístico, pastoral y educativo/

---

19 De nuevo, no quiero renegar del rol de los apóstoles originales en la fundación de la iglesia apostólica. Sin embargo, pienso que este aspecto "fundacional" puede extenderse de una manera reflexiva y menos limitada, a todos los ministerios proféticos y apostólicos genuinos.

20 http://www.ncmi.net/.

21 Roxburgh, *The Missionary Congregation*, p. 62. Incluso el cargo de obispo, el reemplazo institucional del previo rol apostólico, es el de guardián del apostolado (visto aquí como inherente a la iglesia y las escrituras del Nuevo Testamento), el que contiene en si mismo a todos los demás ministerios, los cuales se confieren vía la ordenación. Consultar a McQuarrie, *Principles of Christian Theology*, p. 391. Al instituir el obispado, la cristiandad eliminó de la ecuación el aspecto pionero, insitucionalizó el apostolado en la iglesia como cargo, lo rediseñó dándole una imagen pastoral concreta que encajara en el contexto diocesano y manteniendo algunos aspectos auténticos del rol apostólico que le eran utiles. Este rol fundacional es uno de ellos; todavía podemos encontrar en el mismo una verdadera función apostólica.

enseñanza) y que encontramos en Efesios capítulo 4. La fundación y el desarrollo del APEPM es por tanto una extensión natural de la naturaleza protectora del ministerio apostólico. Se podría decir que el ministerio apostólico crea el entorno para el profético; el profético crea el entorno para el evangelístico, y etcétera. Usando la definición más comprehensiva de la estructura de ministerio, es decir, la de Ef. 4:1-11, nos encontraríamos con algo así (ver gráfica):

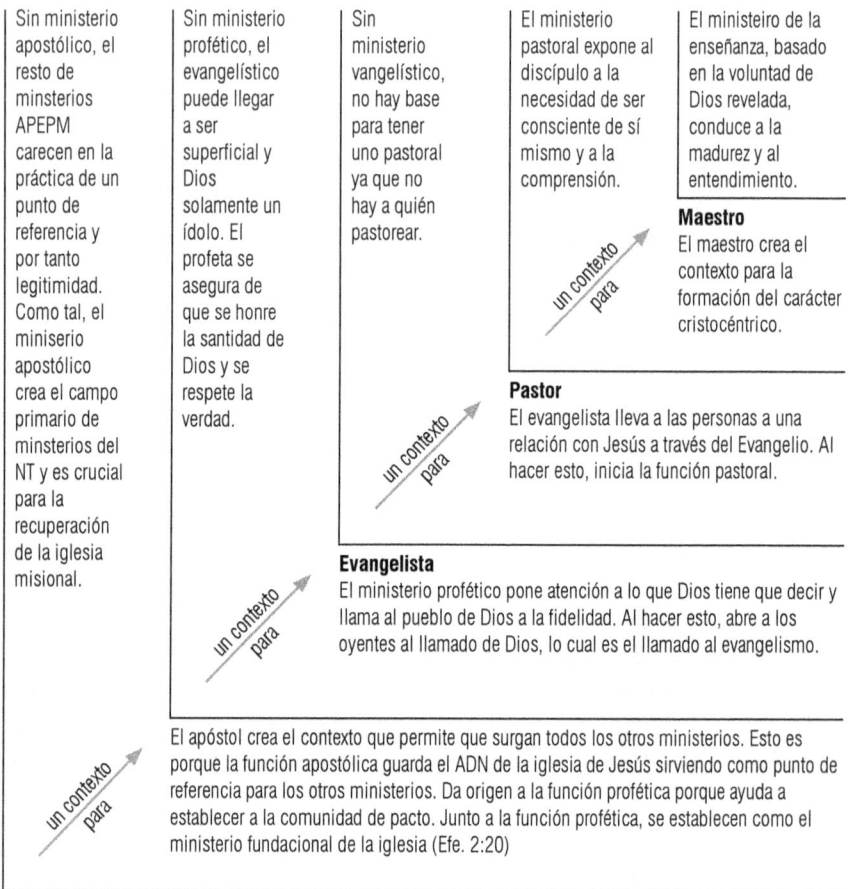

Sin ministerio apostólico, el resto de minsterios APEPM carecen en la práctica de un punto de referencia y por tanto legitimidad. Como tal, el miniserio apostólico crea el campo primario de minsterios del NT y es crucial para la recuperación de la iglesia misional.	Sin ministerio profético, el evangelístico puede llegar a ser superficial y Dios solamente un ídolo. El profeta se asegura de que se honre la santidad de Dios y se respete la verdad.	Sin ministerio vangelístico, no hay base para tener uno pastoral ya que no hay a quién pastorear.	El ministerio pastoral expone al discípulo a la necesidad de ser consciente de sí mismo y a la comprensión.	El ministeiro de la enseñanza, basado en la voluntad de Dios revelada, conduce a la madurez y al entendimiento.

Maestro
El maestro crea el contexto para la formación del carácter cristocéntrico.

un contexto para

Pastor
El evangelista lleva a las personas a una relación con Jesús a través del Evangelio. Al hacer esto, inicia la función pastoral.

un contexto para

Evangelista
El ministerio profético pone atención a lo que Dios tiene que decir y llama al pueblo de Dios a la fidelidad. Al hacer esto, abre a los oyentes al llamado de Dios, lo cual es el llamado al evangelismo.

un contexto para

El apóstol crea el contexto que permite que surjan todos los otros ministerios. Esto es porque la función apostólica guarda el ADN de la iglesia de Jesús sirviendo como punto de referencia para los otros ministerios. Da origen a la función profética porque ayuda a establecer a la comunidad de pacto. Junto a la función profética, se establecen como el ministerio fundacional de la iglesia (Efe. 2:20)

un contexto para

apóstol

Si todo esto es correcto, subraya por qué el APEPM como un todo (y la función apostólica en parte) es uno de los seis elementos claves del ADN*m* que forman el Carácter Apostólico. Los cinco ministerios son necesarios para engendrar, animar y sostener un movimiento cristiano pleno. De hecho, los cinco ministerios, en relación dinámica entre ellos, son absolutamente esenciales para un discipulado vigoroso, para iglesias saludables y movimientos que crecen; como veremos más abajo.[22]

Como tales, los ministerios APEPM son ministerios delegados, nacidos de la tarea apostólica guardiana del ADN*m*; siendo el ministerio apostólico, el fundacional. Es necesario hacer hincapié en que la dinámica del liderazgo es la del siervo inspirador, no la del que "señorea sobre todos los demás".

Autoridad inspiracional

Una vez definidos los roles o la función de la persona apostólica, ahora podemos fijarnos en cómo el ministerio apostólico ejerce su influencia. Parte de la reticencia a recibir el ministerio apostólico en nuestras iglesias se ha debido a que, a veces, las personas que dicen ser apóstoles han asumido que eso implicaba un acercamiento dictatorial al liderazgo de la iglesia. Demasiado a menudo, eso ha resultado en la desautorización del pueblo de Dios; en lugar de verlo maduro y creciendo en la fe, este se queda en un estado infantil, ineficaz y dependiendo del poder excesivamente paternalista y autocrático del "apóstol". Aunque esto puede ocurrir con demasiada frecuencia, tenemos que reconocerlo como una distorsión, una interpretación errónea del auténtico ministerio apostólico, como lo sería también para cualquiera de los otros ministerios del APEPM. El ministerio apostólico viene autentificado por el sufrimiento y la capacitación, y no por las

---

22 La salud y madurez de la iglesia está directamente relacionada con los 5 ministerios de Efesios 4. De hecho, justamente a eso se refiere Pablo cuando después de describir la necesidad de estos ministerios, pasa directamente a decir: "Y El dio a algunos el ser apóstoles, a otros profetas, a otros evangelistas, a otros pastores y maestros, a fin de capacitar a los santos para la obra del ministerio, para la edificación del cuerpo de Cristo; hasta que todos lleguemos a la unidad de la fe y del conocimiento pleno del Hijo de Dios, a la condición de un hombre maduro, a la medida de la estatura de la plenitud de Cristo; para que ya no seamos niños, sacudidos por las olas y llevados de aquí para allá por todo viento de doctrina, por la astucia de los hombres, por las artimañas engañosas del error; sino que hablando la verdad en amor, crezcamos en todos los aspectos en aquel que es la cabeza, es decir, Cristo, de quien todo el cuerpo (estando bien ajustado y unido por la cohesión que las coyunturas proveen), conforme al funcionamiento adecuado de cada miembro, produce el crecimiento del cuerpo para su propia edificación en amor" (Ef. 4:11-16). En el libro *The Shaping of Things to Come* denominamos al APEPM que funciona en su totalidad "mecanismo de madurez" de la iglesia, porque sin el mismo, no puede madurar.

ventajas que ofrece un liderazgo posicional basado en prestigio personal y personalidad carismática.[23]

Hoy en día, creo que el concepto predominante de liderazgo de arriba abajo, el de CEO (NT: CEO = Chief Executive Officer, un equivalente a un director ejecutivo o gerente general), se ha apropiado del apostólico de tal manera que muchos que dicen ser apóstoles, de hecho funcionan como un CEO. En las Escrituras, el rol apostólico se reviste y cualifica de la imagen de Jesús como siervo sufriente, no de la de un director ejecutivo. El ministerio apostólico obtiene su autoridad y poder primariamente de la idea de servicio, llamamiento y autoridad moral y espiritual, y no de un cargo. Una manera útil de explorar la naturaleza de la autoridad apostólica quizás sea identificar el tipo concreto de liderazgo que la distingue y fijarnos en cómo crea autoridad.

En una relación basada en el liderazgo "inspiracional" o "moral", tanto líderes como seguidores se llevan mutuamente a mayores niveles de motivación y moralidad sobre la base de valores, llamamiento e identidad compartidos. Eso implica una relación entre líderes y seguidores en la que se da una influencia mutua en la búsqueda de objetivos comunes a fin de que los seguidores se conviertan en líderes por derecho propio. En otras palabras, la influencia va en ambos sentidos. El liderazgo inspiracional se convierte en genuinamente moral cuando eleva el nivel de comportamiento humano y de aspiración ética tanto en líderes como en seguidores, ejerciendo así un efecto transformador en ambos. Según esto, se anima a los seguidores a emprender acciones sin amenazar ni ofrecer incentivos materiales, sino apelando a sus valores. Se usa la persuasión moral en lugar de la recompensa material para influir en los seguidores, apelando a valores y llamamiento más elevados. Esto se ve muy claro en la manera que tiene Jesús de desarrollar discípulos, así como en la relación de Pablo con Timoteo, Tito y los demás miembros de su equipo apostólico. Es la base de sus epístolas a las iglesias.[24]

---

23 "Ningún examen de la carrera misionera de Pablo puede ignorar la realidad de que toda su vida estuvo marcada por el sufrimiento. En el camino a Damasco, ese llamamiento a llevar el Evangelio a los gentiles y a Israel fue a la vez un llamamiento al sufrimiento. Lucas registró lo siguiente: "Pero el Señor le dijo: Ve, porque él me es un instrumento escogido, para llevar mi nombre en presencia de los gentiles, de los reyes y de los hijos de Israel; porque yo le mostraré cuánto debe padecer por mi nombre" (Hch. 9:15-16). Pablo era a la vez un instrumento escogido y uno a quien el Señor mostraría lo que iba a sufrir en su nombre. La última etapa de su misión quedó marcada por una revelación del Espíritu de que en todas las ciudades le esperaban cadenas y aflicciones (Hch. 20:23). El sufrimiento de tal manera formaba parte de su experiencia, que lo consideraba como una insignia de su autenticidad apostólica". Addison asigna toda una sección a la exploración de este aspecto del apostolado en su tesis *A Basis for the Continuing Ministry of The Apostle in the Church's Misión*.

24 El liderazgo inspiracional es distinto del que se ha denominado "liderazgo transaccional", el cual está basado en la oferta directa de un intercambio de valor, que suele tomar la forma de dinero en el trabajo. Esta idea de liderazgo suele ser la de la mayoría entre no cristianos y requiere un enfoque

Quizás la mejor manera de denominar este tipo de influencia sería "grandeza de espíritu". En este sentido, ser un gran líder es inspirar, evocar y nutrir de algo pertinentemente grande entre aquellos que nos siguen. Por medio de una vida integrada, los grandes líderes recuerdan a sus seguidores en qué se pueden convertir si ellos también basan sus vidas en una noción compasiva de la humanidad enmarcada en una visión moral más elevada del mundo en que vivimos. Raramente diremos que es un gran líder a aquel que goza de gran capacidad técnica y ejecutiva. No construimos estatuas a los grandes burócratas, ¿no es así? Gracias al entendimiento podremos identificar la "grandeza" espiritual como la sustancia básica que proporciona un estilo de liderazgo apostólico genuino con toda su autoridad. Ese es el tipo de liderazgo más fuerte porque despierta el espíritu humano, se centra en él y lo mantiene vivo con la gestión del sentido compartido. Al igual que el Tío "L" y el Hermano Shi, tiene el poder de mantener unidos grandes movimientos sin demasiada estructura externa. Es el tipo de liderazgo reflejado míticamente por William Wallace, el protagonista de Braveheart. Una persona a quien la gente estaba dispuesta a seguir, no porque tuvieran que hacerlo, ni porque tuviera algún cargo oficial (no lo tenía), sino porque les recordaba su derecho a la libertad y les ayudaba a obtenerla, dando su vida por ello. Una vez más, nuestro Fundador Jesús es nuestro mejor ejemplo de este tipo de liderazgo sacrificial. Hemos de seguir su claro ejemplo en esto también.[25]

Contextos apostólicos

Se ha dicho que el gurú sobre el tema de liderazgo Peter Drucker ha señalado que la cultura come estrategia para el desayuno. . . el almuerzo y la cena. Por lo tanto, debemos ser prudentes y no dejar de vigilar este asunto. Hay una buena razón del por qué esto es cierto: la cultura crea el ambiente donde se legitiman los comportamientos, las responsabilidades compartidas, y se transfiere el significado. La cultura es como un campo de fuerza invisible que influye en todo lo que

---

ejecutivo de arriba abajo en la gestión de personal y de recursos. Esta es también, de lejos, la forma más común de liderazgo en las organizaciones cristianas, incluyendo a la mayoría de iglesias y denominaciones, sea en la relación de un comité con el pastor, sea en la del pastor con sus empleados. En este tipo de relación se establece una autoridad real, pero es substancialmente distinta de la forma más bíblica que encarnaría el líder inspiracional.

25 Esta idea de "grandeza" va bien con las exploraciones de Weber sobre el liderazgo: el líder "carismático", en el pensamiento de Weber, es la persona que se dirige generalmente en tiempos de misión, crisis y desarrollo siempre desafiando radicalmente las prácticas establecidas para ir a "las raíces del asunto". Las personas siguen a un líder porque se dejan llevar por su fe en la manifestación que lo autentica y, al hacerlo, abandonan las formas establecidas de hacer las cosas para ahora someterse a la orden sin precedentes que proclama el líder. Por lo tanto, este tipo de liderazgo implica un grado de compromiso por parte de los discípulos que no tiene paralelo en los otros tipos de liderazgo establecidos. Ver Bendix, *Max Weber*, cap. 10.

hacemos. A menudo estamos ciegos a las fuerzas de la cultura que nos rodean, pero estas afectan directamente cada uno de nuestros pensamientos, acciones y formas de comunicarnos.

El universo en el que vivimos está lleno de campos de influencia. Aunque son invisibles, sin embargo ejercen una clara influencia sobre los objetos de dentro de su órbita. Hay campos gravitacionales, campos electromagnéticos, campos de quantum, etc.; todos ellos forman parte de la estructura de la realidad. Estas influencias invisibles afectan el comportamiento de los átomos, los objetos y las personas. Pero los campos no solo existen en la naturaleza y en la física; también existen dentro de los sistemas sociales. Por ejemplo, pensemos en el poder de las ideas en los asuntos humanos; una idea poderosa no tiene sustancia, pero nadie duda de su influencia.

Durante las últimas décadas, los conductistas especializados en organizaciones han empezado a ver en ellas unos campos invisibles compuestos por la cultura, los valores, la visión y la ética. "Cada uno de estos conceptos describe una calidad de vida en la organización que puede ser observada en el comportamiento, pero que de hecho no existe independientemente de dichos comportamientos".[26] Son fuerzas invisibles que afectan el comportamiento para bien o para mal. Podemos "sentir" las vibraciones de una organización ¿no es así? A veces en un grupo de gente nos sentimos obligados a comportarnos de cierto modo, aunque nadie nos haya dicho de forma explícita cómo hacerlo. Para conocer el impacto de tales campos no hay más que observar lo que la gente está haciendo. Han captado el mensaje, han discernido lo que se valora de verdad y han moldeado su comportamiento conforme a ello. Así que, cuando el campo de la organización está lleno de mensajes incoherentes, cuando la cultura de la organización está llena de contradicciones, las incongruencias invisibles se hacen visibles por medio de comportamientos preocupantes.

Lo destacable es la llegada del verdadero liderazgo a una situación de este tipo. Cuando hay un liderazgo inspiracional "las vibraciones" pasan a ser totalmente distintas: las cosas parecen aclararse, disminuye la competitividad y la gente se siente más libre y más capaz de llevar a cabo su trabajo; como resultado, la organización gana concentración y energía. Lo contrario es obvio y verdadero: si el liderazgo es de poca calidad, el resultado es una organización no saludable. Si es bueno, la organización estará sana. No hay más que echar mano de nuestra propia experiencia para comprobar que esto es verdad. Tal es el poder de una persona que encarna una visión y unos valores: da inspiración, coherencia y sentido de dirección y propósito a quienes entran en su órbita. El liderazgo es influencia. Es un *campo* que moldea los comportamientos. Es la base del auténtico poder y

---

26 Ver Wheatley, *Leadership and the New Science*, p. 54.

autoridad espiritual. Nelson Mandela es un gran líder no porque fuera presidente de Sudáfrica, sino porque mucho antes de ser presidente, fue una persona profundamente moral que encarnó en su propia vida su código personal de libertad. Es la grandeza de su vida lo que da sustancia e impacto a su liderazgo.

Para conceptualizar el liderazgo como una influencia, pensemos en un imán y su efecto sobre unas limaduras de hierro sobre una hoja de papel. Cuando las limaduras entran en la órbita de influencia del imán, se mueven siguiendo cierto patrón que todos recordamos de cuando íbamos a la escuela. El liderazgo hace exactamente lo mismo; crea un campo que ejerce una influencia concreta sobre las personas, al igual que el imán sobre las limaduras de hierro. La presencia de un gran líder entre un grupo de gente cambia los patrones de comportamiento del grupo. Por ejemplo, la aparición de Nelson Mandela ante un grupo de gente tiene un impacto significativo entre ellos. Su presencia física es inconfundible y cambia el clima social de la sala. (Ver anexo 2 sobre la naturaleza del auténtico liderazgo del Nuevo Testamento.)[27]

En relación con la función del objeto de este capítulo, podemos decir que el liderazgo apostólico crea una cultura apostólica de la misma manera que una persona profética crea una cultura profética y un pastor va a crear una cultura de pastoral. Cada cultura tendrá un impacto diferente en las personas que entran en contacto con esa cultura. Alguien en la órbita de la cultura apostólica será influenciado por él o ella, sentirá el impulso y propósito de "ir". El auténtico liderazgo apostólico restablecerá perspectivas alrededor de una teología claramente apostólica del Evangelio; ayudará a reorganizar las prioridades en torno a los propósitos misionales de la iglesia; desarrollará un nuevo lenguaje para transmitir ideas consistentes con la imaginación apostólica; y ha de dirigir a los demás desde la vanguardia (el frente de batalla) y no desde la relativa seguridad que ofrece el cuartel general o la retaguardia.

John Wimber hubiera ejercido justo este tipo de influencia. En dos décadas, Wimber alteró la forma del evangelicalismo y subrayó el papel del Espíritu Santo en las misiones y el ministerio de una manera que cambió el curso de la historia. Y esto también explica el por qué todavía sentimos la influencia de John Wesley sin que ninguno de nosotros le haya conocido. Es así como Jesús, San Pablo, San Patricio y los muchos otros grandes líderes apostólicos, todavía nos están conduciendo mucho tiempo después de su tiempo en la tierra. El liderazgo excelente es atemporal porque apela al alma humana llamando al

---

27 El Apéndice 2 deriva de una acción editorial de la edición original. Sentí que, aunque muy importante para la idea de liderazgo cristiano en general, no era central a los fines estrictos del capítulo. Junto con el apéndice, el lector debe reflexionar seriamente sobre las versiones jerárquicas (en lugar de base) de liderazgo en el cuerpo de Cristo—el término mismo implica sistema, reciprocidad y relación. Véase también el libro más bien profético sobre este tema de Ford, *Unleader*.

pueblo de Dios a recordar cuál es su importante papel en la inauguración del reino de Dios en el mundo.

Redes culturales de significado

Encontrarte con un ministerio apostólico de la categoría del de "Tío L" suele ser una experiencia bastante molesta porque despierta un montón de preguntas inquietantes. Por ejemplo, ¿si no disponía de una organización centralizada, ni de los recursos de gestión que solemos necesitar para hacer funcionar las organizaciones, cómo podía dirigir un movimiento de tres millones de personas? La única conclusión posible es que el tipo de liderazgo que representaba era algo otorgado por la extraña combinación de inspiración personal, poder espiritual, dones, llamamiento y carácter, sumado al amor y respeto por las distintas personas y organizaciones de su movimiento. Pero un elemento crucial es que el "Tío L" es en un sentido muy real el padre e iniciador del movimiento. En otras palabras, el liderazgo y el seguimiento del mismo estaban basados en un significado y un propósito común y compartido a través de vínculos personales y espirituales, el tejido del cual se puede extender a millones de personas.

Una influencia similar es la ejercida por los líderes apostólicos de Occidente, como Mike Breen. Como rector y líder del equipo de la iglesia de Saint Thomas en Sheffield, Mike vio crecer a esta iglesia anglicana y bautista hasta que se convirtió en la iglesia más grande del norte de Inglaterra, con más de 2000 miembros; el 80% de los cuales, menores de 40 años. Mike y su familia se trasladaron a Phoenix en el año 2004 para convertirse en la cabeza de *The Order of Mission* (TOM), organización fundada como comunidad mundial de líderes misioneros.[28] TOM parte de la idea de que "las formas institucionales de cristianismo son superficiales, aburridas, irrelevantes y tienen poco que ver con los temas que verdaderamente preocupan a la gente que no va a la iglesia"[29]. Breen se centró en el deseo de pertenencia, significado, valor y propósito que tenían las personas de entre 20 y 30 años. Partiendo de la idea del modelo histórico de ministro inglés o romano y del patrón celta de evangelistas itinerantes, creó lo que él describe como una orden misionera global. Quienes se quieran adherir a TOM, deben acatar la regla, la cual reinterpreta los conceptos monásticos tradicionales de pobreza, castidad y obediencia como la devoción a una vida sencilla, pura y responsable. Los votos completos solo se pueden hacer al cabo de tres años de entrar en la orden y son para toda la vida. La estructura de

---

28 http://www.sttoms.net/modules/wfsection/index.php?category=45

29 Citado originalmente en St. Thomas Crookes original http://www.sttoms.net/modules/wfsection/index.php?category=45. La nueva página web es http://stthomascrookes.org/

TOM está construida sobre los cinco dones de Efesios 4 y cada ministerio está representado por un "guarda". Los miembros de TOM se reúnen en claustros y forman comunidades de fe en bares, escuelas, universidades o por las casas. TOM se ha convertido en un movimiento mundial que se está expandiendo por EE. UU., el Reino Unido, Europa y Asia Austral. Lo interesante es que todo el recorrido hasta la membresía de la orden es algo totalmente voluntario y el mismo Breen rechaza cualquier noción de liderazgo de arriba abajo. Dirige desde una posición de influencia inspiracional con la adhesión voluntaria de todos los miembros.

Otro gran ejemplo de movimiento apostólico lo encontramos en la iglesia de Northwood, en Texas. Se trata de una iglesia grande, con más de 2000 miembros, que ha dado a luz a casi noventa iglesias más. Esta iglesia se concentró hacia fuera desde el principio, con la clara misión de ejercer un impacto en el mundo a nivel local y global. Como resultado, y a través de su centro de multiplicación de iglesias, se han formado, discipulado y dado tutoría a más de 800 líderes para que planten iglesias. Hay células de las iglesias plantadas por Northwood en diecinueve ciudades de EE. UU. En el año 2005, plantaron sesenta y dos iglesias. Bob Roberts es el líder excepcional de este movimiento y ha descrito su modelo en el libro *Transformation*. ¡Verdadero material apostólico![30]

Quizás otra manera de observar cómo el ministerio apostólico ejerce una amplia influencia sin depender de tipos de organización centralizados sea considerarlo en términos de cómo se gestiona el sentido de significado y propósito. Si el Carácter Apostólico se suele manifestar en la forma de un movimiento formado por redes de agencias, iglesias e individuos (como veremos en el ADN*m* de los sistemas orgánicos), se mantiene unido a través de una red de significado y propósito creada por la influencia y el entorno apostólico.

El liderazgo apostólico consigue todo esto centrando la red de relaciones en el sentido y las implicaciones del Evangelio y en las subsiguientes relaciones. Cada individuo, iglesia o agencia se relaciona con el líder apostólico solo *porque tiene sentido* no porque tengan que hacerlo. El ministerio y el liderazgo apostólico pueden mantener la red unida porque el Evangelio se ha implantado y el Espíritu Santo está presente en todas las comunidades cristianas. Así que, tiene un aspecto como este (ver gráfica):

---

30 http://www.northwoodchurch.org/v2/index.htm y http://www.glocal.net/. Roberts, *Transformation: How Global Churches Transform Lives and the World.*

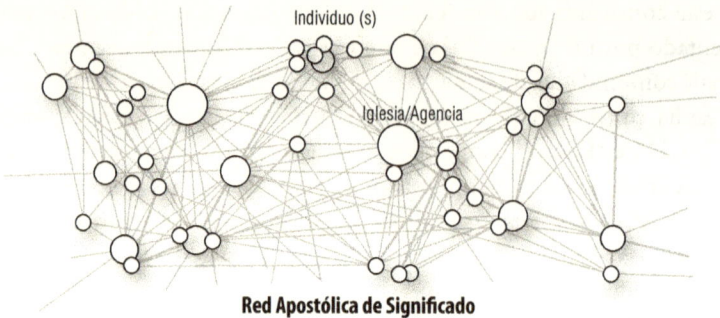

Red Apostólica de Significado

Basado en relaciones de discipulado, significado del Evangelio, y la distribución de información

He pasado un tiempo considerable en la dinámica de esta forma de liderazgo apostólico porque quiero destacar que este tipo de liderazgo es más consistente con la verdadera influencia apostólica. Es este tipo de liderazgo el que se necesitará para catalizar movimientos misionales auténticos una vez más en nuestros días. Pero es vital hacer hincapié en que los apóstoles no pueden conducir movimientos misionales por ellos mismos nada más. Nunca funcionan como llaneros solitarios sino más bien son parte inextricable de un grupo de personas que forman el cuerpo de Cristo. Son simplemente parte del complejo ministerio APEPM y todas las cinco funciones son necesarias para ser el tipo de *ecclesia* que Jesús nos llama a ser en primer lugar.

Cultura APEPM: casi una bala de plata

La cultura se compone de muchos y diversos símbolos, formas, ideas, idiomas, acciones, rituales y así sucesivamente. Utilizo deliberadamente el término "cultura APEPM", porque quiero incluir no sólo la cuestión esencial del llamado y vocación personales, sino también, todas las varias funciones sociales asociadas a cada aspecto del APEPM, así como el lenguaje y símbolos que usamos para comunicarnos significativamente sobre el ministerio y la misión de la iglesia. En otras palabras, la cultura APEPM es una categoría integral que nos permite evaluar, comprender y desarrollar el ministerio de la iglesia.

La iglesia misional requiere un sistema de liderazgo y un ministerio también misionales. En gran parte, la iglesia de la cristiandad oscureció la necesidad de que un liderazgo misional desplegara sus alas porque la misma idea de iglesia se había convertido fundamentalmente en no misional. Todos los ciudadanos se consideraban "cristianos", bautizados al nacer; todo lo que realmente se necesitaba era el ministerio pastoral así como de ministerios para cuidar e instruir a la congregación con la enseñanza de la iglesia. Contrario al testimonio claro y a las enseñanzas del mismo Nuevo Testamento, los modelos del pastor/sacerdote y del predicador/maestro finalmente declarados como los únicos y legítimos "órdenes del ministerio" en la iglesia.[31] El efecto neto de esta acción es que todo el sistema se auto configuró inclinándose así a favor solamente del mantenimiento doctrinal y el cuidado pastoral.

De hecho, sería correcto decir que el sistema que hemos recibido es realmente perfectamente diseñado para lograr resultados casi exclusivamente pastorales y educativos. Esto no debería de sorprendernos ya que fue diseñada por pastores y maestros en primer lugar; es precisamente lo que podríamos esperar de tales ministros. Pero precisamente porque se han eliminado las otras formas del ministerio de Jesús de la receta original, hemos acabado con un ministerio profundamente reducido. Si queremos alguna vez ser la iglesia que Jesús claramente tuvo la intención que fuésemos (ver Ef. 4:12-16), vamos a tener que hacerlo según su diseño específico (4:7-11).[32] El sabio misiólogo del Seminario Teológico de Asbury, Howard Snyder, está de acuerdo conmigo cuando dice que la tarea central de liderazgo en las iglesias existentes es la de reconstruir una comunidad de ministros plenamente empoderada y basada en Ef. 4:11-12.[33]

El exilio de los ministerios apostólicos, proféticos y evangelísticos (APE) es muy real, pero eso no quiere decir que estos ministerios hayan desaparecido totalmente.[34] Lejos de ello: muchos en la vida histórica y actual de la iglesia han ejercido ministerios APE sin ser reconocidos específicamente como "apóstoles", "profetas" o "evangelistas". En muchos casos han tenido que hacerlo sin la legitimidad formal y el reconocimiento que normalmente se les da a las formas más genéricas de ministerio (PM). Muchos han sido obligados a ejercer sus llamamientos fuera del contexto de la iglesia local, los sistemas denominacionales sistemas y los seminarios teológicos.[35]

---

31 Esto se evidencia en los códigos del ministerio de casi cada denominación la cual tiene sus raíces en la eclesiología europea.

32 No tengo espacio aquí para articular por que creo que los ministerios APE (apóstoles, profetas y evangelistas) fueron exiliados, ni tengo tiempo para explicar cómo este exilio impactó la integridad del ministerio de la iglesia, pero estas cuestiones se exploran con profundidad en la sección 1 de este libro así como en el apéndice de Hirsch y Catchim en *Permanent Revolution*.

33 Snyder, *Decoding the Church*, p. 91.

34 Vea Hirsch y Catchim, *Exiling of the APE's*.

35 Como dice Addison:

"Si la tesis de este trabajo es correcta, el don de apóstol ha funcionado en todas las edades de la iglesia, a veces sin reconocimiento. El don es dado por el Señor resucitado, independientemente de los títulos que utilizamos para nuestros líderes en la iglesia y las estructuras y el sistema político confesional. La historia de la iglesia está llena de ejemplos de quienes han ejercido un ministerio apostólico sin recibir nunca el título o el reconocimiento. Nuestro reto es el de no reinventar el ministerio apostólico, es el de reconocerlo y liberar a aquellos que ya están funcionando como apóstoles". (S. de Addison, *"A Basis for the Continuing Ministry"*, p. 198). Lo mismo es cierto para todos los ministerios del APEPM.

Este "exilio" en parte dio pie al desarrollo de agencias paraeclesiales y órdenes misioneras con sus propios centros de ministerio atomizados. Por ejemplo, la organización *Los Navegantes* surgió del llamamiento a evangelizar y discipular a la gente fuera de las estructuras de la iglesia porque la iglesia no sabía hacerlo (¿o no le interesaba?). Los *Sojourners* emergieron para representar la problemática de la justicia social que la iglesia suele ignorar. *World Vision* surgió como una agencia de ayuda al desarrollo, etc. Como un divorcio en el corazón de la familia de la iglesia, el exilio del APE del PM ha sido un desastre para la iglesia local y ha perjudicado la causa de Cristo y su misión.[36]

Permítanme ser absolutamente claro: necesitamos pastores y maestros (PM). No puede haber ninguna disputa sobre esto. El problema no es lo que ya está incluido en nuestras formas actuales de iglesia, sino más bien lo que ha sido excluido de la principal formulación bíblica del ministerio. ¿Dónde están las otras, más generativas formas de ministerio (APE), que se evidencian claramente en todo el Nuevo Testamento? ¿No está claramente establecido que el APEPM en su totalidad se establece constitucionalmente en el mismo cuerpo de Cristo Jesús y que existe para su mutua edificación, su viaje hacia la madurez y su capacidad para alcanzar la plenitud de Cristo (Ef. 4:11-16)? Es como si tratáramos de hacer funcionar a un vehículo con sólo dos cilindros. ¡Con razón nos toma tanto tiempo despegar!

La buena noticia es que las correcciones que hagamos en este punto en la iglesia para recodificar el ADN*m* y ampliar así el impacto del ministerio de Jesús, tendrá enormes implicaciones para nuestro potencial de convertirnos en movimientos transformacionales de Jesús en nuestro tiempo. En mi opinión, APEPM es casi una bala de plata para nuestros esfuerzos por lograr que la *ecclesia* adopte un formato completamente orientado a ser un movimiento de alto impacto.

Para comprender la naturaleza distinta de cada uno de estos ministerios, necesitamos explorar brevemente las funciones centrales de cada uno de ellos, las repercusiones que tiene el monopolizar y dominar aisladamente de los demás, y las repercusiones de su funcionamiento integrado con el resto de ministerios. Lo más sencillo es hacerlo a través de una tabla comparativa. Aquí la tentemos (ver tabla):

---

36 En el capítulo 10 de *The Shaping of Things to Come*, (Frost y Hirsch) sosteníamos la necesidad de reconocer estos ministerios tan vitales desde el punto de vista bíblico y teológico, pero también sociológico y organizativo. Refiero al lector a dicho libro para una exploración más completa de este tema.

	Definición	Foco/Tareas Claves	Impacto al trabajar con otros ministerios	Impacto cuando monopoliza
Apostólico	• esencialmente guardianes del ADN de la iglesia • como los "enviados", el ministerio y liderazgo apostólicos se aseguran que el cristianismo sea eficazmente transmitido de un contexto a otro y de una era a la siguiente.	• extendiendo el cristianismo • guardando e inculcando el ADN de la iglesia tanto teológica como misiológicamente • estableciendo la iglesia en nuevos contextos • fundando los ministerios del APEPM • desarrollando tanto líderes como sistemas de formación de los mismos • perspectiva misional estratégica • Colaboración en red translocal	• saludable manifestación del Carácter Apostólico • extensión de la fe • cristianismo auténtico • modo misional de iglesia se enfatiza • red translocal saludable • crecimiento de iglesias y movimientos • se impulsa la misión • experimentación con nuevas formas de iglesia encarnacional • manifestación del APEPM	• tendencia a estilos autocráticos de liderazgo • mucha gente herida debido a la mentalidad futurista e ímpetu del apóstol. • muchos retos y cambio, no hay una saludable transición de una cosa a otra, esto requiere las funciones del pastor y el maestro.
Profético	• esencialmente es la persona que mantiene su oído dirigido hacia Dios, actua como Su vocero, y por tanto habla en Su nombre; muchas veces lo hace en tensión con la conciencia dominante. • dice la verdad al creyente	• discerniendo y comunicando la voluntad de Dios • asegurando la obediencia del pueblo y comunidad de pacto. • cuestionando el estatus quo	• la obediencia de la iglesia y su fidelidad a Dios • fe orientada a Dios (menos "temor al hombre") • reta la conciencia prevalente • acción contracultural • justicia social	• una expresión mono-dimensional al concepto de iglesia por parte del liderazgo • disensiones • exclusivo y hasta ofensivo • propensidad a ser impulsado por el activismo social • algunas veces un exceso en lo "espiritual"
Evangelístico	• esencialmente el que recluta, el que lleva y comunica el mensaje del Evangelio. • dice la verdad al que NO crée aún • invita a una respuesta personal a la redención ofrecida por Dios en Jesús	• haciendo clara la oferta de la salvación de manera que la gente pueda responder en fe. • reclutando para la causa	• expansión de la fe vía la respuesta al llamado personal de Dios. • crecimiento numérico orgánico del pueblo de Dios	• pérdida de la visión global y la salud de la comunidad • perpectivas obtusas sobre la fe limitándola a un Evangelio simplista.
Pastoral	• esencialmente el pastor se preocupa por y desarrolla al pueblo de Dios ofreciéndoles guianza, cuidado, protección y discipulado.	• cultivando una amante y espiritualmente madura red de relaciones y comunidades. • haciendo discípulos	• nutre dentro de la fe y la comunidad. • relaciones en amor • crecimiento en discipulado • sentido de conectividad • adoración y oración	• una comunidad cerrada y NO misional • co-dependencia entre el pastor y la iglesia, complejo de mesías • una aproximación de NO crear conflicto en la organización • una actitud muy pasiva y hacia dentro
Enseñanza	• esencialmente el ministerio de enseñanza clarifica el pensamiento revelado de Dios de tal forma que Su pueblo crezca en sabiduría y entendimiento	• discernimiento • guianza • ayudando a la comunidad de fe a explorar y buscar entender la mente de Dios	• entendimiento de Dios y la fe • la verdad guía el comportamiento • auto-comprensión • aprendizaje devocional e integración	• dogmatismo teológico • gnosticismo cristiano (siendo salvos por el conocimiento bíblico; la Biblia reemplaza al Espíritu Santo) • intelectualismo • control a través de las ideas: fariseismo (¡es la ley!)

Algunos aspectos importantes del APEPM

Tan temprano como en *The Shaping of Things to Come*, Michael Frost y yo articulamos que es importante tener en mente que el ministerio es distinto del liderazgo en tanto su grado y función.[37] Ef. 4:7,11-12, asigna los ministerios APEPM a toda la iglesia, no tan solo al liderazgo ("a cada uno de nosotros se nos ha concedido", v.7; "Él dio a algunos el ser. . .", v.11). Por tanto, todos tenemos que encontrarnos en algún lugar del ministerio APEPM (apostólico, profético, evangelístico, pastoral o de enseñanza). Sostengo muy convencido que el APEPM es de hecho parte del ADN de todo el pueblo de Dios; está en el verdadero tejido de lo que significa ser "iglesia". En otras palabras, está latente. Esto es algo que hay que admitir si se quiere desatar el verdadero poder de las enseñanzas paulinas como extensión de las enseñanzas del Nuevo Testamento sobre el sacerdocio y el ministerio de todo el pueblo de Dios. Solo hay que ver el ministerio genérico encarnado en la eclesiología de Pablo. ¿Qué pasa con el liderazgo?

A la luz del APEPM, el liderazgo puede ser concebido como un "llamamiento dentro de un llamamiento". Es una tarea particular que conlleva dirigir e influir sobre el cuerpo de Cristo, no solo ministrarlo. No todos los ministros son líderes; esto es más que obvio. Como tal, el liderazgo se apropia de un ministerio APEPM en particular, que le es dado al creyente pero se extiende y reorienta para encajar en las tareas y el llamamiento concreto del liderazgo (ver gráfica):

Matriz de liderazgo del APEPM
La naturaleza/estructura del liderazgo de la Iglesia; "el llamado específico dentro del llamado genérico"

Matriz del ministerio APEPM
La naturaleza/estructura de todo el ministerio de la Iglesia

En segundo lugar, según mi experiencia, es raro que una persona esté operando en uno solo de estos ministerios. Nuestro llamamiento al ministerio se suele expresar más como un complejo de ministerios que funcionan juntos, aunque normalmente vamos a tender a depender principalmente de aquellos en los que somos más fuertes. Aunque yo veo a APEPM como directamente relacionado con el tema vocación/llamado y por lo tanto situado profundamente en la identidad de la persona, el perfil personal también depende en cierto grado del contexto. Podríamos verlo así: tenemos ministerios primarios, secundarios e in-

---

37 Ibid., pp. 170–73.

cluso terciarios funcionando a la vez de manera dinámica. Los tipos secundarios y terciarios tanto informan como califican al ministerio primario. Juntos éstos forman un perfil ministerial, no muy diferente a la tipificación de la personalidad. Por ejemplo, una persona puede ser principalmente profético pero también poseyendo capacidades para la evangelización y la enseñanza. En un diagrama se podría representar así (ver gráfica):

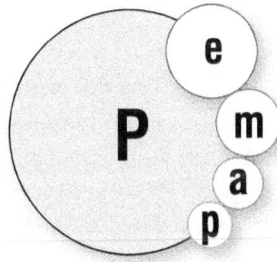

Creo que aclarar nuestra identidad vocacional nos lleva al núcleo mismo del propósito de Dios para nuestra vida. En los años desde la primera edición de este libro, he elaborado un sistema para desarrollar los perfiles del APEPM que está estadísticamente comprobado y que se puede tomar en línea (http://www.APEST.org) y miles de personas han reportado haber encontrado integridad vocacional por primera vez como resultado de haberlo tomado. En cuanto al presente material, tengo otra prueba en desarrollo que he llamado "Prueba de Funcionalidad APEPM" que líderes pueden utilizar para evaluar las relativas fortalezas y debilidades de sus organizaciones en el uso de las categorías del APEPM.[38]

En tercer lugar, mucha gente pregunta si el texto de Efesios es un listado final y definitivo de ministerios. Mi respuesta es que sí es definitivo pero no necesariamente el final. Podría haber otros, pero siempre se añadirían al listado básico que encontramos en Efesios 4 y de ahí no podemos sustraer ninguno.[39] Quizás la mejor manera de expresarlo sea decir que el ministerio del Nuevo Testamento tiene una naturaleza *quíntuple* y por ende debe tener en cuenta las categorías fundamentales de Efesios 4.

---

38 Esto también será una prueba completamente verificada y estará disponible a través de http://www.APEPE.org o vía my propia pagina web en alanhirsch.org.

39 Está claro que hay otros listados, pero no se encuentran en pasajes que describan la naturaleza y estructura fundamental del ministerio de la iglesia. Aparte, yo distingo entre dones espirituales y ministerios. Los dones, entiendo, son dados conforme a la situación; los ministerios tienden a ser más estables y tienen que ver con la vocación y el llamamiento. Sin embargo, los ministerios se valen de los dones para cumplir con su función.

En cuarto lugar, ¿qué relación hay entre los dones espirituales y estos ministerios? Yo creo que los ministerios se valen de los distintos dones espirituales según los necesitan y según Dios los otorga. Está muy claro cómo algunos ministerios en particular se valen de un grupo particular de dones espirituales. Por ejemplo, el ministerio de enseñanza se vale claramente del don de la enseñanza, la sabiduría y de otras formas de dones revelatorios. El profético se vale de una composición distinta de dones, pero todos están disponibles si la situación lo requiere y el Espíritu lo quiere.

Por último, APEPM es un sistema dentro del sistema vivo que constituye la iglesia. El texto de Efesios 4 entero es muy rico en imágenes y perspectivas orgánicas (cuerpo, ligamentos, cabeza …). Jamás fue pensado como un sistema de una o dos vertientes solamente, sino como un sistema quíntuple y cada una de estas cinco vertientes queda reforzada e influida por la contribución de cada una de las demás así como al desarrollo personal de los dones secundarios de una persona. Vamos a entrar un poco más en detalle.

Uno más uno es igual a tres o más

Dejando un poco de lado las perspectivas más teológicas, echemos una ojeada rápida a la iglesia como sistema social a fin de explorar un poco más el impacto de los distintos estilos de liderazgo. Descubriremos que el plan radical de Pablo para los movimientos cristianos queda confirmado por las mejores prácticas actuales de liderazgo y gestión, tanto en la teoría como en la práctica.

En la mayoría de sistemas de liderazgo humanos queda demostrado que se pueden dar uno o más de los siguientes estilos de liderazgo y aun en departamentos organizacionales:

- El emprendedor, el innovador, el que rompe esquemas y lanza un nuevo producto, servicio o tipo de organización.
- El cuestionador o inquisidor que sondea la conciencia y alienta a poner en cuestión el programa actual, conduciendo al aprendizaje en la organización (*agente provocador*).
- El comunicador y reclutador para la causa de la organización, que vende la idea o el producto y gana lealtad y fidelidad a una marca.
- El humano, que piensa en la gente y sabe motivarla manteniendo los lazos sociales necesarios para vincular a las organizaciones.
- El sistematizador y filósofo que es capaz de articular claramente el propósito y los objetivos de la organización, de tal manera que se avance en el conocimiento corporativo[40] (ver gráfica):

---

40 Procedente de Frost y Hirsch, *The Shaping of Things to Come*, pp. 173–74.

Empresarial,
pionero, estratega,
innovador,
visionario

cuidador,
cemento social,
humanizador

sinergia

perturbador,
agitador,
cuestionador

filósofo,
sistematizador,
interprete

comunicador apasionado
del mensaje de la
organización, reclutador

En *The Shaping of Things to Come*, Michael Frost y yo comentábamos que:

"Los distintos sociólogos usan distintos términos para las categorías arriba mencionadas, pero reconocen que estas representan las contribuciones vitales de los
distintos tipos de líderes a una organización. La mayoría de teorías de la gestión
del liderazgo dan por sentado que el conflicto de agendas y la motivación arras-
tran a los líderes en direcciones distintas. Sin embargo, imaginemos un sistema
de liderazgo, en cualquier situación (corporativo, de gobierno, político, etc.), en
que el emprendedor que rompe esquemas y el estratega interactúan dinámicamente con el cuestionador del status quo. Imaginemos que ambos están en relación y diálogo activo con el apasionado comunicador/reclutador, la persona que
traslada el mensaje hacia fuera de los límites de la organización y vende la idea
o el producto. Éstos, a su vez, están en contacto constante con el líder humano
(RH), el que se preocupa por la gente, el cemento social, sistematizador y arti-
culador del todo. La sinergia de este sistema sería muy significativa en cualquier
contexto. Está claro que la combinación de estos distintos estilos de liderazgo
consigue mucho más que la mera suma de sus partes".[41]

Al igual que los distintos sistemas del cuerpo humano (el circulatorio, el nervioso, el digestivo, etc.) trabajan conjuntamente para sostener y reforzar la vida,
también los distintos elementos de todos los sistemas vivos se relacionan entre
ellos y se benefician unos de otros. La disfunción es el resultado de la fractura
entre varios componentes o agentes del sistema. Cuando cada componente des-
punta al máximo y en armonía con los demás, el sistema completo se ve reforzado
y se beneficia de dicha sinergia; es en ese caso cuando el resultado final es mayor
que la suma de sus partes individuales. Así ocurre con APEPM. Cuando todos

---

41 Ibid., p. 174.

los cinco ministerios están presentes y se relacionan bien entre sí, el cuerpo de Cristo opera sobre la cresta de la ola. Usando la terminología de Pablo en Efesios 4, crece, madura, se edifica a sí mismo y "alcanza la unidad en la fe".

Hacia el año 2000, en South Melbourne Restoration Community, reestructuramos nuestro equipo de liderazgo sobre la base de este principio, lo cual nos acercó mucho a la idea de iglesia misional. Reestructuramos el liderazgo para asegurarnos de que en el equipo estaban representados los cinco ministerios, cada uno de ellos dirigiendo un equipo propio en relación a su ministerio APEPM. Por tanto, ya teníamos un equipo apostólico centrado en los temas translocales, misionales, estratégicos y experimentales con que se enfrentaba la iglesia. Teníamos un equipo profético que se centraba en escuchar a Dios y discernir su voluntad para nosotros, en la justicia social y en cuestionar el estatus quo de una iglesia cada vez más de clase media. Teníamos un equipo evangelístico cuya tarea era supervisar y desarrollar este aspecto. La tarea del equipo pastoral era desarrollar la comunidad, las células, la adoración, la consejería y la capacidad de amar de la iglesia. El trabajo del equipo de enseñanza era crear contextos de aprendizaje y desarrollar el amor por la sabiduría y el entendimiento a través del estudio bíblico y los grupos de debate teológico y filosófico. Todos estos equipos estaban representados por un líder en el equipo de liderazgo de la iglesia. A veces implicó mucho debate sobre cuáles eran los temas clave de la iglesia, pero en general era muy estimulante.

A nivel de equipo de liderazgo, escogimos este modelo con la idea de tener un sistema de aprendizaje abierto que permitiera al equipo "encajar y dividirse" y "contender y trascender".[42] El término "encajar" se refiere a aquello que mantiene unida a una organización (la unidad). Es el ethos y el propósito común del grupo. "Dividirse" es lo que ocurre intencionadamente al permitir una gran diversidad de expresión en el equipo (diversidad). "Contender" es el permiso, incluso el estímulo por parte del liderazgo, a estar en desacuerdo, debatir y dialogar en torno a las tareas (dualidad). "Trascender" es el acuerdo colectivo de superar el desacuerdo para poder encontrar nuevas soluciones (vitalidad, "alcanzar la unidad en la fe"; ver gráfica):

---

42 Consultar a Pascale, *Managing on the Edge: How Sucessful Companies use Conflict to Stay Ahead.*

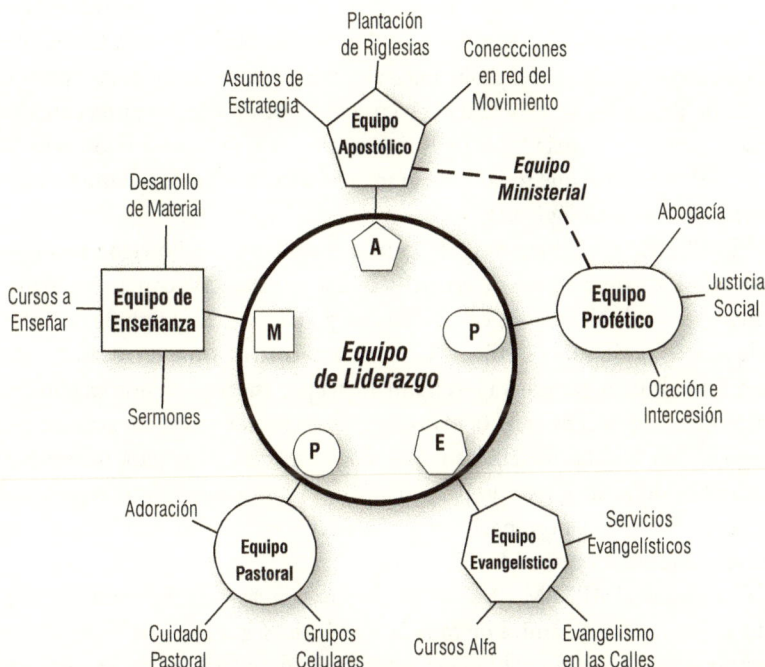

SMRC en forma APEPM

Así que, en casi todos los asuntos de ministerio, el equipo de liderazgo tiene un compromiso previo con la misión común del grupo. Pactamos ver nuestra misión cumplida "cueste lo que cueste". Como en nuestro caso las relaciones en el equipo eran sanas, eso implicaba permitir que cada miembro expresara su opinión divergente sin sentirnos ofendidos. Habíamos vivido juntos, luchado juntos, afrontado temas juntos y nuestro vínculo con Jesús y aquella expresión en particular de su pueblo era fuerte. Esta sensación de "encajar" era lo que permitía a cada miembro operar desde su propia tendencia ministerial y representar sus perspectivas sobre el tema que se tocara. La persona apostólica presentaba la necesidad de galvanizar la comunidad entorno a la misión. Los tipos proféticos lo desafiaban todo y planteaban cuestiones irritantes sobre la manera en que Dios encajaba en nuestros esquemas. El evangelista siempre estaba haciendo hincapié en la necesidad de acercar a la gente a la fe y presentaba sugerencias en cuanto a la manera de conseguirlo. El pastoral expresaba sus preocupaciones sobre cómo iba afrontar la comunidad todo el tema de forma sostenida y el teólogo intentaba discernir la validez de todo ello a partir de las Escrituras y de la historia. Por tanto, el "dividirse" permitía una significativa divergencia de intereses y había muchos debates, e incluso discusiones. Pero no intentábamos resolver el debate y el desacuerdo demasiado rápido (eso podía haber vuelto locos a los pastores), sino que convivíamos con el problema hasta haber estudiado todas las opciones y, por medio del diálogo y el debate, encontrado la mejor solución: una conclusión que seguramente era más fiel a nuestro llamamiento, más fiel a Dios, sensible a las necesidades de los que todavía no eran creyentes, sostenible, madura y con un buen fundamento teológico.[43]

El APEPM, si está bien dirigido, puede operar con mucho vigor. La mayoría de las iglesias parecen preferir estructuras más jerárquicas, con una cadena de mando, y con líderes dotados como pastores y maestros. Este tipo de ministerios puede tender a evitar los conflictos y centrarse primariamente en ideas, no en acciones. La cultura organizativa resultante lucha por encajar y dividirse, contender y trascender. Según el modelo operacional, las decisiones se toman arriba de todo y luego se van filtrando hacia las raíces. Poco espacio queda para un verdadero intercambio de ideas y para la participación en las tareas. Como resultado, en muchas estructuras denominacionales e iglesias, los miembros de "abajo" suelen sentirse silenciados y resentidos.

El enfoque al APEPM de abajo arriba crea un sistema de aprendizaje saludable: la naturaleza dinámica de toda la matriz se asegura de que el resultado de construir la organización sobre tales estructuras de liderazgo sea un sistema de aprendizaje abierto. Los tipos de liderazgo que más miran hacia fuera y más se salen del status quo (en este caso, A, P y E) se ocuparán de que entre información de fuera del sistema y garantizarán una participación y un crecimiento dinámicos con el entorno de la organización. Los ministerios de sostenimiento (como el P y M) se asegurarán de que la iglesia no se vea sobrepasada más allá de sus capacidades. Todo ello proporciona un buen equilibrio entre la salud de la iglesia y su estado misional.

En el pleno funcionamiento del sistema APEPM parece existir una preciosa "ecología" de un ministerio sano. Nos proporciona una comprensión teológicamente rica y orgánicamente coherente que ayuda a los líderes cristianos y a las organizaciones a ser más misionales y más ágiles. De hecho, sería difícil *no* ser misional si el APEPM se desarrolla de forma intencionada en la vida del pueblo de Dios, sea a nivel local o regional.

He participado en muchas reconstrucciones organizacionales alrededor del APEPM. Aparte de las muchas iglesias de Future Travelers, así como en la re-

---

43 Querría animar de nuevo al lector a que intente identificar su propio ministerio por medio del perfil que ofrecemos en la web vinculada a este libro. Se puede hacer el cuestionario personal o, preferiblemente, el test de 360 grados. Nuestros ministerios no siempre se definen tal y cómo los vemos nosotros, sino más bien por el impacto que tienen sobre quienes nos rodean; de ahí la necesidad de la retro-alimentación de colegas y amigos. En este sentido el test de 360 grados es por tanto la valoración más ajustada de las dos.

estructuración de nuestras propias congregaciones, he estado profundamente involucrado en implementar modelos basados en el APEPM en varios niveles denominacionales, incluyendo mi propia denominación en Australia. En este último, la idea del APEPM ha sido implementada tanto a nivel nacional como internacional, en la forma de un cuerpo no formal, dotado de mucho talento y de forma trinacional, denominado Internacional Misional Team (IMT). Más recientemente hemos visto una notable adopción a nivel de todo el sistema denominacional de la tipología sugerida por el APEPM dentro del Evangelical Covenant Order of Presbyterians (ECO). Un compromiso con la tipología ofrecida por el APEPM ha sido ya integrado en sus documentos constitucionales. Recientemente la Iglesia Menonita en los Estados Unidos y Canadá también han adoptado el APEPM como pauta para la formación de ministerios en su denominación.[44] Actualmente estoy trabajando con Four Square (en Norte América) para implementar funcionalidades del APEPM a través de su sistema. La iglesia reformada Netherdutch de África (Hervormde Kerk) ahora usa el APEPM como herramienta de evaluación congregacional así como para la formación de s seminario ministerial. Menciono esto nada más que para asegurar al lector que realmente se están poniendo a prueba estas ideas en la práctica a nivel local, regional e internacional, y aun cuando el impacto total todavía no ha tenido tiempo de evaluarse, existe sin lugar a duda el pensamiento de que el APEPM está teniendo un impacto profundo en las iglesias locales y regionales, las para-iglesias y también las agencias denominacionales en todo Occidente.

Una palabra final

Este capítulo ha tratado de articular por qué el entorno apostólico, con todo lo que significa, es un componente clave del Carácter Apostólico.

Francamente, me cuesta concebir la existencia, y muchos menos la perdurabilidad de movimientos misionales, metabólicos y orgánicos sin una cultura y una dinámica APEPM. Es claro desde el estudio de los movimientos misionales excepcionales en la historia, que sin este ADNm presente y activo no es posible una manifestación clara del Carácter Apostólico. Como parte intrínseca del APEPM, se puede identificar al ministerio apostólico como crítico a la activación del Carácter Apostólico. Esto es porque el apostólico es el ministerio encargado de la custodia de los códigos de ADN de la iglesia de Jesús.

La influencia apostólica despierta a la iglesia a su verdadero llamamiento e identidad y, como tal, es irreemplazable. Sin la influencia apostólica, los movimientos e iglesias, como mucho, solo pueden recoger algunos aspectos del ADNm pero no pueden conectarlos entre sí en ese todo cohesivo y sinérgico que

---

44 Ver http://eco-pres.org/ y MennoMedia, A *Shared Understanding*, p. 14, 27–28.

constituye el verdadero Carácter Apostólico. Hay algo esencial e irremplazable en el ministerio del apóstol, que es crucial para que emerjan movimientos jesusianos transformacionales del tipo que encontramos en el Nuevo Testamento, la Iglesia primitiva, así como el fenómeno de la iglesia clandestina en China.

El pensar en la iglesia como un movimiento, nos obliga a entender que Jesús le ha dado a su pueblo todo lo que necesita para hacer el trabajo, incluyendo todos los elementos de ADN*m* los cuales existen de forma latente en las raíces de todo el pueblo de Dios. La buena noticia para quienes deseen activar el APEPM en su organización, es que Jesús ya ha lo ha "*dado*" (ver Ef. 4:7,11) a la iglesia. Aunque varios líderes de la iglesia a lo largo de la historia han intentado fuertemente de eliminarlo de la ecuación, según Pablo, Jesús lo ha codificado en el ADN mismo del ministerio de la iglesia. . .¡*el cuerpo de Cristo!* Ningún burócrata eclesiástico puede sacar aquello que el mismo Jesús ha cimentado. No necesitamos importar el APEPM y llevarlo a la *ecclesia* de Jesús, nosotros sólo necesitamos despertarlo.

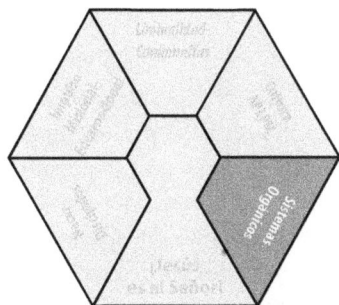

Sistemas orgánicos

"Lo más probable es que ninguna de las teorías de negocios actuales sean válidas de aquí a 10 años… Sin embargo, pocos ejecutivos aceptan que para dar un giro a un negocio se tengan que realizar cambios fundamentales en los postulados sobre los cuales funciona. Se requiere un *negocio distinto*".

—Peter Drucker, *A Turnaround Primer*

"Puesto que todo, entonces, es causa y efecto, dependiente y soporte, mediato e inmediato, y todo se mantiene unido por una cadena natural aunque imperceptible que une las cosas más lejanas y más diferentes, tengo igualmente imposible el conocer las partes sin conocer el todo y conocer el todo sin conocer las piezas en detalle".

—Blaise Pascal

"Estamos dejando la edad de las organizaciones organizadas para pasar a una era donde la capacidad de entender, facilitar y promover procesos de auto-organización se ha convertido en una competencia clave".

—Gareth Morgan, *Imagineering*

Ahora veremos en más detalle cómo se organizan y expanden los movimientos exponenciales: ¿Cómo es que los movimientos puede crecer a gran escala manteniendo íntegro su núcleo de ideas/ADN? ¿Cómo mantienen las ideas básicas y sus valores centrales intactos mientras que al mismo tiempo animan a que sucedan cantidades significativas de experimentación e innovación? ¿Cómo se transmiten las ideas? Aunque muchos piensan que toda conversación sobre organización no es relevante al tema de movimientos, yo creo que están errados. Estructura y organización son muy importantes, y son necesarias para mantener el crecimiento sucediendo en el tiempo y la distancia. Sin embargo aunque originalmente fueron diseñados para apoyar a la misión, con el tiempo a menudo parecen tomar vida propia; de hecho pueden convertirse en la misión. Cualquiera que ha intentado cambiar una institución sabe cuán resistentes pueden ser a cualquier cambio. Las estructuras son asesinos de movimientos o potenciadoras de los mismos. La respuesta a qué es lo que está bloqueando o lo que podría mejorar la posibilidad de que un movimiento suceda, está en el sistema como un todo y no sólo en sus partes. Por lo tanto, los líderes no pueden evitar hacer una auditoría crítica del "sistema" junto con el diseño organizacional y el pensamiento que la mantiene.[1]

En este capítulo, se explora cómo la iglesia en su forma más extraordinaria (cuando se manifiesta genuinamente el Carácter Apostólico) se organiza como un organismo vivo que es totalmente coherente con la forma en que Dios ha diseñado y estructurado la vida misma. También observaremos otras metáforas, como la de una máquina, por ejemplo, la cual se ha convertido en la más dominante dañando así nuestra capacidad de ser el cuerpo vivo de Cristo. Utilizar metáforas orgánicas para pensar en la organización de la iglesia, nos pone en terreno bíblico fértil, porque de hecho las imágenes orgánicas de la iglesia y el reino abundan en las Escrituras. Metáforas tales como la del cuerpo, un campo, levadura, semillas, árboles, templos vivos, vides y aves, se utilizan para describir las dimensiones reales del discipulado, la vida misma y la *ecclesia*.[2] Debido a que la gran mayoría de las iglesias funcionan más como máquinas impersonales e inorgánicas derivadas de metáforas tales como edificio sagrado y la Revolución Industrial, sin duda tendremos que romper el monopolio de la metáfora de organización como máquina que domina nuestra comprensión histórica de la organización, si es vamos a ser capaces de movernos hacia adelante, y mucho menos pensar en hablar de crear un mejor y nuevo futuro para la iglesia de Jesús.

De monumento a movimiento. . . hablando metafóricamente

Las metáforas y los símbolos no sólo sirven para ilustrar una idea; en realidad contienen en sí mismos la idea que se pretenden transmitir. Son formas mucho

---

1 Robert Pirsig resaltó el problema con nuestra ceguera al "sistema" cuando señaló que "si una fábrica es derribada, pero la racionalidad que la produjo se queda parada, entonces esa racionalidad simplemente producirá otra fábrica. Si una revolución destruye un gobierno, pero los patrones sistemáticos de pensamiento que produjeron ese gobierno se dejan intactos, entonces esos patrones se repetirán. . . Se habla tanto sobre el sistema. Y tan poca comprensión". Pirsig, *Zen*, pp. 87–88.

2 De hecho, *ecclesia* en sí misma es una metáfora de gran alcance misional ya que se trata literalmente de un grupo de personas elegidas para el beneficio de su ciudad, como un consejo comunal de ancianos. Ver Hirsch y Frost, *ReJesus*, pp. 31–33.

más eficaces de comunicación que las formas lógicas más complejas del lenguaje. Metáforas e historias no sólo hablan a la mente; también capturan el corazón, mente y la voluntad al mismo tiempo. Pero el truco es que, para desbloquear las ideas que las metáforas transmiten, uno debe activar y dejar participar a la imaginación. A los formados en el pensamiento racionalista, esto parece extraño, pero en la lógica de la Biblia, las historias, metáforas y las imágenes, no tienen menos verdad que las proposiciones abstractas; *estas contienen más verdad.*

Usted puede estar seguro que Jesús no abundó en usar metáforas sólo para hacer la Biblia más apetecible a los niños; más bien su intención fue la de ofrecernos múltiples maneras nuevas de re-imaginarnos a nosotros mismos, nuestra misión y nuestro propósito en el mundo. Estas metáforas son visiones concentradas/paradigmas de lo que significa deber y poder ser fiel a Dios.[3] Ahora bien, lo que es importante para el pensamiento sobre los movimientos, porque las metáforas despiertan la imaginación, es que estas son nuestra mejor herramienta para pensar creativamente. Nuevas metáforas invitan a tener una fresca visión y a la innovación.

¿Por qué toda esta información técnica sobre metáforas? Lo ofrecemos porque las metáforas importan en todo lo relacionado con organización y liderazgo. Gareth Morgan dice, "Las ideas sobre la organización siempre se basan en imágenes implícitas o metáforas que nos persuaden para ver, entender y administrar situaciones de una manera particular. . . El reto que enfrentan los líderes [contemporáneos] es el de volverse expertos en el arte de usar las metáforas para encontrar nuevas maneras de ver, entender y dar forma a sus acciones".[4] La metáfora también es importante para nosotros porque si cambiamos la metáfora primaria, entonces somos capaces de verlo todo en una luz diferente, y los comportamientos cambian según la nueva percepción.

Por ejemplo, actualmente vivo en Los Ángeles (LA), una ciudad de más o menos 20 millones de personas dependiendo de a quien contemos. Esto es casi lo mismo que toda la población de mi país de origen, Australia (24 millones). El problema de LA es que si utilizas las metáforas normalmente asociadas con una ciudad, simplemente no hace ningún sentido: LA no tiene centro ni circunferencia, no hay ninguna estética unificadora, no hay "identidad" corporativa, como en, digamos, Nueva York. Además, la gran mayoría de los angelinos ciertamente no ven al centro de la ciudad (NT: downtown en inglés) como su ciudad —de hecho, la mayoría de ellos lo evita como a una peste. El resultado es que uno

---

3 Los escritores de la Biblia (Salmos, profetas, Evangelios, Pablo, Juan, etc.) eran todos prolíficos usuarios de imágenes y metáforas. Cuando Pablo usa reiteradamente la metáfora de la iglesia como el cuerpo de Cristo, por ejemplo, nosotros estamos llamados a poner en práctica el significado experimentando directamente lo que él quizo decir.

4 Ver Morgan, *Imaginization*, xxi.

nunca realmente "arriba" a la ciudad de LA. Ahora, si en lugar de esto comenzamos a ver a la ciudad de LA como un país pequeño (que consiste en unas cuarenta y cinco "ciudades" de tamaño regular), entonces tiene todo el sentido del mundo. Ahora puedo decir que vivo en el país llamado LA. Cambia la terminología y cambiará la forma de percibir y experimentar las cosas.[5]

Vamos a aplicar esto un poco más: Si te sugiero que la iglesia es una institución religiosa, ¿qué imágenes vienen a la mente? Normalmente la metáfora de la "institución" lleva consigo imágenes asociadas a edificios, estabilidad, solidez incondicional, presupuestos, programas, políticas, personal y voluntarios, organización jerárquica y así sucesivamente. Pero si simplemente cambiamos la metáfora y sugerimos que la iglesia es un movimiento, esto marcará el comienzo de una nueva forma de ver la misma realidad. El lento utilizado y/o el paradigma han cambiado. Lo que parecía familiar se reconoce ahora en una nueva luz. La palabra "movimiento" le invita a ver a la iglesia como algo más fluido, basado en su mensaje, adaptable, de alta energía, vital y así sucesivamente. Nos vemos obligados a repensar todo a la luz de ese término.[6] Por eso siempre les digo a los plantadores, no planten iglesias—porque ellos *piensan que ya saben* cómo estas lucen: más bien ¡planten movimientos! ¡La plantación de un *movimiento* implica un estrategia casi totalmente diferente a la utilizada para plantar una iglesia!

Si queremos despertar el Carácter Apostólico y recuperar la dinámica de los históricos movimientos de transformación excepcionales, debemos cambiar la metáfora dominante que es esencialmente estática e institucional la cual ha secuestrado nuestra eclesiología e imaginación, por una que sea más dinámica, orgánico y que evoque un movimiento. Cambiando la metáfora a la de movimiento y a una imagen orgánica, todo cambia. Tienes que vivir la metáfora para entrar en el paradigma. Comienza con una imagen/metáfora diferente en mente, y terminarás con una organización muy diferente. Aumente su capacidad de pensar en un movimiento y edúquese a usted mismo y a su organización sobre la naturaleza

---

5 La razón por qué las metáforas son descriptores de gran alcance es porque filtran y definen la realidad de una forma sencilla (p. ej., "Ricardo es un león", "el cerebro es una computadora", o "las organizaciones son máquinas"). Incluso palabras como *ameba, colmena, fuerte* y *replica*, nos proporcionan pistas sobre cómo la gente ve y experimenta los paradigmas en relación a las organizaciones. Por ejemplo, si se dice que tal o cual iglesia es como un elefante, ¿qué imágenes vienen a la mente? ¿Qué pasaría si yo hubiese utilizado la metáfora de una estrella de mar en su lugar? Cada metáfora transmite información sobre la capacidad reproductiva, movilidad, fuerza, sabiduría, personalidad, valor y así sucesivamente. Por lo tanto identificar las metáforas ofrece importantes pistas acerca de dónde concentrar los esfuerzos en cambiar el paradigma. Y lo que es más, cambie la metáfora, y cambiará su imaginación. (Hirsch y Ferguson, *On the Verge*, pp. 89–90).

6 Un reciente post de Seth Godin resume el poder de las metáforas más poéticamente: "es la mejor manera de aprender una idea compleja se encuentra viviendo dentro de algo más ya lo entiendes. Ello,' es como, 'eso'. Memoriza un aficionado. Profesional busca metáforas. No es un talento, es una práctica. Cuando vea una historia, un ejemplo, un asombro, tome un momento para buscar la metáfora dentro. Lecciones se encuentran a menudo donde las buscamos". http://bit.ly/1CMi3jP.

de los movimientos, empiece a utilizar metáforas de movimiento a través de todo el sistema, y todo comenzará a ajustarse como resultado.

Re-encantar nuestra eclesiología: el Creador viene a la iglesia

No debería sorprendernos que las imágenes orgánicas de la iglesia extraigan su fundamento bíblico primordial de la doctrina bíblica de la creación (cosmología), de una visión del mundo ecológica e intrínsecamente espiritual, y no de ninguna otra de las disciplinas que tradicionalmente han nutrido el liderazgo y el desarrollo de organizaciones. La cosmología debe conducirnos a un conocimiento más profundo de nosotros mismos y de nuestra función en el mundo. ¿Por qué no buscar en la misma creación algunas pistas de cómo el mismo Dios pretendía que se manifestara la auténtica vida humana y la comunidad? Todo en la vida lleva la huella creativa de Dios y Él ha llenado todo aspecto de la vida de vitalidad e inteligencia. El mismo cosmos parece operar de una manera profundamente inteligente; cuanto más descubrimos del mismo a partir de la ciencia, de las estructuras de los átomos, de los patrones del clima, la migración de las aves y la psique humana, en verdad todo parece ingenioso. De los quarks (NT: Constituyentes fundamentales de la materia) a las supernovas, el universo parece vibrar con una potencia vital que nos llena de asombro y pavor ante la clara omnipotencia y omnisciencia del Dios creador.[7]

Además, este Dios Creador y trino no puede ser dividido. Encontramos la presencia de Dios en todos los rincones del universo. Como dice J.V. Taylor en su destacado libro *The Christlike God*:

> "Exista dónde exista, Dios existe *del todo*. Mece al universo en su infinidad, en cambio *conoce desde dentro a todos y cada uno de los átomos de su estructura*. Las verdades de un Dios trascendente y un Dios inmanente, su misterio y su disponibilidad, deben sostenerse juntas como una única realidad dialéctica al pensamiento humano pero indivisible en sí misma. El Dios que está dentro de

---

7 Este Creador cósmico no debe ser ningún desconocido para nosotros. Las Escrituras claramente enseñan que la Trinidad estuvo plenamente involucrada en la creación del cosmos y el mantenimiento de toda la vida. Dios el Padre lo pone en movimiento con palabras creativas (Gn. 1). Como Padre, Él es el génesis, la fuente de toda la vida. Cristo es presentado en las Escrituras como el instrumento de la creación ("en Él todas las cosas fueron creadas", Col. 1:16; "por medio de Él fueron hechas todas las cosas; sin Él nada fue hecho que se ha hecho", Jn. 1:3), y es también su principio de organización ("en Él todas las cosas se mantienen juntas", 1:17; "Él sostiene todas las cosas por la palabra de su poder" Heb. 1:3). El Espíritu Santo es descrito como la esencia de la vida y el espíritu; era Él quien se movía por sobre el universo caótico dándole forma, y fue Él quien llenó cada átomo del mismo con diseño y vivacidad. De los átomos a las estrellas, cada aspecto de la creación apunta a un ser increíblemente inteligente y absolutamente poderoso y la misma depende de Él para su sostenimiento y existencia (llamado creación continua por los teólogos). El universo declara la gloria de Dios y es un flujo constante de conocimiento y revelación de Dios (Sal. 19:1-4).

las cosas no es secundario ni inferior al Dios que está más allá. Esta insondable realidad se dirige a cada uno de nosotros con una intimidad que supera la de cualquier otra relación".[8]

La doctrina de la trascendencia de Dios nos dice que Dios está por encima de su creación. Es mucho más grande que ella y esta existe en Él. Pero la doctrina de la inmanencia de Dios nos revela que también está *totalmente* presente incluso en el más pequeño de los átomos. Llena el universo y a la vez lo trasciende. Esto significa que el cosmos en su totalidad, y la vida misma, está directamente conectado con Dios y por tanto lleno del sagrado misterio de la vida divina. Como dijo Dostoievski, "todo es como un océano, todo fluye y se conecta; tóquelo en un extremo y se hace eco en el otro extremo del mundo".[9]

Como un medio de la revelación divina, el tipo de orden y diseño en la creación nos enseña mucho acerca de cómo toda la vida debería ser vivida. Es tanto de la creación como de las Escrituras que somos capaces de extraer una comprensión orgánica del pueblo de Dios. Y recuerda, que como un fenómeno en la vida del pueblo de Dios, el Carácter Apostólico en sí mismo es una obra del Espíritu de Dios al formar la iglesia para que cumpla con Su misión. El Carácter Apostólico es profundamente orgánico, así como sistémico, en su naturaleza.

Con todo esto quiero decir que una imagen orgánica de la iglesia y de la misión es, teológicamente, muchísimo más rica que cualquier concepción institucional y mecánica de la iglesia que podamos ingeniar. Esto se debe a que está fundada en el sentido de una participación y una relación íntima de Dios con su creación. Los seguidores de Jesús que intentan basar su vida comunitaria en un sistema orgánico encuentran en las Escrituras, al igual que en la creación, un recurso teológicamente rico sobre el cual sustentarse. Encontrar un patrón de iglesia más cercano a la vida es acercarse a lo que Dios pretendía en primer lugar con la creación. Por ejemplo, parece ser que la levadura, aparentemente oscura e insignificante, tiene mucho que enseñarnos sobre el funcionamiento del reino de Dios (Mt.13:33).

¿Cómo se relaciona toda está gran cosmología con nuestra experiencia de la iglesia local? Una de las reflexiones que surgen de la experiencia durante mis quince años en SMRC (además de similar cantidad de años subsecuentemente como consultor en la iglesia) es que en la medida que esta creció y comenzó a operar en el modo clásico de igle-crecimiento, se hizo cada vez más difícil encontrar a Dios en medio de la cada vez más grande y compleja maquinaria requerida para "manejar la iglesia". Con el crecimiento numérico, nos parecía que estábamos cada vez más removidos de los ritmos naturales de la vida, del ministerio

---

8 Taylor, *The Christlike God*, p. 117. Las itálicas son mías.
9 Citado en Jones, *Dostoevsky*, p. 129.

personal, y que nuestras funciones ministeriales parecían ser más automatizadas (y comerciales) que nunca. Esta mecanización del ministerio fue sentida no sólo por el liderazgo de la iglesia; la gente en la iglesia estaba siendo cada vez más programada fuera de los ritmos naturales de la vida y normal y por lo tanto estaban cada vez menos abiertos a participar en relaciones activas con los de fuera de la comunidad de la fe. Debido a que mi ministerio tiende a ser más amplio por razón de mi trabajo e interacción con innumerables líderes en iglesias contemporáneas, sé que este tipo de experiencia es endémica en la mayoría de las a las iglesias.

Todo esto nos condujo a una búsqueda personal para encontrar un enfoque más orientado a la vida, la misión, el ministerio y la comunidad, y finalmente nos llevó a descubrir lo que se ha denominado el enfoque de sistemas vivos.

Pensar en movimientos: un aspecto del abordaje de los sistemas vivos

No puedo entrar en una descripción completa de este abordaje aquí, pero he creado una serie de apéndices, situado en la parte posterior de este libro que hablan más sobre este tema desde varios ángulos. Recomiendo especialmente que el lector estudie el apéndice titulado "Un curso rápido sobre caos" con el fin de obtener un conocimiento básico sobre este tipo de pensamiento. Esencialmente, un enfoque de sistemas vivos requiere que veamos (1) la *ecclesia* como un organismo vivo y (2) la iglesia como un sistema dinámico.

Como hemos visto, viendo el movimiento que Jesús comenzó a través de las distintas metáforas orgánicas (como cuerpo de Cristo, semillas, luz/oscuridad, pueblo de Dios, y levadura) afirma y certifica la naturaleza esencialmente viva, reactiva, adaptativa, exploratoria, y reproductiva que son tan vitales en la auto comprensión de los movimientos. Los movimientos son el polo opuesto de los monumentos—los movimientos se mueven, mientras que los monumentos no van a ningún lugar. Los movimientos son vivos, sensibles, con gran capacidad de adaptación y crecimiento, son fenómenos sociales.[10] Y recuerde, esta vida es un aspecto de la vida del Espíritu mientras que nos guía y forma para ser aquello que Jesús siempre tuvo la intención que fuésemos.

Pero probablemente uno de los cambios particularmente cruciales hacia comenzar a pensar como un movimiento, es acabar con el hábito de pensar de manera lineal y aprender a pensar en términos de sistemas dinámicos.[11] En un sistema, todos los elementos dispares están irrevocable y dinámicamente interrelacionados

---

10 Ver mi contribución al libro de Keller, *Serving a Movement* (pp. 248–268), donde interactúo con el excelente trabajo de Keller sobre los movimientos en la iglesia. Ver libro excepcional de Cole, sobre los movimientos *Church 3.0*. Hay muy pocas otras obras escritas sobre el tema de los movimientos. El libro de Addison, S. *Movements That Change the World*, tambien ha sido muy útil.

11 Senge, *The Fifth Discipline: The Art and Practice of the Learning Organization*, parte uno.

y son interdependientes. Todo está sucediendo a la vez. En los sistemas es importante aprender a ver las cosas en términos de su integridad, el sentido de sinergia que se deriva de la interconexión y evitar ver simplemente cada elemento como una pieza aislada. Considere su propio cuerpo, un maravilloso ejemplo de un sistema, y trate de recordar lo aprendido en la clase de biología en la escuela sobre lo intrincadas y maravillosamente interactivas que son todas sus piezas. Usted sabe esto muy bien, maltrate una de las partes y con seguridad estará maltratando todo el sistema. No es una buena idea cultivar una excelente salud neuro-muscular mientras que a la vez dañamos el corazón y el sistema circulatorio; ambos se necesitan el uno al otro para sobrevivir y prosperar.

Entender cómo funcionan los sistemas es muy importante porque si no entendemos la naturaleza y el dinamismo de los sistemas vivos, no podremos dar rienda suelta a la potencia realmente transformadora de los movimientos en términos de su Carácter Apostólico. En el Carácter Apostólico, todos los seis elementos del ADNm son elementos dinámicos del sistema. Cada elemento está dinámicamente interrelacionado y depende de los demás. Todos los seis elementos deben unirse para catalizar la expansión espontánea.

Piénsenlo de esta manera; en su forma más básica, un movimiento apostólico que es auténtico posee los siguientes elementos:

- Un compromiso firme y radical con las enseñanzas y forma de vivir modelada por Jesús quien es el Fundador del movimiento y el centro del mismo.
- Una visión claramente articulada en relación al discipulado así como un proceso claramente delineado de cómo hacer discípulos a través de toda la organización.
- El compromiso de extender el movimiento yendo hacia afuera y en profundidad dentro de varias culturas sabiendo cómo interpretar el Evangelio en cada contexto particular.
- Un ministerio misional (y por extensión, liderazgo) capaz de desarrollar las importantes tareas de iniciar, desarrollar y mantener el movimiento.
- Un sistema diseñado alrededor de un ADN misional internalizado, comprometido a capacitar a cada agente en el sistema empujando hacia los límites exteriores tanto el poder de decisión como la funcionalidad, esto agregado a un decidido compromiso con la reproducibilidad de todo el sistema así como con su capacidad de crecimiento.
- Una voluntad cultural incorporada al sistema que regularmente se atreve a tomar riesgos por la causa del movimiento.

Cada uno de estos elementos es importante por sí mismo —sin duda—pero para que los movimientos apostólicos tengan lugar, los seis deben estar activos en el sistema. Cada elemento del ADN*m* depende de los demás y apoya a los mismos. De hecho, cada elemento del ADN*m* contiene todas las posibilidades de los otros elementos del ADN*m*. De tal manera que el discipulado contiene la semilla de un movimiento de personas, también contiene a la cultura APEPM, el potencial de la liminalidad-*communitas* y así sucesivamente, así que cada ADN*m* contiene los elementos seminales de los otros elementos. El ministerio APEPM, por ejemplo, contiene elementos potenciales para provocar un movimiento en la organización, así como también provee una conexión viva con Cristo, después de todo, el APEPM representa al cuerpo de Cristo. Por lo tanto, cada elemento del ADN*m* existe en relación dinámica con todos los demás.

Así, por ejemplo, no puede haber real discipulado sin Jesús como Señor, sin misión y sin involucrar el riesgo y la aventura. También es muy poco probable que se pueda llegar a tener sistemas orgánicos sin una cultura APEPM y así sucesivamente. Por esta razón usted necesita centrarse en el sistema, no sólo las partes y evitar ver las piezas sólo en vista de su relación con el sistema más grande. Es el conjunto en su totalidad lo que cuenta.[12] Es el pensamiento dinámico, no lineal, y usted debe entrenarse a pensar de esta manera para lograr llegar a pensar en un movimiento. Necesitamos estar informados sobre esto porque en un mundo donde todo está profundamente interconectado, la falta de sabiduría sistémica siempre será castigada. ¡Piense en sistemas!

No descarte estas ideas como simplemente los desvaríos de alguien obsesionado con el tema: este concepto que es muy "espiritual" sobre los sistemas dinámicos, donde el conjunto se construye de todas las partes, representa el mejor pensamiento sobre la teoría organizacional y se llama de varias maneras: organización de aprendizaje, cibernética, sistemas vivos, teoría de la complejidad, inteligencia en red u organización holográfica.[13] De hecho, mucho de su origen se deriva del estudio de los sistemas naturales y sociales, la genética, la naturaleza de la inteligencia humana y el aprendizaje.

Como he dicho muchas veces, creo que el pensamiento de movimiento (lo he específicamente llamado Carácter Apostólico) es la clave para hacer avanzar la causa de Jesús en nuestros días. Y aunque no creo que sea una bala de plata (no creo en ellas de todos modos), definitivamente ilumina nuestra imaginación ya que propone una visión mucho más dinámica de la iglesia como un movimiento. Y es el pensar como un movimiento lo que abrirá nuevas formas de ver y experimentar la *ecclesia*, su mensaje central, organización, relaciones, poder y

---

12 Ver Hirsch y Ferguson, *On the Verge*, pp. 118–20. Ver también el excelente libro de Roxburgh, *Structured for Mission*.

13 He encontrado el libro de Morgan, *Images of Organization*, especialmente el cap. 4 muy útil. Como *Caminos olvidados* no es un libro de recetas para copiarlas sino que es sobre cómo activar movimientos, sugiero el estudio al lector de libro *On the Verge*, que Dave Ferguson y yo escribimos, el cual es muy práctico, con su equipo de liderazgo para ver cómo este enfoque puede cambiar la forma en que operamos.

motivaciones. Es el paradigma que abre la forma de ver y libera el potencial que está siempre presente en la gente de Jesús. Así que tenemos que profundizar lo que significa ser y convertirse en un movimiento. Una forma de hacer esto es identificar y comprender los aspectos del sistema actual que se oponen y obstruyen el movimiento dinámico en la iglesia. Estos son lo que yo llamo "asesinos de movimiento", y son formas muy eficaces de bloquear el potencial de transformación a nivel global que Jesús ha puesto en su pueblo. Cuando se piensa en términos de movimiento apostólico, podemos decir con confianza que Jesús ha diseñado su cuerpo viviente (la *ecclesia*) para crecer en forma de movimiento y que cada discípulo y grupo tiene todo el potencial para ser un movimiento ya en él, cada iglesia tiene el Espíritu Santo, Jesús, el ADN*m* y la posibilidad de elección humana. Si el grupo no está floreciendo y creciendo, debe ser porque hay algunos factores que de hecho bloquean su potencial. El liderazgo necesitará identificar y eliminar tales bloqueos de manera que permita que la capacidad innata vuelva a encenderse de nuevo y el movimiento pueda así avanzar.

Quitar barreras: bregando con los asesinos de movimientos en el institucional-*ismo*

Ante todo, tengo que decir que al prescribir una recuperación de este aspecto de los sistemas orgánicos, no estoy intentando ser anárquico o anti institucional solo porque sí. De hecho, la mayoría de mis libros tratan ampliamente sobre la dinámica organizacional, por ejemplo, *The Permanent Revolution* y *On the Verge*.[14] Además no soy ingenuo acerca de la necesidad de algún tipo de estructura para garantizar la sostenibilidad y la longevidad de la organización. Reconozco totalmente que para sobrevivir la fundación inicial, los movimientos tienen que crear cultura y crear rutinas alrededor de valores y comportamientos claves en la vida de la organización.[15] Además, también creo que mayoría de las iglesias en contextos occidentales probablemente son en su mayoría algún tipo de híbrido en relación a su forma adaptativa y operacional en lugar de ser una expresión pura de lo que es un movimiento. En otras palabras, no es probable que pronto veamos un verdadero movimiento apostólico como el de la iglesia subterránea de China suceder en Norte América. Sin embargo, recientemente ya estamos comenzando a ver algunos movimientos que se aproximan a estas formas debido a la activación incremental del Carácter Apostólico.

---

14 Anarquismo es un conglomerado de doctrinas y actitudes basado en la creencia de que el gobierno es perjudicial e innecesario. Se deriva de una raíz griega que significa "sin un estado". En nuestros días, anarquismo teológico está asociado con el trabajo del filósofo francés Jacques Ellul y otros.

15 Hunter, *To Change the World*. A pesar de que este libro promueve la idea de una estructura elitista de arriba hacia abajo, creo que es un estimulante libro y un excelente aporte sobre cómo hacer un impacto duradero en las sociedades humanas.

Todos los sistemas vivos requieren de cierto tipo de estructura para poder mantener y perpetuar su existencia. Es totalmente cierto que la estructura de por sí no crea vida (como en una máquina), pero sin ella la vida no puede existir demasiado tiempo. Cuanto más complejo es un sistema vivo, más necesario resulta disponer de medios propios para mantenerlo. Nuestro cuerpo, por ejemplo, está formado literalmente por trillones de células, que en referencia a su código genético se organizan en varios sistemas (nervioso, digestivo, circulatorio, etc.) interconectados e interrelacionados con un propósito común: conservar y facultar la vida humana en todas sus formas. No existe un "jefe" diciéndoles a los demás qué deben hacer. Las células son auto-organizantes porque están basadas en el ADN: cada célula contiene su codificación. Su cuerpo físico es poco menos que un milagro completo de organización. ¡Piensa en esto cuando medites en el significado de la metáfora de la iglesia como el cuerpo de Cristo!

> "Las estructuras son necesarias, pero deben ser simples, reproducibles e internas mejor que externas. Todo ser vivo está formado de estructuras y sistemas. Nuestro cuerpo tiene un sistema nervioso, un sistema circulatorio e incluso un sistema óseo que añade estructura al todo. El universo y la misma naturaleza nos enseñan que el orden es posible aunque no haya más control que el del mismo Dios".[16]

Queda claro que en la Iglesia primitiva y en los movimientos de la China ha habido cierta "estructura" también; con todo, es claro que no es la misma forma institucional de gobierno de estructura jerárquica de iglesia predominante en las iglesias en Occidente.[17]

Pensar fuera del molde (ahora profundamente sacramentalizado) institucional (cristiandad) es esencial si queremos recuperar la forma más dinámica de movimiento apostólico que aún se encuentra latente en lo más profundo. La cuestión crítica tiene que ver con la forma de pensar que hemos de adoptar: o pensamos como una institución o lo hacemos como un movimiento. Si fallamos en confrontar la mentalidad que producen los razonamientos que sostienen

---

16 Así que incluso una llama, como la de una vela en una habitación cerrada, mantendrá una forma perfectamente definida y predecible con un límite fijo y se sostendrá por la combinación de sus combustibles orgánicos con el oxígeno, produciendo agua y dióxido de carbono. La vida, como parece incluso al observador laico, es un fenómeno altamente organizado que consiste en la compleja interacción entre la forma estática y la función dinámica. La cita en el texto es de Cole, "Out-of-Control Order".

17 Para mí la pregunta es sobre el tipo de estructura viva, o medio de cultivo adecuado para el mensaje de la iglesia apostólica. Además, la función del liderazgo es que crezca la estructura, no imponerla. El proceso es orgánico, es el trabajo de un jardinero, no un mecánico. Aun y cuando puedan encontrarse rastros de la institucionalidad de la iglesia en el Nuevo Testamento y la iglesia posterior, debido a la persecución y la ilegitimidad de la misma, estos nunca pudieron haber la forma institucional tal como lo conocemos ahora. Por el contrario, podemos decir que estas expresiones de estructura son pre-institucionales y no completamente institucionales.

el formato ofrecido por la cristiandad, entonces hacer el cambio por un pensamiento y razonamiento hacia la idea de un movimiento será algo muy difícil de lograr, si no imposible. He pasado mucho tiempo en mi libro *On the Verge* tratando de explicar por qué son importantes los paradigmas y los cambios de paradigma, pero aquí una vez más tenemos que reconocer la necesidad de cambiar el paradigma. Bill Easum dice en un capítulo titulado "el cristianismo como movimiento orgánico":

> "La mayoría de teorías sobre la vida congregacional son defectuosas de origen porque están basadas en una visión del mundo mecánica e instituciona. . . Tal visión no es bíblica. Al contrario, es fatalista y complaciente porque el objetivo es fijar y conservar la institución mientras la vida lo permita. Dicha visión nos permite centrarnos en la mera supervivencia institucional en lugar de seguir a Jesús al campo de misión con el propósito de cumplir la Gran Comisión. Sin embargo, tanto el Antiguo como el Nuevo Testamentos están basados en una visión orgánica del mundo. Nos muestran una clara predisposición a la "historia de la salvación" más que a la viabilidad institucional".[18]

Sigue sugiriendo que "la clave para descongelar a la iglesia y que esté en el campo de misión con Jesús es ver a nuestras congregaciones y denominaciones como la raíz y los retoños de un 'movimiento orgánico' que va más allá de la supervivencia institucional".[19] Para abrazar las formas más dinámicas de la iglesia, tenemos que liberar nuestra mente de la dominación de metáforas jerárquicas originadas en la cristiandad y aflojar el puño de hierro del control que es común a las formas más institucionales de organización.[20]

Precaución: la estructura es usted

Quizás necesitemos explorar un poco más lo que queremos decir con *institucional-ismo* para entender cómo las instituciones tan fácilmente pueden convertirse en asesinos de movimientos: las instituciones son organizaciones inicialmente creadas para llenar una necesidad social, religiosa, científica, educativa, o aun una función política, y para proporcionar algún tipo de apoyo estructural para lo que sea que esa función requiera. Las instituciones proporcionan la rutina reconocible, el ritual y estructura, que es necesaria para asegurar la actividad repetible. Esta es la buena cara de la institución: todos los movimientos requieren cierta forma de estructura para ser sostenibles, pero es importante tener en cuenta que

---

18 Easum, *Unfreezing Moves.*
19 Ibid., p. 18.
20 Un principio fundamental en el pensamiento sobre los movimientos es tener menos procedimientos organizacionales y controles y más responsabilidad relacional y ética basados en la visión y valores comunes.

las estructuras deben estar diseñadas únicamente para apoyar las distintas funciones de un movimiento en continua expansión.

El peligro es que no importa lo bien diseñado, a menos que los líderes sean muy cuidadosos en eliminar a los posibles asesinos del naciente movimiento, algo comienza a suceder con la institución religiosa en la medida en que esta se convierte cada vez más en la encarnación de una ideología religiosa o - *ismo*. La estructura central se convierte inevitablemente en el centro de poder con intereses cada vez más invertidos en mantener el *estatus quo*. Ahora, en lugar de servir a la misión, las instituciones comienzan a desarrollar una vida propia y se convierten en bloqueadores, no en "promotores". La uniformidad, rutinización y patrones repetibles y políticas claras, se convierten en la orden del día. La institución da paso a un institucional-*ismo* burocrático que ahora casi exclusivamente legítima y recompensa a los que se comportan dentro de los parámetros establecidos y censura los comportamientos fuera de tales parámetros de sus miembros renegados. Los disidentes y los que no actúan conforme al patrón establecido son ahora sancionados o expulsados, pero trágicamente al hacer esto, la institución expulsa la creatividad y la innovación que tanto necesita para sobrevivir.[21]

Uno de los ejemplos más trágicos del impulso conformista en las instituciones lo presenciamos cuando la centralista Iglesia católica romana de Bretaña doblegó al destacado movimiento orgánico de la misión celta en aquel fatal encuentro en la abadía de Whitby en el año de 664 d.C. El movimiento celta jamás volvió a ser el mismo.[22] Pero el conformismo y la coerción centralizada alcanzaron su clímax en la Inquisición (que empezó en el año 1231 d. C.), quemando y ejecutando a cientos de miles de personas en el nombre de la obediencia y el control.

Pareciera ser uno de los destinos trágicos de la existencia humana, que al paso del tiempo las estructuras que creamos para apoyar y animar una causa tomen vida propia y de alguna manera se convierten en la causa misma. Nadie parece pensar en hacer esto de manera intencional, es justo lo que parece suceder progresivamente, con el tiempo; es la ley de las consecuencias imprevistas. Lo que empezó como un dinámico y nuevo derramamiento del amor de Dios entre los pobres y quebrantados, progresivamente se convierte en un conservador y negativo controlador político de la conducta humana. De alguna manera sucede un cambio radical no deseado. Piense por unos instantes en su propia historia

---

21 He escrito dos capítulos sobre innovación y emprendimiento en relación con la iglesia en la sección tres de *The Permanent Revolution* (con Tim Catchim). Dave Ferguson y yo también hemos añadido dos capítulos sobre estos temas en *On the Verge*, cap 7–8.

22 El tema principal del sínodo trataba de forma ostensible la fecha correcta de la celebración de la Pascua y también el peinado de los monjes (denominado *tonsura*). La facción romana pensaba que el cálculo celta de la pascua, que difería del suyo en tan solo unos días, así como el tipo de tonsura, equivalía a una herejía. Por una trivialidad como esta, la facción romana pudo doblegar el movimiento misionero más destacado de la historia de Occidente. Consultar, por ejemplo, a Cahill, *How the Irish Saved Civilization*.

denominacional: es muy probable que su denominación haya comenzado como un movimiento altamente innovador, sin embargo ahora, se define por las ideas y los modelos formulados en contextos totalmente diferentes y es probable que insista en que todavía podemos alcanzar fidelidad en el futuro tan sólo por hacer las cosas de la manera tradicional en que las hemos hecho en el pasado.

Estos ejemplos sirven para destacar la tragedia de que el poder se atrinchere en una institución religiosa, creando una peligrosa cultura de restricciones. Nadie lo pretende; sencillamente surge como parte de nuestra condición caída. Parece ser que la genuina libertad del Evangelio cuesta mucho mantenerse a largo plazo y no es posible contenerla en estructuras bien intencionadas pero inefectivas. Pero cuando las organizaciones sacralizan esta cultura de la restricción, es extremadamente difícil de cambiar.

David K. Hurst de Harvard habla sobre los cambios en el énfasis que se realizan en la institucionalización usando la metáfora de pasar de ser cazadores para convertirse en pastores.[23] En su análisis, las marcas de identificación de esta transición de cazador a pastor son los siguientes:

- La misión se vuelve estrategia
- Los roles se vuelven asignaciones
- Los equipos se vuelven estructuras
- Las redes se convierten en organizaciones
- El reconocimiento se vuelve en compensación financiera

Un ejemplo de institucionalismo ocurrió cuando las iglesias pusieron a cargo de la educación cristiana a lo que finalmente se identificó como el seminario denominacional. Inicialmente, estas organizaciones fueron los centros de capacitación que simplemente existían para servir completamente a los intereses del movimiento. Sin embargo, con el tiempo y en la medida en que estas instituciones educativas aumentaron en autoridad al convertirse en garantes de títulos teológicos profesionales, se convirtieron en cuerpos de ordenación ministerial cuya acreditación se convirtió en una necesidad para otorgarle casi exclusivamente a ministros profesionales aquello que Jesús delegó originalmente a cada creyente; ¡ser Sus agentes comisionados y ministros! Ahora para ser ordenado (o licenciado), en sí mismo un asesino de movimiento de primer orden, en una denominación histórica, uno tiene que tener ¡por lo menos uno y preferiblemente dos o más títulos académicos![24] ¿Cómo hace uno sentido de esto en relación al

---

23 Hurst, *Crisis and Renewal*.

24 Como proveedores de títulos académicos, los seminarios son cada vez más más responsables ante los organismos del gobierno del cual derivan su acreditación que ante las cambiantes demandas de la misión y ministerio de la iglesia.

mismo Nuevo Testamento? Y ¿cómo comparamos esto con las prácticas de los movimientos apostólicos ejemplares en cualquier parte?[25]

La verdad es que si usted se enamora del sistema, cualquiera que el "sistema" sea, usted perderá su capacidad para cambiar. Por supuesto, la respuesta, como siempre, está en el propio sistema, y muy pocos reconocen fácilmente el problema porque son parte del mismo. Tendrá que hacer preguntas proféticas y analizar el sistema a través de perspectivas apostólicas para llegar a una solución posible. Pero aquí está el problema: ¡el sistema institucional efectivamente exilió hace muchos años tales funciones irritantes! Estamos perfectamente diseñados para conseguir lo que estamos obteniendo actualmente. ¡Puede estar seguro de eso!

Descentralización del poder y la función

La buena noticia es que podemos rediseñar este sistema para que produzca resultados favorables a un movimiento. Pero tenemos que centrar nuestros esfuerzos en algunas áreas estratégicas. Una de ellas es el poder de las redes. En la estructura en red, el poder y la responsabilidad son distribuidos a través de toda la organización y no están concentrados en el centro. La red así planteada nos protege de la usurpación del institucionalismo religioso debido a la nociva centralización del poder y la función. Tenga cuidado cuando hay una clara concentración del poder porque el poder no solo corrompe; también atrae a los corruptibles. No debería ser ninguna sorpresa para nosotros que los movimientos auténticos de Jesús sean esencialmente redes e instituciones no centralizadas. Curtis Sergeant, un experto en la iglesia clandestina china, toma nota de que …

> "En lo que concierne a los patrones para plantar iglesias, el control humano externo sobre los nuevos conversos e iglesias es inversamente proporcional al potencial de crecimiento y a la tasa de crecimiento en términos de madurez y tamaño. Si quien planta la iglesia, sea una agencia o denominación, intenta ejercer demasiado su autoridad, entonces la nueva iglesia y sus miembros tienden a la dependencia y no asumen la responsabilidad de su propio crecimiento

---

25 Considere otro asesino de movimientos relacionado con el *ismo* institucional específicamente en relación al seminario teológico: efectivamente al delegar la educación teológica a los "expertos" en el seminario, la iglesia local sin darse cuenta se convierte en dependiente de una institución cada vez más potente perdiendo así su propia capacidad de educar y formar discípulos como parte de la vida normal. La iglesia local como una comunidad de aprendizaje, discipulado y espacio donde se hace teología práctica, se ve seriamente disminuida como resultado directo.

¿Por qué estoy arremetiendo contra el seminario denominational aquí? Es porque suprimiendo el elemento del ADN*m* del discipulado, al centralizar el poder en lugar de distribuirlo, y crear falsas dependencias en estructuras externas, realmente impide la aparición del Carácter Apostólico en el movimiento de base. Todos los movimientos apostólicos toman el discipulado y la capacitación de sus líderes con máxima seriedad. Si no lo hacen, nunca podrán madurar y convertirse en ¡la gente que Jesús ha comisionado!

ni de llegar a otros. Cada vez que nos veamos tentados a mandar, recordemos este principio".[26]

De igual forma, el investigador de los movimientos que plantan iglesias, David Garrison, dice que en los movimientos verdaderamente vigorosos la autoridad siempre es descentralizada:

"Las denominaciones y las estructuras de iglesia que imponen una cadena de autoridad o tomas de decisión burocráticas, no están capacitadas para manejar el dinamismo de un movimiento de este tipo. Es importante que cada líder de célula o de iglesia en hogares cuente con toda la autoridad necesaria para hacer lo que se tenga que hacer en términos de evangelización, ministerio y creación de nuevas iglesias, sin buscar la aprobación de una jerarquía eclesiástica".[27]

A fin de ilustrar esto mismo con un poco de ironía vital, en el año 2005 mi amigo Michael Frost tuvo un encuentro privado con tres líderes chinos de la iglesia clandestina, que se escabulleron en secreto para hablar con un grupo de jóvenes seminaristas en un viaje de misión corta. Después de la enseñanza, se les pregunto a las personas por qué temas querían que oráramos, nos pidieron tres cosas: reconocieron que el gobierno es ahora más indulgente, pero siguen sin poderse reunir en grupos de más de quince personas y por eso, cuando crecen, tienen que dividirse y crear una nueva iglesia. Nos pidieron que oráramos por esto. El segundo motivo de oración era que no podían tener locales de iglesia y se veían forzados a reunirse en las casas, las cafeterías, los bares de karaoke y los clubs sociales. Querían que también oráramos por esto. La tercera cosa en la que pensaban que necesitaban superarse es que les estaba prohibido crear organizaciones separadas para poder formar a los líderes colectivamente; se veían forzados a hacerlo en la iglesia local. Michael, siendo él mismo vicepresidente de un seminario, cuenta que la conciencia no le permitió orar por ellos en esta dirección, ya que tanto él como el grupo ahí reunido se dieron cuenta de que, en muchos aspectos, el estado comunista estaba forzando a la iglesia a ser más fiel a su llamado como una poderosa expresión de movimiento apostólico.

Philip Yancey también explica algo parecido a raíz de un viaje a China que cambió su vida: "antes de ir a China, me reuní con uno de los misioneros que había sido expulsado en 1950. Me dijo que se sentía muy mal por la iglesia que había dejado atrás, que no tenían a nadie que les enseñara, ni prensa escrita, ni

---

26 Notas que tomé en el curso de mi investigación sobre los movimientos para plantar iglesias. La obra de Curtis es excepcional porque ha vivido en China durante gran parte de su vida adulta y ha captado las interioridades del fenómeno de los movimientos chinos.

27 Ver Garrison, *Church Planting Movements*, cap. 4. También véase el manual de recursos en línea sobre movimientos de plantación de iglesias online disponible en http://www.imb.org/CPM/Chapter4.htm.

seminarios, ni gente para dirigir las clínicas y orfanatos. Realmente, no tenían ningún recurso más que el Espíritu Santo'". Yancey concluye con ironía: "parece ser que el Espíritu Santo lo está haciendo bien".[28]

El carácter de un movimiento

Como he mencionado anteriormente, mantener el ethos de un movimiento es un antídoto seguro a los peligros de un institucionalismo creciente. El objetivo de despertar el ethos dormido de un movimiento fue una de las piedras angulares estratégicas de mi ministerio en mi denominación. Creía, y sigo creyendo, que de alguna manera tenemos que recuperar las dinámicas perdidas de los movimientos, si queremos impedir un declive inevitable y el subsiguiente final. Mi denominación quizás siga usando la terminología de movimiento para definirse, pero como la mayoría de denominaciones, no mostramos una *cultura* de movimiento. Si queríamos volver a ser un movimiento, lo primero que necesitábamos era saber qué aspecto tienen los movimientos.

Lo que queda claro es que los movimientos tienen una composición y forma distintas a las de la institución denominacional en que nos habíamos convertido. Las diferencias son nada menos que paradigmáticas. Según H. R. Niebuhr, "hay diferencias esenciales entre una institución y un movimiento: una es conservadora y el otro progresista; una es más o menos pasiva, dejándose influir desde afuera, el otro es activo y ejerce influencia en lugar de dejarse influir; una mira al pasado, el otro mira al futuro. Además, una está ansiosa, mientras el otro está listo para arriesgarse; una vigila las fronteras, el otro las cruza".[29] Con los años, los estudios no han hecho más que señalar todavía más estas diferencias y con ello mostrarnos lo mucho que nos hemos alejado de nuestras propias raíces.

Deb y yo servimos por un número de años en el equipo de liderazgo de Christian Associates International (CAI, ahora llamado Communitas), un movimiento de plantación de iglesias en Europa.[30] En 1999 CAI se propuso un objetivo a largo plazo: identificar y preparar a 500 misioneros, enviándolos a plantar una o más iglesias misionales en 50 ciudades importantes de Europa para el año 2010. Están en camino de conseguirlo. Han adoptado de manera explícita el ethos de movimiento y consideran que su tarea central es la de iniciar una reacción en cadena de nuevas iglesias y comunidades misionales. Para ello, han implementado el enfoque de este libro basado en las potencialidades latentes del Carácter Apostólico. Comenzaron a verse a sí mismos y a actuar como un movimiento de plantación de iglesias caracterizado por la misión instintiva, y la

---

28 Ver Yancey, "Discreet and Dynamic", *Christianity Today*, vol. 48, no 7, p. 72.

29 Citado por David Bosch en *Transforming Mission*, p. 51.

30 http://www.christianassociates.org/index.asp.

misión encarnacional.[31] Lo absolutamente crucial del pensamiento de CAI es la gran importancia que le asignan a generar movimientos apostólicos. Hoy surge de un proceso de cambio de diez años con un auténtico sentido de ser un movimiento. Además sus métodos se han ajustado para adaptarse a las condiciones más resistentes de la Europa laica.

Lo que finalmente se conoció como DOVE Christian Fellowship International (DCFI), tenía sus raíces en un estudio bíblico con gente joven que vinieron a la fe durante el fenómeno de la "Gente de Jesús" en la década de los 70.[32] Larry Kreider, el líder del grupo, se había sentido cada vez más frustrado con el desajuste cultural de la iglesia imperante y las personas que llegaban a la misma, así que comenzó a desarrollar lo que él llamó "un modelo de iglesia subterránea". El obtuvo su inspiración de las iglesias descritas en el libro de los Hechos las cuales se reunían en hogares además de otros ejemplos alrededor del mundo; el grupo se estructuró como un movimiento que se reunía regularmente en células a través de la ciudad. Y así comenzó la historia de DCFI. Cuando el nuevo movimiento comenzó oficialmente en 1980, había veinticinco personas que se reunían como iglesia en una casa. Adoptando las estructuras en red del Carácter Apostólico, el movimiento había alcanzado a unos 2,500 creyentes reunidos en más de 125 grupos de células en todo el centro-sur de Pensilvania ya para el año 1992. Durante este período, también empezaron a plantar iglesias en Nueva Zelanda, Escocia, Brasil y Kenia.

A pesar de este significativo crecimiento, los miembros de DCFI creían que habían llegado a una barrera de crecimiento porque se habían convertido en dependientes de las estructuras centralizadas para administrar el crecimiento. Decidieron que "necesitaban ajustar [su] gobierno de la iglesia y 'liberar a la iglesia.'" Ellos sentían que la visión que Dios les había dado era la de "construir una relación con Jesús, unos con otros alcanzando al mundo una casa a la vez, ciudad a ciudad y nación a nación", y esto simplemente no podría cumplirse con la estructura de iglesia que prevalecía en ese tiempo. Así, tímidamente comenzaron la transición de lo que deliberadamente llamaron un "Movimiento Apostólico". A diferencia de una denominación o asociación de iglesias, que confiere la ordenación y proporciona responsabilidad general a líderes de la iglesia a través de una estructura centralizada, ellos conciben un "Movimiento Apostólico" como una familia de iglesias que operan en red con un enfoque común, dejando fuera las restrictivas estructuras de una denominación.

---

31 Para inculcar este espíritu, CAI ha adoptado el siguiente enfoque: iniciación (facilitando el proceso de iniciar una nueva comunidad de la iglesia); establecimiento (facilitando el proceso de desarrollo de la comunidad); maduración (facilitando el proceso de maduración de la comunidad); reproducción (facilitando el proceso de plantación de una nueva iglesia desde dentro de una comunidad ya establecida).

32 Esta y la siguiente información sobre DCFI fueron tomadas de http://www.dcfi.org/About3.htm.

Pronto descubrieron que "el ministerio apostólico proporciona un entorno seguro que facilita que cada congregación y ministerio de DCFI florezca y se reproduzca porque el nuevo modelo ha creado espacio para el crecimiento dándoles oportunidad de dirigir a los demás basados en capital relacional e influencia en lugar de sólo un impulso meramente gerencial". Como un movimiento de plantación de iglesia celular, DCFI pronto reconoció la necesidad estratégica de entrenar a plantadores y líderes con un corazón y espíritu misionero. Ellos se sintieron llamados a "movilizar y empoderar a las personas de Dios (individuos, familias, células y congregaciones) a nivel de base para cumplir con Sus propósitos. Cada célula en el hogar debía de tener la visión de plantar nuevas células. Cada iglesia debía de tener la visión dada por Dios para plantar nuevas iglesias". La nueva estructura en red combinada con el espíritu del movimiento y un liderazgo apostólico ha permitido a DCFI crecer de ocho congregaciones iniciales a convertirse en alrededor de cien redes que involucran de forma exponencialmente a más personas y en quince países alrededor del mundo.

Nombrando el torbellino: las características claves de los movimientos

"Es perfectamente correcto decir que la mayoría de grupos que han tenido un impacto a nivel local, nacional o internacional, casi siempre han empezado con alguna forma de lo que los sociólogos llaman *movimiento*. Es decir, hay algunas características comunes que distinguen la primera fase de los movimientos sociales dinámicos de las estructuras sociales de las instituciones que más tarde surgen de ellos".[33] Esto ocurre igual en iglesias, para-iglesias y agencias misioneras como en corporaciones, proyectos comunitarios, partidos políticos y muchas otras organizaciones seculares. La mayoría de las organizaciones transformacionales, sean religiosas o no, se lanzan con cierto ethos y cierta energía, que empieza con una idea o visión seminal que aumenta como una ola impactando a toda la sociedad que la rodea. Por ejemplo, los cristianos celtas, los moravos, el primer pentecostalismo y, más cerca de nuestros días, La Viña, son ejemplos de movimientos dinámicos que han tenido un impacto global.

Si buscamos recuperar el Carácter Apostólico, es por lo tanto crucial el estudio de la naturaleza dinámica de los movimientos, ya que "en la forma de movimiento, con toda su fluidez, visión, caos y dinamismo, reside una de las claves más significativas para transformar nuestro mundo para Jesús".[34] Así que, en lo que nos concierne, una definición de trabajo de movimiento sería:

---

33 Hirsch y Frost, *The Shaping of Things To Come*, p. 202. La descripción siguiente del ethos de un movimiento sigue muy de cerca el trabajo que hicimos aquí con Michael Frost.
34 Ibid, p. 202.

"Un grupo de personas organizado, ideológicamente motivado y comprometido con un propósito que implementa algún tipo de cambio personal o social; participando activamente en el reclutamiento de más personas y expandiendo su influencia en oposición al orden establecido dentro del cual se originó".[35]

Esta definición, por muy técnica que pueda sonar, no solo describe a todos los movimientos que han tenido un impacto social, sino también describe de forma bastante precisa al pueblo de Dios del Nuevo Testamento. De lo que se sabe de la iglesia de los Hechos, tratemos de discernir los elementos de esta definición en esas comunidades primitivas. Veremos que encaja. Pero no solo describe al movimiento de la Iglesia primitiva, sino que también guarda coherencia con las situaciones en que se manifiesta el Carácter Apostólico. Intentemos también aplicar esta definición a lo que sabemos de la iglesia en China o en algunas partes de Sudamérica y África.

Si ponemos en juego la dinámica de los movimientos junto con el concepto de los ciclos de vida organizativa (más abajo), comparando los dos lados de la curva de crecimiento discerniremos qué aspecto pueden tener, o qué sensación pueden dar, los movimientos. Observemos la dinámica que causan las primeras fases de crecimiento de la organización (los períodos de fundación y crecimiento). ¿Qué pasa? ¿Qué tipo de liderazgo se necesita? ¿En qué se centra la organización? ¿Qué la hace crecer?[36] Son cuestiones de importancia fundamental para el misionero que está tratando de ser pionero con algún tipo de movimiento en distintos contextos. Tenemos que plantearnos estas cuestiones. Intentemos responder a estas preguntas respecto a los movimientos históricos que admiramos, o respecto a nuestros héroes, y aprendamos de ellos lo que se necesita para tener un impacto misional (ver gráfica):

---

35 Ibid, p. 202. Es necesario comentar brevemente la última frase. Esta oposición al orden establecido parece ser una característica universal de los movimientos. Lo que queda claro es que el cristianismo genuino, se exprese donde se exprese, siempre está en tensión con aspectos importantes de la cultura circundante, ya que siempre intenta transformarla. Los movimientos son transformadores por naturaleza y por tanto no aceptan el status quo. Por otro lado, el cristianismo teológicamente liberal, de forma sincera, intenta minimizar esta tensión; por eso al liberalismo se le suele denominar cristianismo cultural. Y por eso es casi imposible encontrar un movimiento liberal que haya tenido algún impacto significativo en el mundo. El liberalismo entra tarde a la vida de un movimiento y suele ser una clara señal de declive (ver el lugar de la duda ideológica en el diagrama del ciclo de la vida en la sección de los movimientos).

36 Ibid., 202.

Basado en estudios sobre
gerencia de Robert
Hoover, David Rumkorff,
Hohn Sherwood, Bruce
Rodger et al.

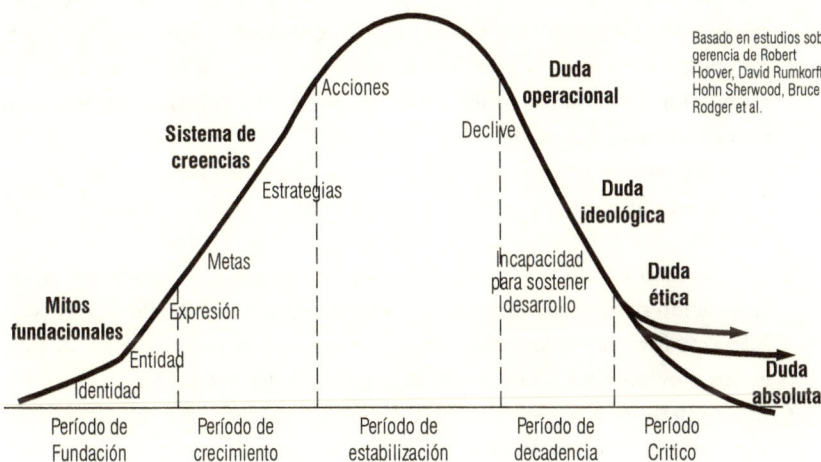

Duda operacional

Acciones

Sistema de creencias

Declive

Estrategias

Duda ideológica

Metas

Incapacidad para sostener Idesarrollo

Duda ética

Mitos fundacionales

Expresión

Entidad

Duda absoluta

Identidad

| Período de Fundación | Período de crecimiento | Período de estabilización | Período de decadencia | Período Crítico |

El ciclo de vida de los movimientos

Si la curva ascendente de los movimientos se caracteriza por la afirmación del sistema de fe recibido, podemos decir que la curva de declive se caracteriza por la duda en relación al mismo sistema de creencias. Siguiendo la lógica de la anterior curva de campana, podemos plantearnos preguntas similares acerca de la fase de declive: mientras que en las primeras fases de los movimientos, la visión y la misión son las que mandan, en las finales la programación y la administración tienden a reemplazar y dejar de lado a la visión y la misión. El declive está directamente relacionado con la institucionalización y eventual fallecimiento del movimiento. ¿Qué ocurre en esas etapas? ¿Qué tipo de liderazgo actúa? ¿En qué se centra la organización? ¿Qué le falta? ¿A qué tipo de teología está sometido? Estas son importantes preguntas en relación a la revitalización de las iglesias y de las denominaciones, pero también para un nuevo trabajo de misión, ya que es crucial contar con la mezcla correcta de liderazgo y estructura que convierte a los movimientos en agentes poderosos de cambio transformacional.[37]

Para aclarar nuestra comprensión del ethos de los movimientos en relación al Carácter Apostólico, es importante identificar algunas de las características peculiares de los movimientos. Por eso consultaremos el importante libro de Howard Snyder, *Signs of the Spirit*, en el que identifica las siguientes características de los movimientos:

- *La sed de renovación*: un santo descontento con lo existente que precipita la recuperación de la vitalidad y los patrones de la Iglesia primitiva.

---

37 Ibid., p. 202.

- *Un nuevo hincapié en la obra del Espíritu*: la obra del Espíritu no solo se ve
  tan importante como en el pasado, sino que se experimenta en el presente.
- *La tensión entre los institucional y lo carismático*: en casi todos los casos de
  renovación aparecerán tensiones dentro de las estructuras existentes (aquí
  entra el tema de los odres).
- *El interés por ser una comunidad de contracultura*: los movimientos piden
  a la iglesia un compromiso más radical y una tensión más activa con el
  mundo.
- *Un liderazgo no tradicional o que no ha sido ordenado*: los movimientos de
  renovación suelen ser conducidos por personas que carecen de un status de
  liderazgo formal y reconocido. La autoridad espiritual es la clave. Además,
  en los movimientos, se nota que las mujeres están más activas.
- *El ministerio entre los pobres*: los movimientos casi siempre hacen participar
  a la gente de las bases. Hacen participar a las masa (los marginados sociales
  o la gente sin educación) y suelen comenzar su misión en zonas marginales
  y entre los pobres (Francisco de Asís, los Wesley, el Ejército de Salvación
  . . .).[38]
- *Energía y dinamismo*: los nuevos movimientos tienen la capacidad de entusiasmar y alistar a otros como líderes y participantes.[39]

Ahora compararemos la perspectiva claramente "wesleyana" de Snyder con la
de Gerlach y Hine, sociólogos, cuya investigación sobre los movimientos indica
que se caracterizan por los siguientes elementos:[40]

- Una organización celular y segmentada, compuesta de unidades que se
  mantienen unidas por medio de ciertos lazos personales, estructurales e
  ideológicos. En otras palabras, un grupo de pequeñas comunidades de fe
  (p. ej., iglesias en hogares o células) que se reúnen en torno a Jesús y su
  misión.
- Reclutamiento personal a cargo de individuos comprometidos entre sus
  preexistentes y significativas relaciones sociales. Las amistades y las relaciones orgánicas son el medio principal de reclutamiento de gente para la
  causa. Un compromiso personal generado por un hecho o una experiencia
  que de alguna manera separa al converso del orden establecido, lo identi-

---

38 Los movimientos de renovación nos muestran que la renovación en profundidad empieza
por la periferia de la iglesia, con los marginados. Snyder, *Decoding*, p. 81.

39 Snyder, *New Wineskins, Changing the Man-made Structures of the Church*.

40 Gerlach y Hine, *People, Power, Change: Movements of Social Transformation*. De nuevo, a este libro
se hace referencia en *The Shaping of Things To Come*, pp. 204–5. Las similitudes del enfoque teológico de
Snyder con el enfoque sociológico de Gelach y Hine son evidentes. Aunque usan lenguaje distinto, describen un fenómeno similar que es común a todos los movimientos humanos y todas las fuerzas sociales.

fica con una nueva serie de valores y le lleva al compromiso de cambiar sus patrones de conducta. Esto es lo que los creyentes siempre han llamado conversión; una reorientación radical de la vida y el estilo de vida.

• Una ideología de valores y objetivos articulados, que proporciona un marco conceptual para la vida, que motiva y proporciona un razonamiento para el cambio, define la oposición y forma la base de la unidad entre las redes segmentadas de los grupos del movimiento.

• Una oposición real o la percepción de que la hay por parte de la sociedad en general o por parte de ese segmento del orden establecido en que el movimiento ha aparecido.[41] Esto ha ocurrido en casi todos los casos de emergencia de movimientos que conocemos. Wesley fue evitado por la iglesia anglicana, al igual que Booth. Martin Luther King fue rechazado por el cristianismo hegemónico de su tiempo, etc. Los movimientos dinámicos siempre tienen una visión transformadora de la sociedad y eso los hace estar en tensión con ella.

Un aspecto que vale la pena añadir a la lista anterior es que los nuevos movimientos misionales casi siempre empiezan en los márgenes de la sociedad o la cultura y entre gente corriente. Como son movimientos surgidos de las bases, no son elitistas.[42] Tienen la capacidad de entusiasmar y de contagiar a otros como líderes o participantes.[43] Pero lo que está claro es que el ethos de un movimiento sigue siendo algo distinto de la sensación que nos da una denominación establecida o una iglesia, ya que las últimas tienden a encontrarse en su mayoría en la fase de declive del ciclo de la vida. Para mantenerse verdaderamente misionales, las organizaciones establecidas necesitan ser conscientes de los peligros del institucionalismo.

La razón del peligro se encuentra en parte en los aspectos innatamente conservadores inherentes a cualquier institución que tienden a suprimir el impulso del movimiento buscando integrar y estandarizar prácticas derivadas del pasado.

---

41 "La historia lo deja muy claro: la mayoría de instituciones establecidas se opondrán al ethos de un movimiento. Sencillamente es demasiado caótico e incontrolable como para que lo puedan manejar. Por eso la mayoría de movimientos son expulsados de la organización que los hospeda. No necesariamente tiene que ser así, pero se requiere la autorización a los más altos niveles denominacionales o del liderazgo de la organización establecida para asegurarnos de que no pasará". *The Shaping of Things to Come*, p. 206.

42 Como el historiador de la iglesia W. C. Roof ha señalado, "el principal estímulo para la renovación del cristianismo llegará desde abajo y desde los márgenes, de sectores del mundo cristiano que se encuentran en la periferia". *Religion in America Today*, p. 50.

43 "Los movimientos de renovación nos muestran que la renovación profunda suele empezar por la periferia, o los márgenes, de la iglesia". Howard Snyder, *Decoding the Church: Mapping the ADN of Christ's Body* (Grand Rapids: Baker, 2002), p. 81. O como Harvey Cox ha comentado de forma similar, el principal estímulo de la renovación del cristianismo procederá de abajo y de los márgenes, de sectores marginales del mundo cristiano.

El tradicionalismo ciego, tratando de enlazar toda acción del presente con el pensamiento y la práctica del pasado, puede ser un tremendo inhibidor de un movimiento; cuando este es removido, sin embargo, puede producir la liberación de poderosas fuerzas de innovación. Si usted tiene alguna duda, considere esto: ¿por qué fue que la iglesia subterránea de China se volvió verdaderamente activa cuando todas las instituciones familiares de la iglesia fueron expulsadas; cuando todos los edificios, clero, seminarios, centros de operación y así sucesivamente, fueron confiscados y los líderes principales fueron asesinados o encarcelados? Fue precisamente en la condición de liminalidad extrema que el pueblo de Dios una vez más se convirtió en un movimiento del pueblo de Dios. La posibilidad de movimiento siempre estuvo latente en la *ecclesia*, pero fue suprimida por la presencia imponente de las tradiciones históricas. La semilla del movimiento era latente en el seno de la iglesia pero volvió a la vida sólo cuando se retiraron las familiares formas institucionales (Jn. 12:24).

Esta idea de la latencia es realmente una excelente noticia para todos los que buscan activar formas de movimiento de la *ecclesia*. La verdad es que no tenemos que "importar" ningún concepto nuevo para la iglesia; la respuesta ya está allí, esperando nacer de nuevo. Trabaje con todos los seis elementos del ADN*m*, desarróllelos hasta el punto de que se conviertan en un catalizador del Carácter Apostólico, y todo va a cambiar. Pero para que esto suceda, también deberá de trabajar para eliminar a los asesinos de movimientos que impregnan la cultura y las prácticas de la teología eclesial y organizacional.

Solamente para que no sintamos que estamos "retando a Dios" cuando llamamos a la iglesia a volver a ser un movimiento, la Biblia misma nos compromete a someter constantemente nuestras diferentes instituciones artificiales a la crítica profética. Desde el mandato a los profetas bíblicos a decir la dura verdad a los centros de religión y la política de su tiempo; a la manera radical de Jesús, quien arremetió contra las instituciones de su época; a la doctrina del Nuevo Testamento sobre los poderes y estructuras de poder; a las vivas metáforas proféticas de Juan en Apocalipsis, la Biblia sostiene una crítica muy fuerte contra la institucionalidad. Este aspecto profético debe formar parte de la autoconciencia de todos los que conducen al pueblo de Dios ya que muy fácilmente se pueden enamorar del sistema organizacional. Cuando eso ocurre, es imposible cambiarlo. Para recuperar la vitalidad misional de la Iglesia primitiva, tenemos que volver a despertar el carácter de los *movimientos* para que este energice a todas las organizaciones en las que habitamos. Para ello, necesitamos "mudar todo aquello que no importa" y volver al camino de Jesús. El lector hará bien de tomarse en serio todos estos elementos a la hora de emprender actividades pioneras misionales o si desea re-misionalizar las ya establecidas.

Gracias a una tabla comparativa[44] (ver tabla) podemos destilar, aislar y contrastar las diferencias entre religión institucionalizada y el ethos de los movimientos:[45]

Movimiento misional orgánico	Religión institucional
Su rol central es el liderazgo misional pionero	Evita el liderazgo basado en la personalidad y suele ser dirigida por una "clase aristrocrática" que hereda un liderazgo basado en la lealtad.
Intenta encarnar el estilo de vida del Fundador	Representa un sistema codificado de creencias que ha de ser creído y confesado.
Basado en principios operativos internos (ADNm)	Incrementalmente basado en un gobierno con políticas de legislación externas
Tiene una causa	Es "la causa"
La misisón es la de cambiar el futuro.	La misión se convierte en preservar el pasado
Tiende a ser móvil y dinámico	Tiende a ser más estática y fija
Red descentralizada construida sobre las relaciones	Organización centralizada construida primeramente sobre lealtad así como creencias compartidas (la función del poder es centralizada)
Atrae a las personas comunes y corrientes a través del atractivo del Evangelio al corazón humano	Tiende a ser más y más elitista y por lo tanto exclusiva a través de una academia y liturgia cada vez más complejas.
Liderazgo inspiracional/transformacional predomina; la autoridad espiritual tiende a ser la base primaria de influencia.	Liderazgo transactional predomina; la autorización institucional tiende a ser la base primaria de influencia.
Gente del "Camino"	Gente del Libro
Dinámica y abierta	Dinámica cerrada*

Para recopilar un poco lo que hemos estado aprendiendo hasta el momento, el lector puede tratar de contrastar esta tabla con lo que ya conoce acerca de los movimientos versus las instituciones. Puede intentar añadir o substraer elementos que encajan o no encajan. Esta tabla también puede servir para valorar su propia experiencia de iglesia.

44 Esta tabla ha sido significativamente adaptada y fue desarrollada por Easum en *Unfreezing Moves*, 18. Para una descripción de sistemas cerrados y abiertos, vea Frost y Hirsch en *Shaping of Things to Come*, p. 206–10.

45 Para una descripción de los conceptos Dinamica Cerrada y Abierta, consultar *The Shaping of Things to Come*, pp. 206–10.

Estructuras en red

El Carácter Apostólico se expresa en un ethos de movimiento y se forma en torno a una estructura en red. De nuevo esto vuelve a ser muy distinto a lo que hemos llegado a esperar de nuestro concepto generalizado de iglesia. Cuando usamos la palabra "iglesia" nos cuesta mucho liberar nuestra mente de algún tipo de imagen arquitectónica. Pero los movimientos apostólicos no entienden esta palabra de esta manera. En parte se debe a que en la Iglesia primitiva no disponían de edificios y en cuanto a los chinos, se los expropiaron y por ende tuvieron que "encontrarse con la iglesia" careciendo de los programas y estructuras que habían dominado su experiencia y auto comprensión de lo que significa ser la iglesia.[46] Somos nosotros los que todavía no lo hemos entendido, es así de simple.

No es de extrañar que, cuánto más nos acercamos a una estructura en red, no solo nos acercamos más a las estructuras del pueblo de Dios en el Nuevo Testamento, sino que también nos ponemos más en línea con la dinámica del Carácter Apostólico. Por eso es tan crucial explorar la naturaleza y la forma de las redes. Tenemos que darnos cuenta de que estamos mucho más cerca de nuestra verdadera expresión de *ecclesia*, aunque al principio nos parezca algo raro. Debemos darnos cuenta de que estamos explorando cosas no solo relacionadas con la cuestión de reactivar la iglesia misional, sino también con gran parte de nuestra experiencia en el mundo de Dios. Albert- Laszlo Varabais, el gurú del pensamiento en red, lo dice así:

> "El pensamiento en red está condenado a invadir todos los dominios de la actividad humana y la mayoría de campos de investigación humana. Las redes, por naturaleza, son el tejido de la mayoría de los sistemas complejos y todas las estrategias dirigidas a acercarnos a nuestro enclavamiento en el universo están plagadas de nodos y enlaces".[47]

¿Qué son entonces las redes y cómo nos pueden ayudar? En el campo de la literatura dedicada a describir y analizar las redes y el funcionamiento en red, encontramos básicamente tres tipos:[48]

---

46 Edificios de carácter religioso simplemente no es la implicación en ninguna de las versiones de la Biblia cuando esta nos da las distintas metáforas teológicas referirse a iglesia. La imagen más cercana es la del *oikos*, la palabra griega para *hogar* o tal vez la metáfora del templo vivo. Desde Constantino, pareciera como que hemos entendido esto muy mal. En comparación, la iglesia China está mucho más cerca de lo que se propone el Nuevo Testamento, también es mucho más consistente con la experiencia de la la iglesia narrada en el Nuevo Testamento. Ver Minear, *Images of the Church*, donde describe y desempaca todas las metáforas de "iglesia" encontradas en el Nuevo Testamento.

47 *Linked: The New Science of Networks*, p. 222.

48 Tenuemente adapatado de John Arquilla y David Ronfeldt, *Networks and Netwars*, p. 7 en adelante.

- *La red en cadena o en línea*; cadena en que la gente, los bienes o la información se mueven por una línea de contactos separados y en que la comunicación de un extremo al otro debe viajar a través de nodos intermedios.
- *La red en forma de estrella o en rueda*; como en una franquicia o en un cártel, en que los agentes están atados a un centro (pero no jerárquico), nodo o actor, y deben pasar por ese nodo para comunicarse y coordinarse entre ellos.
- *La red multi-canal*; sería la correspondiente a grupos de colaboración ecologistas o a activistas, independientes pero conectados con todos los demás (ver gráfica):

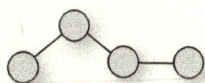

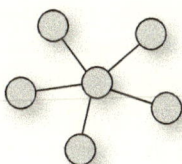

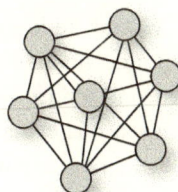

Red en cadena   Red en forma de estrella   Red multi-canal

"Cada nodo de los diagramas puede referirse a un individuo, a un grupo, a una organización, parte de un grupo u organización, e incluso a un estado o nación. Los nodos pueden ser grandes o pequeños, estar muy pegados o no, tener membresía inclusiva o exclusiva. Pueden parecerse y tener actividades similares o pueden emprender una división del trabajo basándose en la especialización. Las fronteras de la red, o de cualquier nodo que haya en ella, pueden estar bien definidas o pueden ser borrosas y porosas en relación a su entorno exterior. Hay muchas variaciones posibles".[49]

Puede parecer claro que, de los tres tipos de red, la matriz multi-canal tradicionalmente haya sido la más difícil de organizar y sostener. En parte se debe a que exige muchísima comunicación. Pero es justamente este tipo de red la que saca mayor partido de las iniciativas de colaboración sin una organización centralizada.[50] Este tipo de red está recobrando fuerza y legitimidad gracias a la revolución de la información; por ejemplo, en la programación de fuentes abiertas y en los negocios en línea. En las redes de este tipo, el sistema organizativo generalmente tiende a ser plano (a diferencia del jerárquico).[51] Además, en su forma más pura, no hay un liderazgo ni un mando central único, ni cuarteles

---

49 Ibid., p. 8.

50 Ibid., p. 9.

51 Ibid., "La red como un todo (pero no necesariamente cada nodo) no tiene poca o ninguna jerarquía; puede haber múltiples líderes. La toma de decisiones y operaciones son descentralizadas, permitiendo la autonomía y la iniciativa local. Por lo tanto el diseño a veces puede parecer acéfalo (sin cabeza) y otras veces policéfalo (como un monstruo de varias cabezas)".

generales; ni una cabeza ni un corazón en concreto que se puedan identificar fácilmente. La estructura tenderá a estar compuesto de pequeñas unidades o células. Sin embargo, la presencia de "células" no implica necesariamente que una red existe, una jerarquía puede también estar formada por células, como es el caso con la mayoría de las iglesias que utilizan un programa activo de grupos celulares. Es más bien la manera en que las células de organizan y relacionan entre sí lo que las convierte en una red.[52]

Siguiendo la misma lógica de los sistemas vivos, liderazgo y organización, las expertas Margaret J. Wheatley y Deborah Frieze destacan el aspecto relacional de las redes de un movimiento cuando cuentan lo siguiente:

"A pesar de lo que dicen los actuales anuncios y frases comerciales, el mundo no cambia a una persona a la vez. Este cambia en la medida en que se forman redes relacionales entre personas que descubren que tienen una causa y una visión común de lo que es posible. Esto es una buena noticia para aquellos de nosotros cuya intención es la de cambiar el mundo y crear un futuro positivo. En lugar de preocuparnos por una masa crítica, nuestra labor es de fomentar conexiones críticas. No necesitamos convencer a gran número de personas a que cambien; más bien, tenemos que conectarnos con espíritus afines. A través de estas relaciones, vamos a desarrollar los nuevos conocimientos, prácticas, coraje y compromiso que conducen al cambio de amplia base".[53]

Ellas prosiguen mostrándonos que las redes por sí mismas no son toda la historia. Las redes simplemente agrupan a los diversos protagonistas, las relaciones necesarias y a las ideas innovadoras. Estos elementos primero deben convertirse en distintivas comunidades de práctica y luego pasar de allí a la multiplicación.

"En la medida en que las redes crecen y se transforman en activas comunidades donde se pone en práctica lo aprendido, descubrimos cómo la vida realmente cambia, y esto a través de lo que llamamos *emergencia*. Cuando esfuerzos separados y de carácter local se conectan entre sí como redes, como resultado surgen nuevas y fortalecidas comunidades de práctica, de repente y sorpresivamente un nuevo sistema surge a un mayor nivel de escala. Este sistema de influencia posee cualidades y capacidades que eran desconocidas a los individuos. No es que se ocultaban; simplemente no existían sino hasta que surgió el nuevo sistema. Son propiedades del sistema, no del individuo, pero una vez disponibles, los individuos ahora las poseen. El sistema que emerge siempre posee mayor poder e influencia de lo que sería posible a través de un cambio que es planeado e incre-

---

52 Ibid.
53 Wheatley y Frieze, "Using Emergence".

mental. La emergencia es la manera en que la vida crea un cambio radical y hace que las cosas se reproduzcan".[54]

En la terminología de *Caminos olvidados*, los elementos del ADN*m* que incluye la ideología de base y la espiritualidad, formación en el espíritu del movimiento, los apropiados medios para extender el movimiento a través de otras culturas, una cultura y dinámica del liderazgo alrededor de un movimiento, una organización altamente motivada y en red y comunidades de práctica enlazados juntos en un desafío común: deben todos ser reunidos para que emerja el Carácter Apostólico.

Lo que es particularmente instructivo para los movimientos en desarrollo es la manera en que las redes se sostienen mutuamente. Los movimientos son organizaciones esencialmente basados en el ADN. Estos codifican sus ideas prácticas, ética y un lenguaje concreto y transferible. El desempeño eficaz de una red en el tiempo y la distancia dependerán en gran medida del cultivo de creencias, principios, intereses y objetivos compartidos —tal vez articulando una ideología general. Esta combinación de creencias y principios forman el adhesivo cultural, o el punto de referencia, que mantiene a los nodos juntos y al que los miembros se suscriben de manera profunda. "Una serie de principios determinados por mutuo acuerdo y en consenso, permiten que los miembros compartan una 'misma mente', aunque estén dispersos y dedicados a tareas distintas".[55] Dee Hock, el brillante filósofo y hombre de negocios que fundó la multimillonaria Corporación VISA según el modelo de redes, lo deja bien claro cuando dice:

> "El propósito y los principios, claramente entendidos y articulados, y compartidos por todos, son el código genético de cualquier organización que esté sana. El mando y el control se pueden dispensar en la medida en que el propósito y los principios sean compartidos. La gente sabrá cómo comportarse en consecuencia y lo harán de miles de maneras creativas e inimaginables. La organización se convertirá en un conjunto de creencias vivas y vitales".[56]

---

54 Ibid.

55 Arquilla y Ronfeldt, *Networks and Netwars*, p. 9.

56 Citado de http://en.wikipedia.org/wiki/Command_and_control. Procedente del libro de Hock, *The Birth of the Chaordic Age*. Dice en otros lugares que "todas las organizaciones son puras personificaciones conceptuales de una idea básica muy antigua; la idea de comunidad. No pueden ser ni más ni menos que la suma de las creencias de la gente que se siente atraída por ellas; de su carácter, sus juicios, sus hechos y sus esfuerzos. El éxito de una organización tiene muchísimo más que ver con la claridad del propósito compartido, los principios compartidos y la fuerza con que se cree en ellos, que con los activos, la pericia, la capacidad operativa o lo competente que sea la gestión; por muy importante que sean". M. Mitchell Waldrop, "Dee Hock on Organizations" Fastcompany (Issue 05, October/November 1996), p. 84. Artículo online en http://www.fastcompany.com/online/05/dee3.html.

¿Recordamos lo que decíamos en el capítulo sobre la cultura APEPM? Estas creencias que lo engloban todo, proporcionan una coherencia ideológica y operacional que permite una amplia descentralización táctica. Esta cultura o ideología "también pone fronteras y facilita orientación a la hora de tomar decisiones o de emprender acciones y así los miembros no tienen que echar mano de una jerarquía, pues 'ya saben lo que tienen que hacer'".[57] Esto es análogo a lo que, en terminología militar, en referencia a las mejores prácticas se denomina 'orden de mando' o 'reglas de alistamiento: ambas cosas marcan una orientación dentro del alcance de la toma de decisiones individuales. El soldado sabe *qué* hacer y *con qué* limitaciones; *cómo* lo haga, ya es su problema.

Vale la pena reflexionar ahora sobre lo que, según Hock, es clave para desarrollar una organización en red:[58]

- La organización debe ser capaz de adaptarse y reaccionar ante las condiciones cambiantes, conservando a la vez su cohesión total y la unidad de propósito.
- El truco es encontrar el delicado equilibrio que permita al sistema evitar las peleas y las puñaladas en la espalda por un lado, y la micro gestión autoritaria por el otro.
- La organización debe cultivar la equidad, la autonomía y la oportunidad individual.
- La estructura de gobierno de una organización debe distribuir el poder y funcionar al menor nivel posible.[59]
- La estructura de gobierno no debe ser una cadena de mando, sino más bien un marco de diálogo, deliberación y coordinación entre iguales.

Esta lista de elementos críticos encaja exactamente con lo que el popular autor Manuel Castells[60], especialista en redes, describe como las dinámicas de una red. Considera que las redes no están solo formadas por nodos, sino también por "hubs" (NT: Esta palabra usada habitualmente en castellano, se traduce literalmente como eje, conector). Los *hubs* son lugares donde las líneas de comunicación conectan. Un nodo puede ser cualquier cosa: un folleto, una página web, una organización o un individuo. Con el tiempo, algunos nodos de la red pueden emerger y ganar más importancia que otros, dependiendo de las circunstancias

---

57 Arquilla y Ronfeldt, *Networks and Netwars*, p. 9.

58 Waldrop, *Dee Hock on Organizations*).

59 Vale la pena elaborar este punto a la luz del problema del institucionalismo inherente a las funciones centralizadoras. Sigue diciendo que "ninguna función debe ser ejecutada por alguna parte del todo, si puede hacerlo cualquier otra parte de más a la periferia, y ningún poder debe ser concedido a ninguna parte si puede ejercerlo razonablemente una parte más pequeña".

60 Castells, *The Rise of the Network Society*.

geográficas, políticas, históricas o personales. Por ejemplo, una compañía que ofrece un servicio o producto en particular estará conectada con otros campos de compra y clientes que le puedan servir. Está conectada porque le sirve de algo. Algunos sitios se pueden convertir en nodos o *hubs* principales, si van ganando importancia en la red, a los que otros nodos puedan conectarse o cruzarse. En un diagrama podríamos representarlo así (ver gráfica):

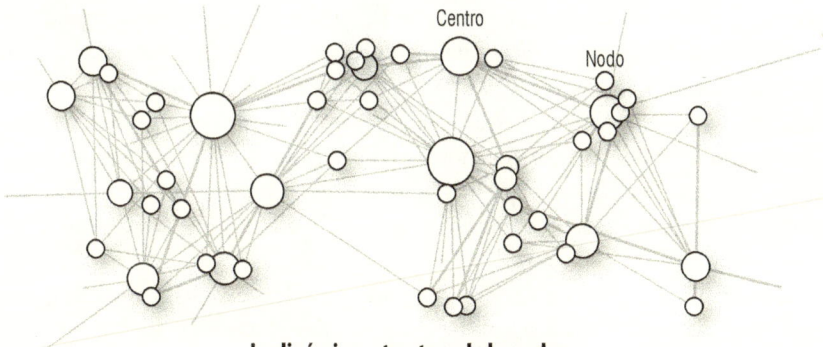

La dinámica estructura de las redes

Después de haber descrito todas estas características de las redes, no cuesta trabajo darse cuenta de que es así exactamente cómo operaba la Iglesia primitiva y lo hace la iglesia en China. Los hubs podían ser lugares como Antioquía, Jerusalén, Roma o personas como Pablo. Los nodos podían ser iglesias por las casas y grupos de gente actuando en diversas dimensiones de la vida. Los nodos podían convertirse en hubs dependiendo de su importancia relativa en la red. Antioquía y Jerusalén, en este sentido, eran hubs. Cuando los autores del Nuevo Testamento articularon la doctrina fundacional de la *ecclesia*, se referían a esto, no a locales e instituciones, sino a la dinámica de un cuerpo de Cristo fluido e implicado en todos los ámbitos de la vida.[61] Es dentro de esta estructura donde parece manifestarse plenamente el Carácter Apostólico. Dada la situación misional de nuestra época, ha llegado el momento de redescubrir la iglesia como una red dinámica que va más allá de la institución a todos y cada uno de los escenarios de la vida y la creación.

Stadia es un movimiento de multiplicación de iglesias, orgánico y en red. Su misión es encontrar, formar, desplegar y poner en red a los líderes de su iglesia. A su vez, estos líderes construyen redes regionales de iglesias que se multiplican y dan apoyo a la gente para juntos construir un movimiento de multiplicación de

---

61 Consultar a Thwaites, *The Church Beyond the Congregation: The Strategic Role of the Church in the Postmodern Era* es una articulación fascinante sobre la idea bíblica de ecclesia.

iglesias que sea sostenible y reproducible. Su objetivo es establecer 5500 iglesias nuevas por todos los EE. UU.[62]

Ya hemos observado la obra de Neil Cole, que claramente ha diseñado a CMA basado en dinámicas de movimiento, redes multicanales y reproducibilidad orgánica. Este esfuerzo se ha traducido en un sistema de formación de liderazgo llamado "Greenhouse" (NT: invernadero), que entrena a líderes de diversos contextos en la metodología de iglesia orgánica.[63] El movimiento ha crecido de manera exponencial en la medida en que han ido surgiendo nuevas expresiones de iglesia encarnacional en estacionamientos, cafeterías, casa, clubs, etc. El movimiento coreano asociado a David Yonggi Cho también se basa en principios similares. Cho siempre sostuvo que la iglesia verdadera se encontraba en las células y que todo lo demás eran adornos. Solía decir que si los masivos servicios de adoración en los estadios de repente fueran prohibidos, la iglesia todavía existiría intacta en muchas miles de comunidades en red (iglesias) que juntos forman el movimiento.

La familia de iglesias de Soma funciona sobre los mismos principios y está empezando a parecerse cada vez más el diagrama de red anterior. Sin hacer mucho esfuerzo, el movimiento está avanzando a escala de manera que, si bien siguen siendo exigentes en cuanto a mantenerse al día con el crecimiento, se reproducen naturalmente teniendo un gran impacto. De hecho se está convirtiendo en una familia internacional de iglesias en la medida que la reproducción natural sigue su curso normal. Todas estas nuevas formas misionales demuestran la recuperación de una potencia latente en la iglesia y que es un buen presagio para el futuro de la iglesia en Occidente. ¡Es bueno que demos gracias a Dios por ello!

Redes de todo tipo: lo que se puede aprender de Al Quaeda

Aunque de entrada parezca chocante, no cuesta trabajo ver las notables similitudes que hay entre las estructuras de las redes terroristas internacionales, como Al Quaeda, y la de la Iglesia primitiva o aún la iglesia china.[64] Aunque tienen agendas totalmente distintas, lo que en parte hace que funcionen tan bien, y de lo que es prácticamente imposible "prescindir" es de su *estructura*. ¿Cómo es que muchos de los gobiernos más poderosos del mundo se están gastando trillones de dólares en su intento de aplastar un movimiento relativamente pequeño, y no

---

62 http://www.stadia.cc.

63 Ir a www.cmaresources.org y revisar los diferentes aspectos del movimiento.

64 Aunque ahora tiendo a preferir el utilizar la metáfora de *la estrella de mar y la araña* para ilustrar el ejemplo de Al Qaeda y el poder de las redes así como lo que obstaculiza su crecimiento, no quería alterar fundamentalmente el perfectamente buen ejemplo de las redes en los movimientos yihadistas de nuestro tiempo. Para ver cómo aplicar la metáfora de *la estrella de mar araña*, vea Hirsch y Ferguson, *On the Verge*, pp. 42, 91–95, 118–19; y Hirsch y Catchim, *Permanent Revolution*, pp. 213–15.

han conseguido ni siquiera abollarlo? De hecho, la persecución pareciera haber propagado su mensaje yihadista, y otros movimientos como ISIS han surgido como resultado directo. Dejando de lado su agenda política, ¿qué tiene este vil movimiento que lo hace tan difícil de eliminar?

Al Quaeda cuenta con todos los elementos de un movimiento que hemos definido en este capítulo; también exhibe todos los rasgos de una red de canales, consistiendo en nodos descentralizados y múltiples centros de energía. Además, el ADN de su mensaje e ideología ha sido inoculado en cada una de las células terroristas por medio de la creación de un mensaje sencillo y que se puede "estornudar" y reproducir en cualquier contexto. Las condiciones geopolíticas están maduras para este mensaje. También parece contar con una capacidad innata de propagarse y luego pulular en torno a temas y lugares en los que el potencial de misión tiene más posibilidades de ejercer un gran impacto, para luego desvanecerse en el aire de manera que sea casi imposible de destruir.

No hago esta comparación para provocar sin motivo (soy totalmente antagónico a lo que representa Al Quaeda), sino porque podemos aprender mucho sobre la naturaleza del ADNm; al menos, en lo que a estructuras se refiere. Parece que la iglesia en su forma más destacada (incluyendo la primitiva y la china) se parece más a Al Quaeda que a lo que generalmente se ha dado a conocer como iglesia. Además, la mayoría de nosotros (incluyendo a la gran mayoría de líderes de iglesia) no identificaría como *iglesia* a todas estas destacadas expresiones de la misma si se tropezara con ellas; sencillamente, no encajan con nuestros criterios de iglesia, influidos por sus edificios, su clero profesional, sus estructuras institucionales, etc.

Pero todavía hay más. Como he mencionado antes, cada célula de Al Quaeda contiene el ADN completo de todo el movimiento. Por eso pueden replicarse y seguir siendo fieles a su causa. Cuando pensamos en el Carácter Apostólico y la iglesia, pasa exactamente lo mismo. Al igual que una semilla o un esqueje, cada comunidad cristiana contiene el cociente completo y total del ADNm que le ha sido inoculado y, si es fiel a su propio llamamiento, y se dan las condiciones propicias, puede convertirse en el principio de todo un nuevo movimiento apostólico.[65] Dentro de la semilla está todo el árbol oculto, y en el árbol reside el potencial de producción de innumerables semillas. El árbol contiene el potencial completo para producir un bosque, pero el mismo está contenido en su elemento más pequeño.[66].

---

65 Como antes decía Easum, debemos ver a cada iglesia como las raíces y retoños de un nuevo movimiento.

66 Es interesante notar de paso que en el mundo natural de los organismos se observan patrones similares de difusión organizada. Algunas especies maximizan sus posibilidades de supervivencia por propagación masiva (p. ej., las bacterias o las hormigas). Otros buscan la supervivencia por la concentración de

Crecimiento viral

Esta idea de replicación nos conduce a tomar en consideración todo lo referente a los patrones de crecimiento. Uno de los elementos más poderosos de los sistemas orgánicos es su capacidad de reproducirse espontánea e hiperbólicamente. Es este aspecto de la multiplicación orgánica a un ritmo considerable lo que hace tan poderoso al impulso misional encarnacional descrito en un capítulo anterior. Y es aquí donde la cosa se pone interesante.

Cadena de favores: Crecimiento hiperbólico y sistemas orgánicos

Hace unos años hicieron una película titulada *Cadena de favores*, que ilustraba perfectamente el poder del crecimiento hiperbólico en los sistemas sociales. El joven Trevor McKiney (interpretado por el actor Haley Joel Osment), atormentado por el alcoholismo de su madre y el temor a los abusos de un padre ausente, se ve capturado por un intrigante proyecto que le pone su profesor de Estudios Sociales, el Sr. Simonet (Kevin Spacey). El proyecto es el siguiente: piensa en una manera de cambiar el mundo y llévala a la práctica. A Trevor se le ocurre la idea de que, en lugar de devolver un favor, hay que hacerlo correr; es decir, no devolver una buena obra a quien te la hace, sino haciendo otra a dos personas distintas. Con el tiempo, se convierte en un fenómeno conocido por "cadena de favores", que se propaga por todos los EE. UU. La historia sale a la luz cuando a un periodista de un estado en el otro extremo del país le regalan un Jaguar en seguimiento a la cadena de favores. Totalmente intrigado, empieza a indagar de dónde ha salido todo este movimiento, hasta que logra trazar su procedencia y llegar hasta Trevor. Los esfuerzos de Trevor por hacer el bien a través de su idea provocan una revolución, no solo en su propia vida, la de su madre y la de su maestro, física y emocionalmente marcado, sino también en un círculo en continuo crecimiento de gente totalmente desconocida para él. Algo parecido a esto (ver gráfica):

---

células en una unidad indivisible, pero al hacer esto incurren en un mayor riesgo en cuanto a su extinción. Por ejemplo, es casi imposible acabar con una cepa de bacterias, debido a la propagación masiva y porque cada bacteria tiene ese resistente ADN que sirve para reproducila y desarrollarla. Además, las plantas, cuando el sistema detecta que su supervivencia está amenazada, utilizan todas sus energías para producir más semillas para maximizar la supervivencia. Esto es lo que sucede cuando podamos las plantas o los árboles, estos producen más flores, que a su vez producen más fruta, las cuales contienen las semillas. He llegado a la conclusión de que en tiempos de desafío adaptativo, la iglesia también maximizará su supervivencia descentralizando, difundiendo y multiplicando. Esto es exactamente lo que ocurrió en la Iglesia primitiva y en China. Y sin duda está ahora empezando a suceder (otra vez) en contextos occidentales.

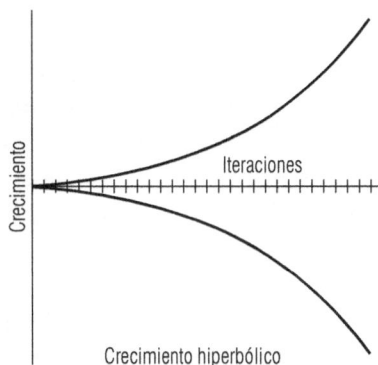

Crecimiento hiperbólico

Imaginemos que cada una de las personas de nuestra comunidad se plantea la misión como una cadena de favores. Puede ocurrir algo así: cada uno de nosotros se compromete a llevar a dos personas al Señor a lo largo de nuestra vida, nos comprometemos a discipularlas y a desafiarlas a hacer exactamente lo mismo. Eso tiene más implicaciones. ¿Qué pasaría si cada iglesia se comprometiera a plantar dos iglesias más y estas a su vez se comprometieran a lo mismo, y así sucesivamente? Si aplicáramos esto a (1) la evangelización, (2) el discipulado y (3) la multiplicación de iglesias, acabaríamos el trabajo en seguida. Lo único que tenemos que hacer es mantenernos fieles al método y al principio de crecimiento metabólico y esperar a ver lo que pasa. Justamente fue así como la Iglesia primitiva pasó de 25,000 cristianos a 20,000,000 en 200 años, y también como la iglesia china pasó de 2,000,000 a más 60,000,000 en 40 años. Tan sencillo y tan complicado como esto.

Si todavía no estamos convencidos, pensemos en lo siguiente: quizás nos suene la historia del inventor del ajedrez. Como recompensa por su invención, el rey de la India le ofreció que escogiera un deseo. Con mucha "modestia" se limitó a pedir como recompensa que le pusieran un grano de arroz en el primer recuadro de la esquina del tablero de ajedrez, multiplicándolo por sí mismo en cada cuadro del tablero; un total de 64 secciones. Eso significaba que en el segundo recuadro habría dos granos, cuatro en el tercero, dieciséis en el cuarto, y así sucesivamente. El rey, que inicialmente había sonreído pensando que le iba a salir barato, no pudo concederle el deseo. Tendría que haber producido 2^{63} granos de arroz, lo cual son 2,223,372,036,000,000,000 granos, lo que equivale a decir 153 mil millones de toneladas de arroz; más de lo que el mundo puede producir durante los próximos mil años. Esto es lo que se entiende por crecimiento hiperbólico. Sencillamente, una cadena de favores.

Ideavirus y memes

Walter Hendrickson señala que "la razón de que a la iglesia de Jesucristo le cueste tanto mantenerse en la cresta de la Gran Comisión es que, mientras la población mundial se multiplica, la iglesia se limita a sumar. La suma nunca va a poder alcanzar a la multiplicación".[67] Como representante en cierta manera, y vocal del movimiento de iglesia misional, a menudo me persigue el tema de los números; por los tamaños relativamente pequeños de las iglesias del movimiento. Mi respuesta es que no hay multiplicación solo bajo el radar de los entusiastas del igle-crecimiento (ver las cifras del capítulo 2). Si se dan las condiciones y si se recupera y se aplica el Carácter Apostólico, prometo a los críticos que pronto cambiarán las cosas. Si la EMC de Occidente es capaz de activar el Carácter Apostólico, entonces todos los medios de valoración que usamos en la actualidad se quedarán cortos. El sistema de crecimiento por adición nunca puede aspirar a tener el impacto de un verdadero movimiento misional encarnacional que manifiesta el Carácter Apostólico. ¡Ni en sueños!

Si dudamos del poder del crecimiento orgánico, nos vendría bien recordar que cada uno de nosotros empezamos con un esperma fundiéndose en un óvulo. Y aquí estamos, al cabo de bastante tiempo, con trillones de células colgando por todas partes. La multiplicación orgánica empieza mucho más despacio que la adición, pero al final es infinitamente más eficaz. Los epidemiólogos lo saben muy bien. Cuando hace unos años apareció el virus SARS, solo se tenían registrados a nivel mundial unos mil casos, entonces ¿por qué afectó de tal manera a la economía mundial que casi cayeron en la bancarrota muchas compañías aéreas internacionales? Pues porque dadas las condiciones idóneas para el contagio, podría haber matado al 20% de la población mundial. Había razones para temerlo. También en la sociología de las ideas, estas viajan exactamente igual que el virus SARS. Empiezan siendo una cosa muy pequeña, pero si se dan las condiciones óptimas, se propagan de forma impetuosa.

No voy a entrar en mayor profundidad en esto, pero el concepto cibernético de memes[68] nos proporciona una teoría extremadamente útil sobre el génesis, la reproducción y el desarrollo de las ideas. En esencia un meme es al mundo de las ideas, lo que un gen es al mundo de la biología; codifica ideas en una forma fácilmente reproducible. Según esta teoría, un memeplex es un complejo de memes (ideas) que constituyen la estructura interna de una ideología o sistema de creencias. Al igual que el ADN, intentan replicarse por mutación a formas evolucionadas de ideas, añadiendo, desarrollando o cambiando memes según exija la

---

67 Walter Henrichsen citado por Cole, *Cultivating a Life for God*, p. 22.

68 La iniciativa de esta idea de memes es del biólogo Richard Dawkins en su provocador libro *The Selfish Gene*, cap. 11.

situación.[69] Lo que tiene mucho valor de esta idea es que el memeplex tenga la capacidad de reproducirse por inoculación en el cerebro receptor, pasando de ahí a otros cerebros por medio de la comunicación humana. Al principio suena raro, ¿verdad? Pero, de hecho, es algo que experimentamos cada día. Todos conocemos la sensación de "ser cautivados por una idea", ¿no? Nos quedamos enganchados a ella. Parece como si se hubiera adherido a nosotros. Luego, si es una idea particularmente seductora, solemos pasarla a otras personas. De cierta forma, esta es justo la manera en que nos cautivó el Evangelio para que pudiéramos adoptar una visión bíblica del mundo (memeplex); (ver gráfica):

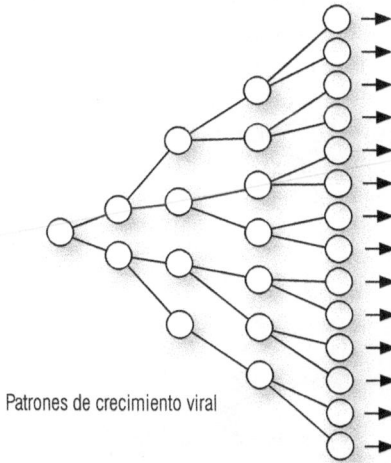

Patrones de crecimiento viral

El Evangelio mismo puede ser considerado como un memeplex muy poderoso que puede viajar exactamente igual que una epidemia viral, si se dan las condiciones adecuadas. Pero lo que nos importa verdaderamente es que el Carácter Apostólico, el memeplex de la iglesia cristiana, está latente en el mismo Evangelio. Como tal, cuando los cristianos nos cruzamos con las ideas que forman parte del Carácter Apostólico, nos da la sensación de "recordarlas". Le pido al lector que preste atención a estos fenómenos, tal y como los presento en este libro, y que haga él mismo la prueba, de si ya "sabía" que estos existían pero le faltaba la manera de expresarlos. Mucha gente, cuando oye hablar del Carácter Apostólico, dice: "me parece que ya lo sabía, pero lo había olvidado". Pienso que es así cómo las iglesias que afrontan desafíos de adaptación muy extremos, como en la China comunista, descubren de nuevo el Carácter Apostólico. Ya estaba ahí, "en ellos", como parte del Evangelio y de la obra del Espíritu.

---

69 Si el lector quiere saber más de estas ideas, le sugiero que haga una búsqueda en la red sobre la palabra "memes", a ver qué encuentra.

Seth Godin, un gurú de la mercadotecnia, abundando en la teoría de los memes, acuñó la palabra *ideavirus*[70] para intentar articular un crecimiento hiperbólico en relación a la mercadotecnia y las ideas en general. Según la concepción de Godin, "un ideavirus es una gran idea que corre con furia entre la audiencia. Es una idea que se pone de moda y cautiva el pensamiento y la imaginación de un sector de la población, enseñando, cambiando y ejerciendo influencia sobre todo aquel que la toca".[71] Dice que en este mundo tan cambiante, el arte y la ciencia de construir, lanzar y sacar provecho de las ideavirus es la próxima frontera. Él pregunta "¿Has oído hablar del Gmail? ¿Lo has usado alguna vez? Si es así, no será porque lo has visto anunciado en televisión (no ha salido)".[72] Hotmail nos ha llegado de alguna manera por medio de la promesa de correo gratuito y accesible desde cualquier lugar porque se ha convertido en un ideavirus. "Lo más probable es que una persona conocida en quien confías te lo haya contagiado". Por tanto, un ideavirus es sencillamente la noción de una idea que puede ser contagiosa al igual que lo es un virus[73] (ver gráfica):

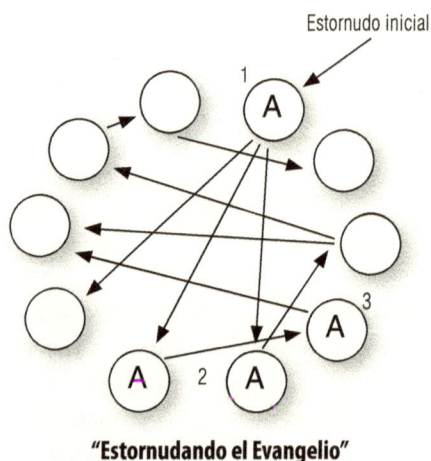

Estornudo inicial

1

A

A ³

A   2   A

"Estornudando el Evangelio"

En este sentido, el Evangelio también viaja como un virus. Lo "estornudamos" y luego lo vamos pasando de una persona a otra a través de sendos estor-

---

70 En www.ideavirus.com, se puede descargar de forma gratuita *Unleashing the Ideavirus*, de Seth Godin.

71 Godin, *Ideavirus*, p. 14.

72 Ibid., p. 4.

73 La capacidad de un mensaje para transformar masivamente depende en gran manera de la confluencia del tipo apropiado de gente, de lo actual del mensaje, de la receptividad de la audiencia a su significado, de las condiciones sociales idóneas y de que en cierto momento se llega al punto crítico, al punto de inflexión en que la idea puede despegar. Malcolm Gladwell explora las epidemias sociales en su destacado libro *The Tipping Point: How Little Things Can Make a Big Difference*.

nudos. Lo único que necesitamos es que se den las condiciones idóneas y las relaciones apropiadas para el "estornudo". Estas condiciones pueden surgir de unas complejas relaciones entre nuestra comunicación y unas ideas culturalmente estrepitosas, a través de relaciones significativas, nuevos medios, la comprensión de la necesidad humana del Evangelio, la participación en la búsqueda existencial y el hacer frente al desafío de adaptación del siglo XXI.

Cuando a esto le añadimos la idea de que todo el mundo está profundamente interconectado, vemos el claro poder de los ideavirus. Seis grados de separación es la teoría de que toda persona está conectada a cualquier otra persona del planeta por medio de una cadena de conocidos, la cual no tiene más de cinco intermediarios. "El sociólogo americano Stanley Milgram probó esta teoría seleccionando al azar a algunas personas del medio oeste americano para que enviaran paquetes a un extraño de Massachusetts. Los remitentes conocían el nombre del destinatario, su trabajo y su localización, aunque no su dirección concreta. Se les pidió que enviaran el paquete a una persona que conocieran de nombre y que pensaran que, de entre todos sus amigos, podía conocer personalmente el lugar o destinatario. Esa persona haría lo mismo y así sucesivamente, hasta que el paquete llegara a su destinatario final. Los participantes pensaron que la cadena contendría al menos cien intermediarios, pero en cambio solo se utilizaron una media de seis intermediarios para la entrega de cada paquete".[74] De ahí la popular frase "seis grados de separación".

¡Que pronto acabaríamos si siguiéramos los patrones metabólicos virales! Lo crucial es ser consistentes durante todo el proceso. El Evangelio, o misión, al igual que un ideavirus, es una acción de crecimiento hiperbólico y los líderes misionales no se pueden permitir ignorarlo. De hecho, ignorarlo posiblemente signifique perder la ocasión de evangelizar de verdad nuestro mundo, ya que intentar hacerlo por pura adición es una tarea sencillamente imposible. Con el amanecer de las redes sociales y la era de las nuevas tecnologías, tenemos una gran oportunidad de reaprender cómo llevar a cabo nuestra misión de manera orgánica, transitando por los ritmos de la vida, los memes y las relaciones.

Reproducción y reproductibilidad

Antes de concluir este capítulo, hay algo que debemos comentar. Se trata del tema de la reproducción y la 'reproductibilidad'. Toda vida orgánica busca reproducirse y perpetuarse mediante la reproducción. En el caso de la vida biológica, de forma concreta a través de la reproducción sexual; no por clonación ni duplicación. Esta distinción es significativa porque generalmente, cuando las iglesias

---

74 Ver Stephens, "*Knowledge*". Ver también 47–55 para una gran exploración de esta noción que se refiere a la adopción de ideas. http://en.wikipedia.org/wiki/Six_degrees_of_separation.

y denominaciones emprenden estrategias y programas de plantación de iglesias, sus enfoques tienen más que ver con los procedimientos de clonación que con los de reproducción sexual. El resultado es tan solo una simple copia o duplicado del modelo original o del sistema del que procede. La iglesia "hija" es en efecto un intento de réplica exacta de la iglesia "madre". Esta práctica no solo siembra un ADN constantiniano en la nueva comunidad de iglesia, sino que también minimiza la variedad misional interna necesaria para asegurar el máximo impacto en un contexto misional distinto.

Pero, ¿por qué reproducción y no clonación? No solo porque es más placentero sino también porque "los sistemas de adaptación complejos, cuánto más homogéneos, más vulnerables. Para contrarrestar la homogeneidad, la naturaleza echa mano de la rica recombinación estructural que desata la reproducción sexual ...La reproducción sexual maximiza la diversidad".[75] Las combinaciones de cromosomas se emparejan al azar en apareamientos variables, generando así más permutaciones y variedad de descendencia. Esta permutación a su vez enriquece y refuerza el organismo contra sus enemigos (p. ej., enfermedades dañinas y parásitos), armando a su descendencia con nuevas combinaciones de ADN, pero manteniendo a la vez la especie. Todos sabemos lo que ocurre en un grupo genético cerrado: se producen serias deformidades y debilidades. Una reproducción saludable por tanto, echa mano de una variedad mucho más amplia de genes y así vigoriza el sistema vital elevando el número de posibilidades en la constitución genética. Es también lo que nos hace únicos. La clonación no puede hacer esto (ver gráfica):

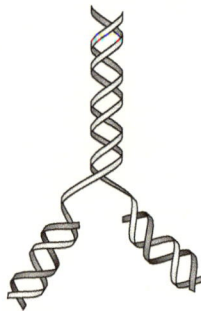

Pero hay todavía otro factor que debemos tener en cuenta aquí: se trata del tema de la reproductibilidad: la capacidad de los sistemas vivos de poder perpetuarse a sí mismos a través de mecanismos sencillos y reproductibles. La reproductibilidad, profundamente asociada a los sistemas vivos, los movimientos y las redes, necesita ser edificada en el modelo inicial por medio de la inoculación de

---

75 Pascale, Millemann, y Gioja, et. al., *Surfing the Edge of Chaos*, pp. 28–29.

un sencillo sistema de orientación que asegure el que la organización continuará y evolucionará por medio de un proceso parecido a la reproducción sexual, en el que aún y cuando se comparte nueva información genética, se sigue siendo una misma especie. La respuesta la volvemos a encontrar en la idea del ADN*m*. Tiene que ser un agente sencillo, reproducible, que guíe cualquier nueva empresa; y tiene que codificar todo lo necesario para que la iglesia se exprese de forma saludable. Garrison tiene razón cuando dice que probablemente consigamos exactamente lo que nos propongamos. "Si queremos ver iglesias, entonces tenemos que proponernos plantarlas". El mismo axioma puede llevarse un paso más allá y decir "si queremos ver iglesias que se reproducen, entonces tenemos que proponernos plantar iglesias que se reproduzcan".[76] Aquí entra en la cuestión de la reproducibilidad innata del ADN original.

La nueva iglesia también debe ser lo suficiente adaptable como para enriquecerse a partir de los genes de otros sistemas (otros movimientos o fuerzas sociales) sin perder ni el carisma original ni el don fundacional. Después de todo, así es como nos reproducimos. Nuestra descendencia sigue siendo única pero retiene algunas de las características de los padres; todas las características que nos hacen humanos. La reproducción nos asegura la unicidad, el desarrollo y la variedad, para así maximizar la supervivencia en distintas condiciones. Curtis Sergeant sugiere que la iglesia clandestina china ha maximizado la variedad (genética) interna al no incorporar y absorber a los nuevos conversos a las iglesias existentes. Lo que hacen es formar la base de una nueva iglesia, creando una forma de variedad genética eclesial en torno a la reproducción.

Pero todavía hay más: cuando nos fijamos de nuevo en los movimientos cristianos de la Iglesia primitiva y de China, descubrimos que los impulsaba la idea y la práctica de la simplicidad. Como dijo un pastor bautista ruso de la época de Stalin, después de que les fueran confiscados los locales de culto, y fuera ilegalizada su religión, tuvieron que "eliminar todo lo que no importaba". Tuvieron que descubrir de nuevo la fe en toda su simplicidad. Y quizás eso fue un gran don para la iglesia rusa. Sin las queridas instituciones de la iglesia, sin los locales, sin los cultos abiertos al público, la iglesia se encontraba en una situación que la forzaba a descubrirse de nuevo a sí misma. Sorprendentemente, esa pequeña iglesia bautista pasó a la clandestinidad para emerger 60 años más tarde como un movimiento clandestino que aglutinaba a unas 20,000 personas. De nuevo se vio empujada a descubrir el Carácter Apostólico que le había sido inoculado, latente aunque olvidado, pero lleno de potencia y vida apostólica.

Si en Occidente queremos redescubrir nuestro Carácter Apostólico latente, necesitamos plantearnos exactamente la misma pregunta. ¿Qué es la fe reducida

---

76 Ver Garrison, *Church Planting Movements*, p. 181.

a su mínima expresión? ¿Qué es lo que se le puede quitar? ¿Qué es lo demasiado complejo y pesado para una nueva situación misional y un desafío de adaptación? También necesitamos eliminar lo que no es importante. Pero ¿por qué? Pues porque muchas de las instituciones que nos han incrustado la fe no solo nos agobian, son también *irreproducibles*. Acordémonos de la introducción al capítulo tres: uno de los "dones" que la persecución confiere a la iglesia es el de minimizar el desbarajuste teológico que tan fácilmente ensombrece el Evangelio esencial. Esta destilación teológica que tiene lugar en el contexto de los desafíos de adaptación permite que todo el movimiento pueda realmente acceder a su mensaje esencial y entonces reproducirlo de manera fácilmente "estornudable". Esto no solamente se aplica al Evangelio, sino a la idea de iglesia en su totalidad. Se convierte en algo bastante "sencillo".

Tomemos por ejemplo la idea predominante de iglesia atraccional según el modelo de igle-crecimiento. Si quisiéramos plantar una iglesia partiendo de la mega iglesia local como punto de referencia, con toda su refinada profesionalidad, grupos de alabanza geniales, un sistema de comunicación excepcional, una escuela dominical con monitores para niños y jóvenes, programas eficaces de grupos pequeños y todo su atractivo; gran parte de ello sencillamente no es reproducible; al menos para la gran mayoría de cristianos comunes y corrientes. Lo pretendamos o no, el mensaje implícito ahí es que si quieres empezar una iglesia y quieres ser eficaz, vas a necesitar todas esas cosas. Pues bien, la realidad es que la mayoría de la gente no puede montar un *show* de estas características; y es un hecho, ya llevamos más de 30 años con este modelo y una desbordante mayoría de las 350,000 iglesias de EE. UU., siguen teniendo menos de 80 miembros por congregación y trabajando con sentimiento de culpa por no conseguir funcionar como las iglesias grandes. Agarremos el toro por los cuernos: es terriblemente difícil reproducir una Saddleback o Willow Creek, por muy maravillosas que sean. Sencillamente, no es fácil reproducir este modelo con todos sus departamentos profesionales, sus líderes carismáticos, su gran cantidad de personal y sus recursos económicos. Si ese va a ser nuestro único modelo de iglesia eficaz, el efecto inmediato será marginar a la mayoría de gente del ministerio y de esta forma se conseguirá instalar un anticonceptivo en el mecanismo reproductivo de la iglesia. Ciertamente se conseguirá sofocar los verdaderos movimientos cristianos, ya que exigirá un concepto profesionalizado del ministerio con grandes edificios y grandes recursos.

De nuevo, no quiero que se me considere innecesariamente crítico con ese modelo de crecimiento de iglesia, ni que esté cuestionando la sinceridad de quienes operan bajo esa luz. Soy un firme promotor de la idea de que una iglesia de hecho puede funcionar en ambos modos si esta lo entiende claramente —yo tiendo a adoptar un enfoque más bien inclusivo al trabajar con un sistema ya existente.[77] Lo que quiero decir es sencillamente que esa no debe ser la única flecha en nuestra aljaba. Así ha sido durante demasiado tiempo y, como resultado, hemos quedado bastante endogámicos. Incluso cuando algunas iglesias de estas grandes de Occidente han emprendido iniciativas de plantar iglesias, sus descendientes parecen clones de la iglesia madre y carecen de esa variedad genética innata necesaria; por eso la mayoría fracasan. Es raro, pero hay poquísimos ejemplos de mega iglesia que hayan salido adelante en la creación de otras. Una reproducción sana exige diversidad. Debemos plantar cara a la inclinación hegemónica de la teoría mecánica de crecimiento de iglesia sobre nuestra imaginación, si queremos ser capaces de adaptarnos a las condiciones misionales del siglo XXI. Se dice que si la única herramienta de la que dispones es un martillo, todas las cosas empiezan a parecerte clavos. Necesitamos otras herramientas. Lo que quiero decir es que en su gran mayoría, los modelos de crecimiento de iglesia no son reproducibles. Por eso, al margen de algunos contextos de EE. UU., en la mayoría de los países occidentales hay bien pocas mega iglesias y las que hay, se hallan lejos de ejercer una gran influencia.

Y antes de que un montón de académicos digan "ya te lo dije", déjame decir que se le puede hacer exactamente la misma crítica a los seminarios. También son irreproducibles por exactamente las mismas razones. En las expresiones históricas del Carácter Apostólico, el liderazgo y el desarrollo teológico son tareas propias de los mismos movimientos de base. La teología, la función intelectual y el desarrollo de liderazgo forman parte integral del discipulado del movimiento en relación a los dones y el llamamiento de Dios. Si en la práctica separamos las dos cosas y lo encargamos a instituciones profesionales de alto nivel, entonces pronto acabaremos no solo dependiendo de estas, sino que nos costará reproducirlas en situaciones que exijan capacidad de reacción y de adaptación. Suelen ser demasiado voluminosas y estar demasiado institucionalizadas. No quiero decir en absoluto que debamos prescindir de ellas. Lo que digo es que deben recuperar las funciones cruciales para las cuales fueron creadas, como parte de la función simple, interna y reproducible de la iglesia local o de un movimiento de base.

Lo que está claro es que ni el seminario tal y como lo conocemos, ni la mega iglesia atraccional tal y como la conocemos, formaron parte de los movimientos cristianos de los primeros siglos. Tampoco son aspectos irreducibles de los movimientos cristianos históricos (pensemos de nuevo en China, si esto nos choca demasiado). Con todo y eso, estos movimientos son mucho más eficaces de lo que podríamos soñar en nuestro contexto actual, a pesar de nuestros recursos, instituciones y edificios. Debería servirnos de advertencia al intentar negociar las complejidades misionales del siglo XXI. Como he dicho antes, debemos empezar

---

77 Ver mi libro con el líder Dave Ferguson, *On The Verge*. Todo el libro está escrito sobre la premisa de inclusividad de sistemas.

las cosas bien desde el principio; desde la célula madre de la iglesia, por decirlo de alguna manera. O como dice el arquitecto organizacional Bill Broussard: "la revitalización se halla toda ella en la composición".[78] Es muy difícil de corregir más adelante —la claridad del ADN*m* es vital al principio y se debe mantener constante durante todo el ciclo de vida, o el movimiento gradualmente se desvanecerá.

Una palabra final

Cuando los sistemas vivos orgánicos se encuentran con un ethos de movimiento genuino, que se expresa por medio de estructuras en red, si se dan las condiciones apropiadas para la reproductibilidad y un crecimiento exponencial, se está haciendo historia. Esto no quiere decir que podamos excluir a los otros cuatro elementos del ADN*m*, pero sí se puede ver que este de por sí es un elemento extremadamente poderoso, incluso si se queda sin la dirección de los otros elementos del Carácter Apostólico, ya que puede ser usado para bien o para mal (como en el caso de Al Quaeda y de la mercadotecnia en red). Los sistemas vivos son una manera que tiene el Carácter Apostólico de expresarse en los movimientos cristianos y sostengo que se trata de una parte fundamental del ADN*m* inoculado en el núcleo de la iglesia de Jesucristo; contra la cual, recordemos, las puertas del infierno no prevalecerán (Mt. 16:18).

---

78 Citado por Pascale, et. al. *Surfing the Edge of Chaos*, p. 209.

Conclusión

"Una iglesia que pone su tienda sin constantemente buscar nuevos horizontes, que no busca continuamente nuevos campos donde establecerse, es falsa a su llamado. . . [Debemos] someter nuestro anhelo de seguridad, aceptar el riesgo y vivir por la improvisación y el experimento".
—Hans Küng, *The Church as the People of God*

"Nosotros no debemos cesar de explorar y al final de toda nuestra exploración arribaremos al mismo lugar donde comenzamos y conoceremos el lugar como si fuese la primera vez".
—T. S. Eliot, "Little Gidding"

Terminar esta exploración del Carácter Apostólico con la potente visión de Elliot sobre la naturaleza de los viajes de exploración es verdaderamente apropiado en muchos sentidos. Volviendo a las raíces primarias de la misión cristiana y de la iglesia, destapamos algo que había sido olvidado por mucho tiempo y solo vagamente recordado en nuestros mitos, en las historias de mártires, y encarnado efímeramente en las vidas de nuestros santos y nuestros héroes. Es como si hubiéramos tropezado con un tesoro vitalmente importante que de alguna manera quedó enterrado y escondido en los oscuros agujeros de los densamente desordenados archivos eclesiales. Al recuperar este tesoro, en un sentido muy real, nos redescubrimos a nosotros mismos de una manera nueva y vital.[1]

---

1 Para este fin he intentado desarrollar herramientas prácticas que nos ayuden a aplicar las ideas de este libro. Una tiene que ver con el tratar de identificar nuestra situación en términos de APEPM. He estado trabajando con un psicólogo organizacional, intentando desarrollar perfiles basados en ministerios primarios y secundarios. El cuestionario disponible en www.forgottenways.org permite pasar un test personal o un perfil de 360 grados, que incluye la retroalimentación de otras personas del ministerio en cuanto a cómo perciben tu particular contribución al mismo. Es algo útil tanto para individuos como para equipos de ministerio. La otra herramienta principal es un test de lo que yo he denominado 'missional fitness' (aptitud misional). Está diseñado para valorar el nivel de Carácter Apostólico que se manifiesta en nuestra comunidad, intentando evaluar los niveles de ADN*m* individual presentes en ella: por ejemplo, tratará de averiguar hasta qué punto la comunidad sigue sus impulsos misionales- encarnacionales, hasta qué punto da lugar a la influencia apostólica, hasta qué punto se centra en el discipulado, desarrolla estructuras orgánicas y se aproxima a la idea de *communitas*. También proporciona ideas sobre cómo enfocar nuestros esfuerzos por ser misionales. Resultará una herramienta muy útil a quien se haga eco de las tesis centrales de este libro y desee desarrollar su comunidad (o empezar una nueva) teniendo en cuenta el Carácter Apostólico. Recomiendo ambos tests, que se pueden encontrar en www.forgottenways.org.

El Carácter Apostólico (y los elementos que componen el ADN*m*) planta ante nosotros un poderoso espejo en el que se reflejan nuestras propias prácticas e ideas de iglesia, lo cual nos obliga a compararnos peligrosamente con los verdaderos movimientos cristianos de la historia. Digo peligrosamente porque despierta nuestros más profundos instintos, estimula nuestro potencial latente y apela a un cambio radical y paradigmático. Es subversivo porque exige un total recalibramiento de nuestras vidas y nuestras comunidades, ya que implica volver al lugar de dónde venimos; volver a ese Mesías revolucionario y alocado y a los movimientos radicales que su vida y enseñanzas han inspirado a través de los siglos.

Muchos de nosotros tendremos la sensación de que para salir de donde nos encontramos y tan solo aproximarnos a la vitalidad de los movimientos cristianos que hemos estudiado, tenemos que dar un salto casi imposible. Esto es así porque gran parte de lo explorado en relación a los distintos elementos del ADN*m* es completamente paradigmático en sustancia y naturaleza. Mi gran esperanza para la iglesia es que sea un hecho que el Carácter Apostólico no sea algo que tengamos que imponer a la iglesia, como si se tratara de algo ajeno, sino más bien algo que ya existe en nosotros. ¡Somos nosotros! Es la expresión más verdadera de pueblo de Dios. Por eso tan solo necesitamos despertarla y cultivarla. Estoy totalmente convencido de que el Carácter Apostólico hoy está tan disponible para nosotros como lo está para nuestros extraordinarios hermanos y hermanas de China. Es la herencia común de todo el pueblo de Dios y es nuestro enlace directo con nuestro propio destino mientras afrontamos los amedrentadores desafíos del siglo XXI.

Pero este desafío de adaptación constante a la línea misional sigue siendo parte fundamental de lo que significa ser fiel a la idea de iglesia tal y como Jesús la concibió en primer lugar. Este trabajo no nos es ajeno; de hecho, forma parte fundamental de nuestro testimonio en el mundo en el que vivimos. El gran teólogo Kart Barth lo reconoció totalmente cuando orientó a un pastor ansioso de la marxista Alemania del Este, que luchaba por descubrir cómo iba a continuar la iglesia con su heredada expresión tradicional y a la vez tener que pasar a la clandestinidad para poder mantener el testimonio de la comunidad. Cito sus palabras ampliamente por la gran relevancia que tienen también en nuestra situación:

> "No estoy diciendo nada nuevo en referencia a este tema. Fue de hecho uno de vuestros hombres más capaces y renombrados, el General Superintendente Gunther Jacob de Cottbus, quien no hace mucho anunció 'el fin de la era constantiniana'. Como guardo cierta cautela en cuanto a toda formulación teórica de una filosofía de la historia, dudo

en hacer mía su expresión. Sin embargo, lo cierto es que algo así está empezando a mostrarse sencillamente por todas partes, pero sobretodo en su parte del mundo. Lo cierto es que todos tenemos razones para plantearnos cada uno de estos temas y en cada caso dar una respuesta rápida y clara:

No, la existencia de la iglesia no tiene que poseer siempre en el futuro la misma forma del pasado como si ese fuera el único patrón posible.

No, la continuidad y la victoria de la causa de Dios que la iglesia cristiana tiene que perseguir a través de su testimonio no está atada incondicionalmente a las formas de existencia que ha tenido hasta el momento.

Sí, llegará la hora, y quizás ya haya llegado, en que Dios, para frustración nuestra, pero para su gloria y para la salvación de la humanidad, ponga fin a este modo de existencia por su falta de integridad.

Sí, podría ser deber nuestro liberarnos interiormente de nuestra dependencia de ese tipo de existencia, incluso si todavía perdura. De hecho, si asumimos que algún día puede llegar a desaparecer totalmente, entonces deberíamos arriesgarnos en nuevas direcciones.

Sí, como iglesia de Dios podríamos depender de estar atentos a los nuevos caminos que Dios nos mostrará y que ahora son difíciles de anticipar. Como pueblo circunscrito a Dios, incluso ahora podemos reivindicar a través de Él una seguridad inconquistable. Pues Su nombre está por encima de todos los demás nombres ... ”[2]

La gente de Jesús siempre ha contenido las posibilidades del inmenso futuro de la tierra; ¡el reino de Dios! Nosotros podemos y debemos alcanzar cada vez más de estos potenciales mediante el constante incremento de nuestro conocimiento y nuestro amor. Pero el descubrimiento de grandes verdades trae consigo la responsabilidad de vivir de acuerdo con sus luces. El descubrimiento de grandes verdades conlleva cierta responsabilidad a vivir conforme a las mismas. Este libro ha tratado de sacar a la luz un potencial perdido que ha permanecido escondido en lo más íntimo del corazón del pueblo de Dios durante demasiado tiempo. Sí, eso conllevará un cambio y nos empujará a una aventura en la que debemos arriesgarnos a ser desbordados. Pero ahí reside nuestra esperanza porque sigue siendo el siempre potente Evangelio el que tiene el poder tanto para salvar como para

---

2 Ver Barth, “Letter to a Pastor in the German Democratic Republic”, en *How to Serve God in a Marxist Land*, pp. 45–80.

transformar nuestros mundos. Y sigue siendo nuestra herencia más profunda. Es de incumbencia de quienes seguimos el camino del Evangelio el actuar de maneras que desaten su maravilloso poder. Como lo fue para Pablo, la Iglesia primitiva y durante siglos lo será para nosotros; requerirá una fe esperanzada y confiada en Aquel que nos salva.

Epílogo

Jeff Vanderstelt

Recuerdo cuando primero me presentaron a Alan Hirsch. No fue en una conferencia o en un evento de capacitación ministerial. No fue en una reunión de iglesia o en alguna recepción. No, conocí a Alan por las páginas de su libro *The Shaping of Things to Come*. Un nuevo conocido mío supuso que yo había leído el libro porque la iglesia que mi esposa Jayne y yo estábamos plantando compartía una ideología y una visión similares. Para sorpresa de mi nuevo amigo, yo nunca había escuchado del libro, de Alan Hirsch ni de Michael Frost. Eso fue en el año 2003.

Desde entonces, Alan se ha convertido en un buen amigo. Me gusta referirme a él como mi Yoda judío de Sudáfrica. Judío y sudafricano porque realmente lo es. Pero de Yoda: tiene mucho. Alan no termina sus oraciones con verbos, pero cuando habla uno se ve obligado a reflexionar y el corazón quiere tomar acción. A menudo, los pensamientos de Alan llevan a gente más simple, como yo, a pensar más y a reconsiderar su manera de pensar.

Siempre he disfrutado esto de Alan. Cuando hemos pasado tiempo juntos, algo que nosotros hemos hecho en ocasiones en los últimos doce años, vengo lleno de nuevas formas de decir las cosas viejas, y traigo viejas costumbres para recuperar nuevas prácticas. He leído *Caminos olvidados* muchas veces desde que fue publicado hace diez años. Esto es en parte porque los libros de Alan están siempre bien rellenos, como un pavo de Acción de Gracias (y como cualquier comida de día festivo, requiere tiempo de recuperación del banquete de la fiesta, y ni hablemos de los innumerables retornos a la nevera para comer las sobras), y en parte porque necesitaba volver a aquello que originalmente agitó mi corazón en primer lugar en relación a la plantación de iglesias. Quería recordar. Quería recordar por qué dejé lo que era cómodo, predecible y probado para convertirme en un pionero hacia un enfoque más bien fuera de uso de "ser la iglesia". Quería recordar de nuevo lo que la expresión "Jesús es el Señor de la vida" significa para la iglesia.

Durante muchos años he estado convencido de que la iglesia no es un edificio, una institución, o un evento. La iglesia, he enseñado y proclamado, es el pueblo de Dios ocupado en la misión de Dios y en medio de las cosas cotidianas de la vida. Yo lo creía así, pero me parecía que en todas partes donde miraba veía y oía algo distinto. Los libros de Alan han sido un alentador recordatorio de que no estaba solo. Resulta que hay muchos que han escuchado los mismos ecos del pasado los cuales nos llaman de regreso a nuestras raíces y que nos envían como a los pioneros de la antigüedad. No estamos solos. Con el tiempo, cada vez más personas han escuchado el llamado a recordar y adentrarse en lo que ha sido olvidado.

Me sentí agradecido al oír que Alan iba a re-lanzar *Caminos olvidados*. Algo que me encanta de Alan es que él es un aprendiz, no duda en admitir que está equivocado y siempre está dispuesto a ajustar cómo comunica sus ideas. Alan ama fielmente a Jesús y ama profundamente a la novia, el cuerpo de Jesús, la iglesia. Él esta perdurable e incansablemente comprometido a servir a Jesús mediante el apoyo y fortalecimiento de Su iglesia. Alan cree sinceramente que Dios le ha llamado a él para ser un mayordomo del contenido de este libro para la gloria de Dios. Esta nueva edición es testigo de un crecimiento continuo y del compromiso del autor a asegurarse que el pueblo de Dios siempre recordemos quiénes somos, lo que Jesús ha hecho y a qué nos ha llamado Dios. Alan está aprendiendo. Nosotros estamos aprendiendo. Las historias contenidas en esta nueva edición muestran cuántos están viajando hacia adelante mientras que vemos vidas y comunidades transformadas por el Evangelio.

Nos olvidamos de quiénes somos. Nos olvidamos de lo que Dios ha hecho. Y nos olvidamos de cómo nosotros, la iglesia antigua, vivió una vez. Sin embargo, esto no cambia la verdad; esta sigue siendo cierta y está infiltrada en la semilla del Evangelio. La verdad es que Jesús vivió, murió y se levantó otra vez para hacer un pueblo para sí mismo en el mundo que nació del Espíritu y que ha sido marcado con el ADN del Dios eterno. No tenemos que poner algo en el pueblo de Dios; por el contrario, estamos para ayudar a sacar lo que ya se ha colocado allí. Como discípulos de Jesús, que hacen otros discípulos de Jesús, nuestra tarea debe ser la de siempre ser aquellos quienes el Espíritu nos ha llamado a ser: un pueblo nacido de nuevo que se mueve hacia fuera en el mundo y en la misión de Dios y para los propósitos de Dios, ayudando a otros a hacer lo mismo. Estoy agradecido por cómo Alan, en *Caminos olvidados*, nos llama a lo que es cierto del pueblo de Dios y proféticamente nos mueve hacia una visión clara de cómo se ve la vida cuando recordamos quienes somos.

Como dice Alan, el ADN*m* de la iglesia no es nada nuevo. Es antiguo, pero para muchos, olvidado. Tenemos que recordar y volver a despertar a lo que ya es verdad para nosotros en Cristo. Gracias, Jesús, porque utilizas a Alan por llamarnos de nuevo a la fidelidad a Ti y a las sendas antiguas. Que sean nuestras memorias removidas y nuestros corazones impactados para vivir en los *caminos olvidados* de nuestro Salvador, Señor y Rey, ¡Jesucristo!

Apéndice 1
Curso acelerado sobre el caos

"La especialidad en gestión se ha convertido en la creación de constantes, uniformidad y eficacia, mientras que la necesidad se ha convertido en comprensión y coordinación de variables, complejidad y efectividad".
—Dee Hock, *Birth of the Chaordic Age*

"Hay dos maneras de vivir la vida. Una, como si nada fuera un milagro. La otra, como si todo fuera un milagro".

—Albert Einstein

En el lenguaje evocador, aunque algo extraño, de los sistemas vivos, la iglesia de Occidente se enfrenta con lo denominado *desafío de adaptación*. Teóricamente, los desafíos de adaptación son situaciones en que el organismo (u organización) se ve desafiado a cambiar y adaptarse para mejorar sus posibilidades de supervivencia. Los desafíos de adaptación proceden de dos posible fuentes: (1) una situación de amenaza considerable o (2) una situación de oportunidad seductiva, o de ambas. El escenario de la amenaza plantea al organismo o a la organización una situación de "adaptarse o morir". El escenario de la oportunidad seductiva puede simplemente plantearse como una promesa de que la fuente de alimentación es mucho mejor en el valle de más allá; oportunidad que galvaniza al organismo o la organización para el movimiento o la acción. Para la iglesia, ambas formas de desafío de adaptación representan asuntos muy reales en nuestros días. La iglesia institucional se ve amenazada en la forma de un *rápido cambio discontinuo*, y por otro lado la oportunidad seductiva se presenta en la forma de una *apertura masiva, casi sin precedentes, a los temas de Dios, la espiritualidad, la comunidad y el significado de la vida*. Ambas cosas son buenas razones para el cambio y hay señales de que tan solo estamos empezando a responder.

En cuanto a la amenaza, la naturaleza de nuestro desafío en Occidente no proviene de una manifiesta persecución por parte del estado, como lo fue para los movimientos de los primeros cristianos o en China. De hecho, la carencia de dicha persecución quizás haya contribuido al malestar en que nos encontramos ahora, ya que disponemos de toda la corriente institucional y nos conformamos con ser buena gente de clase media. Como dije en el capítulo dos, para nosotros la amenaza existe en el nivel de las fuerzas políticas, sociales y culturales y toma la forma de un *rápido cambio discontinuo* (incluyendo las amenazas y oportunidades sociopolíticas, medioambientales, biológicas, tecnológicas, religiosas, filosóficas y culturales).

Tan solo hace cincuenta años, basándonos en lo que conocíamos del pasado y con una valoración completa de las condiciones de entonces, podíamos predecir el futuro con altos niveles de previsibilidad. Entonces podíamos desarrollar un plan estratégico, con hitos por el camino, y esperar que si todo seguía igual, conseguiríamos el resultado deseado. Era la denominada planificación estratégica y se basaba en la idea de cambio lento y continuado. El futuro era tan solo una proyección del pasado con algunos ajustes. Ahora, debido a las innovaciones tecnológicas constantes y el resultado redundante sobre la industria, los mercados financieros globales hipersensibles que reaccionan a la mínima molestia en cualquier lugar del planeta, el terrorismo y el giro de las fuerzas geopolíticas, vivimos en una era en la que es prácticamente imposible predecir lo que ocurrirá de aquí a tres años; todavía menos a veinte años hacia el futuro. En otras palabras, para nosotros, el cambio es *discontinuo* y cada vez más rápido. Esto constituye una verdadera amenaza a la iglesia institucional, ya que no suele responder bien ni siquiera al cambio lento y continuado.

Veamos lo que dicen algunos pensadores respecto a las misiones y las organizaciones misioneras:

> "La cultura norteamericana se está …moviendo por un período de cambio discontinuo y altamente volátil. Este tipo de cambio es un paradigma de cambio no experimentado en todas las épocas de la historia, pero se ha convertido en nuestra norma. Está presente y perdura en aquellos períodos históricos marcados por eventos que *transforman* las sociedades y las culturas para siempre. Tales períodos pueden encontrarse en eventos como el Éxodo, en el que Dios convierte a Israel en un pueblo, o en el advenimiento de la *imprenta*, que puso la Biblia en manos de gente corriente y condujo a la transformación no solo de la iglesia, sino de la imaginación de la mente europea, o el aumento de las nuevas tecnologías como la computadora, el Internet y el matrimonio emergente entre biología y microchips".[1]

Ante esta situación se nos exigen reajustes paradigmáticos. La mirada inquisidora hacia el futuro del siglo XXI deja claro que nos estamos tambaleando al borde del caos. Como veremos, eso es bueno porque al borde del caos se halla ese dulce sitio en que la innovación tiene lugar si se maneja bien.

---

[1] Roxburgh y Romanuk, "*Christendom Thinking to Missional Imagination, Leading the Cultivation of Missional Congregations*", p. 11.

Conectándonos con el futuro: ejercicio

Visitemos algunas de estas páginas web que se centran en tendencias futuras. Un amigo y colega de Forge, un joven futurista con talento que se llama Wayne Petherick, me las ha facilitado.

Alguno que otro consejo

Pensemos en los "filtros" que usamos al leer todas estas páginas; por ejemplo, ¿cuál es mi punto de vista? ¿Hay otro? Conocer temas/eventos emergentes es una cosa, actuar conforme a ellos es otra. Desafiémonos a nosotros mismos pensando en las posibles implicaciones (para bien o para mal) y veamos si vale la pena hacer algo con nuestras conclusiones.

Preguntémonos también qué aspecto tendría o cómo sería la iglesia en tales contextos.

- **EurekAlert** (http://www.eurekalert.org/) – Sumario general de superaciones científicas y comunicados de prensa sobre investigación.

- **New Scientist** (http://www.newscientist.com/) – Otro sumario decente de cosas que pasan.

- **Wired** (http://www.wired.com/) – Muestra pop-tech.

- **Fast Company Magazine** (http:// www.fastcompany.com/homepage/) – Revista de negocios del tipo "la próxima gran novedad".

- **The Futures Lab** (http://futures-lab.com/news.htm) – Página de novedades y cosas por el estilo.

- **Salon.com** (http://salon.com/) – Opinión sobre la intersección entre sociedad y cultura con política, tecnología y negocios.

- **Disinformation** (http://www.disinfo.com) – A veces ofrece información puntual sobre temas de actualidad, política, ciencia nueva e "información escondida" que raras veces consigue atravesar las grietas de los conglomerados mediáticos corporativos.

- **Ethics in the News** (http://www.ethics.org.au/things_to_read/ethics:in_the_news/i ndex. htm) – Operada por El centro de ética St. James, una asociación con base en Sydney.

- **Red Herring** (http://www.redherring.com/IndexArticle.aspx) Como el mismo sitio dice, el negocio de la tecnología.

- **Financial Times** (http://news.ft.com/home/asia) – Aunque a veces un poco aburrido, un sondeo bastante sólido de eventos económicos.

- **Signs and Wonders** (http://www.wnrf.org/news/blogger.html) – Hace un seguimiento de las tendencias y de los eventos que afectan al futuro de la religión. Afiliada con la World Network of Religious Futurists (http://www.wnrf.org/cms/index.shtml)

- **Arts & Letters Daily** (http://www.aldaily.com/) - Una mirada a la filosofía, la estética, la literatura, el lenguaje, las tendencias, la historia, la música, el arte, la cultura, la crítica, las disputas y el chismorreo.

Acabamos de recibir unos lentes nuevos

Nuestras maneras de conceptualizar las organizaciones y el liderazgo tienen mucho que ver con lo que puede darse en llamar perspectiva newtoniana. Como herederos de la visión moderna del mundo, enmarcada ampliamente en la perspectiva particular que generan las ciencias, hemos formado nuestras nociones del mundo, y particularmente en este caso, de las organizaciones y el liderazgo en torno a lo que acertadamente se ha llamado visión mecanicista del mundo. Bajo la influencia de Newton, un avance paradigmático en su época, hemos tendido a ver el universo como una gigantesca máquina altamente sofisticada basada en las ideas de causa y efecto. Simplificando, damos por sentado que si emprendemos una acción X el resultado seguro es Y. Damos por sentado que hay una previsibilidad estricta. Buscar la correspondencia entre causa y efecto recíproco fue precisamente una de las tareas fundamentales de la ciencia; un desafío colosal que resultó en un incremento masivo del conocimiento del mundo y su funcionamiento.

Todo iba bien hasta el advenimiento de las famosas teorías de la relatividad de Einstein y el subsiguiente estudio de la física cuántica, que intentó demostrar la naturaleza subatómica de la realidad. Inicialmente, los investigadores se vieron sorprendidos por sus hallazgos, ya que contradecían rotundamente a los de la física de entonces, basados naturalmente en los supuestos newtonianos de previsibilidad. Descubrieron que la estructura misma de la realidad, el átomo, se comportaba de una manera totalmente distinta a la esperada. La conducta del átomo desafiaba totalmente la previsibilidad pretendida por la física newtoniana e iniciaba una crisis en los paradigmas científicos predominantes, anunciando a la vez la era cuántica acompañada de su dinámica no lineal. Esto causó una revolución masiva en la teoría de la ciencia que todavía hoy se está desplegando. Uno de los efectos secundarios de este cambio de paradigma fue el estudio de los sistemas vivos, los cuales en cierto modo también ponen en tela de juicio al determinismo de causa efecto y tienden a actuar de forma imprevisible. Esta ciencia incluye, entre otros, el estudio de la cibernética, el caos y la complejidad, y la ciencia de las estructuras emergentes.[2] Todo ello tiene una importancia muy grande para nosotros frente a los desafíos que nos presenta el siglo XXI.

---

2 Llegados a este punto, me gustaría recomendar un libro que para mi definiría toda una década. Se trata del libro de Margaret Wheatley sobre el tema citado arriba. También vale la pena en este aspecto citar la obra de Capra, *The Hidden Connections: A Science for Sustainable Living* y su anterior libro *The Web of Life: A New Synthesis of Mind and Matter*. Realmente vale la pena leerlos y me he sorprendido a mí mismo adorando a Dios por medio de estas ideas. En cuanto algunos intentos cristianos de aplicar la teoría del caos a la dinámica de la iglesia: Easum, *Unfreezing Moves: Following Jesús Into The Mission Field* y Snyder, *Decoding the Church: Mapping the ADN of Christ's Body*; ambos son buenos libros. El de Easum trata a nivel divulgativo y muy accesible la teoría del caos aplicada a las iglesias y organizaciones.

Cambio de historia

Uno de los principales signos de la sociedad actual es la penetración en cada uno de los aspectos de nuestras vidas de sistemas cada vez más complejos. La admiración que sentimos al contemplar las maravillas de las nuevas tecnologías está teñida de una sensación cada vez mayor de inquietud, si no de plena incomodidad. Aunque se aplaude la creciente sofisticación de estos complejos sistemas, también se admite cada vez más que se han introducido en un entorno social, comercial y organizacional que es casi irreconocible desde la perspectiva teórica y práctica del liderazgo de iglesia común.[3]

Aunque a menudo sabemos de algún intento de revitalizar una iglesia existente que ha salido bien, el registro general es muy pobre. Escuchamos una y otra vez que los esfuerzos por lograr un cambio organizativo no han dado los resultados esperados. En lugar de acabar gestionando una organización nueva y revitalizada, se acaba por gestionar los indeseados efectos secundarios de sus propios esfuerzos. A primera vista, parece algo paradójico. Cuando observamos nuestro entorno natural, vemos que el cambio, la adaptación y la creatividad son continuos; sin embargo, nuestras organizaciones e iglesias parecen incapaces de gestionar el cambio.

La película *Adaptation* trató justamente este tema de manera excelente: Charlie Kaufman (Nicolas Cage) es un guionista de Los Ángeles confundido y desbordado; se siente incapaz, sexualmente frustrado, se odia a sí mismo y además, su hermano gemelo Donald también tiene ambiciones como guionista. En la historia se le pide que escriba un guion a partir de un libro sobre flores llamado "The Orchid Thief" (NT: "Ladrón de orquídeas") escrito por Susan Orlean (Meryl Streep). Ese interesante libro detalla la extraordinaria capacidad de adaptación que la naturaleza muestra. Eso todavía le resulta más frustrante ya que, al mirar su propia vida, se siente atrapado por los dictados de su propia naturaleza constreñida y autodestructiva. Por eso le cuesta trasladar las ideas del libro al guion; ¡y no digamos alterar la miserable dinámica de su propia naturaleza! Ciertas experiencias trágicas, como la muerte de su hermano, acaban por producir en él un cambio. Pero el pathos de la película hace resaltar lo versátil y sensible que es la naturaleza en comparación con el determinismo de la personalidad, el carácter y la condición humana. Este análisis puede aplicarse de la misma manera a la sensación que están teniendo muchas iglesias respecto a su situación.

Entender las organizaciones humanas en términos de sistemas vivos complejos, a la fuerza nos lleva a descubrir cosas sobre la naturaleza de la adaptabilidad, y por tanto nos ayuda a afrontar las complejidades de la iglesia y la misión en

---

3 Encontramos un análisis del impacto del cambio en la iglesia en Roxburgh, *Crossing the Bridge: Church Leadership in a Time of Change.*

este escenario tan distinto. Además, nos ayudará a crear organizaciones que sean sostenibles, ya que los principios organizativos de los ecosistemas, que son la base de la sostenibilidad, son idénticos a los principios organizativos de todos los sistemas vivos.

Necesitamos lentes distintos para poder mirar las organizaciones y el liderazgo si queremos ir más allá del cautiverio del paradigma mecanicista que claramente domina nuestro acercamiento al liderazgo y la iglesia. Aquí estamos hablando del verdadero paradigma, no de cosas menores, y tiene relación con lo dicho previamente sobre el paradigma de la cristiandad, pero ahora vamos a explorar la naturaleza de las organizaciones y del liderazgo *per se*.

Un paradigma, o historia de sistemas, "es el conjunto de creencias centrales que resultan de la multiplicidad de conversaciones y que mantienen la unidad de la cultura".[4] Los "pétalos" de este gráfico son "las manifestaciones de cultura resultantes de la influencia del paradigma".[5] La mayoría de programas de cambio se concentran en los pétalos; es decir, tratan de producir un cambio en las estructuras, sistemas y procesos. La experiencia nos demuestra que estas iniciativas suelen tener un éxito limitado. El asesor de iglesias Bill Easum tiene razón al decir que "seguir a Jesús en su misión es, o bien imposible, o extremadamente difícil para la gran mayoría de congregaciones de Occidente. La razón es que disponen de una historia de sistemas que no les permite dar el primer paso y salir de la institución hacia el campo de misión; aunque este se encuentre al otro lado de la puerta de su iglesia".[6]

Sigue comentando que toda organización está construida sobre lo que denomina "historia de sistemas subyacente". Señala que "no se trata de un sistema de creencias. Es la historia de la vida en continua repetición lo que determina la forma de actuar y de pensar de una organización. Esta historia de sistemas determina la manera en que una organización se comporta, sea cual sea su organigrama. Podemos reestructurar toda la organización pero si dejamos tal cual la historia de sistemas, nada cambiará. Es inútil intentar revitalizar una iglesia o denominación sin cambiar previamente el sistema".[7] Ahondar en esta historia de sistemas, paradigma o modo de iglesia es, según él, una de las claves del cambio y la innovación constante.

Cuesta mucha energía (y dinero) el cambiar un programa con todo lo que conlleva de 'vender la visión', asesoría, talleres, etc. Durante los primeros meses parece que las cosas cambien pero poco a poco se pierde el ímpetu y la novedad y la organización hace un retroceso para adoptar algo parecido a su configuración

---

4 Seel, *Culture and Complexity*, p. 2.

5 Ibid, p. 2.

6 Easum, *Unfreezing Moves*, p. 31.

7 Ibid.

previa. La razón es muy simple, aunque suele pasar inadvertida: si no se cambia el paradigma subyacente, no hay cambio que valga y perdure.

Esto es algo que descubrí una y otra vez cuando trabajaba para mi denominación. Mi meta era intentar engañar a la historia y recuperar un esquema mental misional y un ethos de movimiento como paradigmas centrales de la denominación. Conseguimos llevar al centro de todo el aspecto misional, pero no fuimos capaces de instilar un ethos de movimiento debido a lo muy arraigado del paradigma institucional en el corazón de la organización. El problema es que la mayoría de gente ve a la iglesia como una institución y no como un movimiento orgánico (un sistema vivo) a pesar del hecho de que la Biblia esté repleta de imágenes orgánicas sobre la iglesia y el reino (cuerpo, campo, viña, tierra, etc.). En tal situación, todos los esfuerzos por cambiar estaban condenados al fracaso. Las estructuras, una vez disminuye la presión del cambio, recuperan su forma anterior por defecto. Sigue siendo un hecho que por esta misma razón la gran mayoría de instituciones cristianas, a lo largo de la historia, nunca se renuevan ni cambian. La historia de los sistemas institucionales influye muchísimo en todo lo que hacemos. Maquiavelo tenía razón: "nada es más difícil de llevar a cabo, ni de más dudoso éxito, ni más difícil de manejar que el conseguir un nuevo orden de cosas"[8] ; (ver gráfica):

---

8 Citado en Pascale, Millemann, y Goija, *Surfing the Edge of Chaos*, p. 156.

Bregar con los modelos heredados asumidos como verdaderos es a lo que nos referíamos por *modos* de iglesia en los capítulos anteriores. Easum tiene razón al decir que la mayoría de teorías de vida congregacional son defectuosas de origen porque están basadas en una visión del mundo mecanicista e institucional.[9] O lo que Easum denomina "La sofocante historia de mandar y controlar" (NT: Título traducido al español por el traductor de este libro). Esto queda particularmente claro cuando advertimos lo distintas que son las formas de iglesia predominantes de las del modo apostólico. La Iglesia primitiva era un movimiento *misional* y orgánico, no una institución religiosa. Hagamos por un momento una comparación mental entre los modos descritos en el cuadro comparativo del capítulo dos y veremos lo realmente distintas que son. Tenemos que permitir que la imagen de iglesia orgánica penetre hasta el mismo centro del paradigma de ahí arriba y luego nos quedará reinterpretar las cosas desde esa perspectiva. Debemos permitir que una nueva historia de sistemas influya en nuestras prácticas. Intentemos lo siguiente: en el gráfico de arriba, pongamos la palabra 'institución de la cristiandad' al centro y luego ponderemos su impacto sobre los "pétalos". Ahora pongamos en el centro la frase "movimiento cristiano orgánico". ¿Qué pasa con los "pétalos"?

Una vez se preguntó a Iván Ilich cuál era la manera más radical de cambiar una sociedad; si la revolución violenta o la reforma gradual. Respondió con mucha cautela:

> "'Ninguna de ellas'. Como alternativa a cambiar la sociedad sugirió que se tenía que proponer una nueva historia. ¡Cuánta razón tenía! Necesitamos contar la historia de la iglesia y su misión de otra manera y según la perspectiva orgánica de los sistemas vivos si es que queremos evolucionar y convertirnos en una genuina iglesia misional. Créanme, tanto la EMC como los auténticos movimientos cristianos nos presentan un cuadro imaginario distinto (una historia distinta) de la iglesia. En la actualidad está emergiendo una nueva idea de organización influida por la física cuántica, la teoría del caos y el regreso a los principios bíblicos y orgánicos. "La mejor manera de describir esta nueva idea es hablar de una historia de innovación y de concesión de permiso".[10]

Queda fuera tanto de mi pericia como de mi trabajo en este libro el escribir un texto sobre las teorías del caos, la complejidad y la emergencia; así que lo dejaré para otras personas mucho más capaces que yo. Sin embargo, sí que quiero extraer algunas impresiones que afectan directamente a los tuétanos del

---

9 Easum, *Unfreezing Moves*, p. 17.
10 Easum, *Unfreezing Moves*, p. 32.

paradigma y que por tanto ejercen una influencia sobre los temas de la iglesia y el liderazgo misional. Para ello voy a valerme, de hecho estoy ya resumiendo (con muchas reinterpretaciones y referencias cruzadas en relación a la iglesia), de un libro verdaderamente excelente, ya que desde mi punto de vista capta el meollo del paradigma de manera brillante y a la vez nos da algunas salidas hacia adelante. Sus autores son Richard T. Pascale, Mark Millemann y Linda Goija. Se trata del libro *Surfing the Edge of Chaos: The Laws of Nature and the New Laws of Business* y no dejo de recomendarlo a quien quiera afrontar de verdad el paradigma de los sistemas vivos. Intentaré interpretarlo aplicándolo a los temas que afectan a la iglesia y al final de este capítulo presentaré un caso de estudio que ilustra el proceso que intento describir.

No basta con sobrevivir

Los autores empiezan con una comparación entre dos tipos de liderazgo. La comparación entre el denominado liderazgo operativo y el denominado adaptativo. En esencia, el liderazgo operativo está pensado para las organizaciones que se encuentran en entornos relativamente estables en que el mantenimiento y desarrollo del programa en curso son la principal responsabilidad de dicho liderazgo. Este se basa en supuestos de ingeniería social y se enmarca en una visión mecanicista del mundo. Funciona y es lo apropiado en *algunas* organizaciones. Por otro lado, el liderazgo adaptativo es el que suele desarrollar organizaciones que aprenden y el que gestiona la transición de dichas organizaciones a formas y expresiones distintas en que la agilidad, la capacidad de respuesta, la innovación y el espíritu emprendedor son necesarios. Los líderes adaptativos son necesarios frente a importantes amenazas o frente a considerables oportunidades, o en ambos casos; lo cual tiene una relevancia directa en nuestra situación al amanecer del siglo XXI.

El liderazgo adaptativo frente al liderazgo operativo

Fue Ronald Heifetz, desde Harvard, quien hizo la distinción inicial entre liderazgo "técnico" (operativo) y "liderazgo adaptativo". Comentaba que ...

> "El primero conlleva el ejercicio de la autoridad y se trata de una respuesta enteramente apropiada en condiciones de equilibrio relativo. Cuando mejor funciona el liderazgo operativo es cuando los problemas se pueden resolver echando mano de un repertorio preexistente. El liderazgo operativo va de la mano de los credos de la ingeniería social. Se divisa la solución desde arriba y se hace rodar jerárquicamente hacia abajo. Si una organización se encuentra en crisis; si hay que frenar,

reestructurar y reducir gastos; si una ejecución agudizada es la clave del éxito, entonces el liderazgo operativo quizás sea la mejor apuesta".[11]

El liderazgo operativo es una buena descripción del enfoque predominante entre el liderazgo de iglesia, con la importancia que presta al cuidado pastoral, la nutrición en la fe y el crecimiento de iglesia; haciendo un claro hincapié en la gestión, la técnica y los programas. Y en muchos casos, funciona. Sin embargo, tal y como admiten Pascal y sus colegas …

"En los sistemas vivos surgen problemas cuando una especie (u organización) aplica erróneamente una solución tradicional a un problema de adaptación. En tal situación, el repertorio en curso de soluciones es inadecuado o sencillamente equivocado. En la naturaleza, el gorila macho alfa de espalda plateada reúne a su cuadrilla en un círculo muy cerrado y se comporta agresivamente con los machos rivales u otras amenazas naturales. Esta solución tradicional funciona bien siempre que la cuadrilla no se enfrente a cazadores furtivos armados con pistolas, dardos sedantes y redes de caza".[12]

Ni la bravura de todos los simios del mundo puede frenar una bala. Es decir, los gorilas se enfrentan a un verdadero desafío de adaptación y a menos que aprendan a adaptarse a esta nueva amenaza y encuentren nuevas respuestas, son historia. No es difícil que veamos la relevancia que esto tiene para nosotros frente a los desafíos del siglo XXI.

En el capítulo 2, vimos cómo el modelo de la cristiandad de "vengan a nosotros" funcionaba bien en una sociedad en la cual todos eran considerados cristianos y en la que la asistencia a la iglesia era en cierto modo obligada, pero no funciona nada bien en situaciones que exigen el enfoque misional de "ir hacia ellos". También hace falta un tipo de liderazgo distinto para conducir los paradigmas de iglesia distintos. Este sería un ejemplo clásico de organización o liderazgo operativo frente al adaptativo.

Según los autores de *Surfing the Edge of Chaos*, los postulados principales del liderazgo operativo son los siguientes:

- *"Los líderes son la cabeza, la organización es el cuerpo"*.[13] Según esta visión, la inteligencia corporativa se concentra arriba de toda la estructura organizativa. (En cambio, según el enfoque de los sistemas vivos, todo sistema vivo posee lo que se ha dado por llamar "inteligencia distribuida" por toda la organización. El objetivo del liderazgo según este nuevo paradigma es

---

11 Pascale, Millemann y Gioja, *Surfing the Edge of Chaos*, p. 39.
12 Ibid., p. 39.
13 Ibid., p. 13.

identificar, cultivar y liberar dicha inteligencia distributiva. A eso precisamente me refiero cuando digo que debemos liberar el Carácter Apostólico que "ya está ahí" en la *ecclesia*).

- *"La promesa del cambio previsible.* Se elaboran planes de implementación sobre el supuesto de un grado razonable de previsibilidad y control mientras se está haciendo un esfuerzo por cambiar".[14] En cambio, el enfoque orgánico afirma que la vida es imprevisible (fijémonos en el átomo o en un enjambre de abejas en pleno apogeo) y que como mucho podemos alterarla, generalmente dirigirla, pero no podemos prever totalmente el desenlace de un sistema vivo.

- *"Dar por sentado el efecto cascada.* Se trata sencillamente de que cuando el liderazgo emprende una acción concreta, *la iniciativa fluye de arriba abajo.* Cuando se define un programa, se comunica y se hace rodar jerárquicamente hacia abajo. A menudo hay que revestirlo de una apariencia de participación para que la gente lo asuma".[15] (En cambio, el enfoque orgánico dice que el verdadero cambio, sobretodo el que perdura, sube de abajo hacia arriba y el trabajo del liderazgo consiste en crear las condiciones propicias para la imaginación, la iniciativa y la creatividad.)

Es fácil ver funcionar estos postulados en la manera en que solemos operar cuando dirigimos y gestionamos las iglesias y organizaciones. Pero cuanto más nos adentramos en la manera en que Dios ha estructurado la vida, más se evidencia la incompatibilidad de dichos postulados con el funcionamiento general de los sistemas vivos. Esto no quiere decir que el estilo operativo y más mecanicista no pueda ocupar su propio lugar. Pero sí debemos reconocer que los métodos y herramientas generalmente asociados a este tipo de liderazgo solamente funcionan "cuando se conoce de antemano la solución y existe un repertorio establecido de posibilidades de cómo implementarlas".[16] No son apropiados en situaciones de imprevisibilidad que requieran un pensamiento innovador y un liderazgo adaptativo.

---

14 Ibid., p. 13.

15 Ibid., p. 13.

16 Ibid., p. 13. Estas condiciones se dan en muchos casos y no tengo intención alguna de minimizarlas. Muchas iglesias se encuentran en una situación relativamente estable. Por ejemplo el sur y el medio oeste norteamericano siguen siendo bastiones de una sociedad conservadora y ahí todavía son viables los enfoques operativos. Sin embargo, incluso en tales situaciones, un requisito del éxito es que la gente haga suyas las iniciativas, para que cada persona se convierta en un 'nodo' inteligente de un sistema vivo y con su participación mejore la implementación de los programas de cambio. Pascal y compañía no rechazan todos los métodos de ingeniería social, pero sí abogan por que deje de ser el contexto primordial o el paradigma de organización. Las herramientas de control no son lo mismo que la ingeniería social. Se puede dar un uso apropiado a las herramientas del viejo paradigma incorporándolas a un nuevo repertorio de gestión. La ingeniería social como paradigma o historia de sistemas es obsoleta. Punto.

Un aviso a quienes dirigen iglesias establecidas: lo que el cristianismo occidental necesita desesperadamente es un liderazgo adaptativo; gente que nos pueda ayudar en la transición hacia un modo de iglesia diferente y más ágil. Estos líderes no tienen por qué ser necesariamente innovadores y creativos, pero sí capaces de hacer mover a la iglesia hacia modos adaptativos; es decir, deben ser capaces de perturbar el sofocante equilibrio y de crear las condiciones para el cambio y la innovación. En la gran mayoría de los casos, los líderes de las iglesias u organizaciones, sobre todo aquellos con fuertes dones de enseñanza y cuidado pastoral, exhiben la tendencia a evitar el conflicto y mitigar las tensiones con demasiada facilidad. Si se dejan así las cosas, el resultado puede ser letal porque se fomenta el equilibrio y en última instancia, la muerte.

Una lección de la historia: Heifetz nos advierte que los líderes adaptativos se pueden quedar congelados cuando quienes han de seguirlos no quieren hacer frente a las malas noticias. Cita el ejemplo de las advertencias en cuanto a Hitler que Churchill lanzó al público británico justo antes de la segunda guerra mundial. Por entonces, los británicos preferían hacer caso a la política desastrosa de Neville Chamberlain y no afrontar la desalentadora profecía de Churchill de conflicto inminente o incluso guerra si no se hacía nada por impedir el dominio cada vez mayor de Hitler. Dice que "los seguidores suelen acudir a la autoridad como baluarte contra la incertidumbre y el riesgo. El trabajo esencial del liderazgo adaptativo es resistirse a estas apelaciones. Como contrapartida debe:

- mantener los pies colectivos en el fuego,
- regular el infortunio de manera que el sistema tenga que salir de su zona de comodidad (conteniendo a la vez el stress para que no se convierta en disfuncional) y
- gestionar los mecanismos de evasión que inevitablemente salen a la superficie (tales como buscar conejillos de indias, buscar la respuesta en la autoridad, etc.)[17]

Esta es una dimensión crítica del ADN*m* del entorno apostólico porque una parte esencial del liderazgo apostólico es cultivar la adaptabilidad y la capacidad de respuesta para así asegurar la supervivencia, y la propagación, del cristianismo. Como tal, una función central de la vocación apostólica es mantener a la iglesia en marcha, adaptándose y encarnando el Evangelio en nuevos contextos.

Después de explorar la naturaleza del liderazgo operativo versus el adaptativo, *Surfing the Edge of Chaos* pasa a sugerir cuatro principios de trabajo de la teoría de los sistemas vivos, que forman la sustancia básica de dicho libro.

---

17 Pascale, Millemann y Gioja, *Surfing*, p. 40.

Principio nº1: el equilibrio es la muerte

La mayoría de iglesias empiezan con aventuras emocionantes y dinámicas de evangelización y al final de su ciclo de vida organizativa suelen terminar siendo instituciones míseras y estáticas.[18] Parece ser que una parte esencial del proceso es el paso del desequilibrio e inestabilidad inicial al entorno estable del equilibrio. Los primeros tiempos de la mayoría de iglesias y organizaciones suelen ser una locura impredecible pero al mismo tiempo parecen estar llenos de una especie de energía espiritual. ¿Por qué ocurre esto? ¿Qué tiene el desequilibrio que parece fomentar la vida y la energía? ¿Y qué pasa con la estabilidad que parece apagarlas? (Recordemos la historia de SMRC) ¿Es que la vida misma es imprevisible y caótica y cuando establecemos organizaciones que intentan controlar y minimizar los peligros de la vida, acaban por asfixiarla? La historia de las misiones nos lo deja bien claro: cuando mejor funciona el cristianismo es cuando se encuentra al borde del caos. Las cosas empiezan a ir mal cuando la iglesia se asienta y se aleja del borde del caos.

La afirmación "el equilibrio es la muerte" es un derivado de una ley de la cibernética, oscura pero importante, denominada *Ley de la variedad requerida*. Según esta ley, "la supervivencia de cualquier organismo depende de su capacidad de *cultivar* la variedad en su estructura interna (no tan solo tolerarla). Sin esta capacidad, no se puede hacer frente a la 'variedad' cuando proviene de una fuente externa".[19] Los autores nos dan un gran ejemplo de cómo funciona esta ley en realidad. En una pecera, los peces pueden nadar, criar y conseguir comida con el mínimo esfuerzo; manteniéndose a salvo de los depredadores. Pero los propietarios de los acuarios saben muy bien que estos peces son extremadamente vulnerables a la más ligera perturbación que pueda sufrir la pecera. Por otro lado, los peces del mar tienen que trabajar mucho más para mantenerse y están expuestos a multitud de amenazas. Pero al tener que hacer frente a más variedad, son mucho más fuertes frente a los desafíos.[20]

La naturaleza nos enseña que "la supervivencia favorece unos niveles de adrenalina más altos, prudencia y experimentación".[21] O podríamos reconocer este mismo sentimiento en la popular frase: "la historia favorece a los valientes".

¿Qué papel juega, entonces, el liderazgo en todo esto? "Los líderes son a un sistema social lo que una lente correctamente ajustada es a la luz".[22] Sirven

---

18 Ibid., cap. 2.

19 Ibid., p. 20.

20 Ibid., p. 20.

21 Ibid., p. 21. O como Alfred North Whitehead comentó una vez: "Sin aventura (lo cual podríamos definir aquí como el desequilibrio causado al romper con los convencionalismos), la civilización está en plena decadencia".

22 Ibid., p. 40.

para enfocar las capacidades de la organización y hacerlas mejores o peores. Si se necesita *intención* y capacidad de adaptación, la organización debe sufrir perturbaciones generalizadas para que los líderes rompan el sofocante equilibrio que la inunda. Pero esto no se consigue rápidamente y sin una buena dosis de sabiduría en cuanto a las motivaciones humanas se refiere, y en cuanto a la manera en que se activan las comunidades humanas en una nueva búsqueda de respuestas. Los líderes adaptativos deben resistirse a la tentación de ir demasiado rápido o de aplicar remiendos rápidos y soluciones a domicilio. Lo que deben hacer es activar una búsqueda corporativa desde lo más interno de las filas de la organización para así ayudar a configurar el camino hacia delante. Esta activación adaptativa se consigue:

1. comunicando la urgencia del desafío adaptativo (p. ej., la amenaza de muerte o la promesa de oportunidad),
2. estableciendo un amplio entendimiento de las circunstancias que han creado el problema para dejar claro que las soluciones tradicionales no funcionarán,
3. mantener el stress en juego hasta que los líderes de "guerrilla" se presenten con soluciones innovadoras.[23]

Esta secuencia de actividades obviamente generará un importante grado de ansiedad y de tensión en la organización, pero será mejor que nos acostumbremos si queremos adaptarnos al entorno rápidamente cambiante del siglo XXI. Una de las aptitudes del liderazgo adaptativo en una iglesia será la de aprender a gestionar el estrés y convertirlo en un estímulo para la innovación. La iglesia cristiana debería tener muchísima capacidad de respuesta a sus contextos misionales. A eso le llamo yo aptitud misional.[24] La misión se convertirá en el principio organizativo de la iglesia cuando haya una búsqueda constante de esa aptitud o adaptabilidad innata. Cuando somos realmente misionales, la iglesia en su totalidad es altamente sensible a su entorno y posee un mecanismo natural, inherente y con fundamento teológico para lanzar reacciones adaptativas. Una iglesia misional genuina es por tanto una organización que aprende genuinamente. La Iglesia primitiva y las de otros períodos pos apostólicos (y la de China), gracias a estar en forma misionalmente hablando, no solo sobrevivieron sino que prosperaron. Se vieron forzadas por las condiciones externas a vivir conforme a su mensaje y a adaptarse a las amenazas que les salían al encuentro. Eso convirtió a su gente en cristianos mucho más vigorosos que sus hermanos y hermanas más estables de

---

23 Ibid., p. 40.

24 He desarrollado una manera de valorar el estado de forma misional (aptitud) de una comunidad sobre la base de cinco elementos del ADN*m* (ver www.theforgottenways.org).

otros períodos más estáticos. No vivían en un entorno artificial como la iglesia pecera, sino que eran una *ecclesia* en todas las esferas peligrosas de la vida. Y al igual que en nuestro sistema inmunitario, lo que no les mató, les hizo más fuertes.

Brian McLaren, una voz clave de las denominadas iglesias emergentes (ECM) en EE. UU., recomienda a las iglesias que incluyan la adaptabilidad como un valor primordial. Dice que cambiemos "la actitud de nuestra iglesia frente al cambio y todo lo demás cambiará en consecuencia".[25] Tom Peters, en su libro *Thriving on Chaos* (NT: "Éxito en el caos"), insiste en que este es un elemento indispensable para salir adelante en una situación de caos. Cuenta con un práctico modelo para el desarrollo del "amor al cambio" a todos los niveles de la práctica empresarial.[26] En este libro, sin embargo, a eso lo llamamos *aptitud misional*; la capacidad de inocular en la filosofía reinante en la iglesia una disposición a ser especialmente ágiles y a tener capacidad de reacción misional.

Principio n°2: surfeando al borde del caos (NT: Traducción literal del título del libro: Surfing the Edge of Chaos)

Me sorprende que las partes teológicamente más fértiles de la Biblia se encuentran todas (sí, todas), en el contexto de que el pueblo de Dios tiene que hacer frente a grandes peligros o al caos. Este es un rasgo muy pronunciado del ADN*m* de la *communitas*; sea Abraham, que es llamado a abandonar su tierra y emprender un viaje, o las aterradoras experiencias del Éxodo y el exilio; sean las aventuras de David, las luchas de Jeremías, el ministerio de Jesús o el libro de los Hechos; en ningún caso se trata de situaciones de estabilidad, sino más bien de dinamismo y de vida o muerte.

Pero la *communitas*, o al menos la búsqueda aventurera que implica, no se limita a situaciones humanas o bíblicas; forma parte de la estructura de la vida misma.[27] El estudio de los sistemas vivos nos enseña que

"la naturaleza innova mucho mejor cuando se halla al borde del caos. El borde del caos es una condición, no un lugar. Es un estado intermedio de permeabilidad por el que fluyen el orden y el desorden, no se trata de una línea finita de demarcación. Moverse hacia el borde del caos provoca un levantamiento, pero no disolución; por eso es tan importarse hallarse en el borde. El *borde* no es el abismo. Es el punto ideal para el cambio productivo. Cuando la agitación productiva se eleva, la innovación suele prosperar y pueden surgir sorprendentes superaciones. Este huidizo, y

25 McLaren, *The Church on the Other Side: Doing Ministry in the Postmodern Matrix.*
26 Peters, *Thriving on Chaos: Handbook for a Management Revolution* , section V, p. 388 en adelante.
27 Mucho de lo que sigue está basado en el capítulo 4 de *Surfing the Edge of Chaos.*

tan buscado, punto ideal a veces lo llamamos "plataforma ardiente". Las ciencias vivas lo llaman el borde del caos".[28]

¿Y cuál es el papel de los líderes en esta ecuación? Bien, de nuevo volvemos a la idea de Heifetz sobre la naturaleza del liderazgo adaptativo. El liderazgo adaptativo lleva al sistema al borde del caos, sin sobrepasarlo, solo hasta el borde. Como hemos dicho antes, el papel del líder es asegurarse de que el sistema esté haciendo frente a los temas que le salen al encuentro; a los cuales hay que prestar atención o acabarán por destruirlo. Si la gente de la organización nunca decide en serio hacer frente al problema y se quedan con él durante un período razonable de tiempo, nunca van a sentir la necesidad de moverse para encontrar una solución genuina y de más alcance; de ahí la idea de plataforma ardiente. A los interinos de Forge les enseñamos esta fórmula tan simple. El papel del liderazgo transformador es "vender el problema antes de intentar plantear una solución" porque es "al borde del caos" donde se da una verdadera innovación.

Cuando pienso en la primera época de SMRC, veo todas las señales de los sistemas vivos que proponemos en este capítulo. Era caótica, fluida, dinámica y altamente misional. Mientras estuve ahí, la iglesia pasó al menos por tres saltos adaptativos como describí en el primer capítulo. La cuestión es que cuando mejor estábamos era cuando estábamos al límite. Cuando nos asentamos y nos alejamos del borde del caos, las cosas empezaron a torcerse.

En la mayoría de los casos, las iglesias son organizaciones muy conservadoras y al cabo de unos años de funcionamiento se convierten rápidamente en institucionales, en gran parte por los postulados de la cristiandad que esconden, pero básicamente por el estilo y la influencia del liderazgo. Como irónicamente señaló Upton Sinclair, "es difícil conseguir que un hombre entienda algo cuando su salario depende precisamente de no comprenderlo".[29] Es muy difícil para aquellos que son parte del sistema poder siquiera ver el problema y mucho menos resolverlo. En general, las iglesias intentan conservar el pasado y las denominaciones históricas (p. ej., el anglicanismo o el presbiterianismo) en particular suelen estar orientadas hacia atrás, hacia un pasado idealizado, en lugar de mirar hacia delante con una nueva visión de futuro. Son iglesias clásicas, a menudo inflexibles; instituciones que encierran una tradición heredada. Por eso las iglesias tradicionales van punteando el declive de la iglesia de Occidente. Por ejemplo, en algunas áreas, la Uniting Church of Australia está perdiendo miembros ¡en una proporción exponencial del 20% cada año! Algo similar ocurre en muchas denominaciones liberales y se debe casi enteramente al hecho de que son sistemas cerrados basados totalmente en una historia de sistemas institucionales con

---

28 Pascale, Millemann y Gioja, *Surfing the Edge of Chaos*, p. 61.
29 Sinclair, *I, Candidate for Governor*, p. 109.

base teológica liberal; el sello clásico del institucionalismo (ver capítulo sobre los sistemas orgánicos).

El liberalismo teológico es un indicador de declive institucional no solo porque intenta minimizar la tensión necesaria entre Evangelio y cultura eliminando los pequeños aspectos culturalmente ofensivos, sino porque se trata de una ideología básicamente *parasítica*. No querría ofender a mis hermanos y hermanas liberales, pero sí limitarme a señalar que el liberalismo teológico raramente crea nuevas formas de iglesia o expande el cristianismo de manera significativa; al contrario, existe y se "sustenta" de lo que otros movimientos misionales más ortodoxos empezaron primero. El liberalismo teológico *siempre* aparece tarde en la historia de un movimiento y suele ir asociado a su declive. Por tanto, es una manifestación altamente institucional de la cristiandad. Como tal, resulta *mortal* para las formas apostólicas de un movimiento misional. Pero las denominaciones más estables, incluyendo a las más evangélicas, también se basan en postulados de la cristiandad y por tanto, al igual que todas las instituciones hacen frente a una amenaza importante y necesitan ser conducidas hacia el borde del caos, puesto que allí, viviendo en la tensión que eso implica, encontrarán formas más auténticas y misionales de ser pueblo de Dios. Así que, líderes, suban la temperatura, pero manéjenla.

Principio n° 3: organización propia y la emergente

Este tercer principio de la naturaleza, organización propia y emergencia, capta las dos caras de una misma moneda.[30] "La organización propia es la tendencia que tienen ciertos sistemas (no todos) que operan al borde del caos de cambiar hacia otro estado cuando sus elementos constituyentes generan combinaciones poco probables. Cuando los sistemas llegan a estar lo suficientemente poblados y apropiadamente conectados, las interacciones resultantes los agrupan en un nuevo orden: las proteínas en células, las células en órganos, los órganos en organismos, los organismos en sociedades. Unas partes sencillas que, en red, pueden sufrir una metamorfosis".[31] Una simple hormiga quizás no pueda resistir el ataque de una avispa, pero todo el nido junto se convierte en letal para organismos de tamaño mucho mayor. Pero esto es algo que podemos demostrar con tan solo sacarnos el sombrero: una célula cerebral única es totalmente inútil; pero millones de ellas conjuntamente pueden realizar milagros analíticos que todavía estamos lejos de comprender.[32]

---

30 Pascale, Millemann y Gioja, *Surfing*, caps. 7 y 8. Sobre esta, sin embargo, hay un libro fascinante de Steve Jonson que se llama *Emergence: the Connected Lives of Ants, Brains, Cities and Software*. Si despierta la curiosidad del lector, se trata de un libro relativamente fácil de leer.

31 *Surfing*, p. 113.

32 Ibid., p. 113.

La mayor parte del cambio que se da en los sistemas complejos es emergente; es decir, aparece como resultado de interacciones libres (y a menudo informales) entre los diversos "agentes" del sistema. En una organización, los agentes son personas; sistemas complejos en sí mismas. La teoría de la complejidad sugiere que cuando hay suficiente conectividad entre los agentes y la complejidad alcanza un punto crítico, lo más probable es que la emergencia surja de forma espontánea.[33]

Solo para rematar este concepto, voy a citar a Roxburgh y Romanuk de nuevo:

"El principio de la emergencia se desplegó para explicar las maneras en que los organismos se desarrollan y adaptan a los distintos entornos. Al contrario de la idea popular de que se desarrollan por medio de una estrategia predeterminada, bien planificada de arriba hacia abajo, la teoría de la emergencia nos muestra que los sistemas complejos se desarrollan de abajo hacia arriba. Unos racimos de células relativamente simples, o grupos de individuos, que individualmente no saben cómo hacer frente a un desafío complejo, cuando se juntan, por medio de interacciones relativamente simples, acaban formando una cultura organizativa mucho más compleja que sí puede hacer frente a dichos desafíos. En otras palabras, las respuestas a los desafíos que organismos y organizaciones en entornos cambiantes tienen por delante, tienden a emerger de abajo hacia arriba, en lugar de planificarse de antemano de arriba hacia abajo. Por eso describimos el liderazgo misional como el cultivo de entornos en que la imaginación misional del pueblo de Dios pueda emerger".[34]

Para mí no se trata tan solo de cultivar la "imaginación misional", hay que cultivar también el Carácter Apostólico latente en el pueblo de Dios. Recordemos esto, pues es un concepto vital del liderazgo explicado más a fondo en el capítulo sobre cultura APEPM.

La emergencia es el resultado de todo ello; un nuevo estado o condición. Al final de este capítulo presentaré el caso histórico de la EMC, pero se trata de un fenómeno que puede aparecer en cualquier sitio si el sistema permite que la información y las relaciones fluyan libremente y se crean condiciones de aprendi-

---

33 Este es el principio de emergencia y uno de los atributos más destacados de los sistemas complejos. Es misterioso y común a la vez; muy difícil de definir. Kevin Mihata lo hace tan bien como otro cuando dice que "la emergencia es el proceso por medio del cual los microprocesos interactivos pasan a ser patrones o macroestructuras. Esta 'estructura' o 'patrón' no puede ser comprendido ni predicho solamente a partir de la conducta o de las propiedades de las unidades componentes". Kevin Mihata, "The Persistance of Emergence", en *Chaos, Complexity & Sociology: Myths, Models & Theories*, 0–38. De Raymond A. Eve, Sara Horsfall y Mary E. Lee.

34 Cita extraída de un material no publicado de Roxburgh y Romanuk: *Christendom Thinking to Misional Imagination, Leading The Cultivation Of Misional Congregations*, p. 28.

zaje de abajo hacia arriba. El ejemplo clásico de nuestra época es la World Wide Web (www). Unos cientos, o incluso miles, de computadoras conectadas entre ellas no logran un fenómeno emergente. Pero unos cuantos millones de computadoras interconectadas, compartiendo información, en muchos sentidos como la estructura de un cerebro humano, crean una entidad emergente con vida propia. Una colonia de hormigas tiene muy pocas capacidades de emerger y constituye un organismo de unos 20 kilos de peso, con 20 millones de bocas y aguijones. Pero un grupo de ellas en marcha, son casi imposibles de frenar. Una banda de jazz crea un sonido emergente que nadie podría imaginar si escuchara los instrumentos por separado. Hace doscientos años, Adam Smith ya olía estas ideas. Como uno de los pioneros de la economía como una nueva disciplina, nos dio un toque de atención sobre la "mano invisible" de la economía de mercado y sus efectos añadidos como fuerza comercial. Smith admitía que la elección individual no lo explicaba todo, ya que los individuos, como miembros de comunidades, están constantemente generando relaciones y dependencias según les conviene. Todo ello, según él, contribuía a crear un complejo fenómeno emergente llamado "economía". Se trata de una poderosa "fuerza social", o una estructura emergente, que parece tener vida propia. Ninguno de nosotros debería dudar de la influencia de la economía en nuestro día a día.

Principio n° 4: complejidad perturbadora

El cuarto principio de un enfoque a las organizaciones conforme a los sistemas vivos nos enseña que rara vez se consigue una innovación radical meramente con intensificar la efectividad de la organización existente.[35] En muchos aspectos, esto es lo que empezó a hacer la teoría de igle-crecimiento por la iglesia institucional en los años 60. Reforzaba al máximo el modelo predominante pero sin alterarlo en lo fundamental; seguía atrapado dentro del paradigma o historia de sistemas preponderante. Por tanto, "la optimización se hunde porque los esfuerzos por llevar a los sistemas vivos más allá de objetivos muy generales son contraproducentes. Al igual que ocurre con la mariposa del proverbio, los seres vivos pueden ser guiados con cierta expectativa de progreso pero lo harán a su manera, única y propia. Raramente concordará con el camino lineal que tenemos en mente".[36] En SMRC nos encontramos que intentar dirigir una comunidad de poco más de 20 personas era como intentar domesticar a los gatos; difíciles de dirigir, controlar y predecir. Tuvimos que reajustar nuestro enfoque de la organización y el liderazgo. Este ajuste, mientras surfeábamos al borde del caos, propició una creatividad y una innovación increíbles.

---

35 Pascale, Millemann y Gioja, *Surfing*, p. 154.
36 Ibid., p. 154.

"En términos de paisajes adaptativos,[37] es imposible alcanzar un óptimo local alto y distante (descubrir una superación radical) intentando subir más sobre el óptimo local que ya se ha alcanzado (optimizando)". O, como ya escribimos en *The Shaping of Things to Come*, si la meta es cavar un agujero en otro sitio, no nos sirve de nada seguir cavando más hondo y mejor en el mismo.[38] Si queremos activar una innovación genuina en nuestras organizaciones, lo que hay que hacer es "descender a lo desconocido, descartar las probadas fórmulas de causa y efecto, y desafiar la adversidad. Necesitamos embarcarnos en un viaje de ajustes y perturbaciones secuenciales, no en una marcha sobre un sendero predeterminado. Quizás no podamos ver más allá de nuestros faros delanteros, pero esta forma de proceder nos puede conducir a nuestro destino".[39]

Tras haber definido los cuatro principios del enfoque de los sistemas vivos, los autores nos aconsejan sobre la manera de sostener organizaciones adaptativas; cómo seguir estando en forma, siendo ágiles y ... adaptativos ...

Las disciplinas de la agilidad

"Una vez que hayamos soplado vida nueva a las organizaciones, ¿cómo la sostenemos? Paradójicamente, la respuesta reside en las 'disciplinas'".[40] Es lo que en SMRC llamábamos "prácticas". "Las disciplinas ayudan a las organizaciones a sostener el desequilibrio, a que prosperen las condiciones cercanas al caos y fomentan la organización propia. Si se toman en serio, también pueden fomentar cambios en el ámbito individual. De hecho, hay que interiorizarlas si de ellas se quiere obtener beneficios de largo alcance".[41]

Según Pascale et.al., hay siete disciplinas cruciales:

1. Infundir una idea intrincada de lo que conduce al éxito de una organización.
2. Insistir en una manera de hablar franca y directa.
3. Dirigir desde el futuro.
4. Recompensar la obligación de dar cuentas con inventiva.
5. Estimar la adversidad aprendiendo de errores previos.

---

37 El concepto de paisaje adaptativo lo vienen usando los biólogos desde los años 30 para definir la evolución desarrollista de una especie como una búsqueda de óptimos locales en un paisaje. La adaptación se suele considerar un proceso similar a la "escalada", en que las variaciones menores de la especie (de una generación a otra) provocan un avance hacia un pico de alta aptitud sobre un paisaje adaptativo. Los impulsos innatos de supervivencia y desarrollo empujarán a una población de especies hacia dichos locales óptimos. Ver http://en.wikipedia.org/wiki/Fitness_landscape.
38 Pascale, Millemann y Gioja, *Surfing*, p. 154.
39 Ibid., p. 229.
40 Ibid., p. 229. Exploran estas ideas en su totalidad en los caps. 12 y 13.
41 Ibid., p. 229.

6. Fomentar una incomodidad implacable.
7. Cultivar la reciprocidad entre el individuo y la organización.[42]

Cada una de estas siete disciplinas se sostiene por sí misma, pero la relación entre ellas tiene un poder enorme.

¿Cómo, pues, viviremos?

A muchos de los lectores, o les está dando vueltas la cabeza, si no me he sabido expresar con suficiente claridad, o quizás muchas de estas cosas simplemente hayan pasado por encima de sus cabezas. Me gustaría disculparme por la descripción un tanto técnica de algo que para muchos será el nuevo paradigma del liderazgo orgánico y de los sistemas vivos. Pero seguro estarán de acuerdo conmigo de que como mínimo se trata de un área de estudio e investigación muy provechosa, así como una nueva forma de mirar algo antiguo. Para mí, profundizar en este material ha sido como trabajar el oro, porque me ha ayudado a ver el papel del liderazgo bajo una luz totalmente distinta. Me siento mucho más libre de perseguir aquello que con los años he llegado a creer, que la iglesia se ha mecanizado demasiado en sus programas y su manera de trabajar con las personas y que necesita acercarse mucho más al sentimiento de la iglesia del Nuevo Testamento y su carácter de movimiento orgánico. No estoy solo. Recordemos las estadísticas de David Barrett del capítulo dos. También es liberador el darse cuenta de que Dios nunca pretendió que sus líderes fueran personas con todas las respuestas y toda la visión. Nuestro papel es ayudar al pueblo de Dios a descubrir las respuestas por medio de la actividad de líderes que despiertan su imaginación y estimulan una búsqueda. Nuestra tarea no es controlar sino, bajo la guía del Espíritu Santo, intentar frenar y dirigir el flujo. Tenemos que dejar de ser gestores para ser siervos, o más concretamente, cultivadores de campos o entornos en donde tienen lugar ciertas conductas o acciones (ver capítulo sobre cultura APEPM).

Vamos a intentar fundamentar todo esto a un caso de estudio que tenga que ver con ustedes, conmigo y el cristianismo occidental.

¡Adelante! Un caso de estudio de una estructura emergente

Es interesante que el mismo universo fuera creado por el Espíritu de Dios incubando una situación de caos original (Génesis 1). El 'hágase ... ' de la historia de la creación es una llamada a la existencia y la vida de entre el caos y la construcción de algo a partir de nada. Pero en algún sentido Dios tuvo que haber creado los elementos básicos de la vida antes de crear la vida tal y como la conocemos. La

---

42 Ibid., p. 229. No he intentado hacer un resumen porque no se trata de algo esencial para mis fines. De nuevo, refiero al lector al libro. Es una comida de múltiples platos.

vida emerge a partir de unas formas inferiores de complejidad para alcanzar unas formas superiores de inteligencia y complejidad; siendo la forma suprema el ser humano, el portador de la verdadera imagen de Dios. En realidad, la Creación es el arquetipo de la emergencia.

Ya hemos explorado el florecimiento de nuevas formas de comunidad cristiana que forman parte de la iglesia misional emergente. Lo que quizás se pregunte ahora cualquiera que tenga un poco de sentido de la historia es: ¿Se trata de una tendencia más, que así como viene también se va? No lo creo. No se trata tan solo de una tendencia, sino en realidad de una nueva forma (imaginación) de iglesia. Esta afirmación se basa en la idea de emergencia previamente explicada. Pero veamos un poco el trasfondo:

Salir del equilibro: el desafío adaptativo

Como ya hemos dicho, mientras que la cristiandad como fuerza política, religiosa y cultural que opera desde el centro de la sociedad fue básicamente eliminada en el período moderno, todavía sigue siendo la misma en la imaginación de la iglesia actual. A finales del siglo XX, los mejores pensadores y estrategas misionales empiezan a admitir que se acabó la partida. En parte se debe al hecho de que el cristianismo está en pleno y masivo declive en Occidente, pero paradójicamente, crece en el resto de los países en vías de desarrollo. Hay una sensación de temor de que la iglesia en su modo actual predominante no va a frenar esta tendencia. Como resultado, en las últimas décadas, la mente colectiva está inquieta y vagando en busca de nuevas respuestas.

En términos de sistemas vivos, nos encontramos en la clásica situación de *adaptarse o morir*: nos enfrentamos a un desafío adaptativo profundo y hay indicios de que algunos segmentos de la iglesia se están empezando a mover. Se trata todavía de algo marginal y se da solo en esta esfera de la iglesia, pero es ahí justamente donde empiezan todos los movimientos misionales.

Pero no todo es peligros y amenazas: mucho de lo que ocurre a nuestro alrededor son grandes oportunidades; esta es una razón para la organización adaptativa, ¿no? Hay una búsqueda espiritual masiva en nuestros días y ante nuestras propias narices. La gente está totalmente abierta a los temas de Dios, la fe, el sentido de la vida, la espiritualidad, las nuevas religiones, etc. Hace cientos de años que no se daba en nuestra sociedad y cultura una apertura espiritual de estas características. El problema es que la iglesia no lo detecta. No hay gente haciendo cola en la puerta ¿verdad que no? Para exacerbar todavía más el problema, es probable que se trate tan solo de una ventana de oportunidad limitada. Dada la naturaleza consumista de la cultura occidental, esta ventana se cerrará de nuevo cuando la sociedad se harte de consumir las espiritualidades de moda.

Pero no nos equivoquemos, además de proporcionarnos nuevas oportunidades para la misión, para muchas iglesias representa un desafío demasiado real a su supervivencia, ya que demasiado a menudo, las iglesias y las formas pietistas de cristianismo que hemos potenciado en ellas, tienen a huir de la esfera pública y a no dar demasiada respuesta a las cosas de 'allí afuera'. Cuando combinamos este escenario con los giros culturales de la actualidad (llamémosles hipermodernismo o posmodernismo), nos encontramos en una tierra extraña donde los mapas desarrollados en épocas anteriores, cuando las cosas eran más estables, ya han dejado de ser válidos. La gran inmensidad de la tarea nos resulta abrumadora *y así debe ser*; nos estamos asomando al borde del caos. Negar la realidad no nos hace ningún bien. Se trata de nuestro campo de misión y a menos que empecemos a recalibrar la iglesia teniendo estas cosas en cuenta, muchas congregaciones y creyentes desaparecerán.

Así de sencillo: el modo básico de iglesia de la cristiandad no es capaz de dar una respuesta porque no fue creado para este tipo de fluidez. La mayoría de iglesias son demasiado institucionales y por tanto demasiado torpes en su herencia como para adaptarse y responder adecuadamente a este entorno misional. Una comparación que nos puede servir es la de un buque petrolero y una lancha de velocidad. A un buque petrolero le cuesta millas frenar o virar, mientras que la lancha de velocidad maximiza su capacidad de reacción. Nuestra situación exige agilidad y adaptación, no solidez y fijación. Es la era de la iglesia al estilo lancha de velocidad. Y está pasando. Está naciendo una nueva especie de comunidad cristiana que, usando la frase técnica de este capítulo, es *emergente* y adaptativa a la vez. Lo curioso es que en el mundo corporativo se está dando el mismo fenómeno. Tom Peters dice que una estructura excesivamente engorrosa, en un entorno globalizado y cambiante, es una 'bomba de tiempo gerencial'. Las organizaciones más pequeñas y con más capacidad de reacción son las que prosperarán en el nuevo milenio.[43]

En marcha hacia el borde del caos

Hay señales de verdadero movimiento. Una de las más obvias es el estado de santo descontento entre los cristianos de todas las clases y edades. No se trata tan solo de las generaciones más jóvenes. Incluso la generación del "baby boom" (NT: Personas que nacieron inmediatamente después de la Segunda Guerra Mundial) se plantea si "¿es aquí a dónde querían llegar?

¿Ir al culto, cantarle a Dios y estar en una célula? ¿De esto se trata el cristianismo?" Pero lo que todavía es más inquietante es el éxodo masivo de la iglesia; recordemos la investigación de David Barrett y Todd Jonson: Hay 111

---

43 Ver Peters, *Thriving on Chaos*, p. 355.

millones de cristianos en el mundo que no asisten a una iglesia local. Estas personas quieren tomarse a Jesús en serio, pero se sienten alienadas de las expresiones actuales de iglesia. ¿Sabemos quiénes son, no? Según mi propia experiencia, hay más cristianos mayores de 20 años fuera de la iglesia que los que pueda haber en un momento dado dentro de la iglesia. Las estadísticas y premoniciones deben significar algo para nosotros; y no tienen por qué ser innecesariamente sombrías. Nos dicen que la búsqueda sigue estando ahí. Esta búsqueda de alternativas es señal de que el sistema está respondiendo y que ha provocado cierta experimentación para, con el tiempo, lograr cierta innovación genuina.[44]

Pero todavía hay más: ya hemos comentado que los cristianos se están empezando a reunir para estudiar la Biblia y seguir conjuntamente a Jesús en lugares bien extraños. Muchos ni siquiera se consideran iglesia per se, pero llevan todas las marcas de una auténtica comunidad cristiana en términos bíblicos. Este florecimiento de nuevos experimentos eclesiales en los márgenes de la iglesia está obligando a la iglesia establecida a tomar nota. Hay todo un nuevo discurso público que aparece en blogs (web logs; una especie de diarios electrónicos)[45] y en todo un nuevo género de libros sobre la iglesia emergente,[46] y los seminarios están empezando a incluir un montón de cursos sobre temas relacionados con la llamada iglesia emergente. Cabe destacar las estadísticas previamente mencionadas de David Barrett en su *World Christian Enciclopedia* y de George Barna en su libro *Revolution*.[47]

No hay duda de que algo fundamental, incluso elemental, está pasando en nuestros días. Pero como ya hemos comentado, tenemos que tener "ojos para verlo" o nos lo podemos perder por completo.

Emergencia y organización propia

Recordemos que la emergencia se da cuando los sistemas están lo suficientemente poblados y apropiadamente interrelacionados como para que las interacciones se congreguen en un nuevo orden. La teoría de la complejidad sugiere que cuando hay suficiente conectividad entre los diferentes aspectos del sistema, lo más probable es que la emergencia surja de forma espontánea. Esto es justamente lo que

---

44 En nuestro libro anterior (con Michael Frost) hacemos un sondeo más amplio de estas tendencias. Otro libro importante sobre esto es el de Gibbs y Coffey, *Church Next: Quantum Changes in Christian Ministry*.

45 Ver, por ejemplo, http://tallskinnykiwi.com/, http://www.livingroom.org.au/blog/, http://backyardmissionary.typepad.com/, http://jonnybaker.blogs.com/jonnybaker/. Solo hay que seguir estos vínculos para descubrir un nuevo mundo de conversaciones sobre la iglesia emergente.

46 Buscar los libros de Leonard Sweet, Brian McLaren, Eddie Gibas, Gerard Nelly, Dan Kimball, George Barna en la bibliografía.

47 http://www.globalchristianity.org/ y George Barna, *Revolution*.

ocurrió en IME. El resultado final es una especie de organización distinta a los elementos previos. Veamos el siguiente gráfico:

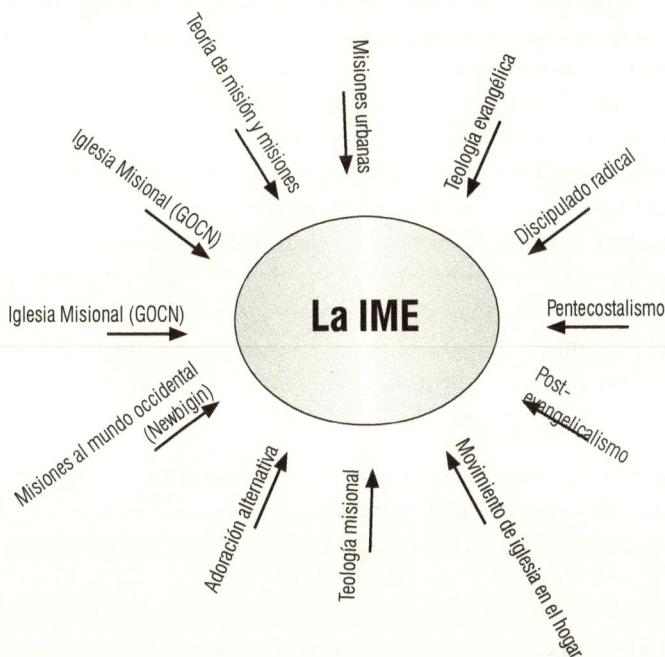

La expresión emergente de la iglesia ha surgido precisamente mediante este proceso de una población cada vez mayor, así como un mayor intercambio de relaciones entre personas e ideas. Ha surgido como resultado de que estos movimientos de la iglesia han empezado a compararse entre ellos y a cros-fertilizarse mutuamente.

- Del trabajo de *Misiones Urbanas* entre los pobres, aprendimos a encarnar el Evangelio y nos recordó el poder de la encarnación en cualquier contexto. De la *Teología evangélica* aprendimos a valorar el Evangelio, el *Evangelio*, como principio organizativo central de la teología.
- Del pentecostalismo y del Movimiento Carismático aprendimos el valor real de los ministerios apostólicos, evangelísticos y proféticos y la dependencia radical del Espíritu de Dios.
- Del Movimiento de Discipulado Radical de los años 70 (eso incluiría a movimientos como el Jesús People de EE. UU., el God's Squad, la Sojourner's Community, etc.), aprendimos que seguir a Jesús en serio supone un cambio de estilo de vida radical.

- Del Movimiento Post Evangélico y Emergente, por polémico que sea, aprendimos que rechazar las expresiones culturales populares del evangelicalismo no equivale a la herejía.
- Del Movimiento de Alabanza Alternativa aprendimos a buscar nuevos símbolos y a contextualizar el Evangelio en maneras que tuvieran sentido para la gente post moderna.
- De *Leslie Newbiggen* y sus escritos aprendimos a tomarnos en serio la apuesta por las misiones en el mundo occidental.
- Esto se extendió a través del trabajo vital, aunque algo teórico, de *Gospel and Our Culture network*, con base en Norteamérica.
- Gracias a la teoría de los sistemas vivos (como en este capítulo) descubrimos de nuevo la naturaleza orgánica de la fe y la comunidad, así como nuestra capacidad innata de adaptarnos y responder a nuestro entorno.
- Del Movimiento de Iglesias en los Hogares, aprendimos que las unidades eclesiales pueden ser pequeñas pero eficaces. Solo hay que ver gran parte del fenómeno neo apostólico.

Cada uno de estos, por sí mismos no son emergentes y no podrían hacer frente al desafío adaptativo total al que nos enfrentamos. Cada uno es una parte de todo el cuadro. Pero cuando empiezan a influirse mutuamente en el contexto de decadencia de la cristiandad y al borde del caos, nace la iglesia misional Emergente (IME). Lo cual es muy bueno. Se trata de un nuevo fenómeno pero en cierto sentido antiguo a la vez, ya que refleja el modo de iglesia elemental y apostólica que Dios usó de manera tan profunda para cambiar el curso de la historia y conducir a millones de personas a la fe en Jesús.

En el momento de la primera edición de este libro, dije que lo que le faltaba todavía en gran parte a este fenómeno emergente era cualquier constante y explícita presencia del movimiento pentecostal, con toda su pasión y fuego, y que esto era probablemente porque el pentecostalismo estaba todavía disfrutando del éxito relativo relacionado con las prácticas de igle-crecimiento.[48] Pero esto ha cambiado en los últimos años. La Iglesia cuadrangular de Norteamérica ahora está experimentando una profunda reestructuración misional. Las Asambleas de Dios han comenzado a desarrollar cursos en sus seminarios donde introducen el pensamiento misional en medio de su currículo. Algunos de los nuevos escritores, como Gary Tyra, Amos Yong y Simon Chan, se están convirtiendo en las voces principales en los círculos teológicos pentecostales. Yo mismo, como pentecostal

---

48 De hecho, podría afirmar que el énfasis pentecostal en el ministerio apostólico, así como en el evangelístico y profético, sólo representa un crecimiento continuo a través del ciclo de vida. Aunque gran parte de la eclesiología pentecostal sigue siendo básicamente constantiniana, ha mantenido una visión de liderazgo apostólico vigoroso que mantiene el movimiento en constante crecimiento y evita la degeneración orgánica normal.

clandestino y en misión, estoy orando constantemente en el sentido de que quizás este sea el eslabón que falta para catalizar el movimiento y que se convierta en un verdadero fenómeno en Occidente.

Aquí termina este anexo más técnico. Cuando se tratan temas de complejidad y cambio organizativo va bien recordar el viejo adagio de que es mejor encender una vela que maldecir la oscuridad y que en la historia del pueblo de Dios, el fuego de los movimientos cristianos empezó con pequeñas llamas como tú y yo. Espíritu Santo, ven.

Apéndice
El apóstol Gerente o siervo?

2

Cuando se hacen esfuerzos para recuperar y reapropiarse del papel y la función de la persona apostólica en nuestros días, las objeciones siempre gravitan alrededor de cuestiones de autoridad carismática y poder personal. Si bien es cierto que muchos que dicen ser apóstoles tienden a entender el liderazgo (y la organización de la iglesia en sí misma) como una jerarquía y por lo tanto reclaman para sí mismos una superior *dynamis* (potencia) y *exousia* (autoridad) que otros en el cuerpo de Cristo, esto es muy peligroso y bíblicamente inadecuado.

La verdad es que casi cada vez que esto sucede (y es generalmente en círculos pentecostales carismáticos), las consecuencias son terribles para la *ecclesia*. Esto es en parte porque el apóstol en particular, pero el APEPM en general, se interpreta a través del lente de los dones carismáticos mencionados en 1 Co. 12–14. Creo que esto es un error. La legitimidad primaria de APEPM como el sistema de ministerio central en el corazón de la *ecclesia* deriva de las tipologías descritas en Efesios capítulo 4 y no de Corintios. En Corinto los *pneumatikoi* (dones espirituales) se entienden como manifestaciones del Espíritu, mientras que en Efesios 4 es Jesús mismo el ejemplo claro y el fundamento del ministerio APEPM en la iglesia. Tenemos que ver al APEPM a través de una lente cristológica. Esto significa debemos operar en el APEPM en formas consistentes con nuestro Fundador, y esto significa que debe ser informado por la posición de Siervo/Rey modelada por Él y siempre encaminados hacia la cruz. Debemos dirigir a otros con la mentalidad que tuvo Jesús, quien siendo igual a Dios, se despojó de sí mismo y se convirtió en el siervo de todos siendo eventualmente exaltado por el Padre por haber aprendido esta lección de humildad (Lc. 22:25-27; Flp. 2:1-11).

A pesar del profundo arraigo de la iglesia en Occidente a tipos burócratas- religiosos, controladores-dominantes y aun carismáticos (tipo celebridades religiosas), el liderazgo debería ser más cercano al carácter de Cristo, y ejercido de forma ascendente (NT: no de arriba hacia abajo o jerárquico), además de ser altamente relacional, elementos que caracterizan a todo auténtico ministerio y liderazgo cristiano, incluyendo al apostólico. Nosotros hemos sido tan claramente cautivados por los modelos jerárquicos, de arriba hacia abajo del liderazgo, ya sea el de obispos, superintendentes, pastores o líderes tipo gerenciales (NT: traducción directa de CEO "Chief Executive Officer"), que sin quererlo hemos bloqueado el poder latente en el pueblo de Dios. En Australia tenemos un árbol llamado higo de la Bahía Morton que es asombrosamente grande y expansivo. Este es un árbol muy imponente, es hermoso. El problema es que nada crece por debajo de él debido a que proyecta una sombra muy amplia. Un estilo de liderazgo de arriba hacia abajo y más bien autocrático, puede compararse con el higo de la Bahía Morton. Puede ser magnífico, pero proyecta tal sombra que ningún otro liderazgo se puede desarrollar bajo esta.

El problema con el liderazgo de tipo gerencial es que tiende a desempoderar a otros, y cuando, por diversas razones, el líder del grupo tiene que salir, la organización tiende a ser débil y subdesarrollada. Esto es exactamente lo que la influencia apostólica lucha por no hacer; por el contrario, el ministerio apostólico provoca y desarrolla los dones y llamamientos de todos los del pueblo de Dios. No crea dependencia pero desarrolla las capacidades de todo el pueblo de Dios basado en la dinámica del Evangelio. Dicho en una palabra, implica *empoderamiento*. Jim Collins, en su estudio de organizaciones destacadas, realmente dice que los líderes carismáticos dominantes son uno de los mayores obstáculos para que una organización pase de ser buena a convertirse en excelente.[1]

Pablo no parece ser un líder carismático en el sentido en que Collins lo describe. Él no domina; él es quizás más paternal (aunque él utiliza imágenes de padre y madre) en la forma en que trabaja (1 Ts. 2:7-8; Gl 4:19). De hecho, en 2 Co. 10:1 y en otros lugares, realmente pareciera carecer de una "presencia" carismática y por ello constantemente tenía que afirmar su liderazgo por otros medios. En sus observaciones sobre la dinámica de liderazgo, Pascale, Millemann y Gioja también notan que el impacto del liderazgo catalizador adaptativo parece tener poco que ver con personalidad, carisma y estilo. Ellos señalan algunos ejemplos de dirigentes de grandes organizaciones que apenas podrían haber sido llamados carismáticos pero que lograron mover a la organización a niveles superiores de aprendizaje y efectividad en términos de la misión. Por el contrario, ellos sugieren que el líder adaptativo sabe cómo trabajar con los apellidos latentes de una organización, que ya están presentes en la organización pero que esperan ser articulados. El líder detecta la energía latente y luego la cataliza —como cuando se provocan nubes con cristales de yodo. Un cambio adaptativo comienza a surgir, y no porque el líder tiene todas las respuestas y posteriormente logra transmitirlas a todos a través de la organización. Por el contrario, movimiento y adaptación ocurren debido a la interacción de los varios elementos en el medio ambiente, las circunstancias propias del momento que se vive, los miembros de la organización y "un líder que puede expresar el reto de una manera que invita

1 Ver Collins, *Good to Great*.

a otros a una danza que es coreografiada al momento que también se realiza".[2] Sería útil recordar el impacto que tuvo John Wesley en sus seguidores, la iglesia y la sociedad en general a su alrededor. Él era un líder adaptativo clásico. Las cosas simplemente sucedían, porque él despertó sueños e impulsos que ya estaban latentes en el pueblo que él condujo e influenció.

Además, todos los elementos del Carácter Apostólico ya están ahí, latentes en la codificación del ADN*m* de la iglesia; todo lo que el liderazgo tiene que hacer es despertarlo bajo el poder y la ayuda del Espíritu Santo. El líder apostólico invoca que esto suceda pero él o ella no lo producen. No me malinterpreten; hay poder y liderazgo real en todo esto, pero es de otro tipo, del tipo que solo el Rey de reyes y Señor de la tierra otorga a otros.[3]

De paso, cabe señalar que una razón importante para sospechar de la noción de liderazgo jerárquico de arriba hacia abajo (o piramidal) es porque hemos aprendido de la historia y de la naturaleza humana, que los sistemas institucionales confieren poder social y tienden a concentrarlo en la parte superior de la estructura. Es precisamente debido a la naturaleza humana que debemos ser muy cautelosos de tal poder puesto en manos humanas. Casi siempre se corrompe y tiende a dañar el tejido relacional que constituye la iglesia. Muy pocas personas pueden manejar tal poder sin ser alterados por él —tal vez sólo los más grandes. La historia es bastante clara sobre eso. Al menos deberíamos aprender esto de la trilogía del *Señor de los anillos*, donde el anillo de poder ejerce una influencia poderosamente seductora y corrupta a quienes lo poseen. Además, la imagen del siervo/esclavo de liderazgo descalifica a todas las formas de liderazgo piramidal y establece el enfoque ascendente siervo (Ro. 1:1; Tit. 1:1; etc.). Jesús no pudo haber sido más explícito, cuando dice a sus discípulos,

---

2 Pascale, Millemann, y Gioja, *Surfing the Edge of Chaos*, p. 75. Van a resumir diciendo que el atractor extraño de liderazgo adaptativo se co-genera; atractores extraños se presentan a través de la convergencia de muchos factores dentro de la organización y su ambiente; se materializan cuando lo que ya está presente se expresa de una manera que proporciona forma y sustancia; florecen en un ambiente de desafío adaptativo y tienden a atrofiarse cuando es subyugado bajo la pesada carga de las tareas operativas y las expectativas y; fomentan avances y resultados imprevistos e inimaginables.

3 "Jesús los llamó y les dijo:" esencialmente el pastor se preocupa por y desarrolla al pueblo de Dios ofreciéndoles guianza, cuidado, protección y discipulado. esencialmente el pastor se preocupa por y desarrolla al pueblo de Dios ofreciéndoles guianza, cuidado, protección y discipulado. esencialmente el pastor se preocupa por y desarrolla al pueblo de Dios ofreciéndoles guianza, cuidado, protección y discipulado. esencialmente el pastor se preocupa por y desarrolla al pueblo de Dios ofreciéndoles guianza, cuidado, protección y discipulado. esencialmente el pastor se preocupa por y desarrolla al pueblo de Dios ofreciéndoles guianza, cuidado, protección y discipulado. esencialmente el pastor se preocupa por y desarrolla al pueblo de Dios ofreciéndoles guianza, cuidado, protección y discipulado. esencialmente el pastor se preocupa por y desarrolla al pueblo de Dios ofreciéndoles guianza, cuidado, protección y discipulado. Como ustedes saben, los gobernantes de las naciones oprimen a los súbditos, y los altos oficiales abusan de su autoridad. Pero entre ustedes no debe ser así. Al contrario, el que quiera hacerse grande entre ustedes deberá ser su servidor, y el que quiera ser el primero deberá ser esclavo de los demás; así como el Hijo del hombre no vino para que le sirvan, sino para servir y para dar su vida en rescate por muchos". (Mt. 20:25-28)

"Los reyes de las naciones oprimen a sus súbditos, y los que ejercen autoridad sobre ellos se llaman a sí mismos benefactores. *No sea así entre ustedes*. Al contrario, el mayor debe comportarse como el menor, y el que manda como el que sirve. Porque, ¿quién es más importante, el que está a la mesa o el que sirve? ¿No lo es el que está sentado a la mesa? Sin embargo, yo estoy entre ustedes como uno que sirve". (Lc. 22:25-27, énfasis del autor)

Howard Snyder tiene razón cuando dice que "el Nuevo Testamento no enseña la jerarquía como el principio de autoridad o de organización en la iglesia" y que "Jesús parece oponerse a los abusos del poder y la estructura jerárquica en la que se basó [tal] poder".[4]

Pero hay poderosas metáforas que nos ayudan a evitar los conceptos atractivos de poder descendente y coercitivo, y que nos ayudan a entender nuestra tarea de la creación de ambientes donde puede surgir la iglesia misional. En Forge Mission Training Network, nos gusta pensar de nosotros mismos como si fuéramos las parteras de un nuevo sueño. Nuestra misión es la de "ayudar a nacer y a nutrir la iglesia misional en Australia y más allá". Aunque lo de arriba describe nuestro particular llamado, la idea de ser matronas es muy bíblica además de ser una imagen muy humana de liderazgo, la cual le recomiendo aquí al lector ya que esta describe el modo real de liderazgo que guía toda auténtica influencia apostólica. Una partera ayuda y asiste en el nacimiento de un niño. Todo lo que él o ella aseguran es que todas las condiciones sean adecuadas para un nacimiento saludable; el nacimiento en sí mismo es el resultado de cosas ajenas a la partera. Es interesante que Sócrates se refirió a sí mismo como "una partera" ya que él vio su papel como el de ayudar a otros a descubrir la verdad por sí mismos. Esto lo hizo mediante el uso constante de preguntas las cuales guiaban al estudiante a sus propias ideas y observaciones. Jesús mismo hace el papel de "partera" a través de la utilización de preguntas, historias y parábolas.

Pero tal vez una imagen más sobre esta calidad de liderazgo es necesaria para fijar bien este concepto en nuestras mentes, y esta es la imagen de un agricultor. Un buen agricultor crea las condiciones para el crecimiento de cultivos sanos preparando el suelo, reponiendo los nutrientes, eliminando las malas hierbas, dispersando las semillas y regando el campo. Él o ella están abiertos a los ritmos naturales de la naturaleza los cuales están fuera de su control, por lo que el agricultor depende de Dios para el sol y la lluvia. La semilla, si se dan las condiciones correctas, florecerán en este tipo de entorno y producirán buenas cosechas. Todo lo que hace el agricultor es crear el entorno adecuado para que este proceso misterioso de la vida tenga lugar. El ministerio apostólico funciona exactamente del

---

4 Ver Snyder, *Decoding the Church*, p. 108.

mismo modo. Pablo incluso alude a procesos orgánicos similares en 1Co 3.5-9 cuando dice:

> "Después de todo, ¿qué es Apolos? ¿Y qué es Pablo? Nada más que servidores por medio de los cuales ustedes llegaron a creer, según lo que el Señor le asignó a cada uno. Yo sembré, Apolos regó, pero Dios ha dado el crecimiento. Así que no cuenta ni el que siembra ni el que riega, sino solo Dios, quien es el que hace crecer. El que siembra y el que riega están al mismo nivel, aunque cada uno será recompensado según su propio trabajo. En efecto, nosotros somos colaboradores al servicio de Dios; y ustedes son el campo de cultivo de Dios, son el edificio de Dios".

De hecho, la Biblia está salpicada con imágenes orgánicas que generan una "visión ecológica" de la iglesia y el liderazgo (semillas, tierra, levadura, cuerpo, ovejas, árboles, etc.). Si remodelamos nuestro liderazgo e iglesias con estas metáforas orgánicas en mente, desarrollaremos una vida comunitaria más fértil. Una visión orgánica de la iglesia es mucho más rica porque es más cercana y mucho más coherente con la estructura interna de la vida y cosmología propia.[5]

---

5 Ver Capra, *Hidden Connections*, y Wheatley, *Leadership and the New Science*, para más sobre tal acercamiento.

Apéndice 3
Un ejemplo vivo de iglesia encarnacional

Con la intención de fijar en la mente la idea de impulso misional- encarnacional, vale la pena mirar el ejemplo excelente de un grupo de gente valiente que lo está intentando hacer en medio del contexto social en que se encuentran. La historia es sobre Third Place Communities (NT: Comunidades en terceros lugares o lugares neutrales), una agencia misiónal que se estableció para encarnar a las comunidades de Jesús en terceros lugares.[1] Para estas comunidades, "iglesia" tiene lugar dondequiera que estén. A través de este enfoque, TPC ha hecho un impacto significativo en Hobart (Australia) invirtiendo tiempo y siendo el pueblo de Dios en los espacios públicos y en formas que son radicalmente abiertas a personas no cristianas. De hecho, la mayoría de las personas que se relacionan con ellos son personas muy curiosas pero no cristianas (aún) en quienes ha despertado la curiosidad espiritual por el testimonio de estos sorprendentes hermanos y hermanas.

Según ellos cuentan, TPC fue plantado alrededor del año 2002.[2] Todavía a este punto en la historia, los miembros sienten que sólo han empezado a encontrar su llamado y continúan moviéndose más estrechamente hacia su sentido de vocación, pero también reconocen que están involucradosa largo plazo. Participar encarnacionalmente en este proyecto ha significado que los miembros de la comunidad se transformaron en auténticos misioneros par su ciudad.

Desde su fundación, se encontraron profundamente conectados con una amplia gama de personas en la comunidad (no cristianos). Muchas de estas relaciones se han convertido en profundas e íntimas ya que durante este período de

---

1 Como ya hemos señalado, nuestro primer lugar es el hogar, nuestro segundo lugar es el trabajo, y nuestro tercer lugar es donde pasamos nuestro tiempo cuando tenemos tiempo libre. Cualquier lugar donde las personas se reúnen por motivos sociales, podría ser un buen lugar para el compromiso misional. Terceros lugares son bares, cafeterías, clubes de aficionados, centros deportivos y otros tales.

2 TPC todavía existe como una entidad en Hobart, pero en muchos sentidos se ha transformado en la última década desde mi última participación con ellos. Esta historia refleja el TPC que tuve el privilegio de experimentar en aquel entonces.

tiempo han compartido la vida en las celebraciones de compromisos de boda, bodas, cumpleaños, nacimientos y la vida en general. Sus ritmos misionales incluyen hospitalidad semanal alrededor de mesas, servir a la comunidad, recaudar fondos para los necesitados, disfrutar y patrocinar el arte y la música local, enterrar a los seres queridos, compartir ideas sobre la vida, orar juntos y explorar las historias acerca de Jesús en el contexto de la vida. Han visto algunas personas llegar a una fe activa en Jesús, y muchos otros están muy cerca de encontrarla. Algunos por supuesto todavía están explorando, y otros sólo aman ser parte de la comunidad y participan a niveles profundos pero se contentan con no explorar más allá en este momento. Pero en todas estas personas, sea que se den cuenta o no, Jesús mismo ahora habita su mundo en formas que son significativas y tangibles. Ahora, cuando piensan en ellos mismos, el mundo que les rodea, o su trabajo y esparcimiento, Jesús es parte de la ecuación, cuando antes no lo estaba.

Pero no se trata solamente de fiestas y de socializar sin propósito. TPC se organiza a varios niveles: algunos de estos incluyen los siguientes esfuerzos:

(Re)Verb Mission Community. Esta es explícitamente la comunidad de creyentes alrededor de Jesús (iglesia) de TPC. La adopción de un enfoque claramente misional-encarnacional ha llevado a TPC a que la iglesia surja de la misma misión, en lugar de que una expresión particular de iglesia produzca una misión. El contexto de la misión, por lo tanto, influye en la manera en que se reúne a la comunidad de fe. El objetivo es establecer muchos grupos diferentes de personas que expresan su espiritualidad cristiana dentro de su contexto cultural local centrados en Cristo. Así que en lugar de llevar personas a la iglesia, intentan construir iglesia alrededor de las personas, en donde ellas se encuentren. Los miembros de *(Re) Verb*, por lo tanto, pasan la mayor parte de su tiempo construyendo relaciones con gente a través de reuniones sociales y pasando tiempo en terceros lugares. Pero también se reúnen en pequeños grupos de oración, adoración, discipulado y compañerismo cristiano.

Marketplace. Como TPC está tan involucrado en las vidas de las personas no cristianas (que constituyen alrededor del 60% de la comunidad), no les llevó mucho a sus miembros descubrir que a la gran mayoría de la gente le gusta tener un sano diálogo sobre cuestiones existenciales mientras que se sientan juntos como amigos a disfrutar algo de comer y beber. Después de algún tiempo, sintieron que Dios estaba invitándoles a apoyar estas conversaciones proporcionando un ambiente en el que se podrían explorar temas existenciales. *Marketplace* fue el resultado: es un foro neutral donde, sin intentar hacer proselitismo, las personas exploran ideas y filosofías sobre el significado de la vida, la cultura, identidad y la espiritualidad. Quizás sea sorprendente que un grupo que se autodefine principalmente como misional haya creado una zona neutral donde no se hace proselitismo. En este sentido, ellos han sido absolutamente intencionales. Debido al amargo legado de sospecha y desconfianza hacia el cristianismo en Australia, ellos querían que la gente sintiera que este era un ambiente seguro para explorar ideas relacionadas con el significado de la vida. Con música de fondo, la gente llega alrededor de las 8:00PM, toman algo de beber y charlan unos con otros. Media hora más tarde, formalmente se da la bienvenida a todos, y se les recuerda de las "costumbres de *Marketplace*" (respeto a las creencias y opiniones de los demás) y luego se introduce al presentador de la noche. El presentador (no necesariamente cristiano) presenta ideas y pensamientos sobre el tema elegido y recibe preguntas y comentarios de la audiencia. La mayoría de las personas se queda por ahí después de la presentación y se establece un diálogo informal mientras se come algo (algunos se toman una cerveza o dos). Algunas conversaciones increíbles son el resultado de estas noches, y realmente se ha convertido en todo un evento cultural en Hobart.

Bodas, fiestas, y cualquier otra cosa. . . (Celebraciones de rito de paso). Con el tiempo y a través de relaciones significativas, TPC ha tenido el privilegio recibir la invitación de llevar a cabo un sinnúmero de estos acontecimientos para aquellos que sus miembros han conocido en este tercer lugar, además de sus lugares de trabajo, hogares o la universidad. Es una gran invitación al mundo de las personas a quienes TPC pretende alcanzar. El grupo encontró que las celebraciones de *ritos de paso* pueden ser una excelente manera de construir relaciones significativas que abre a la gente a los temas sobre espiritualidad, y que compartir estas profundamente significativas ceremonias de *ritos de paso* con la gente, es una experiencia profundamente misional. Esto se ha convertido en un aspecto importante de la misión de TPC, y sus miembros lo hacen bien.

Imagine Tasmania. Además de estas actividades, Darryn (quien se convirtió en líder del TPC) y algunos empresarios, han comenzado un proyecto llamado *Imagine Tasmania*.[3] El objetivo de esta agrupación es el de imaginar y trabajar para hacer de Tasmania un lugar mejor para vivir para todos. El grupo está integrado en gran parte por no cristianos. Pero como uno de los pioneros de este proyecto, Darryn ha sido capaz de abrir relaciones significativas con gente a quienes les gustaría hacer de su mundo un lugar mejor. Estas conversaciones no habrían sucedido si no fuera por el deseo de Darryn de crear una presencia encarnacional entre ellos. *Imagine Tasmania* es el tipo de arreglo misional que

---

3 Tasmania es el estado donde se basa TPC. Este tipo de acercamiento se inició en Chicago. Se llama Imagina Chicago, y ha demostrado ser una forma realmente efectiva para involucrar a un grupo diverso de personas en la renovación urbana y cultural de Chicago.

Mike Frost y yo denominamos "proyectos compartidos" en el libro *The Shaping of Things to Come*[4]— poderosos medios de compromiso misional dentro de las culturas en las que ministramos.

---

4 Ver Frost y Hirsch, *Shaping of Things to Come*, p. 24.

Apéndice 4
El liderazgo en los sistemas vivos

U n abordaje de sistemas vivos pretende estructurar la vida común de una organización alrededor de los ritmos y las estructuras que reflejan la vida misma. En este enfoque, buscamos sondear la naturaleza de la vida y observar cómo los seres vivos tienden a organizarse, y luego tratamos de emular lo mejor posible esta capacidad innata de los sistemas vivosde desarrollar niveles más altos de organización, de adaptarse a diferentes condiciones y de activar la inteligencia latente cuando sea necesario (emergencia). Esta búsqueda de una forma más sostenible de la vida no se limita a la iglesia. Los principales defensores de este punto de vista explícitamente proponen "una ciencia de vida sostenible" basada en el estudio de y el respeto por, la vida, (Fritjof Capra, Margaret Wheatley y Richard Pascale, Mark Millemann y Linda Gioja).[1] En sus libros, he encontrado nuevas metáforas y perspectivas que me han inspirado profundamente en mi búsqueda de una vida más orientada y orgánica, con un menor enfoque hacia lo programático en nuestra tarea. Algunos de estos autores incluyen las siguientes observaciones:

- Todos los seres vivos parecen poseer inteligencia innata. Los sistemas vivos, ya sean orgánicos en forma (p. ej., un virus, un ser humano) o las organizaciones sistémicas (p. ej., el mercado de valores, un panal de abejas, una ciudad, una empresa comercial, incluso formaciones de cristal), parecen tener vida propia y poseen una inteligencia integrada que consiste en una aptitud para la supervivencia, adaptación y reproducción. Esta capacidad para el desarrollo de formas superiores de vida se ha relacionado con lo que se llama "inteligencia distribuida" por los teóricos en el campo. Cuando se aplica a la teoría organizacional, la tarea del liderazgo es la de desatar, aprovechar y dirigir la inteligencia distribuida mediante la creación de ambientes donde esta pueda manifestarse.
- La vida parece estar profundamente interconectada. La idea operativa principal es que las relaciones se disponen en una red dinámica, una red de vida y sentido. La teoría de los sistemas vivos reconoce que siempre

---

1 Véase la bibliografía de sus obras relevantes.

formamos parte de un sistema más grande; pertenecemos a una ecología compuesta de sistemas internos y externos con los que nos estamos constantemente relacionando. Disturbios en una parte del sistema provoca una reacción en cadena que afecta a todos los elementos de un sistema. A esto, Capra lo denomina "la red de la vida". Algunas de las implicaciones son las siguientes: (1) pequeñas cosas pueden tener consecuencias para todo el sistema, a veces llamado "el efecto mariposa" (la idea de que una mariposa que aletea en el Amazonas puede causar un huracán en otro continente). Nunca debemos subestimar el poder de las cosas aparentemente insignificantes de afectar un sistema aunque al principio no parecieran estar relacionadas. (2) un sistema es funcional o disfuncional en la medida en que todas sus partes son saludables y se relacionan entre sí de una manera orgánica. (3) la manera de desarrollar un sistema de aprendizaje/adaptación saludable es poniendo elementos dispares en una comunicación significativa unos con otros.

- La información produce cambio: todos los sistemas vivos responden a la información. De hecho, parecen capaces de clasificar la información en base a lo que es significativo o útil para ellos. La información por lo tanto, es fundamental para el crecimiento, la adaptabilidad y la inteligencia. El libre flujo de información en el sistema es vital para el crecimiento y la adaptación. Los desafíos adaptativos y la emergencia: constantemente interactúan con su entorno, el sistema vivo catalizará su capacidad incorporada para adaptarse a circunstancias cambiantes. Lo contrario resulta en decadencia y la muerte. Emergencia (nuevas formas de organización) ocurre cuando un sistema vivo está en modo de adaptación (y por lo tanto, aprendizaje), todos los elementos en el sistema están relacionados funcionalmente, y la inteligencia distribuida es cultivada y enfocada a través de la información.

Mientras todo esto puede parecer un poco esotérico y conceptual, por un momento considere este enfoque sobre sistemas vivos en lo que se refiere a la comunidad cristiana. Siguiendo este enfoque, primero tenemos que suponer que cualquier grupo particular del pueblo de Dios, si realmente son de Él, tiene todo en sí mismo (Carácter Apostólico latente) para adaptarse y prosperar en cualquier ambiente. Debemos asumir que dadas las condiciones correctas, la comunidad puede descubrir recursos latentes y nuevas capacidades que no existían anteriormente. La tarea del liderazgo misional aquí es simplemente la de dar rienda suelta al ADN*m* que está latente en el sistema y ayudar a guiarlo hacia los propósitos de Dios.

En segundo lugar, la tarea del liderazgo misional aquí es la de incorporar los distintos elementos en el sistema interconectándoles de manera significativa.

Esto requerirá que el líder se centre en el desarrollo de un conjunto de relaciones conectadas en forma de red, en contraposición a una estructura institucional, para la iglesia. Debemos ser una expresión eficaz del "cuerpo de Cristo" (1 Co. 12:12-27 no es sólo una metáfora, después de todo, es una descripción de la iglesia en su interrelación con cada una de sus partes a la Cabeza). Es fundamental compartir información e ideas y sinergias en cuanto a dones y llamamientos alrededor de tareas comunes (Ef. 4:1-16). Debemos traer todas las piezas necesarias del cuerpo a la ecuación misional, si queremos funcionar realmente como un cuerpo. En contextos no eclesiales, esto significa conseguir que los diferentes departamentos y especialistas se relacionen significativamente entre sí y compartan información vital de manera funcional en torno a las tareas comunes, de tal manera que en medio de la diversidad operen como una unidad funcional. Parece que en los sistemas vivos, la verdadera respuesta se encuentra siempre en la perspectiva más grande; cuando los diversos dones y el conocimiento existente se frotan uno contra el otro, surgirán nuevas formas de conocimiento y nuevas posibilidades.

En tercer lugar, tenemos que mover el sistema hacia sus márgenes; es decir, este debe ser altamente sensible a su entorno. La suposición aquí es que si el sistema no trata de enfrentar problemas reales que se levantan en su contra, el mismo no se adaptará pereciendo así en el contexto de cualquier desafío adaptativo significativo. Esconder la cabeza en la arena nunca ayudó al avestruz cuando había un depredador merodeando en el área. Tenemos que alterar el sistema que está en equilibrio con el fin de activar un modo misional y un viaje de aprendizaje. La comunidad debe ser sensible y capaz de responder. Alinear los elementos de un sistema en la forma de una red saludable, inevitablemente implicará abordar disfunciones que, debido a la condición caída de todas las cosas, inevitablemente aparecerán en el sistema. El fracaso por hacerle frente a la disfunción siempre socavará la salud de la organización o de la comunidad. En la organización o iglesia surgirán conflictos (lo prometo), y la tarea del liderazgo en esta situación es la de saber cómo gestionarlos encontrando formas creativas de cómo traducirlos en una experiencia de aprendizaje significativa.

En cuarto lugar, porque los sistemas existen en una masa de información desordenada, la tarea del liderazgo aquí será la de ayudar a modelar el flujo de información y enfocar a la comunidad alrededor de él, no para dominar y tratar de predeterminar el resultado sino para suministrar de información precisa y significativa al sistema de forma que por sí misma pueda *responder* a ella. Este aspecto ha sido llamado a veces "la gestión del significado" porque es a través de conectarse con la información *significativa* que los sistemas responden, cambian y prosperan. Los líderes misionales deben saber cómo manejar el significado con el fin de motivar a un grupo de personas de adentro hacia afuera. Enfocar el flujo de información requiere un buen manejo de la teología y la psicología así como de la sociología, porque implicará el enfoque de información basada en las narrativas primarias de la iglesia (las Escrituras y especialmente los Evangelios), información sobre las principales tareas de la iglesia y datos esenciales sobre nuestros contextos culturales y sociales y así sucesivamente. Si entendemos todos estos elementos correctamente, la iglesia entera es activada, motivada, sensibilizada e informada, y la misión de Dios fluirá naturalmente a través de y fuera de la mezcla.

Lo más excitante de este enfoque es que las cosas parecen fluir sin esfuerzo, porque uno no va en contra de la tendencia natural del universo. El ambiente resultante en la comunidad de Jesús es uno que se siente natural y por lo tanto más cercano a los ritmos reales de la vida misma —de hecho, se basa directamente en estas relaciones y ritmos que son su punto de partida así como su subestructura continua. Cuando observamos a las redes, que son un aspecto esencial de las estructuras orgánicas, vemos que la iglesia debe estructurar todo el flujo natural de su actividad alrededor del flujo normal de la vida del creyente. Las relaciones existentes con los creyentes y los no creyentes por igual, se convierten en el corazón de la vida de la iglesia. No debería haber nada artificial sobre cómo se experimenta esto. Plantar una nueva iglesia, o re-misionalizar una ya existente, dentro de este enfoque, no se trata de edificios, servicios de adoración, el tamaño de las congregaciones y/o el cuidado pastoral, sino de engranar a toda la comunidad alrededor de amistades naturales de discipulado, adoración como estilo de vida y de la misión en el contexto de la vida cotidiana. Como una red de vida "en Cristo", puede reunirse en cualquier lugar y en cualquier momento, y seguir siendo una expresión viable de la iglesia. Esta es una manera mucho más orgánica de plantar o revitalizar una iglesia.[2]

---

2 Para una articulación altamente estimulante de la teología y las estructuras de una iglesia en red, véase Ward, *Liquid Church*.

Apéndice 5
Iglesia líquida vs iglesia sólida

Peter Ward ha escrito un excelente libro que explora las dimensiones teológicas, eclesiológicas y sociológicas de las redes. Tras el análisis de Zygmunt Bauman de la cultura en términos de modernidad sólida y líquida, utiliza el término "iglesia líquida" para describir la esencia de lo que parecería una iglesia verdaderamente en red —una iglesia sensible a esa dimensión cada vez más fluida de nuestra cultura que Bauman ha llamado modernidad líquida.[1] Él contrasta la iglesia líquida con lo que él llama iglesia sólida. Para simplificar este concepto, iglesia sólida es equivalente a lo que aquí he descrito como iglesia institucional. Debido a la continua existencia de la modernidad sólida, el autor no aconseja el abandono total de la iglesia sólida, pero sugiere que se debe buscar la disminución de su eficacia. La iglesia sólida se relaciona con la modernidad sólida. Y la iglesia sólida generalmente ha mutado desde su base original en comunidades de patrimonio (que encarnan la tradición heredada), en comunidades de refugio (un lugar seguro aparte del mundo) y en comunidades de nostalgia (vivir de éxitos pasados). Él sugiere que casi todas las manifestaciones de iglesia caen en uno o más de estas categorías.

Ward sostiene que "la mutación de iglesia sólida en patrimonio, refugio y comunidades nostálgicas ha seriamente disminuido su capacidad para participar en una misión genuina dentro de la modernidad líquida".[2] Esto es así porque la iglesia se encuentra cada vez más enajenada de su cultura circundante. Él comenta que esto ha dañado seriamente el código genético evangélico de la iglesia porque la iglesia no puede realmente ser ella misma en tal condición. La iglesia sólida ha mutado el código del Evangelio porque en gran medida ha ignorado el cambio en la cultura y ahora se encuentra con que ella misma ha cambiado en formas que son menos que perfectas y que no fueron planificadas. Al solamente atender a las necesidades religiosas de algunos (en gran parte los que ya están adentro), como

---

1 Bauman sostiene que nuestra situación actual es una mezcla de moderno y posmoderno y siente que en lugar de optar por uno u otro, debemos vernos en una situación más fluida que él llama "modernidad líquida".

2 Ver Ward, *Liquid Church*, p. 29.

consecuencia no ha respondido a la gran sed espiritual de los que todavía no son creyentes. Es más, "el código genético mutante dentro de esta clase de iglesias significa que son un mal punto de partida para la formación de un nuevo tipo de iglesia que sepa cómo conectarse con la corriente del hambre espiritual evidente en nuestras sociedades".[3] Esto destaca la necesidad de enfrentarse a la modernidad líquida con una forma líquida de iglesia. La iglesia líquida es esencial ya que esta toma en serio a la cultura actual buscando expresar la plenitud del Evangelio cristiano dentro de ella. El elemento definitorio de esto es la iglesia como una red viva, adaptativa y muy sensible a la profundidad espiritual y el hambre relacional expresado en la sociedad que la rodea.

No nos engañemos; iglesia líquida como la define Ward, es teológicamente mucho más cercana a la concepción de la iglesia en las enseñanzas del Nuevo Testamento, no sólo porque es misional y sensible al contexto circundante, no sólo porque es estructuralmente más coherente con la eclesiología bíblica sino también porque toma las doctrinas gemelas de lo que significa estar "en Cristo" y el "cuerpo de Cristo" con la máxima seriedad y vuelve a trabajarlas a la luz del contexto misional. Está claro que la iglesia en Corinto era distintivamente diferente en estructura y espíritu a la iglesia en Jerusalén, pero fueron dos expresiones legítimas del cuerpo de Cristo. Hay poco en relación a estructuras uniformes en la iglesia del Nuevo Testamento.

La realidad de la iglesia sólo puede ser encontrada "en Cristo". "Cristo es nuestro origen y nuestra verdad. Ser cristiano es estar unido a Cristo y estar unido a Cristo es estar unido a Su iglesia".[4] Esto es lo que constituye al cuerpo de Cristo. Es esta conexión primordial con Jesús que define lo que significa ser cristiano y estar en Su iglesia. Cómo esto se expresa dependerá en gran medida del contexto misional. En una cultura líquida, dice Ward, necesitamos una forma líquida de iglesia que pueda expresar realmente lo que significa estar "en Cristo".

> "Estar unidos a Cristo es estar unidos al cuerpo de Cristo. Esta expresión corporativa y corporal de Cristo es fundamental para cualquier teología de la iglesia. La idea del cuerpo de Cristo entra muy profundamente en la mente de las personas. Sin embargo vale la pena reflexionar sobre *cómo* queremos expresar esta verdad, porque decir que el cuerpo de Cristo es la iglesia no es lo mismo que decir que la iglesia es el cuerpo de Cristo. La implicación de mi lectura de la teología de Pablo es que debemos poner mucho más énfasis en la forma en que nuestra conexión con Cristo nos hace parte del cuerpo, en lugar de al revés".[5]

---

3 Ibid., p. 30.
4 Ibid., p. 33.
5 Ibid., p. 37.

Nuestro problema, al parecer, es que demasiado rápidamente identificamos a las expresiones concretas e históricas de la iglesia como el cuerpo de Cristo. Y aunque existe cierta verdad en esto, que la iglesia es el cuerpo de Cristo, tal vez la mayor verdad es que el cuerpo de Cristo es la iglesia. Cuando decimos que la iglesia es el cuerpo de Cristo, reclamamos una cierta autoridad para una expresión particular de la iglesia. Decir que el cuerpo de Cristo es la iglesia, es abrirse a las posibilidades de cómo puede física y organizativamente expresarse a sí misma. Esta forma de pensar la conecta con sólo una expresión particular de la iglesia.[6] El cuerpo puede expresarse de muchas maneras y formas diferentes. La distinción es paradigmática. Ponerlo en estos términos nos permite escapar de las garras del acaparamiento que la imagen institucional de la iglesia tiene sobre nuestra imaginación teológica y nos permite emprender un viaje de replanteo sobre lo que significa ser el pueblo de Dios en nuestros días y en nuestros propios contextos.

Entonces, ¿cómo puede expresarse la iglesia líquida? Ward señala que todos los líquidos se caracterizan por su fluidez.[7] En contraste, los sólidos son estacionarios y firmes. Forma y solidez, para invocar una vez más a Bauman, es el equivalente de "fijación en un espacio" y "un tiempo preciso", y por lo tanto no hay necesidad de cambio o movimiento. Sin embargo, si hemos de concebir una iglesia líquida, como en los líquidos, el movimiento y el cambio deben ser parte de su característica básica. "Necesitamos dejar atrás un modelo estático de iglesia que se basa principalmente en la congregación, programas y edificios. En su lugar tenemos que desarrollar una noción de comunidad cristiana, adoración, misión y organización que, al igual que la *ecclesia* del Nuevo Testamento, es más adaptable, flexible y receptiva al cambio".[8] En lugar de la centralizada y más "sólida" estructura jerárquica de la iglesia posterior, observamos el ejemplo de una red de iglesias más fluida en el Nuevo Testamento.

---

6 Ibid., p. 38.
7 Ibid., p. 40–41.
8 Ibid., p. 41.

Glosario de términos clave

He elaborado este glosario en orden alfabético para ayudar al lector con algunas de las palabras o expresiones más técnicas. Se trata de un conjunto de definiciones que son clave para la comprensión de este libro.

Adaptativo - Desafío adaptativo

Concepto derivado de la teoría del caos. Los desafíos adaptativos son situaciones en las que un sistema vivo hace frente al desafío de descubrir una nueva realidad. Los desafíos adaptativos provienen de dos posibles fuentes:

(1) una situación considerablemente amenazadora o (2) una oportunidad fascinante. La amenaza presenta al organismo o la organización el escenario de "adaptarse o morir". Una oportunidad fascinante puede ser algo tan simple como "se come mejor en el pueblo de al lado ... ¡vamos!" Los desafíos adaptativos disponen el contexto para la innovación y la adaptación.

Adaptativo - Liderazgo adaptativo

Un líder adaptativo es el tipo de líder que desarrolla organizaciones que aprenden y consigue ayudarlas en la transición a distintas formas de expresión que exigen agilidad, capacidad de respuesta, innovación y espíritu emprendedor. Los líderes adaptativos son necesarios cuando corren tiempos de amenazas considerables o de nuevas oportunidades, o en ambos casos.

Esto tiene una relevancia directa en nuestra situación actual al comienzo del siglo XXI. Comparémoslo abajo con el *liderazgo operativo*.

ADN*m*

He añadido la letra '*m*' a las letras ADN simplemente para diferenciarlo de la versión biológica; significa sencillamente ADN misional. El ADN es a los sistemas biológicos lo que el ADN*m* es a los eclesiales. El ADN es vida biológica que
- se encuentra en todas las células vivas,
- codifica la información genética para la transmisión de rasgos hereditarios más allá del organismo inicial, se replica a sí mismo,
- transporta información vital para una reproducción saludable.

El ADN*m* hace lo mismo para la iglesia que Dios ha diseñado. Con este concepto/metáfora espero explicar por qué la presencia de un mecanismo central de guía, sencillo, intrínseco y reproducible es necesaria para la reproducción y la sostenibilidad de los movimientos misionales genuinos. De la misma manera en que se sostiene un organismo y cada célula comprende su función en relación a su ADN, la iglesia, en determinados contextos, encuentra su punto de referencia en su propio ADN*m*.

APEPM

El término que uso para describir la fórmula del ministerio en las cinco dimensiones descritas en Efesios 4. APEPM responde a las siglas de Apóstol), Profeta, Evangelista, Pastor y Maestro (ó Educador).

Apostólico

Uso este término de manera muy específica para describir no tanto la teología de la iglesia sino el modo de iglesia neotestamentaria; para describir su energía, su impulso y su carácter, así como sus estructuras de liderazgo.

Apostólico - Carácter Apostólico

Carácter Apostólico es la expresión que he acuñado con la idea de intentar concebir y articular esa peculiar fuerza y energía inherente a los movimientos cristianos de la historia. He llegado a la conclusión de que el Carácter Apostólico está formado por seis componentes (quizás más, pero nunca menos). Cinco de ellos son lo que llamo el ADN*m* y el sexto tiene que ver con su espiritualidad y teología. Cuando uso esta expresión casi siempre me estoy refiriendo a los seis elementos del ADN*m*. Los cinco primeros son: el impulso misional encarnacional, el entorno apostólico, el discipulado, los sistemas orgánicos y la *communitas*. El término lleva la carga de la combinación total de todos los elementos del ADN*m*, que juntos forman una constelación, como iluminándose unos a otros. El Carácter Apostólico creo que está latente, que ha sido inoculado, en la verdadera naturaleza del pueblo de Dios. Soy de la opinión de que el Carácter Apostólico se activa cuando todos los elementos del ADN*m* están presentes en una relación dinámica con el resto y un desafío adaptativo actúa de catalizador. Gráficamente, sería algo así (ver gráfica):

Veo este libro como un intento de explorar el Carácter Apostólico e intentar ayudar a la iglesia en Occidente a recuperarlo e implementarlo a fin de encontrar una nueva manera, aunque realmente es antigua, de afrontar el siglo XXI. Ver la introducción a la sección 1 para una explicación completa.

Atraccional - Iglesia atraccional

La iglesia atraccional esencialmente opera partiendo del postulado de que para acercar a la gente a Jesús hay que traerla primero a la iglesia. Describe también el tipo o modo de participación de los miembros que nació durante el período histórico de la cristiandad, en que la iglesia era considerada como una institución central de la sociedad y por tanto se esperaba que la gente "viniera a escuchar el Evangelio" en lugar de tener la mentalidad de "ir hacia la gente". No hay que confundirlo con ser una iglesia culturalmente atractiva.

Atractores extraños

En la teoría de los sistemas vivos existe un fenómeno llamado "atractor extraño". Los atractores extraños son esa fuerza, análoga a una brújula, o al profundo instinto animal, que orienta a un sistema vivo en una dirección en particular y proporciona a los organismos el ímpetu necesario para migrar de su zona de comodidad.[9] Se encuentran en todos los sistemas vivos, incluyendo las organizaciones humanas. Tal y como hemos tratado en el capítulo de la teoría del caos, un sistema en equilibrio se encuentra inevitablemente en declive y para convertirse en adaptativo necesita trasladarse al borde del caos y así iniciar su capacidad latente de adaptarse y por tanto sobrevivir. Al igual que en los sistemas biológicos, el papel del atractor extraño en las organizaciones, como sistemas vivos, es crucial para que estas puedan sobrevivir a un desafío adaptativo.

---

9 Pascale, Millemann y Goija, *Surfing the Edge of Chaos*, p. 69.

Caos - El caos y la teoría del caos

La teoría del caos es una nueva disciplina científica que intenta explorar la naturaleza de los sistemas vivos y cómo responden estos a su entorno. Por tanto no se aplica solamente a los organismos, sino también a las organizaciones humanas, que son consideradas sistemas vivos que operan de una manera muy similar a la vida orgánica. A la luz de los sistemas vivos, el caos no es necesariamente algo negativo sino que puede representar el contexto de una gran innovación. Sin embargo, sí que representa una amenaza a los sistemas vivos que no logran responder apropiadamente a las condiciones del caos. Consultar los capítulos tres y siete para más información al respecto.

Communitas

Palabra adoptada de la obra del antropólogo Victor Turner, quien usó el término para describir las experiencias que formaban parte de las ceremonias de iniciación de los jóvenes africanos (ver liminalidad). Como uno de los elementos clave del ADN*m*, la idea de *communitas* y liminalidad describe la dinámica de la comunidad cristiana inspirada para superar el instinto de recogerse y congregarse, y en su lugar reunirse en torno a una misión común que exigirá un peligroso viaje hacia lo desconocido. Una misión que anima a la iglesia a desprenderse de su seguridad colectiva y a sumergirse en el mundo de la acción, donde experimentará desorientación y marginalidad, pero también podrán encontrarse unos a otros y con Dios de una nueva manera. *Communitas* es un concepto vinculado siempre con la experiencia de liminalidad. Conlleva aventura y movimiento y describe esa experiencia única de unidad que solo se da realmente entre un grupo de gente inspirada por la visión de un mundo mejor y que está haciendo algo para conseguirlo.

Complejidad

La complejidad tiene que ver con una situación de caos. La teoría de los sistemas vivos sostiene que los organismos vivos tienden a organizarse en un grado cada vez mayor de complejidad. La complejidad también admite que los sistemas vivos ya son complejos de por sí. La complejidad implica que acciones relativamente pequeñas puedan tener consecuencias significativas en el sistema.

Constantinianismo

Sería una palabra equivalente a *cristiandad*, ya que la cristiandad empezó básicamente con las actuaciones de Constantino al poner a la iglesia en una relación oficial con el estado. El constantinianismo es el tipo o modo de iglesia que resulta de la fusión entre iglesia y estado y que ha dominado nuestra mentalidad durante los últimos 17 siglos.

Cristiandad

Describe la forma y expresión estandarizadas de la iglesia y de la misión que se formaron después de Constantino (desde el 312 d. C. hasta la actualidad). Cabe señalar que esa no era la expresión original de la iglesia. En esencia, la iglesia de la cristiandad difiere fundamentalmente de la del Nuevo Testamento en que esta última está formada por una red de comunidades de base misionales que actúan como un movimiento. En cambio la cristiandad se caracteriza por lo siguiente:

1. La participación de la gente es en el formato atraccional en contraposición con el misional. Da por sentada una cierta centralidad de la iglesia en relación a la cultura circundante. (La iglesia misional es una iglesia que va y envía y que opera en el modo encarnacional).
2. El centro de todo son los edificios sagrados y dedicados; centros de adoración. La asociación de la *iglesia* a edificios alteró de manera fundamental su percepción propia. Adoptó una postura estática y más institucional. (No se ha encontrado rastro de edificios dedicados al culto en la Iglesia primitiva, fuera de casas particulares, tiendas, etc ...)
3. La emergencia de un clero profesional e institucionalmente reconocido que actúa a modo de pastor y maestro. (En la iglesia del Nuevo Testamento la gente era encomendada al ministerio por las iglesias locales o por el líder apostólico. Pero eso no tiene nada que ver con la ordenación denominacional o institucional característica de la cristiandad. Ella tuvo el efecto de dividir al pueblo de Dios en cristianos profesionales y cristianos laicos. Yo sostengo que la idea de un clero es ajena a la iglesia del Nuevo Testamento, como lo es en los movimientos cristianos auténticos de la Iglesia primitiva y en China.)
4. Este paradigma de la cristiandad también se caracteriza por la institucionalización de la gracia en forma de sacramentos administrados por un sacerdocio institucionalmente autorizado. (La forma de comunión de la iglesia del Nuevo Testamento era de hecho una comida (¿diaria?) dedicada a Jesús en el contexto de la vida cotidiana y del hogar).

Cristo-céntrico

Sencillamente que Cristo es el centro. Si algo es cristo-céntrico, su principio organizativo es la persona y la obra de Cristo.

Cristología / Cristológico

La cristología comprende las enseñanzas bíblicas de Jesús el Mesías y acerca de Él. Por ejemplo, cuando digo que la cristología debe influir en todos los aspectos de la vida y la obra de la iglesia, me refiero a que Jesús debe ser lo primero en nuestra vida y en nuestra definición de iglesia y de discípulo. Cuando uso la palabra como adjetivo, quiero decir que el elemento que describo debe tener como referencia nuestra comprensión y experiencia de Jesús el Mesías.

Distancia cultural

Un concepto que nos ayuda a valorar lo lejos que la gente está de una relación significativa con el Evangelio. Para ello debemos contemplar una sucesión de este tipo (ver gráfica):

$$\vdash\!\!-\!\!-\!\!-\!\!-\!\!+\!\!-\!\!-\!\!-\!\!-\!\!+\!\!-\!\!-\!\!-\!\!-\!\!+\!\!-\!\!-\!\!-\!\!-\!\!\dashv$$

m0   m1   m2   m3   m4

Cada número con el prefijo "m" indica una importante barrera cultural a la verdadera comunicación del Evangelio. Un ejemplo obvio de tal barrera podría ser el idioma. Si hay que atravesar la barrera idiomática, tenemos un problema. Pero otras barreras pueden ser la raza, la historia, la religión, la visión del mundo, la cultura, etc. Por ejemplo, en contextos islámicos, el Evangelio ha luchado para abrirse camino de manera significativa ya que la religión, la raza, y la historia ponen muy complicada una comunicación relevante del Evangelio. Con las Cruzadas, la iglesia de la cristiandad dañó realmente la capacidad de los musulmanes de acoger a Cristo, y los semitas guardan muchos recuerdos. Por tanto, la misión entre musulmanes ocuparía algún lugar entre el m3 y el m4 de la escala (religión, historia, idioma, raza y cultura). Lo mismo ocurre con los judíos en Occidente. Es muy difícil hablar "con sentido" en cualquiera de estas situaciones.

Dualismo (dualismo platónico, en particular)

La idea de que el espíritu es bueno y que cualquier cosa que se resista al espíritu es necesariamente mala. La materia se resiste al espíritu y por tanto es maligna. La forma de dualismo que realmente tuvo impacto en la iglesia provino de Platón. Platón creía que el mundo real era de hecho el mundo de las ideas y esencias eternas localizado en una realidad espiritual invisible, y que el mundo de la materia y de las cosas no es más que una sombra y por tanto no es una realidad esencial. Una sombra es el reflejo de lo real y no la realidad misma. Lo real debía buscarse en la esencia de un objeto, en la idea del mismo y no en la forma en que se nos aparece en nuestro mundo. A esto también se le ha denominado dualismo y hacia el siglo V se había convertido en la visión del mundo predominante para la iglesia en Occidente. El dualismo tiende de forma natural a la esencia, más que a la función. La realidad de una cosa habita en su idea o esencia, no en su apariencia ni en lo que hace. Como resultado esta doctrina divide el mundo entre lo sagrado o esencial y lo secular o funcional (físico). Esto tiene multitud de ramificaciones en la manera en que hacemos iglesia y estructuramos nuestra espiritualidad.

Ecclesia

La palabra bíblica que se suele traducir al castellano por "iglesia". La forma en que uso este término en el libro intenta resaltar algo de la idea original de iglesia.

Eclesiología

Clásicamente se refiere a las enseñanzas bíblicas sobre la iglesia.

EMC - Iglesia Misional Emergente (NT: del inglés Emerging Missional Church)

He ideado este término para identificar y describir la nueva forma de *ecclesia* que se está gestando en nuestros días. Tal como lo uso en este libro, se refiere a una estructura emergente, una nueva forma de *ecclesia*. Como tal, no es tan solo emergente o misional, sino que es la combinación de estos dos factores lo que crea una nueva forma de iglesia. También lo uso para describir los movimientos cristianos de nuestros días. Esto no implica negar la continuidad de la EMC entre el pueblo de Dios de todas las épocas, sino distinguirla por su forma.

Emergencia

"El principio de emergencia se desarrolló a fin de explicar las maneras en que los organismos se desarrollan y adaptan en los distintos entornos. Al contrario de lo que popularmente se cree, es decir, que se desarrollan de arriba hacia abajo, de manera predeterminada y con una estrategia bien planificada, la teoría de la emergencia demuestra que los sistemas complejos se desarrollan de abajo hacia arriba. Grupos de células relativamente simples, o grupos de individuos, que de manera individual no saben cómo hacer frente a un desafío complejo, cuando se reúnen, gracias a una interacción relativamente simple, forman una cultura organizativa de mayor complejidad que sí puede hacer frente a dichos desafíos. En otras palabras, las respuestas a los desafíos en entornos cambiantes suelen emerger de abajo hacia arriba, no suelen estar planificadas de antemano para ser aplicadas de arriba hacia abajo. Por eso describimos el liderazgo misional como *cultivar entornos en que la imaginación misional del pueblo de Dios pueda emerger"* (tomado de A. Roxburgh y F. Romanuk, "Christendom Thinking", 28)

Encarnacional

La encarnación es el acto de Dios que entra en el universo creado y en el reino de los asuntos humanos como el hombre Jesús de Nazaret. Cuando hablamos de *encarnacional* en relación a la misión, se trata de algo similar a encarnar la cultura y la vida de un grupo de personas para así poder llegar a ellas desde dentro de su propia cultura. También uso el término para describir el acto misionero de *ir* hacia un grupo concreto de personas en lugar de invitar a que estas vengan a nosotros para escuchar el Evangelio.

Entornos/Campos

El universo en el que vivimos está lleno de campos invisibles. Que sean invisibles no quiere decir que no ejerzan una influencia bien definida sobre los objetos y su órbita. Hay campos gravitacionales, campos electromagnéticos, campos cuánticos, etc., que de hecho forman parte de la misma estructura de la realidad. Estas influencias invisibles afectan al comportamiento de los átomos, las cosas y las personas. Pero los campos no solamente existen en la naturaleza y la física; también existen en los sistemas sociales. Por ejemplo, pensemos en el poder de las ideas en los asuntos humanos; una idea poderosa no tiene sustancia, pero nadie duda de su influencia. También debemos fijarnos en el poder del bien y el mal sobre las personas y las sociedades. Yo utilizo esta idea para intentar comunicar que el liderazgo mismo crea un campo invisible en el que tienen lugar ciertas conductas. Si queremos conceptualizar al liderazgo como influencia, pensemos en un imán y su efecto sobre unas limaduras de hierro esparcidas sobre una hoja de papel. Cuando estas entran en la órbita de influencia del imán, siguen un patrón determinado que todos recordamos de cuando íbamos al colegio. Ocurre exactamente lo mismo con el liderazgo: crea un campo que ejerce una influencia determinada sobre las personas, al igual que el imán sobre las limaduras de hierro.

Evangelístico atraccional

Es una manera de describir el impulso de la iglesia de la cristiandad y de igle-crecimiento cristiano. Básicamente se trata de dar por sentado que todo esfuerzo evangelístico debe devolver a la gente a la iglesia y así facilitar su crecimiento numérico. Otra manera de decirlo es "alcanzar y arrastrar". Yo lo uso como contraposición al impulso misional encarnacional.

Hebraico

En referencia al origen hebreo de la Biblia; la visión del mundo de la que se nutre primordialmente la Biblia. En un sentido más amplio también puede referirse a la visión del mundo del pueblo judío como grupo racial profundamente influenciado por el judaísmo.

Hebraico bíblico

Describe la visión del mundo que básicamente formó, enmarcó y sostuvo la revelación bíblica. Lo uso en referencia a la visión del mundo que encontramos concretamente en las Escrituras. Lo hebraico de por sí podría abarcar también al posterior judaísmo.

Helenismo

En este libro hago mención al helenismo en contraposición con el pensamiento hebraico. El helenismo son las ideologías que conformaron e influyeron en la visión del mundo de los griegos. Junto con las ideas romanas formaron la base de la visión del mundo del Imperio romano. La iglesia, al irse alejando de sus raíces hebraicas, fue adoptando también esa visión del mundo convirtiéndola en la predominante de la cristiandad.

Iglesia primitiva

El período de la historia de la iglesia que abarca desde la iglesia del Nuevo Testamento hasta la época de Constantino en el 312 d.C. El uso que doy a este término implica un cierto tipo o modo de iglesia: una red de iglesias o personas radicales y de base, que se organizan como movimiento casi siempre en el contexto de la persecución.

Institución e institucionalismo

Las instituciones son organizaciones creadas en principio para cumplir una función religiosa y social necesaria, así como proporcionar algún tipo de apoyo estructural necesario para tal función. En muchos aspectos, este es el verdadero propósito de la estructura, ya que las organizaciones son necesarias si queremos actuar de manera colectiva en favor de una causa, por ejemplo, el propósito original de las denominaciones. El problema surge cuando van más allá del mero apoyo estructural y se convierten en el cuerpo gobernante. Mi definición de trabajo de institucionalización es que esta ocurre *cuando se pasa de la función local esencial a una organización o estructura centralizada. Con el tiempo, esta estructura centralizada tiende a despersonalizarse y a convertirse en restrictiva con el comportamiento desviado y la libertad.* En otras palabras, esto ocurre cuando en nombre de determinada conveniencia ponemos a los demás a hacer aquello que debemos hacer nosotros. Cuando esto ocurre, se da una transferencia de responsabilidad y poder o autoridad al cuerpo gobernante. En esta situación, se convierten en un centro de poder que utiliza parte de dicho poder para sancionar las conductas de sus miembros que no se ajustan con la institución. Se convierten en un poder y empiezan a ejercer un tipo de autoridad restrictiva sobre las conductas no conformistas. El problema se acentúa con el tiempo al atrincherarse el poder en la institución y crear una cultura de restricción. Nadie se lo propone de entrada; parece tratarse de nuestra caída condición humana en relación al poder. Una vez llegados a este punto se hace extremadamente difícil cambiar. Bajo este prisma, todos los grandes innovadores y pensadores son rebeldes al institucionalismo. A menudo la Iglesia católica romana queda retratada en TV y en películas como ejemplo de hasta dónde puede llegar la opresión religiosa del institucionalismo. Y aunque a veces se haga de ello una caricatura, no nos equivoquemos, este retrato está cargado de sustancia histórica. La mayoría de los no cristianos en Occidente ven a las iglesias como instituciones represivas, lo cual es en parte comprensible. A la luz de todo ello, todos los grandes innovadores y pensadores se rebelan contra el institucionalismo.

Liderazgo operacional

En esencia, el liderazgo operacional es ese tipo de liderazgo apto para organizaciones que se encuentran en entornos relativamente estables, en que el mantenimiento y desarrollo de un programa es la principal tarea de dicho liderazgo. Este tipo de liderazgo se basa en supuestos de ingeniería social y en consecuencia se construye sobre una visión del mundo mecanicista. Funciona y es el apropiado para algunas organizaciones; aquellas que se encuentran en una situación estable. Cuando mejor funciona el liderazgo operacional es cuando se enfrenta a problemas que pueden solucionarse echando mano de recursos preexistentes, con más rapidez, calidad y grado. Suele ser un liderazgo de arriba hacia abajo en el que la solución procede de arriba y se va trasladando gradualmente a los rangos inferiores. Si una organización exige un recorte, una reestructuración o una reducción de costos, que requiere una ejecución eficaz, entonces el liderazgo operacional quizás *es* la mejor apuesta.

Liminalidad

El término liminalidad proviene de la palabra "liminal", que describe una situación fronteriza o el umbral de algo. En este libro se utiliza para describir los contextos o las condiciones en que la *communitas* puede emerger. Las situaciones de liminalidad pueden ser extremas, en que el participante se vea literalmente expulsado de las estructuras normales de la vida, humillado, desorientado y sujeto a varios ritos de pasaje, todo lo cual constituye una especie de prueba para ver si se le va permitir volver a la sociedad y pasar al siguiente nivel de la estructura social prevalente. Por tanto, la liminalidad se aplica a la situación intermedia en que se encuentran las personas, a un estado marginal en relación a la sociedad circundante, un lugar de peligro y desorientación.

Matriz de liderazgo

El término usado para el liderazgo apostólico, profético, evangelístico, pastoral y educativo (enseñanza) tal y como se extrae de la matriz de ministerio (ver más abajo y APEPM). Como tal, el liderazgo es un *llamamiento dentro de un llamamiento*.

Matriz de ministerio

Este término se usa para describir los llamamientos de la iglesia al ministerio en términos de la enseñanza de Ef. 4:7 en adelante; en pocas palabras, que la iglesia se comprende de personas apostólicas, proféticas, evangelísticas, pastorales y educadoras (maestros). Ef. 4:7 nos indica que "a cada uno de nosotros nos ha sido dado. . ." y Ef. 4:11 dice que "a unos ha hecho apóstoles, a otros profetas; a otros, evangelistas; a otros, pastores y maestros. . ." Por tanto, el término matriz de ministerio aplica el modelo APEPM a toda la iglesia y no tan solo a su liderazgo, que es la interpretación más común (ver matriz de liderazgo).

Memes y memeplex

En esencia, un meme es al mundo de las ideas lo que los genes son al mundo de la biología; codifican ideas de forma fácilmente reproducible. En teoría, un memeplex es un complejo de memes (ideas) que constituye la estructura interna de una ideología o sistema de creencias. Al igual que el ADN, los memes intentan replicarse por mutación en ideas en evolución, añadiendo, desarrollando o mudando memes según lo requiera la situación. Suena raro, ¿no? Pues lo valioso de esta idea es que el memeplex tiene la capacidad de reproducirse, inoculándose en el cerebro del receptor y pasando de ahí a otros cerebros vía comunicación humana. Todos hemos sentido la sensación de que una idea nos cautiva, ¿no es así? Quedamos atrapados en ella. De alguna manera, fue exactamente así como quedamos atrapados por el Evangelio y adoptamos una visión bíblica del mundo.

Misiología / Misiológico

La misiología es el estudio de las misiones. Como disciplina, intenta identificar en las Escrituras los impulsos originarios que llevaban al pueblo de Dios a implicarse en el mundo. Tales impulsos incluyen el *missio Dei* (la misión de Dios), la encarnación y el reino de Dios. También describe el auténtico compromiso de la iglesia con la justicia social y relacional y la evangelización. Como tal, la misiología intenta definir los propósitos de la iglesia a la luz de la voluntad de Dios para el mundo. También intenta estudiar los métodos para alcanzar dichos objetivos partiendo de las Escrituras y de la historia. El término *misiológico* sencillamente se aplica a estos significados.

Uno de mis términos preferidos: lo uso para describir un cierto tipo o modo de iglesia, liderazgo, cristianismo, etc. Por ejemplo, una iglesia misional es una iglesia, cuyo compromiso fundamental es el llamamiento misionero del pueblo de Dios. El liderazgo misional es ese tipo de liderazgo que hace hincapié en la primacía del llamamiento misionero del pueblo de Dios.

Misional - Iglesia misional

La iglesia misional es una iglesia que se define como agente de la misión de Dios en el mundo; se organiza en torno a ello y este es su verdadero propósito. En otras palabras, la misión es el principio organizativo auténtico y verdadero de la iglesia. La iglesia es una iglesia verdadera cuando se encuentra en misión. La iglesia no es solamente un producto de dicha misión, sino que está obligada y destinada a hacer todo lo posible para que se extienda. La misión de Dios fluye directamente a través de cada creyente y cada comunidad de fe que se adhiere a Jesús. Obstruir esto es bloquear los propósitos de Dios en su pueblo y a través del mismo.

Misional - Eclesiología misional

El área de estudio que explora la naturaleza de los movimientos cristianos, y por tanto la iglesia, conformados por Jesús y su misión. El enfoque se hace en cómo se organiza la iglesia y se expresa cuando lo primordial es la misión.

Misional-encarnacional

He acuñado ese modismo para describir el ímpetu inherente a los importantes movimientos cristianos de la historia. Junto estas dos palabras con la esperanza de vincular las dos prácticas que en esencia son una misma acción. Misional: el arrojo de los movimientos cristianos comparable a la diseminación de semillas o a la dispersión de bacterias en un estornudo. Se trata de un aspecto esencial de la capacidad del cristianismo de extenderse y cruzar barreras culturales. Tiene que ver con la teología del *missio Dei* (la misión de Dios); Dios *envía* a su hijo y nosotros nos convertimos en un pueblo *enviado*.

La parte encarnacional de esta ecuación se relaciona con la inoculación y profundización del Evangelio y la iglesia en las culturas que los acogen.

Significa que para relacionarnos y ejercer influencia en el grupo que nos acoge, vamos a tener que adentrarnos en su expresión cultural. Tiene relación directa con la encarnación de Dios en Jesús. Ver capítulo 4.

Modo

Otra de mis palabras preferidas. Sencillamente describe el método, estilo o manera de aquello a lo que se refiere. El diccionario Encarta define modo como "el camino, la manera o forma de, por ejemplo, hacer alguna cosa, o bien la forma en que algo existe". Por ejemplo, el modo de la Iglesia primitiva describe su metodología, su postura, su acercamiento al mundo, etc.

Movimiento

En este libro utilizo el término en sentido sociológico para describir las estructuras organizativas y el carácter de la iglesia misional. Creo que la iglesia del Nuevo Testamento era un movimiento y no una institución (ver *institución/institucionalismo*). Para que una iglesia sea genuinamente misional siempre debe luchar por mantener el estilo y el ethos de un movimiento.

Movimientos cristianos

Cuando hablo de movimientos cristianos (a veces también uso el término movimientos fenomenológicos o apostólicos), me estoy refiriendo básicamente a los dos casos concretos que he tomado como referencia: la Iglesia primitiva y la iglesia clandestina en China. Pero también lo uso para referirme a otros movimientos históricos que tuvieron un gran impacto y un crecimiento exponencial; este sería el caso del avivamiento de Wesley (metodismo) o del pentecostalismo del tercer mundo hoy en día.

Paisaje adaptativo

Contexto que pone a prueba la aptitud que tiene un sistema vivo; sea un organismo o una organización.

Plantar iglesias

El inicio y desarrollo en múltiples contextos de nuevas comunidades de fe, orgánicas, misionales y/o encarnacionales. Afirmaría que toda misión verdadera tiene como objetivo el desarrollo de comunidades de fe. En consecuencia, plantar iglesias es una parte esencial de una verdadera estrategia misional.

Bibliografía

Para una lista útil de libros y artículos sobre todo lo relacionado a lo misional, visite el blog de Brad Brisco en http://missionalchurchnetwork.com/reading-list/.

Absalom, Alex, y Bobby Harrington. *Discipleship That Fits*. Grand Rapids: Zondervan, 2016.

Addison, Steven B. "A Basis for the Continuing Ministry of the Apostle in the Church's Mission". DMin diss., Fuller Theological Seminary, 1995.

———. "Movement Dynamics, Keys to the Expansion and Renewal of the Church in Mission". Manuscript, 2003.

———. *Movements That Change the World: Five Keys to Spreading the Gospel*. Downers Grove, IL: InterVarsity, 2011.

Adeney, D. H. *China: The Church's Long March*. Ventura, CA: Regal, 1985.

"Anglican Research on Fresh Expressions". *Fresh Expressions*. http://bit.ly/1hwp3HX.

Arquilla, John, y David Ronfeldt. *Networks and Netwars: The Future of Terror, Crime, and Militancy*. http://www.rand.org/publications/MR/MR1382.

Barabasi, Albert-Laszlo. *Linked: The New Science of Networks*. Cambridge, MA: Perseus, 2002.

Barker, Ashley, y John Hayes. *Sub-Merge: Living Deep in a Shallow World*. Springvale, VIC, Australia: GO Alliance, 2002.

Barna, George. *Revolution*. Carol Stream, IL: Tyndale House, 2005.

———. *The State of the Church, 2005*. Ventura, CA: Barna Group, 2005.

Barna, George, y David Kinnaman. *Churchless: Understanding Today's Unchurched and How to Connect with Them*. Austin: Tyndale Momentum, 2014.

Barrett, C. K. *The Signs of an Apostle*. Carlisle, UK: Paternoster, 1996.

Barrett, David B., George T. Kurian, y Todd M. Johnson. *World Christian Encyclopedia*. 2da ed. Oxford: Oxford University Press, 2001.

Barth, Karl. "Letter to a Pastor in the German Democratic Republic". En *How to Serve God in a Marxist Land*, 45–80. New York: Association Press, 1959.

Bendix, Reinhard. *Max Weber: An Intellectual Portrait*. Berkeley: University of California Press, 1977.

Bosch, David. *Transforming Mission: Paradigm Shifts in the Theology of Mission*. Maryknoll, NY: Orbis, 1991.

Breen, Mike. *Leading Kingdom Movements*. Pawleys Island, SC: 3DM, 2015.

Brisco, Brad, y Lance Ford. *The Missional Quest*. Downers Grove, IL: InterVarsity, 2013.

Brueggemann, Walter. *Prophetic Imagination*. 2da edición. Minneapolis: Augsburg Fortress, 2001.

Buber, Martin. *On Judaism*. New York: Schocken Books, 1967.

Cahill, Thomas. *How the Irish Saved Civilization: The Untold Story of Ireland's Heroic Role from the Fall of Rome to the Rise of Medieval Europe*. New York: Anchor, 1995.

Camp, Lee C. *Mere Discipleship: Radical Christianity in a Rebellious World*. Grand Rapids: Brazos, 2003.

Capra, Fritjof. *The Hidden Connections: A Science for Sustainable Living*. London: HarperCollins, 2002.

———. The Turning Point: Science, Society, and the Rising Culture. London: Flamingo, 1982.

———. *The Web of Life*. New York: Anchor, 1996.

Carnell, Corbin. *Bright Shadow of Reality*. Grand Rapids: Eerdmans, 1974.

Castells, Manuel. *The Rise of the Network Society*. 2da ed. Oxford: Blackwell, 2000.

Chan, Simon. *Grassroots Asian Theology: Thinking the Faith from the Ground Up*. Downers Grove, IL: IVP Academic, 2014.

Charlton, Noel G. *Understanding Gregory Bateson: Mind, Beauty, and the Sacred Earth*. Albany: State University of New York Press, 2008.

Cole, Neil. "Are There Church Planting Movements in North America?" *Mission Frontiers*, marzo–abril 2011. https://www.missionfrontiers.org/pdfs/33-2-na-cpm.pdf.

———. *Church 3.0: Upgrades for the Future of the Church*. San Francisco: Jossey-Bass, 2010.

———. *Cultivating a Life for God: Multiplying Disciples through Life Transformation Groups*. Elgin, IL: Brethren Press, 1999.

———. *Organic Church: Growing Faith Where Life Happens*. San Francisco: Jossey-Bass, 2005.

———. "Out-of-Control Order: Simple Structures for a Decentralized Multiplication Movement". *CMA Resources*. http://www.organicchurchplanting.org/articles/simplestructures.asp.

———. *The Primal Fire*. Carol Stream, IL: Tyndale, 2014.

Collins, Jim. *Good to Great: Why Some Companies Make the Leap, and Others Don't*. New York: HarperBusiness, 2001.

Cray, Graham, ed. *Mission-Shaped Church: Church Planting and Fresh Expressions of Church in a Changing Context*. Brookvale, NSW, Australia: Willow, 2005.

Dawkins, Richard. *The Selfish Gene*. Oxford: Oxford University Press, 1976.

De Bono, Edward. *New Thinking for a New Millennium*. St. Ives, NSW, Australia: Viking, 1999.

De Pree, Max. *Leadership Is an Art*. New York: Doubleday, 2004.

Dickerson, John S. *The Great Evangelical Recession: 6 Factors That Will Crash the American Church . . . and How to Prepare*. Grand Rapids: Baker Books, 2013.

Drucker, Peter F. *Peter Drucker's Five Most Important Questions: Enduring Wisdom for Today's Leaders*. San Francisco: Jossey-Bass, 2015.

Easum, William B. *Unfreezing Moves: Following Jesus into the Mission Field*. Nashville: Abingdon, 2001.

Ferguson, Jon, y Dave Ferguson. *Discover Your Mission Now*. Exponential eBook, 2014. https://www.exponential.org/resource-ebooks/discover-your-mission-now.

Fitch, David, y Geoff Holsclaw. *Prodigal Christianity: 10 Signposts into the Missional Frontier*. San Francisco: Jossey-Bass, 2013.

Ford, Lance. *Unleader: Reimagining Leadership . . . and Why We Must*. Kansas City, MO: Beacon Hill Press, 2012.

Friedman, Maurice. *Martin Buber: The Life of Dialogue*. New York: Harper & Row, 1960.

Frost, Michael. *The Five Habits of Highly Missional People*. Exponential eBooks, 2014. https://goo.gl/i2iVbH.

———. *Incarnate: The Body of Christ in an Age of Disengagement*. Downers Grove, IL: InterVarsity, 2014.

———. *The Road to Missional*. Grand Rapids: Baker Books, 2011.

———. *Surprise the World: The Five Habits of Highly Missional People*. Colorado Springs: NavPress, 2016.

Frost, Michael, y Alan Hirsch. *The Shaping of Things to Come: Innovation and Mission for the 21st-Century Church*. Peabody, MA: Hendrickson, 2003.

Galli, Mark. "Do I Have a Witness? Why Jesus Didn't Say, 'You Shall Be My Marketers to the Ends of the Earth.'" *Christianity Today*, 4 de octubre, 2007. http://bit.ly/1Ly0KFQ.

Garrison, David. *Church Planting Movements: How God Is Redeeming a Lost World*. Midlothian, VA: WIGTake Resources, 2004.

Gehring, R. W. *House Church and Mission: The Importance of Household Structures in Early Christianity*. Peabody, MA: Hendrickson, 2004.

Gerlach, Luther P., y Virginia H. Hine. *People, Power, Change: Movements of Social Transformation*. Indianapolis: Bobbs-Merrill, 1970.

Gibbs, Eddie, y Ryan K. Bolger. *Emerging Churches: Creating Christian Communities in Postmodern Cultures*. Grand Rapids: Baker Academic, 2006.

Gibbs, Eddie, y Ian Coffey. *Church Next: Quantum Changes in Christian Ministry*. Downers Grove, IL: InterVarsity, 2000.

Gievett, R. D., y H. Pivec. *A New Apostolic Reformation? A Biblical Response to a Worldwide Movement*. Wooster, OH: Weaver, 2014.

Gladwell, Malcolm. *The Tipping Point: How Little Things Can Make a Big Difference*. New York: Back Bay Books, 2002.

Godin, Seth. *Survival Is Not Enough: Zooming, Evolution, and the Future of Your Company*. New York: Free Press, 2002.

———. *Tribes: We Need You to Lead Us*. New York: Portfolio, 2008.

———. *Unleashing the Ideavirus*. Dobbs Ferry, NY: Do You Zoom, 2000. http://www.sethgodin.com/ideavirus/01-getit.html.

Gorman, Rich. *Just Step In: Joining God as He Heals Your City*. Exponential ebooks, 2013. https://www.exponential.org/resource-ebooks/just-step-in.

Grenz, Stanley. *A Primer on Postmodernism*. Grand Rapids: Eerdmans, 1996.

Guardini, Romano. *The Lord*. London: Longmans, 1956.

Guder, Darrell. *The Incarnation and the Church's Witness*. Harrisburg, PA: Trinity Press International, 1999.

———, ed. *Missional Church: A Vision for the Sending of the Church in North America*. Grand Rapids: Eerdmans, 1998.

Hall, Douglas J. *The End of Christendom and the Future of Christianity*. Harrisburg, PA: Trinity Press International, 1997.

Halter, Hugh. *BiVo: A Modern-Day Guide for Bi-vocational Saints*. Littleton, CO: Missio, 2014.

———. *Flesh: Bringing the Incarnation Down to Earth*. Colorado Springs: David C. Cook, 2014.

Hamilton, Clive, y Richard Denniss. *Affluenza: When Too Much Is Never Enough*. Crows Nest, NSW, Australia: Allen & Unwin, 2005.

Hammond, Kim, y Darren Cronshaw. *Sentness: Six Postures of Missional Christians*. Downers Grove, IL: InterVarsity, 2014.

Hattaway, Paul. "How Many Christians Are in China?" http://asiaharvest.org/how-many-christians-are-in-china-introduction.

Hiebert, Paul. *Anthropological Insights from Missionaries*. Grand Rapids: Baker Academic, 1986.

Hirsch, Alan. *Disciplism: Reimagining Evangelism through the Lens of Discipleship*. Exponential e-Book series. http://www.alanhirsch.org/ebooks.

Hirsch, Alan, con Darren Altclass. *The Forgotten Ways Handbook: A Practical Guide for Developing Missional Churches*. Grand Rapids: Brazos, 2009.

Hirsch, Alan, y Tim Catchim. "The Exiling of the APE's". http://bit.ly/1DTWA9d.

———. *The Permanent Revolution: Apostolic Imagination and Practice in the 21st Century Church*. San Francisco: Wiley, 2014.

———. *The Permanent Revolution Playbook: APEST for the People of God*. Denver: Missio, 2015.

Hirsch, Alan, y Dave Ferguson. *On the Verge: A Journey into the Apostolic Future of the Church*. Grand Rapids: Zondervan, 2011.

Hirsch, Alan, y Michael Frost. *The Faith of Leap: Embracing Risk, Adventure, and Courage*. Grand Rapids: Baker Books, 2011.

———. *ReJesus: A Wild Messiah for a Missional Church*. Grand Rapids: Baker Books, 2008.

Hirsch, Alan, y Debra Hirsch. *Untamed: Reactivating a Missional Form of Discipleship*. Grand Rapids: Baker Books, 2010.

Hjalmarson, Len. "Toward a Theology of Public Presence". http://www.allelon.org/articles/article.cfm?id=143&page=1.

Hock, Dee. *The Birth of the Chaordic Age*. San Francisco: Berrett-Koehler, 1999.

Hollenwager, Walter J. "From Azusa Street to the Toronto Phenomena: Historical Roots of the Pentecostal Movement". En *Pentecostal Movements as an Ecumenical Challenge*, editado por Jurgen Moltmann y Karl-Josef Kuschel, Concilium 3, 3–13. Maryknoll, NY: Orbis Books, 1996.

Hunsberger, George. *The Story That Chooses Us: A Tapestry of Missional Vision*. Grand Rapids: Eerdmans, 2015.

Hunter, George G., III. *To Spread the Power: Church Growth in the Wesleyan Spirit*. Nashville: Abingdon, 1987.

Hunter, James Davidson. *To Change the World: The Irony, Tragedy, and Possibility of Christianity in the Late Modern World*. Oxford: Oxford University Press, 2010.

Hurst, David K. *Crisis and Renewal*. Cambridge, MA: Harvard Business School Press, 2002.

Inchausti, Robert. *Subversive Orthodoxy: Rebels, Revolutionaries, and Other Christians in Disguise*. Grand Rapids: Brazos, 2005.

Jameson, Alan. *A Churchless Faith*. Auckland: Philip Garside, 2001.

Johnson, Steven. *Emergence: The Connected Lives of Ants, Brains, Cities, and Software*. London: Penguin, 2001.

Jones, Malcolm. *Dostoevsky and the Dynamics of Religious Experience*. London: Anthem Press, 2005.

Jones, Peyton. *Church Zero*. Colorado Springs: David C. Cook, 2013.

Karkkainen, Veli-Matti. "Pentecostal Missiology in Ecumenical Perspective: Contributions, Challenges, Controversies". *International Review of Mission* 88, no. 350 (julio 1999): 207–25.

Keller, Tim. *Serving a Movement: Doing Balanced, Gospel-Centered Ministry in Your City*. Grand Rapids: Zondervan, 2016.

Kelly, Gerard. *RetroFuture: Rediscovering Our Roots, Recharting Our Routes*. Downers Grove, IL: InterVarsity, 1999.

Kelly, Julie. *Consumerism*. Cambridge: Grove Books, 2003.

Keynes, John Maynard. *The General Theory of Employment, Interest and Money*. Amherst, NY: Prometheus Books, 1997.

Kim, W. Chan, y Renee Mauborgne. *Blue Ocean Strategy: How to Create Uncontested Market Space and Make the Competition Irrelevant*. Boston: Harvard Business Review Press, 2005.

Kreider, Alan. *The Change of Conversion and the Origin of Christendom*. Harrisburg, PA: Trinity Press International, 1999.

Kuhn, Thomas. *The Structure of Scientific Revolutions*. 3rd ed. Chicago: University of Chicago Press, 1996.

Kuyper, Abraham. "Sphere Sovereignty". En *Abraham Kuyper: A Centennial Reader*, editado por James D. Bratt, 461–90. Grand Rapids: Eerdmans, 1998.

Lambert, Tony. *China's Christian Missions: The Costly Revival*. London: Monarch, 1999.

———. *The Resurrection of the Chinese Church*. London: Hodder & Stoughton, 1991.

Langmead, Ross. *The Word Made Flesh: Towards an Incarnational Missiology*. Lanham, MD: University Press of America, 2004.

Lewis, C. S. "Tolkien's Lord of the Rings". En *Essay Collection and Other Short Pieces*, 525–26. London: HarperCollins, 2000.

Lyall, Leslie. *The Phoenix Rises: The Phenomenal Growth of Eight Chinese Churches*. Singapore: OMF Books, 1992.

Macquarrie, J. *Principles of Christian Theology*. London: SCM Press, 1966.

Martin, Roger. *The Design of Business: Why Design Thinking Is the Next Competitive Advantage*. Boston: Harvard Business Review Press, 2009.

Maxwell, John. *Thinking for a Change*. New York: Hatchett, 2003.

McClung, Grant. "Pentecostals: The Sequel". *Christianity Today*, abril 2006. http://www.christianitytoday.com/ct/2006/004/7.30.html.

McGavran, Donald. *The Bridges of God: A Study in the Strategy of Missions*. London: World Dominion Press, 1955.

McLaren, Brian. *The Church on the Other Side: Doing Ministry in the Postmodern Matrix*. Grand Rapids: Zondervan, 2000.

McNeal, Reggie. *Missional Renaissance*. San Francisco: Jossey-Bass, 2009.

Mead, Loren. *The Once and Future Church: Reinventing the Congregation for a New Mission Frontier.* Washington, DC: Alban Institute, 1991.

MennoMedia. *A Shared Understanding of Church Leadership: Polity Manual for Mennonite Church Canada and Mennonite Church USA.* Harrisonburg, VA: MennoMedia, 2014.

Metcalf, Sam. *Beyond the Local Church: How Apostolic Movements Can Change the World.* Downers Grove, IL: InterVarsity, 2015.

Mihata, Kevin. "The Persistence of 'Emergence.'" En *Chaos, Complexity, and Sociology: Myths, Models, and Theories,* editado por Raymond A. Eve, Sara Horsfall, y Mary E. Lee, 30–38. Thousand Oaks, CA: Sage, 1997.

Miller, Vincent J. *Consuming Religion: Christian Faith and Practice in a Consumer Culture.* New York: Continuum, 2004.

Minear, Paul S. *Eyes of Faith.* St. Louis: Bethany Press, 1966.

———. *Images of the Church in the New Testament.* Louisville: John Knox, 2004.

Morgan, Gareth. *Images of Organization.* Executive ed. San Francisco: Berrett-Koehler, 1998.

———. *Imaginization: New Mindsets for Seeing, Organizing, and Managing.* San Francisco: Barret-Koehler, 1993.

Morgenthaler, Sally. "Windows in Caves and Other Things We Do with Perfectly Good Prisms". *Fuller Theological Seminary Theology News and Notes* (Spring 2005). http://www.easumbandy.com/resources/index.php?action=details&record=1386.

Moynagh, Michael. *Church for Every Context: An Introduction to Theology and Practice.* London: SCM, 2012.

Murray, Stuart. *Post-Christendom: Church and Mission in a Strange New World.* Carlisle, UK: Paternoster, 2004.

Neill, Stephen. *Creative Tension.* London: Edinburgh House Press, 1959.

Nelson, Scott. *Mission: Living for the Purposes of God.* Downers Grove, IL: InterVarsity, 2013.

Niebuhr, H. Richard. *Radical Monotheism and Western Culture.* Texto electrónico disponible en http://www.religion-online.org.

O'Dea, Thomas F. "Five Dilemmas of the Institutionalisation of Religion". *Journal for the Scientific Study of Religion* 1, no. 1 (octubre 1961): 30–41.

Oldenburg, Ray. *The Great Good Place: Cafes, Coffee Shops, Bookstores, Bars, Hair Salons, and Other Hangouts at the Heart of a Community.* New York: Marlowe, 1999.

Pascale, Richard T. *Managing on the Edge: How Successful Companies Use Conflict to Stay Ahead.* London: Viking, 1990.

Pascale, Richard T., Mark Millemann, y Linda Gioja. *Surfing the Edge of Chaos: The Laws of Nature and the New Laws of Business.* New York: Three Rivers Press, 2000.

Patzia, Arthur G. *The Emergence of the Church: Context, Growth, Leadership & Worship.* Downers Grove, IL: InterVarsity, 2001.

Peters, Tom. *Thriving on Chaos: Handbook for a Management Revolution.* London: Pan, 1987.

Petersen, Jim. *Church without Walls: Moving beyond Traditional Boundaries.* Colorado Springs: NavPress, 1992.

Petersen, Jim, y Mike Shamy. *The Insider: Bringing the Kingdom of God into Your Everyday World.* Colorado Springs: Nav Press, 2003.

Pirsig, Robert. *Zen and the Art of Motorcycle Maintenance: An Inquiry into Values*. New York: Bantam, 1984.

Roberts, Bob. *Transformation: How Global Churches Transform Lives and the World*. Grand Rapids: Zondervan, 2006.

Robinson, Martin, y Dwight Smith. *Invading Secular Space: Strategies for Tomorrow's Church*. Grand Rapids: Kregel, 2003.

Romer, Paul D. "Economic Growth". En *The Concise Encyclopedia of Economics*. http://www.econlib.org/library/Enc1/EconomicGrowth.html.

Roof, W. C. *Religion in America Today*. Thousand Oaks, CA: Sage, 1985.

Roxburgh, Alan J. *Crossing the Bridge: Church Leadership in a Time of Change*. Costa Mesa, CA: Percept Group, 2000.

———. *Introducing the Missional Church*. Grand Rapids: Baker Books, 2009.

———. *Joining God, Remaking Church, Changing the World: The New Shape of the Church in Our Time*. New York: Morhouse Publishing, 2015.

———. *The Missionary Congregation, Leadership, & Liminality*. Harrisburg, PA: Trinity Press International, 1997.

———. *Structured for Mission: Renewing the Culture of the Church*. Downers Grove, IL: InterVarsity, 2015.

Roxburgh, Alan J., y Fred Romanuk. "Christendom Thinking to Missional Imagination: Leading the Cultivation of Missional Congregations". Manuscript, 2004.

———. *The Missional Leader: Equipping Your Church to Reach a Changing World*. San Francisco: Jossey-Bass, 2006.

Rutba House. *Schools for Conversion: 12 Marks of a New Monasticism*. Eugene, OR: Cascade, 2005.

Seel, Richard. "Culture and Complexity: New Insights on Organisational Change". *Culture & Complexity—Organisations & People* 7, no. 2 (2002): 2–9.

Senge, Peter M. *The Fifth Discipline Handbook: Strategies and Tools for Building a Learning Organization*. New York: Doubleday, 1994.

Sinclair, Upton. *I, Candidate for Governor: And How I Got Licked*. 1935; reimpreso, Berkeley: University of California Press, 1994.

Smith, James K. A. *Desiring the Kingdom*. Grand Rapids: Baker Academic, 2009.

Snyder, Howard A. *The Community of the King*. Downers Grove, IL: InterVarsity, 1977.

———. *Decoding the Church: Mapping the DNA of Christ's Body*. Grand Rapids: Baker Books, 2002.

———. *New Wineskins: Changing the Man-Made Structures of the Church*. London: Marshall, Morgan & Scott, 1978.

———. *The Radical Wesley: The Patterns and Practices of a Movement Maker*. Franklin, TN: Seedbed, 2014.

———. *Signs of the Spirit: How God Reshapes the Church*. Grand Rapids: Zondervan, 1989.

Spectator. "2067: The End of British Christianity; Projections Aren't Predictions, but There's No Denying That Churches Are in Deep Trouble". 30 de junio, 2015. http://bit.ly/1JjE7Ve.

Stark, Rodney. *For the Glory of God*. Princeton: Princeton University Press, 2003.

————. *The Rise of Christianity: How the Obscure, Marginal Jesus Movement Became the Dominant Religious Force in the Western World in a Few Centuries*. San Francisco: HarperCollins, 1996.

Stark, Rodney, y Roger Finke. *The Churching of America, 1776–2005: Winners and Losers in Our Religious Economy*. New Brunswick, NJ: Rutgers University Press, 2005.

Stephens, R. Todd. "Knowledge: The Essence of Meta Data; Six Degrees of Separation of Our Assets". *DM Review Online*, setiembre 2004. http://www.dmreview.com/editorial/dmreview/printaction.cfm?articleId=1010448.

Stetzer, Ed. "Dropouts and Disciples: How Many Students Are Really Leaving the Church?" *Christianity Today*. http://www.christianitytoday.com/edstetzer/2014/may/dropouts-and-disciples-how-many-students-are-really-leaving.html.

Strom, Andrew. *The Out-of-Church Christians*. http://homepages.ihug.co.nz/~revival/00-Out-Of-Church.html.

Taleb, Nassim. *Antifragile: Things That Gain from Disorder*. New York: Random House, 2013.

Taylor, John V. *The Christlike God*. London: SCM Press, 1992.

Thumma, Scott, y Dave Travis. *Beyond Megachurch Myths: What We Can Learn from America's Largest Churches*. San Francisco: Jossey-Bass, 2007.

Thwaites, James. *The Church beyond the Congregation: The Strategic Role of the Church in the Postmodern Era*. Milton Keynes, UK: Paternoster, 2002.

Toffler, Alvin. *Third Wave*. New York: Bantam, 1980.

Turner, Victor. "Passages, Margins, and Poverty: Religious Symbols of Communitas," part 1. *Worship* 46 (1972): 390–412.

————. *The Ritual Process*. Ithaca, NY: Cornell University Press, 1969.

Tyra, Gary. *The Holy Spirit in Mission: Prophetic Speech and Action in Christian Witness*. Downers Grove, IL: IVP Academic, 2011.

————. *Missional Orthodoxy: Theology and Ministry for a Post-Christian Context*. Downers Grove, IL: IVP Academic, 2013.

Van Gelder, Craig, y Dwight Zscheile. *The Missional Church in Perspective*. Grand Rapids: Baker Academic, 2011.

Vaus, Will. *Mere Theology: A Guide to the Thought of C. S. Lewis*. Downers Grove, IL: InterVarsity, 2004.

Waldrop, M. Mitchell. "Dee Hock on Organizations". Fast Company 5 (octubre/noviembre 1996): 84. http://www.fastcompany.com/online/05/dee3.html.

Wallis, Arthur. *The Radical Christian*. Columbia, MO: Cityhill, 1987.

Wallis, Jim. *Call to Conversion*. New York: Harper & Row, 1981.

Ward, Peter. *Liquid Church*. Peabody, MA: Hendrickson, 2002.

Webber, Robert E. *Journey to Jesus: The Worship, Evangelism, and Nurture Mission of the Church*. Nashville: Abingdon, 2001.

————. *The Younger Evangelicals: Facing the Challenges of the New World*. Grand Rapids: Baker Books, 2002.

Wheatley, Margaret. *Leadership and the New Science: Discovering Order in a Chaotic World*. San Francisco: Berrett-Koehler, 1999.

Wheatley, Margaret, y Deborah Frieze. "Taking Social Innovation to Scale". *Oxford Leadership Journal* 1, no. 1 (diciembre 2009). http://bit.ly/1DHFTOg.

———. "Using Emergence to Take Social Innovations to Scale". 2006. http://bit.ly/1Vc684L.

Whitehead, Alfred North. *Adventures in Ideas*. London: The Free Press, 1933.

Winter, Ralph D. "The Highest Priority: Cross-Cultural Evangelism". En *Let the Earth Hear His Voice*, editado por J. D. Douglas, 213–25. Minneapolis: World-Wide Publications, 1975.

Winter, Ralph D., y Steven C. Hawthorne, eds. *Perspectives on the World Christian Movement: A Reader*. Pasadena, CA: William Carey Library, 1999.

Winter, Ralph D., y Bruce Koch. "Finishing the Task: The Unreached Peoples Challenge". En Winter and Hawthorne, *Perspectives on the World Christian Movement*, 509–24.

Woodward, JR. *Creating a Missional Culture*. Downers Grove, IL: InterVarsity, 2014.

Woodward, JR, y Dan White Jr. *The Church as Movement: Starting and Sustaining Missional Communities*. Downers Grove, IL: InterVarsity Press, 2016.

Wright, N. T. Paul: *Fresh Perspectives*. London: SPCK, 2005.

Yancey, Philip. "Discreet and Dynamic: Why, with No Apparent Resources, Chinese Churches Thrive". *Christianity Today*, julio 2004, 72.

Yong, Amos. *Beyond the Impasse: Toward a Pneumatological Theology of Religions*. Grand Rapids: Baker Academic, 2003.

———. *Discerning the Spirit(s): A Pentecostal-Charismatic Contribution to Christian Theology of Religions*. Sheffield: Sheffield Academic Press, 2000.

———. "On Divine Presence and Divine Agency: Toward a Foundational Pneumatology". *Asian Journal of Pentecostal Studies* 3, no. 2 (julio 2000): 167–88.

Zahniser, A. H. Mathias. *Symbol and Ceremony: Making Disciples across Cultures*. Monrovia, CA: MARC, 1997.

El autor

ALAN HIRSCH es el director fundador de la red de formación Forge Mission Training Network. Actualmente ayuda a dirigir Future Travelers, un programa de aprendizaje innovador que ayuda a mega iglesias a convertirse en movimientos misionales y es fundador de 100Movements, una incubadora de movimientos para Occidente. Conocido por su enfoque innovador de la misión, Alan es considerado un líder y un estratega clave para la misión en iglesias de todo el mundo occidental. Hirsch es autor y/o co-autor de numerosos libros que han sido éxitos de imprenta, incluyendo *Caminos olvidados*; *The Shaping of Things to Come; ReJesus; The Faith of Leap; Untamed; Right Here, Right Now; On the Verge;* y *The Permanent Revolution*.

Su experiencia incluye dirigir un movimiento de iglesia local entre los marginados, el desarrollo de sistemas de entrenamiento para liderazgo misional innovador, dirigir el trabajo de misión y revitalización de su denominación, además de ofrecer consultoría y capacitación para el movimiento en todo Occidente. Alan es cofundador del programa de MA sobre movimientos de iglesia misional en Wheaton College (Illinois). También es profesor adjunto en los seminarios de Asbury, Fuller y George Fox, entre otros, y con frecuencia imparte clases en Australia, Europa y los Estados Unidos.

"Alan Hirsch ha sido una gran influencia en mi pensamiento acerca de la misión de la iglesia y, aún más importante, la manera como yo la experimento. *Caminos olvidados* debe ser recordado, debe ser leído, y debe de integrarse en tu vida, liderazgo y contexto de la iglesia local".
—**Greg Nettle**, presidente de Stadia

"Un increíble trabajo de análisis, síntesis y aplicación. Hirsch ofrece un resumen puntual, bien informado de la gama de pensamientos de actualidad sobre el tema de movimientos cristianos ofreciéndonos ricas reflexiones que, si son encendidas por el Espíritu Santo, podrían revolucionar muchas iglesias hoy en día".
—**Howard A. Snyder**, autor de *The Problem of Wineskins*; director de Manchester Wesley Research Centre

"Sólo un puñado de libros han creado la oportunidad para que Dios tenga una conversación con toda la iglesia acerca de cuál es su misión. *Caminos olvidados* es uno de esos libros, ahora disponible con actualizaciones críticas. Hirsch ha ofrecido a la iglesia una eterna conversación sobre el futuro, la misión, las personas y las prácticas necesarias para ver un movimiento inspirado por Dios".
—**Hugh Halter**, autor, plantador de iglesias, y director de Forge América

"En esta fresca y actualizada edición de *Caminos olvidados*, Hirsch sigue exponiendo, desafiándonos e inspirándonos mientras que continuamos explorando lo que significa ser plenamente la iglesia de Dios en un entorno cultural siempre cambiante. Esta es una lectura obligada".
—**Jo Saxton**, presidente de la junta de 3DMovements; plantadora de iglesias, autora, y conferencista

"*Caminos olvidados* ha sido un mapa para los movimientos misionales. El mapa ahora está actualizado con todavía más profundidad y diez años de aprendizaje".
—**Neil Cole**, catalizador de movimientos; autor de *Organic Church, Church 3.0*, y *Primal Fire*

"Me referí a la primera edición de este libro como una 'necesaria y amplia convocatoria a la orientación completa de la iglesia alrededor de la misión', y esto no es menos cierto para esta versión actualizada. Con la ventaja de diez años de experiencia en la enseñanza de estos conceptos en el mundo, Hirsch ha refrescado su trabajo revolucionario para una nueva generación de lectores. *Caminos olvidados* es tan relevante y tan potente como siempre".
— **Michael Frost**, autor de *Road to Missional* y *Surprise the World*

"Sinceramente recomiendo *Caminos olvidados* a plantadores de iglesias y líderes de ministerios alrededor del mundo. El llamado y recuperación fresca de este importante texto a un paradigma dinámico de movimiento misional, ha formado mi pensamiento y mi práctica ministerial".
—**Mark Reynolds**, vice presidente de programas de liderazgo, Redeemer City to City

"*Caminos olvidados* es una fuerza catalítica de Dios en mi propia vida, y queda en mi lista de lectura obligatoria para cualquier persona interesada en la iglesia y la misión. En la nueva edición, Hirsch enciende nuestra imaginación con profunda esperanza y honestidad cruda y nos convence de que la hora de la iglesia está por delante de nosotros. Profeta, sacerdote, maestro y líder, Hirsch es una voz indispensable para nuestra generación".
—**Danielle Strickland**, conferencista, autor, y oficial del Ejército de Salvación

"Con una voz profética y pasión única, Hirsch llama a la iglesia a redescubrir la senda antigua y a seguir fielmente por este sendero olvidado, *Caminos olvidados* es una carta de navegación para pastores e iglesias dispuestas a tomar un viaje de fe, coraje y sacrificio más allá de la seguridad de cómodas orillas y por la causa del Evangelio".
—**Mark DeYmaz**, líder direccional, Mosaic Church of Central Arkansas; autor de *Building a Healthy Multi-Ethnic Church*

"En este campo de rebeldes al que llamamos la comunidad de plantadores de iglesias, *Caminos olvidados* ha sido una de las grandes hogueras alrededor de la cual nos hemos reunido para soñar. Ahora, con combustible fresco e importante para un replanteamiento radical de la iglesia, este fuego está propagando una nueva esperanza para el movimiento apostólico dentro de cada parte de la iglesia".
—**Graham Singh**, director ejecutivo, Church Planting Canada; pastor, St. James Montreal

"Leer *Caminos olvidados* cuando fue publicado por primera vez, revolucionó la forma en que comprendí la misión de Dios, la esencia de la iglesia y mi participación en ambos. No pensé que fuera posible, pero con esta segunda edición, Hirsch proporciona aún mayor claridad y desafío. Si usted es serio sobre el futuro de la iglesia, entonces lea cada página y permítale activar un movimiento en su interior y en toda la vida de su iglesia local".
—**Brad Brisco**, co-autor de *Missional Essentials* y *Next Door as It Is in Heaven*

"Hirsch retoma *Caminos olvidados* como un martillo neumático que vuelve al concreto. Este libro rompe nuestra percepción obtusa revelando el amplio panorama de la misión de Jesús. Asalta nuestra imaginación redefiniendo una aproximación apostólica a una cultura cada vez más hostil al pensamiento y ministerio cristiano actual".
—**Ralph Moore**, autor de *Starting a New Church* y *Making Disciples*

"Hirsch ha emprendido una búsqueda con este último trabajo. No hay nada más importante que buscar redescubrir nuestra identidad y propósito según lo establecido por el Señor de la iglesia; realmente es un viaje, pero uno que es esencial y merece la pena hacer".
—**Tammy Dunahoo**, Iglesia Cuadrangular

"Muchas personas han sido ayudadas por *Caminos olvidados*. Para aquellos de nosotros en las iglesias institucionales, el libro ha sido estimulante y desafiante; no siempre estamos de acuerdo con él, pero contiene muchas lecciones que aprender. El libro de Hirsch es un llamado a re-imaginar la iglesia, y este llamado se aplica tanto a los nuevos tipos de iglesia cada vez más emergentes en Occidente, así como a las ya existentes. La iglesia, aun las nuevas versiones, necesita ser constantemente re-formada. Hirsch ofrece una guía integral y clara para la tarea".
—**Michael Moynagh**, autor de *Church for Every Context;* Wycliffe Hall, Oxford

"En esta segunda edición, Hirsch hace lo que él sabe hacer mejor: él nos ayuda a recordar nuestro pasado para que podamos re-imaginar el futuro. Es tiempo que la iglesia vuelva a ser un movimiento. Lea el libro y forme parte de este futuro que apenas emerge; hay demasiado en juego para conformarse con menos".
—**Dave Rhodes**, pastor de discipulado e iniciativas sobre movimientos de Grace Fellowship Church; director del equipo de 100Movements

"Alan propone sus ideas a una nueva generación que anhela redescubrir la naturaleza misional de la iglesia y reactivar nuevamente sus antiguas y olvidadas formas de ser. Cuando leo las palabras de Alan, quiero soltar lo que estoy haciendo y centrar mi atención otra vez en la misión de Dios. Después de leer este libro, me imagino que también será así para ti".
—**Ed Stetzer** (del prólogo)

"Estoy agradecido por cómo Alan… nos llama a lo que es cierto del pueblo de Dios y proféticamente nos mueve hacia una visión clara de cómo se ve la vida cuando recordamos quienes somos… Que sean nuestras memorias removidas

y nuestros corazones impactados para vivir en los *Caminos olvidados* de nuestro Salvador, Señor y Rey, ¡Jesucristo!"
—**Jeff Vanderstelt** (del epílogo)

"Es refrescante leer un libro relacionado con la iglesia misional que proporcione profundidad teológica junto con un pensamiento creativo. Hirsch restablece los vínculos esenciales entre la eclesiología, cristología y la misiología. *Caminos olvidados* ayudará a rescatar el concepto de iglesia de las garras de la cristiandad, liberándola para convertirse en un movimiento dinámico en lugar de una institución moribunda".
—**Eddie Gibbs**, co-autor de *Emerging Churches: Creating Christian Community in Postmodern Cultures* y autor de *LeadershipNext*

"Un fascinante y único examen de dos de los mayores movimientos apostólicos en la historia y su potencial impacto en la Iglesia occidental. Hirsch identifica y describe las energías primordiales de los movimientos apostólicos y describe los componentes que producen la expansión catalítica, espontánea. El libro bien puede convertirse en un libro de referencia primario para la emergente iglesia misional".
—**Bill Easum**, Easum, Bandy & Associates (www.easumbandy.com)

"Nos encontramos de nuevo en el año 30 D.C. Mientras que muchos líderes de la iglesia tratan desesperadamente de recuperar las expresiones institucionales del cristianismo con la esperanza de obtener mejores resultados, Al Hirsch nos ayuda a entender la necesidad de recuperar el carácter de un movimiento en su forma original primitiva".
—**Reggie McNeal**, autor de *Practicing Greatness: 7 Disciplines of Extraordinary Spiritual Leaders* y *The Present Future: Six Tough Questions for the Church*.

"Hay pocos libros que se puedan describir como hitos en el campo de la misión; este es uno de ellos. Es una lectura esencial para quienes estén luchando con el tema clave de lo que la iglesia puede y debe llegar a ser".
—**Martin Robinson**, autor de *Planting Mission-Shaped Churches Today*